Flugkapitän Hans Baur

MIT MÄCHTIGEN ZWISCHEN HIMMEL UND ERDE

FLUGKAPITÄN HANS BAUR

MIT MÄCHTIGEN
ZWISCHEN
HIMMEL UND ERDE

VERLAG K.W. SCHÜTZ KG, 4994 PR. OLDENDORF

© 1971 Verlag K. W. Schütz KG, 4994 Pr. Oldendorf

Gesamtherstellung: Kölle-Druck, Buch- und Offsetdruckerei
4994 Pr. Oldendorf (Westf)

ISBN 3 87725 050-5

Inhaltsverzeichnis

MIT HITLER ÜBER DEUTSCHLAND

ZWISCHEN STALINGRAD UND DEN PYRENÄEN — OHNE FLUGZEUG IM BUNKER DER REICHSKANZLEI

ENDLOSE WANDERUNG DURCH RUSSLAND — WIEDER IN DER HEIMAT!

RUSSLAND IM JANUAR 1950

Zwischen den Baracken pfeift ein scharfer Wind. Die Stalinogorsker Kohle schwelt in den Öfen. Sie geben nur wenig Wärme, wenn nicht aus dem nassen Schacht etwas „Benzinkohle" mitgebracht werden konnte. Aus den Wänden wächst das Eis, in uns wühlt die Ungewißheit. Die Normver=urteilungsmaschinerie hat zwar auf einen Wink Moskaus ihre Tätigkeit eingestellt. Aber wir sind zurückgeblieben. Die letzten Transporte des Jahres 1949 sind ohne uns gefahren. Einige haben den Verstand darüber verloren, sie nehmen nichts mehr wahr — nur gelegentlich revoltieren sie. Hin und wieder unternimmt es jemand auszuscheren — Selbstmordversuch! Es kommt keine Post — es ist überall kalt und trostlos, draußen wie drinnen.

In einer kleinen Stube hocken sieben Mann beieinander, unter ihnen ein Theologieprofessor. Sie sind gekommen, weil sie Einen suchen, der den Mut noch nicht verloren hat, auch der Theologieprofessor. Dieser Eine ist ein Mann, der einmal in der Deutschen Lufthansa, in der deutschen Fliegerei einen Namen hatte. Er spricht nicht viel, er setzt seine Worte so, als baue er etwas auf — die Hoffnung. Einst war Hans Baur ein bekannter Flieger. Jetzt lernen die Zurückgebliebenen den unerschütterlichen Menschen Baur kennen.

Aber die Russen kannten ihn auch. Als sie ihn Anfang April wieder weg=schafften, da mußte das ganze Lager zur Zählung antreten und so lange stehen bleiben, bis Baur aus dem Lager abtransportiert war.

Ein paar Monate später sahen wir uns wieder. Mit und ohne Begründung, in Zwei= bis Zehnminutenverfahren hatten wir bekommen, was ein Befehl aus dem Kreml uns längst zugedacht hatte — fünfundzwanzig Jahre. Wir waren wenigstens froh, daß wir uns wiedergefunden hatten. Es fehlten nur einige. In einer der ersten Nächte saßen wir zusammen. Wir tranken von dem Kaffee aus einem der damals ganz seltenen Pakete — wir er=zählten. Plötzlich stand jemand in der Tür: „Baur, fertigmachen!" Es warte=ten wieder die Verschickungsgefängnisse, die Ungewißheit unter Russen ohne die deutschen Kameraden. Baur erhob sich — ein kräftiger Händedruck. Wenige Minuten später stand er am Tor. Lächelnd und doch ernst. Traurig und doch voller Zuversicht. Er rief uns aufmunternd die Worte zu: „Wir sehen uns in der Heimat wieder!"

Julius Weistenfeld

VORWORT

Wenn ich meine Erinnerungen der Öffentlichkeit übergebe, so beabsichtige ich damit nicht, einen Beitrag zur Weltgeschichte zu leisten. Ich war mein Leben lang nur von der Leidenschaft des Fliegens besessen. Das Glück dieser Erde lag für mich zwischen Himmel und Erde und das Dröhnen der Propeller war meine Musik. Die Großen und Mächtigen dieser Zeit waren meine Fluggäste und ihre Sicherheit war mir oberstes Gebot. Mit mir flogen Größen aus dem Reich der Wissenschaft und der Kunst, gekrönte Häupter und Mächtige auf dem Gebiet der Politik aus vielen Nationen. Zu untersuchen, ob sie bestehen vor dem unerbittlichen Richterspruch der Geschichte, ist nicht meine Aufgabe.

Daher soll dieses Buch weder Anklage noch Rechtfertigung sein. Es will nichts weiter, als aus der Fülle meiner Erinnerungen Lichter aufleuchten lassen, die Episoden und Erlebnisse erhellen, die mir bemerkenswert erscheinen. Soweit sie damit auch ein Spiegelbild der Zeit sind und Schicksale von Menschen offenbaren, mögen sie auch einen Beitrag zur Zeitgeschichte bilden. Im wesentlichen ist es mir darum zu tun, meine Leser teilnehmen zu lassen an den großen Flügen, die mich über Berge, Täler und Länder führten, durch Gewitterstürme und Sonnenschein.

In einem Buch, das in diesen Monaten erschien, hieß es: „Das Volk, das Informationen erwartet, wird mit zweifelhaften Sensationen abgespeist. Der Redakteur einer Weltzeitung wendet sich in Friedland an den Flugkapitän, der den Mann aus Braunau in seinen Glanzzeiten von Massenkundgebung zu Massenkundgebung geflogen hat, von politischen Triumphen bis zur unaufhaltsamen Vernichtung seines Landes. Der Mann im Duffle=Coat gibt dem Flugkapitän seine Karte und sagt lässig: ‚Schreiben Sie uns Ihre Memoiren, wir zahlen jeden Preis!' Wenige Tage später schon verhandelt der Flugkapitän in London." *Ich war nicht in London!* Das Recht auf Information achte ich. Ich habe mich bemüht, die Dinge auch in der rückwärtigen Betrachtung so zu sehen, wie sie sich mir zeigten und wie ich sie erlebt habe. Frei von Sensationshascherei habe ich versucht, etwas zur Information beizutragen. Was ich nicht genau weiß, habe ich nicht niedergeschrieben.

Wie einen bunten, erregenden Film sehe ich heute bei der Erinnerung an die vergangenen Jahre Ereignisse und Gestalten an mir vorübergleiten, die sich für immer meinem Bewußtsein eingeprägt haben. Es ist ein weiter Weg von der Stille meines oberbayerischen Geburtsortes in die russische Gefangenschaft und zurück in die Heimat. In den Bogen dieser endlos langen Strecke seien die Begegnungen und Erlebnisse meines Fliegerlebens eingespannt.

Fliegerischer Beginn in Krieg und Frieden

Mein größter Wunsch: fliegen

In Ampfing bei Mühldorf, jener historischen Stätte, an der sich einmal deutsche Geschichte abspielte, wurde ich im Jahre 1897 geboren. Bereits mit zwei Jahren kam ich mit meinen Eltern nach München, wo ich später auch die Volks= und Realschule besuchte. Damals ahnte ich noch nicht, daß ich einmal Flieger werden würde. Als Kaufmannslehrling in einer Kemptener Eisenhandlung begann ich meine zivile Laufbahn, und vielleicht wäre mein Leben zwischen Bürostuhl und Schreibmaschine verlaufen, wenn nicht der erste Weltkrieg gekommen wäre.

Ich war gerade 17 Jahre alt, als der erste Weltkrieg begann. Eine Woge der Begeisterung ging damals durch die Lande. Was wunders, daß sie auch mich erfaßte und mich mit dem Wunsche beseelte, Soldat zu werden. Mein Vater freilich teilte diese Begeisterung nicht. In seiner bedächtigen Art suchte er mich von meinem Vorhaben abzubringen, aber ich ließ im Ungestüm meiner Jugend nicht locker, bis er endlich seine Einwilligung gab, daß ich mich in Kempten freiwillig bei der Infanterie meldete. Aber ich erhielt einen ablehnenden Bescheid. Meine Größe hatte noch nicht das vorgeschriebene Mindestmaß erreicht, auch glaubte man, daß man meinen Rücken noch nicht mit einem schweren Tornister bepacken könnte. Man riet mir wohlwollend, erst noch ein wenig zu wachsen und gab mir gleichzeitig die tröstliche Zusicherung, daß der Krieg länger dauern würde und ich meine Kräfte dem Vaterland noch lange genug zur Verfügung stellen könnte. Diese Nachricht war für mich eine große Enttäuschung, und recht bekümmert kehrte ich wieder in meine Lehrstelle zurück.

Aber ich gab noch nicht auf. Flieger, so dachte ich bei mir, brauchen keinen Tornister zu tragen. Also versuchte ich im September 1915 erneut mein Glück. Um sicher zu gehen, wandte ich mich gleich an die oberste Instanz, ich schrieb an den deutschen Kaiser und bat ihn, mir behilflich zu sein, bei der Fliegerersatzabteilung in Schleißheim unterzukommen. Vom Kaiser erhielt ich allerdings keine Antwort, dafür aber kam von Schleißheim folgender Brief: „Ihr an Seine Majestät, den deutschen Kaiser, gerichtetes Gesuch wurde hierher überwiesen. Leider ist aber der Bedarf zur Zeit völlig gedeckt, so daß wir Sie hier momentan nicht einstellen können. Wir werden im Bedarfsfalle auf Sie zurückkommen."

Dieses erste Dokument meiner fliegerischen Laufbahn ist heute noch in meinem Besitz. Es sollte allerdings noch geraume Zeit dauern, bis mein Wunsch endlich in Erfüllung ging. Vier Wochen wartete ich auf Antwort, bis meine Geduld zu Ende war und ich wiederum an den Kaiser schrieb mit

der Bitte, mich bei der Marinefliegerei unterzubringen. Vom Marinestaats=
amtssekretär in Berlin bekam ich daraufhin Bescheid, daß mein Gesuch wei=
tergeleitet worden sei und ich sofort nach Wilhelmshaven kommen könne.
Zwei Tage später kam auch aus Schleißheim die Nachricht, daß ich bei der
Fliegerersatzabteilung eintreten könne. Die Wahl fiel mir nicht schwer. Ich
packte meine Sachen und meldete mich am 25. November 1915 in Schleißheim.
Nach einer zweimonatigen Rekrutenausbildung kam ich zu einer bayerischen
Fliegerabteilung 1 B ins Feld. Von den Kameraden wurde ich freudig emp=
fangen. Als sie aber meinen Milchbart sahen, kamen ihnen doch Bedenken,
ob sie mit mir einen guten Fang gemacht hätten. Sie hielten mich für das
letzte Aufgebot und einer meinte: „Wenn solche Leute jetzt schon zu uns
herauskommen und wenn das alles ist, was in der Heimat noch an Ersatz
vorhanden ist, dann kann der Krieg nicht mehr lange dauern!" Durch solche
Äußerungen wurde ich natürlich sehr bescheiden, ich versuchte erst gar
nicht, meine Wünsche laut werden zu lassen, sondern meldete mich frei=
willig in die Kanzlei.

Auf „krummen Wegen" an die Maschinen

Nachdem ich mehrere Monate meinen Kanzleidienst getan hatte, mit den
Maschinen aber in keinerlei Berührung kam, sondern sie nur von fern sehen
durfte, bat ich den Abteilungskommandanten, er möge mir doch in den
Abendstunden Gelegenheit geben, mich um die Flugzeuge kümmern zu
dürfen: ich wollte ja möglichst bald Flieger werden. Der Kommandant lä=
chelte über meinen Wunsch, erteilte mir aber die Erlaubnis, nach meinen
Kanzleistunden Motore waschen zu dürfen. Das war zwar nicht ganz nach
meinem Sinn, aber ich hatte wenigstens mit Monteuren und Flugzeugen
engere Fühlungnahme. Für einen Probeflug langte es allerdings nie.
Von Zeit zu Zeit kamen von der Ersatzabteilung immer wieder Anweisun=
gen, wonach Freiwillige sich zum Flugdienst melden konnten. Da ich auf
der Kanzlei beschäftigt war, kamen diese Schreiben zuerst mir zu Gesicht.
Ich meldete mich daher zum Rapport und bat den Kommandanten, mich
dem Flugdienst zuzuweisen. Mein Abteilungshauptmann, der mich gut lei=
den konnte, meinte allerdings: „Hansl, Du bist noch viel zu klein und zu
jung. Sie werden Dich bei der Untersuchung sicherlich wieder zurück=
schicken. Damit Du aber meinen guten Willen siehst, werde ich Dich nach
Verviers zur Untersuchungskommission schicken. Wir werden ja sehen, ob
sie Dich gebrauchen können."

So kam ich also nach Verviers. Als ich bei der Untersuchungsstelle die großen starken Kerle sah, zum Teil mit hohen Auszeichnungen geschmückt, während ich noch ein ganz kleiner, gewöhnlicher Soldat war, bekam ich es doch etwas mit der Angst zu tun. Die Untersuchungen waren außerordentlich streng. Von den 136 Mann, die zur Stelle waren, wurden nur 36 für tauglich befunden, alle anderen wurden zurückgeschickt. Ich hatte von keiner Seite Bescheid bekommen, ob ich brauchbar sei oder nicht. Der Hauptmann war etwas skeptisch, als ich mich zurückmeldete: „Na, Hansl, haben sie Dich wieder nach Hause geschickt? Die können Dich doch bestimmt nicht brauchen." Abwarten, dachte ich und antwortete ihm: „Den meisten hat man gesagt, daß sie irgendein Herz- oder sonstiges Leiden oder Gebrechen haben. Selbst wenn einer nur einen Schnupfen hatte, bekam er ein Pulver und wurde zurückgeschickt mit dem Hinweis, er solle sich nach vier Wochen wieder melden." Vier Wochen später kam dann plötzlich aus Schleißheim zu meiner größten Freude die Nachricht: „Der Pionier (so hieß es damals noch) Hans Baur ist sofort zur Vorflugschule nach Milbertshofen bei Schleißheim in Marsch zu setzen." Mein Hauptmann war zunächst sprachlos und beglückwünschte mich dann zu diesem unerwarteten Erfolg.

Endlich in der Luft

Da ich schon immer ein begeisterter Techniker war und sehr viel Basteltalent besaß, war es mir ein Leichtes, den Anforderungen, welche die Motorenschule an den Flugsäugling stellt, nachzukommen. Als ich zur Flugschule nach Gersthofen versetzt wurde, war es so, daß auf einen Lehrer sechs Flugschüler kamen. Wir machten pro Tag sechs Starts und zwar sechs Schulflüge mit dem Lehrer. Bereits nach drei Tagen hatte ich 18 Schulflüge absolviert. Mein Lehrer schien sehr zufrieden mit mir zu sein, denn er erklärte mir: „Wenn Sie wollen und wenn Sie das Gefühl haben, selbständig genug zu sein, können Sie bereits den 19. Flug als ersten Alleinflug machen." Im allgemeinen wurden 35 bis 40 Schulflüge pro Schüler durchgeführt. Ich habe als erster Schüler meinen Fluglehrer verlassen.
Bevor ich zum ersten Alleinflug ansetzte, ließ ich mir von einem älteren Flugschüler, der bereits vor der dritten Prüfung stand, erklären, wie man eine Spirale macht. Davon hatte uns der Fluglehrer noch nichts erzählt, da wir ja nur Start und Landung, aber keinerlei sonstige Flugfiguren lernten. Bei jedem Alleinflug war außerdem offizielles Startverbot für alle Flugzeuge. Alles paßte auf den Flieger auf, der drei Landungen machen mußte.

Ich war ganz ruhig, als ich dann in meiner Maschine saß. Es war eine alte Albatros mit einem hundertpferdigen Motor. Die Maschinen galten für die damaligen Verhältnisse als recht gut, sie entwickelten eine Geschwindigkeit von ungefähr 110 Stundenkilometern. Ich gab Vollgas und kletterte auf achthundert Meter hinauf. Noch nie in meinem Leben war ich so hoch gewesen. Die Schulflüge hatten nur eine Höhe von hundert bis zweihundert Meter erreicht. Als ich auf achthundert Meter Höhe angelangt war, nahm ich das Gas weg und handelte genau so, wie der Flugschüler es mir erklärt hatte. Ich drehte links das Seitensteuer aus und nahm den Steuerknüppel etwas links herüber. Den Motor hielt ich auf rund achthundert Touren, wobei das Flugzeug abwärts gleitet. Wenn die Maschine sich zu sehr neigte, zog ich das Höhensteuer wieder etwas an. Dann setzte ich zur Spirale an. Es ging an sich verhältnismäßig einfach, und ich kam ganz gut auf ungefähr hundertfünfzig Meter herunter, die wir von den Schulflügen her gewohnt waren. Hierauf flog ich meine Runde aus und setzte zur Landung an. Die Landung klappte tadellos, als ich aber an den Abstellplatz rollte, kam wütend mein Fluglehrer angerannt und tobte: „Bist Du denn wahnsinnig geworden? Was fällt Dir eigentlich ein? Wer in Deinem Leben hat Dir je eine Spirale gezeigt? Am liebsten würde ich Dir ein paar herunterhauen — aber komm her, Du Bengel, laß Dir die Hand drücken. Doch sei vernünftig und mach so etwas nicht wieder, Du bist noch viel zu jung dafür." So schimpfte und lobte er mich in einem Atemzug und zeigte mehr Aufregung als ich. Ich bedankte mich und stieg wieder in die Maschine. Den zweiten und dritten Start flog ich in der normalen Rundenhöhe ab. Damit war ich den Fittichen meines Lehrers entwachsen, ich konnte nunmehr die vorgeschriebenen drei Prüfungen machen. Es waren sonst Hunderte von Starts notwendig, ehe die Flugbedingungen erfüllt waren. Als ich die zweite Prüfung hinter mir hatte, standen die Schüler, die mit mir dem Lehrer zugeteilt worden waren, vor ihrem ersten Alleinflug.
Ich begriff die Fliegerei sehr gut und wurde wiederholt vom Flugleiter gelobt. Nach meiner dritten Prüfung wollte ich natürlich wieder ins Feld. Da ich aber damit rechnete, wieder zu meiner alten Abteilung in Frankreich zu kommen — ich hatte auch schon dorthin geschrieben — bat ich, daß man mich vorläufig noch hier behalte, bis meine Anforderung komme. Da bei der Artilleriefliegerschule Grafenwöhr für einen tödlich abgestürzten Piloten Ersatz gestellt werden mußte, ließ sich das ohne weiteres machen. An sich kamen dort nur Flugzeugführer zum Einsatz, die schon im Felde waren,

denn beim Artillerieeinschießen wurden scharfe Granaten verwendet, damit die Artilleriebeobachter das Einschießen lernten. Mein Flugleiter hatte aber keine Bedenken mich trotzdem nach Grafenwöhr abzukommandieren, weil ich sein bester Schüler war.

Sechs Wochen lang flog ich dann beim Artillerieeinschießen und langsam mußte ich annehmen, daß mich mein alter Abteilungsführer nicht mehr haben wollte. Ich bat also den Kommandanten des Flugplatzes, mich bei der nächsten passenden Gelegenheit ins Feld zu versetzen.

Endlich wieder ins Feld

Zwei Tage später kam jedoch von der Fliegerersatzabteilung mein Marschbefehl zur alten Einheit. Am Abend war das übliche Abschiedsessen und am nächsten Tag brachten mich meine Kameraden zur Bahn. In Schleißheim bekam ich meine Papiere und fuhr dann nach dem Westen, wo die Abteilung gelegen hatte. Volle neun Tage fuhr ich in Frankreich von einer Auskunftsstelle zur anderen, da die Abteilung inzwischen verlegt worden war. Als ich sie endlich ausfindig gemacht hatte und todmüde bei ihr ankam, begrüßte mich heller Jubel meiner Kameraden. Der Abteilungsführer machte große Augen als er mich sah, denn er glaubte mich nicht mehr unter den Lebenden, er konnte es gar nicht begreifen, daß ich wieder da war. „Wir haben doch von der Ersatzabteilung Nachricht bekommen, daß Du tödlich abgestürzt und verbrannt seiest und kein Ersatz gestellt werden könne", empfing er mich.

Wie war dieser Irrtum entstanden? Auf der Fliegerschule waren drei Mann mit dem Namen Hans Baur gewesen. Einer davon war auf einem Überlandflug in seine Heimat geflogen. Wahrscheinlich wollte er seinen Angehörigen sein fliegerisches Können zeigen, aber er verlor beim Kurven über seinem Hof die Gewalt über die Maschine, stürzte ab und verbrannte. In Schleißheim glaubte man, dieser Abgestürzte sei ich und gab die Meldung an meinen Abteilungsführer weiter. Um so glücklicher war er nun, daß ich doch wieder da war.

Die Flugzeugbesatzungen, die ich antraf, bestanden mit wenigen Ausnahmen aus fremden Männern. Sie betrachteten mich mit einigem Mißtrauen, vor allem deswegen, weil Werkmeister und Mannschaften sehr nett zu mir waren. Leider ruhte der Flugbetrieb um diese Zeit vollkommen, weil wir vor Beginn der Offensive die Maschinen aus Tarnungsgründen nicht aus der Halle nehmen durften. Vier Tage später aber hatten wir ein Wetter, das es dem Feind unmöglich machte, über unsere Linien zu kommen. Der ersehnte Augenblick war also da. Eine Maschine wurde herausgeholt und startklar gemacht. Ich mußte die Maschine, es war eine D.F.W., vorfliegen. Nach kurzer Überprüfung stieg ich ein, noch einen Blick auf Hebel und Geräte, dann gab ich Vollgas.

Es war ein erhebendes Gefühl, als ich keinen Boden mehr unter mir hatte und mich emporschraubte. Um den Flugzeugführern, die mir zusahen, zu zeigen, was ich auf der Fliegerschule gelernt hatte, flog ich die Maschine nach links und rechts, stellte sie auf die Flügelspitze und machte Steuerwechselkurven und Spiralen, daß es nur so eine Lust war. Nach einer halben Stunde kam ich wieder zurück und machte eine tadellose Landung. Ich rollte der Halle entgegen, wo ich von Werkmeistern und Mannschaften mit großem Jubel empfangen wurde. Der Blick der anderen Flugzeugführer wurde allerdings noch mißtrauischer. Lediglich mehrere Beobachter begannen mit mir zu liebäugeln, denn sie waren ja immer von dem Flugzeugführer abhängig, dem sie zugewiesen wurden. Nachdem sie meinen Flug beobachtet hatten, mochten sie bei mir eine gewisse Sicherheit empfinden. Der technische Offizier, bei dem ich mich zu melden hatte, empfing mich allerdings sehr wenig freundlich. Er zog sämtliche Register seiner Kehlkopforgel: „Wenn Sie nochmals derartige Kurven fliegen, lasse ich Sie vom Platz weg einsperren! Wir stehen kurz vor einer Offensive, und da brauchen wir die Maschinen notwendig. Ich habe also kein Interesse daran, daß Sie sich schon in den ersten Tagen den Kopf einrennen. Mit Ihrem Dickschädel wird das noch früh genug der Fall sein!"

Am nächsten Tag war dasselbe diesige Wetter. Die Franzosen konnten also wiederum nicht in unser Hinterland einfliegen. Es wurde ein weiterer Probeflug angesetzt und zwar mit einer 32 Zentner schweren AEG=Maschine, ein gepanzertes Infanterieflugzeug, das mit einem 220 pferdigen Benz-Motor ausgerüstet war, eine Gipfelhöhe von 1100 Metern erreichte und 140 Stundenkilometer flog. Die Leistungen dieser Maschine befriedigten auf die Dauer allerdings nicht, denn für solch bullige Flugzeuge waren die Motoren doch zu schwach. Man fragte mich, ob ich die Maschine fliegen wollte, wozu ich selbstverständlich sofort bereit war.

Der Start war wegen des Gewichtes der Maschine verhältnismäßig lang, aber sie kam doch ganz gut vom Boden weg. Als ich bereits vierhundert Meter Höhe erreicht hatte, begann ich die Maschine zuerst in eine leichte Links=, dann in eine leichte Rechtskurve zu legen. Da der Halt in der Kurve ziemlich gut war, versuchte ich, sie auf den Flügel zu stellen, was mir auch glückte, zum größten Erstaunen derer, die dies der Maschine nicht zugetraut und sie deshalb abgelehnt hatten. Nach der Landung allerdings mußte ich wieder das übliche Donnerwetter über mich ergehen lassen. Der technische Offizier drohte mit einer Meldung beim Abteilungskommandanten. Dieser war mir gut gesonnen und er ermahnte mich lediglich, keine Dummheiten zu machen. Im Innern war er jedoch über mein Können sehr glücklich.

Die große Offensive

Dann kam die große Offensive. Am Abend zuvor wurde ich ins Kasino gerufen, wo wir Flugzeugführer unsere Aufträge und Befehle für den frühen Morgen erhielten. Man ermahnte uns, vorsichtig zu sein, da auf verhältnismäßig kleinem Raum fünftausend Geschütze in Stellung gebracht worden waren, was bisher noch nie der Fall gewesen war. Unser Hauptaugenmerk sollten wir vor allem auf die Böen richten, die durch die einschlagenden Geschosse hervorgerufen wurden, zumal wir mit unseren Infanteriemaschinen nur hundert Meter über Grund flogen. Sie waren zwar gepanzert und von unten her gegen Infanteriebeschuß gesichert, aber Böen und Geschützfeuer konnten ihnen zum Verhängnis werden. Außerdem bestand die Gefahr, in die Geschoßbahnen der eigenen Artillerie hineinzukommen.

Es war noch dunkel, als wir starteten. Mit angespannten Sinnen schoben wir uns an die Front vor, um die Feuerwalze und das operative Geschehen zu beobachten. Tiefer Morgennebel machte die Sicht zunächst unmöglich. Zuweilen aber wallten im Platzen der Granaten die Nebel auf und gestatteten uns einen Durchblick. Deutlich konnte man die Schützengräben und die darinhockenden Soldaten sehen. Auf unserer Seite waren Kolonnen im Vormarsch begriffen, die in ihre Ausgangsstellungen einrückten. Auf französischer Seite war kaum jemand zu sehen, da sich wegen des ungeheuren Trommelfeuers alle Poilus in ihre Löcher und Bunker verkrochen hatten.

Nachdem wir unseren Frontabschnitt volle drei Stunden überflogen hatten und der Vormarsch unserer Truppen in vollem Gange war, wendeten wir uns dem Hinterland des Feindes zu. Als wir sahen, daß sich riesige Kolonnen auf den Straßen nach rückwärts bewegten, entschlossen wir uns, diese mit Maschinengewehren anzugreifen. In unserer AEG-Maschine waren zwei starr nach abwärts gerichtete MGs eingebaut, und außerdem waren auch sogenannte „Iflmäuse", das waren Handgranaten, die an Ketten hingen, und von denen man sechs Stück zu gleicher Zeit auslösen konnte, vorhanden. Wir überflogen die Kolonnen in 100 bis 150 Meter Höhe und eröffneten das Feuer. Sofort entstand ein wirres Durcheinander. Zahlreiche

Fahrzeuge und Pferde wurden getroffen, so daß es zu einer Stauung der Kolonne kam. Die „Iflmäuse" fanden reiche Beute. Die Fahrer rannten kopflos davon.

Natürlich blieben auch die Kolonnen nicht untätig, sondern erwiderten das Feuer. Die Löcher in meinen Tragflächen wurden zusehends mehr, dauernd klatschten Geschosse an den Rumpf der Maschine, die aber wieder abfielen, da Maschine und Motor gepanzert waren. So ging es ungefähr dreiviertel Stunden lang und wir hatten fast alle Munition verschossen. Plötzlich merkte ich, daß mein Propeller nicht mehr zog, er mußte einen Treffer ab= bekommen haben. Ich erklärte meinem Beobachter, daß wir jetzt schleunigst nach Hause fliegen müßten, da ich keine Höhe mehr gewinnen könne. Beim Zurückfliegen stellten wir kurz vor der deutschen Linie noch einmal fest, daß sich unten wieder feindliche Infanterie zu sammeln begann, die wir mit dem Rest unserer „Iflmäuse" bescherten. Es stellte sich nun aber heraus, daß wir beim Kurven sehr stark mit MGs beschossen worden waren und daß eine Serie von Treffern den Motor zerschmettert hatte. Die Folge davon war, daß mir kochendheißes Wasser ins Gesicht spritzte. Öl und Dampf kamen hinterher. Ich riß mir die Brille ab, weil sie vollkommen mit Öl ver= schmiert war und ich keinerlei Sicht mehr hatte. Da bemerkte ich, daß ich nur noch wenige Meter über dem Boden war. Ich befand mich gerade über einem Berg, über den die Front verlief. Es waren auf beiden Seiten nur ganz kleine Gräben, etwa einen Meter tief, ausgehoben. Dort hockte nun Freund und Feind. Zwischen den Linien durfte ich nicht landen, da wir sonst von den Franzosen zusammengeschossen worden wären. Ich mußte also ver= suchen, möglichst über den Berg hinweg in deutsches Hinterland zu kom= men. Es gelang. Vor mir lag nun eine größere Ortschaft, über die ich nicht mehr hinwegschweben zu können glaubte, da ich ja ohne Motor flog. Trotz= dem wagte ich es und kam auch noch glücklich darüber hinweg. Gegenüber lagen Weinberge, rechts vor mir tauchte eine grüne Rasenfläche auf, die mir als Landeplatz geeignet erschien. Es stellte sich aber bald heraus, daß es ein riesiges Haferfeld war, auf dem der Hafer etwa vierzig Zentimeter hoch stand. Mit Schrecken bemerkte ich, daß vor mir riesige Telegrafenstan= gen standen. Zu spät erkannte ich jedoch, daß zwei Telegrafenleitungen hintereinander angebracht waren. Durch die erste konnte ich noch hindurch= schlüpfen, aber die zweite wurde mir zum Verhängnis. Mit der Flächenwur= zel — das ist die Stelle, wo die Tragfläche am Rumpf befestigt ist — flog ich die zweite Leitung an. Durch die Wucht der Maschine wurde die gewaltige Stange zwar umgeschlagen, ich selbst machte dabei aber vollkommen kehrt und fiel kopfüber auf den Boden.

Kurz nach dem Aufschlag riß ich meine Gurtschnalle los, um mich aus der Maschine herausfallen zu lassen und mich aus der mißlichen Lage zu befreien. Aber unglücklicherweise brachte ich meinen Kopf zwischen Spannturm und Erdboden. Hätte ich nicht meinen Sturzhelm aufgehabt, wäre es mit meiner Fliegerei für immer aus gewesen. So eingeklemmt, spürte ich einen kolossalen Druck auf die Schädeldecke, ich glaubte, jeden Augenblick müsse mir der Kopf zerspringen, da die Maschine nach dem ersten Aufprall vollkommen in sich zusammensackte. Schließlich konnte ich durch starkes Anziehen die Sturzhelmriemen, die aus Kunstleder waren, abreißen und so meinen Kopf befreien. Als ich aus dem Trümmerhaufen hervorgekrochen war, galt mein erster Gedanke dem Beobachter. Er war halb bewußtlos und blutete wie ich aus Mund und Nase. Wir waren aber zufrieden, daß unsere Glieder noch heil geblieben waren und suchten zu retten, was zu retten war. Mein Beobachter sammelte seine Aufzeichnungen und das Kartenmaterial und ich nahm meine Instrumente, soweit sie noch gut abmontierbar waren. Nun wollten wir uns zu unserer Einheit aufmachen. Wir waren aber etwas weit nach rechts abgekommen und wußten nicht recht, ob wir uns nicht doch noch hinter den französischen Linien befanden, zumal die Offensive in vollem Gange war und die Front sich ständig veränderte. Noch während wir die Situation besprachen, knallten einige Schüsse gegen die Maschine. Als unmittelbar an meinen Ohren ein Geschoß vorbeizischte, warfen wir uns beide zu Boden und suchten Deckung hinter unseren Panzerplatten. Nun kamen immer wieder einzelne Schüsse auf die Panzerplatten, die durch Anstrich getarnt, nicht als solche zu erkennen waren. Der Schütze mußte also annehmen, er habe uns beide längst getroffen.

Mein Beobachter meinte, daß es nun höchste Zeit sei zu verschwinden. „Hier ist nichts mehr zu machen", meinte er, „nehmen wir die notwendigen Sachen. Wir müssen schauen, daß wir den Berg kriechend überwinden, dann kommen wir sicher zu unseren Linien." Im Schutz eines Flugzeugflügels, der senkrecht gegen den Himmel gerichtet uns als Deckung diente, krochen wir durch das Haferfeld, mein Beobachter voraus, ich hinterher. Es fiel mir ziemlich schwer, da ich starke Prellungen hatte. „Nimm Deinen Hintern herunter, sonst knallen sie Dir noch eine Ladung drauf bei dieser Kaninchenjagd", warnte er mich wiederholt. Er hatte gut reden, er kannte meine Schmerzen nicht.

Plötzlich tauchten vor uns drei deutsche Soldaten auf, zwei Sanitäter und ein Infanterist, die von der Ortschaft uns zu Hilfe geschickt worden waren, da man dort unsere „Landung" beobachtet hatte. Ich schrie ihnen zu, sie sollten Obacht geben, da wir beschossen würden. Zwei Soldaten warfen sich auch sofort zu Boden, der dritte aber blieb stehen und meinte: „Die Franzosen liegen ja drüben, die können doch nicht über den Berg schießen!" In diesem Augenblick sprang auch schon ein Franzose mit dem Gewehr in der Hand vor die Maschine und grinste. Als er aber sah, daß er es mit mehreren Leuten zu tun hatte, drehte er sich um und rannte den Berg hinunter. Der stehengebliebene Soldat legte sofort an und schoß. Der Flüchtende lief noch einige Meter und fiel dann in das Haferfeld. Der Infanterist lief hinterher, schlich sich dann vorsichtig an den Franzosen heran und stellte einen Brust- und einen Oberschenkelschuß fest. Wie sich später herausstellte, war der Franzose bereits in deutscher Gefangenschaft, hatte sich aber nicht so ohne weiteres ergeben wollen und es dann mit uns zwei Verletzten aufgenommen. Dabei hatte er sein Leben lassen müssen.

Auf dem Rückmarsch begegneten uns Hunderte von Gefangenen, die ihre Verwundeten aufgelesen hatten und sie in Zeltbahnen mit sich führten. Wir mußten noch etwa zwanzig Kilometer marschieren, bis wir ein Telefon fanden, von dem aus wir unsere Staffel anrufen konnten. Sie ließ uns gleich mit einem Wagen abholen. Wir sahen ziemlich mitgenommen aus, da wir die ganze Uniform und das Gesicht noch voller Blut hatten. Das Mitleid unserer Kameraden war um so größer, als an diesem Tage bereits zwei Besatzungen den Heldentod gefunden hatten.

Nur einige Tage blieb ich im Revier, dann ging es von neuem los. Wir kamen täglich zwei- bis dreimal zum Einsatz, die Flüge dauerten meist dreieinhalb bis vier Stunden. Im wesentlichen führten wir dabei Erkundungen von Infanteriestellungen durch, machten Geschützstellungen aus, die dann von unserer Artillerie, aus dem Flugzeug geleitet, bekämpft wurden. Mein Beobachter, Leutnant von Hengl, leistete dabei ganz Außergewöhnliches. Er bekam dadurch von unserem Abteilungsführer zu den Einsatzbefehlen, die ohnehin reichlich genug bemessen waren, wiederholt noch einen Auftrag hinzu, den ein anderer Kamerad nicht durchführen konnte. Viele Male entledigte er sich dieser Aufträge erfolgreich, so daß wir beim Abteilungsführer als besonders ausgewählte Besatzung galten.

Einsatz als Kampfflieger

Bisher konnten wir uns mit unseren Flugzeugen in keine Luftkämpfe einlassen. Durch die verbesserten Maschinen, wie die Hannoveraner, die wir jetzt bekamen, wurde dies möglich. Diese CL 3a war ein verhältnismäßig kleiner Doppeldecker mit doppeltem Höhensteuer. Mit einem 185 pferdigen

Argus=Motor ausgerüstet, erreichte sie eine Geschwindigkeit von 165 Stun=
denkilometern. Sie war sehr wendig und hatte sowohl für den Piloten als
auch für den Beobachter ein MG eingebaut. Damit waren die Bedingungen
erfüllt, daß wir uns mit Aussicht auf Erfolg an Luftkämpfen beteiligen
konnten. Wir brannten schon darauf, den ersten Luftsieg zu erringen. Nach
dem Artillerieeinschießen flogen wir die Front ab, ob wir nicht noch ein
Infanteriehäschen — so nannten wir die französischen Infanterieflieger —
ausfindig machen konnten. Bis zum Kriegsende habe ich mit dieser Ma=
schine immerhin neun französische Flugzeuge abgeschossen. Bei der dama=
ligen Fliegerei war ich der einzige, der als Artillerie= und Infanterieflieger
diese hohe Abschußzahl zu verzeichnen hatte.

An einen Luftkampf erinnere ich mich noch besonders deutlich. Am 17. Juli
1918 wurden wir im Frontabschnitt vor Reims und Epernay beim Einschie=
ßen plötzlich von fünfzehn Feindmaschinen überfallen. Dieser ungleiche
Kampf schien uns aber doch zu gewagt, und wir suchten zunächst das Weite,
indem wir durch die Wolken flogen. Die Maschinen drehten dann auch
wieder ab, und wir setzten unser Einschießen fort. Kurze Zeit darauf tauch=
ten sechs Spads, das waren französische Jagdmaschinen, auf. Wir wurden
in heftige Luftkämpfe verwickelt. Die MGs bellten, es war ein Mordsspek=
takel. Vier Maschinen konnten mein Beobachter und ich zum Absturz brin=
gen. Das war ein Erfolg, wie er sonst praktisch nicht vorgekommen ist. Die
restlichen zwei Jäger ergriffen die Flucht, weil sie glauben mochten, es mit
dem Teufel zu tun zu haben.

Praktisch ist ein Infanterieflugzeug einem Jäger weit unterlegen. Es gehört
schon ein großes fliegerisches Können, aber auch ein gewisser Dusel dazu,
um es mit einem Jäger aufzunehmen. Wir waren daher über diesen Erfolg
recht glücklich. Mein Beobachter war reineweg aus dem Häuschen. Er tobte
in seinem Stand und faßte mich um den Hals, daß ich ihn zur Ruhe mahnen
mußte. Denn selbstverständlich hatte ich an meiner Maschine eine große
Anzahl Treffer zu verzeichnen, und ich konnte nicht wissen, ob vielleicht
irgendwelche Streben abgeschossen oder Tragflächenholme beschädigt wa=
ren. Bei erhöhter Belastung bestand zweifellos die Gefahr, daß die Ma=
schine dann in der Luft abmontierte. Wir hatten zwar damals auch schon
Fallschirme, hegten aber wenig Vertrauen zu ihnen und ließen sie lieber
zu Hause.

Als wir unseren Flughafen in Sicht hatten, rief ich meinem Beobachter zu,
sich fest anzuschnallen, falls es zu einer Bruchlandung kommen sollte, wenn
die Fahrgestellstrebe abgeschossen sei. Es ging jedoch glatt, und wir wur=
den von unseren Leuten mit großer Begeisterung empfangen. Die übrigen

Besatzungen hatten von meinem Beobachter bereits erfahren, daß wir vier Gegner zu Fall gebracht hatten. Sie nahmen uns auf die Schultern und trugen uns durch die Ortschaft zum Abteilungsführer, dem wir Meldung erstatteten. Sofort wurden wir mit einem Wagen an die Front vorgeschickt, da zur Anerkennung eines Abschusses mindestens drei Augenzeugen notwendig waren. Mein Beobachter, der Leutnant war, ließ sich im Artilleriebunker die Bestätigungen geben. Ich war damals Unteroffizier und setzte mich mit den Mannschaften in Verbindung, die mir auch bereitwillig ihre Unterschriften gaben, mehr als ich brauchte. Sie waren alle sehr erstaunt, daß ich noch so jung war und beglückwünschten mich um so mehr zu meinem Erfolg.

In den Abendstunden flogen wir meist zur Mündungsfeuererkundung, um genaue Standorte der feindlichen Artillerie auszumachen. Gelegentlich eines solchen Fluges sah ich in etwa vierhundert Meter Höhe von den französischen Linien her einen großen Doppeldecker kommen. Ich machte meinen Beobachter auf diesen Vogel aufmerksam und fragte ihn, ob ich ihn angreifen könne. Hengl war damit einverstanden, worauf ich im Sturzflug auf die Maschine zuflog und kurz vor ihr das Feuer eröffnete. Da es schon stark dunkelte, war ein Erkennungszeichen nicht mehr richtig zu sehen. Der Pilot drehte, als er sich von mir angegriffen sah, sofort wieder ab. Dadurch kam ich bis auf wenige Meter an die Maschine heran und glaubte an dem weiß=schwarzen Seitensteuer unser Balkenkreuz zu erkennen. Darüber erschrak ich zutiefst, da ich durch die Leuchtspurmunition wußte, daß ich die Besatzung unbedingt getroffen haben mußte. Mein Beobachter, der an seinem MG schußbereit war, wollte dem Gegner beim Abdrehen den Rest geben. Um dies zu verhindern, riß ich die Maschine stark hoch, so daß er in die Knie sinkend nicht mehr schießen konnte. Nach der Landung teilte ich ihm meine Beobachtung mit und fragte: „Was machen wir nun? Es wäre mir am liebsten, ich wäre gefallen. Ich kann es gar nicht glauben, daß es ausgerechnet mir passiert ist, eine eigene Maschine abgeschossen zu haben." Er meinte, wir sollten darüber den Mund halten, da man es doch nicht mehr ändern könnte.

Drei Tage später kam über den Gruppenführer der einzelnen Fliegerabteilungen ein Rundschreiben. Darin hieß es, daß vor drei Tagen in den Abendstunden ein französisches Flugzeug vom Typ „Bréguet" abgeschossen worden sei und noch in unseren Infanteriestellungen liege, aber niemand sich bisher gemeldet habe. Als dieses Rundschreiben vorgelesen wurde, gab ich schüchtern zu erkennen, daß ich die Maschine abgeschossen, es aber verschwiegen hätte, da ich der Meinung war, ein eigenes Flugzeug erwischt zu

haben. Wie wir später feststellten, befand sich am Seitensteuer der feindlichen Maschine ein schwarz-weißes Staffelzeichen, das wir in der Dunkelheit mit einem deutschen Balkenkreuz verwechselt hatten.

Mißglückter Heimflug

So ging mit unzähligen Flügen das Jahr 1918 allmählich zur Neige. Als
am 9. November der Krieg zu Ende war, bekam ich von meinem Abteilungsführer den Auftrag, die Staffel von Sedan, wo wir seinerzeit lagen, über
Trier und Darmstadt nach Fürth, dem Demobilmachungsort, zu bringen. In
den Morgenstunden war dichter Nebel, so daß an einen Start nicht zu
denken war. Gegen Mittag hob sich der Nebel, und wir setzten zum Start
an. Im ganzen waren es sechs Maschinen. Als Staffelführer hatte ich zwei
Wimpel am Höhensteuer, damit mich meine Kameraden als solchen erkennen konnten, und startete als letzter. Die Wolkendecke war noch immer
äußerst niedrig und nur hundert bis zweihundert Meter hoch. Kurz nach
dem Start, ich war noch kaum vom Boden weg, bemerkte ich, daß mein
Steuer nicht funktionierte. Als mein Beobachter mich einwinkte, daß ich
mich an meine Kameraden anschließen sollte, stellte ich fest, daß sich weder ein Seiten- noch ein Höhensteuer betätigen ließ. Ich flog eine neue Maschine, eine Halberstädter, die ich wenige Tage vorher geholt hatte, und
diese war gegurtet, das heißt, es waren siebenhundert Schuß Munition angebracht. Der Munitionskasten hing an zwei Bolzen unmittelbar hinter dem
Motor, also zwischen diesem und mir. Die Bolzen mußten eigentlich ver-
splintet sein, um den Kasten vor einem Abrutschen zu sichern. Bedauer-
licherweise hatte aber der Waffenwart vergessen, die Splinte einzustecken,
so daß gleich nach dem Start der Kasten aus den Bolzen herausrutschte und
mir zwischen die beiden Steuerungen fiel.
Die Maschine hatte ungefähr hundert Meter Höhe erreicht, ich konnte sie
jedoch nicht drücken und in die Waage bringen. Sie war ohne Trieb im
Steigflug, verlor sehr rasch an Fahrt und drohte deshalb abzustürzen. Ich
nahm das Gas weg, worauf sich die Maschine sofort nach vorn neigte. Weil
ich aber kein Tiefensteuer geben konnte, wurde sie wacklig. Ich gab wieder
etwas Gas, damit sie Fahrt aufholen konnte, was sie zwar tat, aber damit
brachte sie auch gleich das Höhensteuer zur Wirkung. So ging es eine
Weile pumpenderweise auf und nieder, dem Boden immer näher. Vor mir
war ein großes Waldstück, in dem ich zweifellos in den Bäumen hängen-
geblieben wäre. Um dies zu vermeiden, nahm ich kurz vor dem Walde in

etwa zwanzig Meter Höhe das Gas endgültig weg, schaltete die Zündung aus, damit die Maschine nicht in Brand geriet und ließ sie herunterplumpsen. Sie fiel auf das Fahrgestell und überschlug sich. Mein Beobachter fiel in hohem Bogen heraus. Als er das große Seitensteuer auf sich zukommen sah, rollte er sich blitzartig weg, um nicht davon erschlagen zu werden. Ich selbst lag unter der Maschine. Der Spannturm vom oberen Tragdeck war so nied= rig gebaut, daß ich nicht herauskriechen konnte und warten mußte, bis Hilfe kam. Einige Franzosen, die in der Nähe auf dem Feld gearbeitet hat= ten, eilten sofort herbei und hoben den Schwanz des Flugzeuges hoch, so daß ich wieder zum Vorschein kommen konnte.

Inzwischen kam auch unser Abteilungsführer, Hauptmann Häfner, ange= fahren und wollte wissen, was los sei. Ich erzählte ihm kurz das Geschehene, worauf er sagte: „Gut, dann fahren Sie mit unserem Wagen nach Hause." Er zog dann eine Leuchtpistole und brachte durch einen Schuß in den Tank die Maschine zum Brennen. Dann schlossen wir uns der nach Trier fahren= den Kolonne an. Nachdem wir die ganze Nacht durchgefahren waren, kamen wir in den Morgenstunden in der alten Kaiserstadt an. Wir wollten unsere Staffel aufsuchen, fanden sie aber nicht — alle Maschinen hatten wegen des starken Nebels und des bergigen Geländes irgendwo notlanden müs= sen. Daraufhin fuhren wir weiter nach Fürth, wo der größte Teil unserer Männer entlassen wurde.

Ein neuer Job: Postflieger

Es folgte nun eine Zeit der Ungewißheit und des ratlosen Wartens. Die Re= volution, die in Deutschland ausgebrochen war, nahm immer größere Aus= dehnung an. Für uns alte Kampfhasen stand es von vornherein fest, daß wir die Herrschaft der Roten nicht mitmachen würden. Es sollte sich auch bald eine Gelegenheit ergeben, den neuen Machthabern ein Schnippchen zu schlagen.

Am 15. Januar 1919 wurde die erste militärische Luftpost gegründet. Von fünfhundert bayerischen Piloten wurden sechs ausgesucht, auf Grund mei= ner fliegerischen Erfahrung wählte man auch mich zu dieser kleinen Schar. Wir bekamen von der Entente zehn alte Rumpler C1. Es waren gerade keine Paradestücke moderner Technik, aber für den Anfang mochte es gehen. Sie waren mit einem 150pferdigen Motor ausgestattet und erreichten eine Ge= schwindigkeit von 150 Stundenkilometer. Später bekamen wir noch zwei Fokker D7 — sie waren die besten Jagdeinsitzer während des Krieges. Im

Felde hatte ich sie allerdings nicht zu fliegen bekommen, um so größer war meine Freude, sie jetzt ausprobieren zu können. Die Maschine war in allen Lagen kunstflugtauglich, mit ihr machte ich meine ersten Loopings und Figuren, wie ich sie mir nur ausdenken konnte.

Die erste Fluglinie führte damals nach Weimar, wo eben die Verfassung aus der Taufe gehoben worden war. Wir flogen nur Kurierpost. Nachdem wir einige Monate diesen täglichen Flugdienst durchgeführt hatten, kam eines Tages der Flughafenkommandant von Fürth, ein Feldwebel, und erklärte uns, daß in Fürth die Räterepublik ausgerufen worden sei. Wir sollten nun mit unseren Maschinen Geld von München holen. Als wir ihm klipp und klar bedeuteten, daß wir dabei nicht mitmachten, brüllte er uns an: „Eure reaktionäre Luftpost werden wir zum Teufel jagen! Ihr seid entlassen!" Gleichzeitig gab er Befehl, die Maschinen zu beschlagnahmen. Am nächsten Tage sollten sie dann mit anderer Besatzung nach München fliegen, um das so dringend notwendige Geld zu holen.

Ein Teil der Maschinen sollte Bomben laden, um das Generalkommando in Nürnberg, das noch in Händen der Weißen war, zu bombardieren. Als ich das hörte, machte ich mich sofort auf die Beine und lief nach Fürth. Von dort aus fuhr ich mit der Straßenbahn nach Nürnberg, um beim Generalkommando zu melden, was die Roten planten. Man fragte mich, ob ich auf dem Flugplatz wohne. Ich bejahte, da ich als einziger Flugzeugführer dort in einer Offiziersbaracke untergebracht war, während die übrigen Kameraden in der Stadt wohnten. Daraufhin wollte man wissen, ob ich denn die Maschinen nicht fluguntauglich machen könnte. Ich versprach mein möglichstes zu tun, obwohl ich in diesem Augenblick noch nicht wußte, wie ich es anfangen sollte, denn ich mußte ja in die Halle kommen, die abgesperrt war und unter Bewachung stand.

Auf den Flughafen zurückgekehrt, begab ich mich zunächst also zur Wache. Ich traute meinen Augen nicht: der Wachhabende war Unteroffizier Neff, mein erster Monteur. Ich teilte ihm mein Vorhaben mit — Neff war Feuer und Flamme. Kaum war die Nacht angebrochen, gingen wir zur Halle. Wir hatten nur ein kleines Lämpchen mit, um zu vermeiden, daß man durch einen größeren Lichtschein auf uns aufmerksam würde. In der Halle nahmen wir uns die Maschinen vor. Die Ansaugrohre der Benz=Motore waren mit Filz umwickelt, um bei der großen Verdunstungskälte eine gute Vergasung zu ermöglichen. Mit einem Kreuzmeißel schlug ich nun Löcher durch Filz und Ansaugrohr. Der Filz schloß sich nach dem Durchschlag wieder, so daß von außen keinerlei Beschädigung festzustellen war. Die Roten sollten sich wundern, wenn sie damit starten wollten! Wenn jetzt der Motor an=

gelassen wurde, bekam er soviel falsche Luft, daß er nicht auf volle Tourenzahl kommen konnte. Er mußte, wie wir zu sagen pflegten, dauernd
kotzen, das heißt, er stotterte und lief so unregelmäßig, daß man unmöglich zum Fliegen kam. An den mit Mercedes-Motoren ausgestatteten Maschinen nahmen wir Magnetverstellungen vor und streuten Sand in die
Kipphebeldeckel ein, so daß nach einer Viertelstunde Flugdauer die Kipp-
hebel sich festfressen und das Flugzeug notlanden mußte. Eine Maschine
stellten wir für uns bereit. Dann packten wir unsere Koffer, um zur rechten
Zeit abhauen zu können. Von jeder der numerierten Maschinen notierten
wir sorgfältig, was wir mit ihr vorgenommen hatten, um sie gegebenenfalls
wieder startbereit machen zu können.

Als wir am anderen Morgen gegen halb sieben Uhr die Hallentore auf-
machten, „unsere" Maschine herausschoben und sie warmlaufen ließen,
kamen auch schon die ersten Mannschaften, auch mehrere Flugzeugführer
waren erschienen, um dem Befehl des Platzkommandanten vom Vortage
nachzukommen. Rasch sprangen wir in die Maschine, gaben Vollgas und
hauten ab — das Wagnis war geglückt! Wir konnten noch die verblüfften
Gesichter der Männer sehen, die von unserem Husarenstreich überrascht
worden waren, und Neff konnte es sich nicht verkneifen, ihnen zuzuwinken.
Zuerst flogen wir nach Kitzingen. Wir meldeten uns beim dortigen Kommandanten, dem wir kurz Bericht erstatteten. Da in München inzwischen
ebenfalls die Räteregierung ausgerufen worden war und die Regierung
ihren Sitz in Bamberg aufgeschlagen hatte, riet uns der Kommandant, nach
Bamberg zu fliegen. Nach der Landung auf dem kleinen Flugplatz in Bamberg gab ich der Regierung sofort Bericht über die Vorfälle. Sie zeigte sich
über meine Eskapade sehr amüsiert, ließ mir durch Herrn Schneppenhorst
für meine Tat ein Lob aussprechen und ersuchte mich, Flugblätter und Kuriere für sie nach München zu bringen. Ich sagte natürlich sofort zu.

Schon am nächsten Tag brachten wir auftragsgemäß Kuriere nach München. Wir überflogen dabei auch den Flughafen Fürth und konnten von
oben feststellen, daß unten ein heilloses Durcheinander herrschte. Die Propeller drehten sich, die Flugzeuge waren auf Vollgas abgebremst, aber sie
kamen nicht auf die richtige Tourenzahl. Keine einzige Maschine kam zum
Start. Der Rätespuk dauerte in Fürth auch nur vier Tage und brach dann zusammen. Die Soldaten, die noch auf dem Flugplatz verblieben waren, fingen
an zu meutern, weil sie keine Löhnung bekamen. Vor dem Dekadewechsel
wurden zwar der ganze Koks und die Pelzmäntel verkauft, aber der Erlös
reichte zur Ablöhnung längst nicht aus. Alle Maschinen konnten von uns
wieder übernommen und infolge unserer Aufzeichnungen brauchbar ge-

macht werden und kamen zum Einsatz gegen München. Es wurden dann regelmäßig Zeitungen, die es in München nicht mehr gab, in die Hauptstadt geflogen, ebenso Kuriere, die kurz vor München abgesetzt wurden, um Erkundigungen einzuziehen.

Fahrrad am Flugzeug

Da ich damit rechnen mußte, daß man mich auch einmal abschießen könnte, nahm ich bei meinen Flügen nach München stets ein Fahrrad mit. In der Maschine konnte ich es nicht unterbringen, also mußte es außen angebracht werden. Am Motor wurde ein Abdeckungsblech abgenommen, dort fand die Lenkstange Platz, das übrige des Fahrrades wurde in seiner ganzen Länge an der Tragfläche verzurrt und verbunden. Es hing dort sicher und fest. Im Notfall hoffte ich, auf dem Rad schnell und sicher nach Ingolstadt entkommen zu können.

Es dauerte dann auch gar nicht lange, als ich gerade über dem Münchener Hauptbahnhof einen Treffer bekam. Der Motor wurde beschädigt, und mein Beobachter verlor durch einen Treffer in die Hand einen Finger. Der Wald=friedhof lag bedrohlich nahe — aber ich vermochte doch noch eine Wald=wiese zu erreichen. Mein Beobachter konnte in der Nähe verschwinden. Ich schwang mich auf mein Fahrrad und fuhr zunächst einmal zu meiner da=maligen Braut. Dort zog ich Zivilkleider an, um dann am Bahnhof nähere Erkundigungen einzuziehen. Ich fand die Maschinengewehrnester, zeichnete sie auf und fuhr sofort mit dem Fahrrad weiter nach Ingolstadt. Dort er=hielt ich auch wieder ein Flugzeug und konnte so nach Bamberg weiterflie=gen. In Bamberg angekommen, meldete ich mich bei der Regierung, der ich den Vorschlag machte, mir einen Fokker D7 zur Verfügung zu stellen, damit ich die MG=Nester in München aus der Luft bekämpfen könnte. Lei=der stimmte man nach langem Beraten meinem Vorschlag nicht zu, da man befürchtete, in Bahnhofsnähe könnten bei dem regen Menschenverkehr auch Zivilisten getroffen werden. Ich sah das wohl ein und verzichtete auch von mir aus.

Zwischenspiel beim Freikorps

In der Zwischenzeit bildete sich in Ohrdruf das Freikorps Epp. Diesem Frei=korps wurde eine Flugstaffel angeschlossen, von der auch ich übernommen wurde. Damit kamen die Flugzeuge planmäßig zum militärischen Einsatz. Als dann München gefallen und durch Oberst Ritter von Epp befreit wor=

den war, wurden unsere Maschinen in Schleißheim stationiert. Nachdem der Münchener Rätespuk vorüber war, wurden lediglich Übungsflüge mit den dort stationierten Infanterieverbänden durchgeführt. Ich blieb dann noch lange Zeit beim Freikorps Epp.

Damals war bei uns auch ein gewisser Oberleutnant Blaschke. Er behauptete, der berühmte Pour=le=mérite=Flieger Blaschke des ersten Weltkrieges zu sein, aber niemand erkannte ihn in München. Blaschke hockte oft stundenlang mit mir in der Halle, fragte mich dauernd über Luftkämpfe aus und probierte an den Maschinen herum. Im Offizierskasino gab er ganz groß mit seinen Luftabenteuern an, doch niemals beteiligte er sich an einem Flug, er fand immer wieder eine Ausrede. Bis eines Tages die Kriminalpolizei bei uns aufkreuzte und ihn verhaftete. Es stellte sich dabei heraus, daß er früher einmal als Tischler bei einer Fliegerabteilung beschäftigt gewesen war und sich unter falschem Namen bei uns eingeschlichen hatte — für unseren Abteilungsführer eine äußerst blamable Angelegenheit. Blaschke bekam zwei Jahre Gefängnis.

Aller Anfang ist schwer — auch bei der zivilen Luftfahrt

Langsam kam das Jahr 1921 heran. Auf Grund des Versailler Vertrages wurden unsere sämtlichen Flugzeuge vernichtet. Nur vier Maschinen für den Bayerischen Luftlloyd und ebensoviele für den Rumpler=Luftverkehr, der seinen Sitz in Augsburg hatte, wurden genehmigt. Der Rumpler=Luftverkehr flog damals die Strecke Augsburg—München—Fürth—Leipzig—Berlin. Nürnberg hatte noch keinen Flugplatz.

Wer einmal sein Herz an die Fliegerei verloren hat, der kann nicht an der Erde kleben bleiben, solange am Himmel stählerne Schwingen kreisen. Da es nun beim Militär nichts mehr zu fliegen gab, meldete ich mich beim damaligen Direktor Grimmschitz vom Bayerischen Luftlloyd und trug ihm meine Dienste an. Meine fliegerische Vergangenheit und die Zeugnisse, die ich vorweisen konnte, waren meine besten Fürsprecher. Dank Grimmschitz' Bemühungen erhielt ich vom Reichsverkehrsministerium, Abteilung Luft= und Kraftfahrwesen, bereits am 26. Oktober 1921 meinen Zivilflugzeugführerschein unter der Zulassungsnummer 454. Mit Beginn des zivilen Luftverkehrs am 15. April 1922 schied ich beim Militär aus und wurde Flugzeugführer des Bayerischen Luftlloyd in München. Damit begann für mich zwar eine vollkommen andersartige Beschäftigung, aber eine schöne Zeit reichhaltiger Erlebnisse und erfolgreicher Tätigkeit.

Wir waren drei Flugzeugführer, Kneer, Wimmer und ich. Die Maschinen, die uns zur Verfügung standen, waren alte Kriegsmaschinen: drei Rumpler C1 und eine Albatros B2. Die Rumpler hatten für knapp zwei Fluggäste Platz, die Albatros jedoch nur für einen. Ausgerüstet waren die Rumpler mit einem 150pferdigen Benz=Motor und die Albatros mit einem 120pferdigen Mercedes=Motor. Bei der letzteren war der Passagiersitz vorn zwischen Flugzeugführer und Motor, bei den anderen waren die beiden Sitze rückwärts vom Piloten angeordnet.

Vor dem offiziellen Eröffnungsflug sollte ich mit Wimmer einen Orientierungsflug nach Konstanz machen. Nachdem wir gestartet und ungefähr eine Stunde in der Luft waren, begann der Motor plötzlich stark zu klopfen. Ich witterte sofort, daß es sich hier nur um ein ausgelaufenes Lager handeln konnte und riet Wimmer, irgendwo zu landen. Wir befanden uns gerade in der Gegend zwischen Memmingen und Ravensburg. Wimmer ließ sich jedoch nicht umstimmen und flog weiter. Eine Weile ging es noch und wir waren bereits in der Nähe von Friedrichshafen. Ich dachte gerade, wenn das nur gut geht — da gab es auch schon einen gewaltigen Krach und eine dicke Rauchwolke verhüllte die ganze Maschine. Die Pleuelstange war gerissen, da, wie ich richtig vermutet hatte, das Lager ausgelaufen war und der Kolben kein Öl mehr bekommen hatte. Dieser fraß sich fest, dadurch riß die Pleuelstange und zerschlug das ganze Gehäuse. Natürlich blieb der Motor sofort stehen. Unter uns lag Friedrichshafen, an sich ein schöner großer Obstgarten, für uns aber wegen der vielen Bäume ein sehr wenig angenehmer Ort. Wir mußten aber unter allen Umständen hier herunter. Wimmer machte einen ganz kleinen Landeplatz am Bahndamm aus. Wir flogen mit etwa achtzig Stundenkilometer darauf los — die Maschine wurde völlig zertrümmert. Wimmer selbst hatte es nichts getan. Ich, der ich als Gast hinten saß, wurde trotz der Anschnallvorrichtung beim Aufprall nach vorn geschleudert, wobei ich mir ganz hübsch den Mund zerschlug. Das Schlimmste aber war, daß wir nun wieder eine Maschine weniger hatten, denn an eine Neuanschaffung war gar nicht zu denken.

Mit Beginn des Luftverkehrs flogen wir täglich von München nach Konstanz. Da wir drei Piloten waren, kam jeden dritten Tag einer von uns an die Reihe. Die Strecke hatte an sich nur eine Länge von 180 Kilometern. Bei starkem Westwind aber war es außerordentlich schwierig und langwierig, sie zu durchfliegen, da die kleinen Maschinen sehr wacklig waren und nur ungenügend Brennstoff mitnehmen konnten. Am schlimmsten war es mit der Schulmaschine, der Albatros, mit ihren 110 bis 120 Stundenkilometern. Hatten wir 80 oder 90 Kilometer Gegenwind, was gerade im Frühjahr und

Herbst sehr häufig der Fall war, so kamen wir nur mit einer Reisegeschwindigkeit von 30 Stundenkilometern vorwärts. Die Flugzeit erhöhte sich dann
auf fünf bis fünfeinhalb Stunden. So lange reichten wir aber nicht mit unserem Benzin, sondern mußten unterwegs eine Zwischenlandung vornehmen
und aus unseren Reservekanistern die vierzig Liter nachtanken. Meistens
machten wir eine Wiese zwischen Buchloe und Memmingen dafür ausfindig,
leerten schnell die Kanister ein und drückten uns schleunigst wieder davon,
um nicht vom herannahenden Bauern erwischt zu werden.

Heute mag man über einen solchen Flugbetrieb lächeln, von den damaligen
Schwierigkeiten hat man ja kaum noch eine Ahnung. Uns taten manchmal
die mitfliegenden Gäste leid, die wie tibetanische Bettelmönche vermummt
im Flugzeug verstaut waren. Das Gepäck des Fluggastes wurde außen angebracht und mit Bändern unten am Fahrgestell festgeschnallt, da in der
Maschine dafür kein Platz war. Es hing völlig frei im Fahrwind. Wenn man
gerade im Sommer nur kurze Zeit unterwegs war, so verloren die Motoren
sehr viel Öl, das durch den Fahrwind immer wieder zurückspritzte und den
Passagieren das Gesicht verschmierte. Schlimmer noch war es, wenn wir
durch Regenböen hindurchmußten. Da der Windschutz vorn an der Maschine nur ganz klein war, flog der Regen, mitunter auch Hagel oder Graupel, dem Fluggast ins Gesicht, der unwillkürlich den Kopf einzog, denn die
durch den Fahrwind beschleunigten Regentropfen wirkten wie Nadelstiche.
Es war nicht immer leicht, Leuten, die einmal Opfer dieser Art waren,
die Lust am Fliegen zu erhalten. In unserem Bemühen, unter allen Umständen Passagiere zu haben, suchten wir Höhen auf, die böenfrei waren
und den Gästen keinen Brechreiz verursachten.

Gegen Ende des Jahres 1922 kamen dann in Berlin die ersten Junkers-Flugzeuge auf. Auch wir bekamen damals eine solche Maschine, eine F13, die
wir scherzhaft „Blechesel" tauften. Es war das erste, nur für zivile Zwecke
gebaute Flugzeug und hatte eine verhältnismäßig geräumige Kabine mit
vier Sitzplätzen. Da auch vorn beim Flugzeugführer noch ein Platz war
und man damals noch keinen Maschinisten brauchte, konnte man eigentlich
fünf Gäste mitnehmen. Die Maschinen waren in Danzig zugelassen und
trugen auch das Danziger Hoheitszeichen, da ja nach den Versailler Frie-
densbedingungen in Deutschland keine Flugzeuge gebaut werden durften.
Im Jahre 1923 wurde der Bayerische Luftlloyd von Junkers Luftverkehr auf-
gesogen. Professor Junkers bemühte sich zu jener Zeit, die Transeuropa-
Union zu schaffen. Es gelang ihm auch, die Schweiz, Ungarn, Lettland, Est-
land, Schweden und Österreich zusammenzubringen und ihre Interessen
in einem großen und starken Netz zu vereinen.

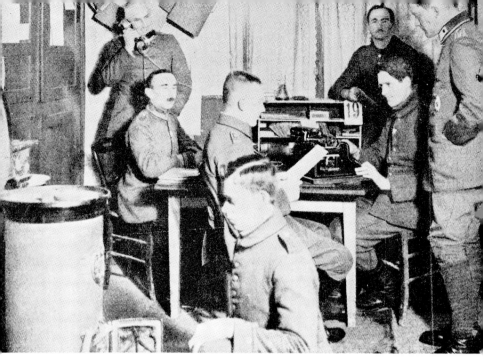

ller Anfang ist schwer: „Heizer" bei der bayerischen Fliegerabteilung 1B

Die brave Hannoveraner CL 3a,
Leutnant von Hengl und ich nach unserem Luftsieg über vier französische Jagdeinsitzer

Hans Baur nach dem Ersten Weltkrieg, 21 Jah

Postflieger in Fürth mit der Fokker D

Mit Nuntius Pacelli zu den Passionsspielen

In München wurde seinerzeit Direktor Angermund unser Vorstand. Er übernahm damit wichtige organisatorische Aufgaben, die er auch großenteils verwirklichen konnte. Es wurden nicht nur neue Verkehrslinien nach Wien, Zürich und Berlin eröffnet, sondern auch Rundflüge zu verschiedenen Orten ins Programm aufgenommen, unter anderem auch zu den Passionsspielen nach Oberammergau, sie wurden von München aus angeflogen. Es war nicht ganz einfach, in Oberammergau einen Flugplatz ausfindig zu machen, da dort meist weiche, das heißt feuchte Wiesen sind, die wohl noch eine Landung ermöglichen, aber einen Start doch sehr schwierig, wenn nicht gar unmöglich machen. Um 7 Uhr pflegten wir in München zu starten, um gegen 18 Uhr, nach Beendigung der Spiele, wieder zurückzufliegen. Eines Tages war Nuntius Pacelli, der jetzige Papst Pius XII., unser Fluggast. Als dies bekannt wurde, sagte mein Flugleiter Schneider: „Herr Baur, heute haben wir einen hohen Gast. Sie dürfen nicht nur nach und von Oberammergau fliegen, sondern müssen bei der Rückkehr in den Abendstunden auch die Zugspitze anfliegen und dem Nuntius die Berge zeigen. Er wird sich darüber sehr freuen." Ich wußte natürlich sofort, was Schneider wollte. Unser Bestreben ging dahin, Fluggäste zu werben. Darum waren wir bemüht, Gäste von besonderem Rang und Namen auch recht sorgfältig zu behandeln und ihnen den Flug so angenehm und erlebnisreich wie möglich zu machen.

Nuntius Pacelli kam in einem Auto in Begleitung mehrerer Geistlichen an. Die Herren verabschiedeten sich vor der Maschine von ihm, und dann wurde ich dem hohen Gast vorgestellt. Da die Wetterlage an diesem Tage äußerst günstig war und in den Morgenstunden ohnehin meist böenfreies Wetter ist, sagte ich zu ihm: „Herr Nuntius, Sie werden heute ein großes Erlebnis haben. Der Flug zu den Bergen ist das Schönste, was Ihnen vom Flugzeug aus geboten werden kann. Wenn Sie gestatten, werde ich Sie nach den Passionsspielen wieder abholen und die Zugspitze und auch die übrigen Bergketten anfliegen, um Ihnen die Wunderwelt der bayerischen Alpen zu zeigen. Ich zweifle nicht, daß es ein unvergeßlicher Eindruck für Sie werden wird." Nuntius Pacelli, der schon in seiner Jugend ein großer Naturfreund war und dessen Liebe für die Schönheiten des bayerischen Landes bekannt ist, zeigte sich über diese Mitteilung hoch erfreut. Er nickte mir zu und stieg in die Maschine.

Kurz nach 18 Uhr startete ich zum Rückflug. Es war ein herrlicher, klarer und vollkommen ruhiger Tag. Ich nahm Kurs auf die Zugspitze. In der milden Klarheit des Abends lagen die Berge vor uns, die Gipfel waren von Licht getränkt. Wie Meisterwerke eines großen Bildhauers zeichneten sich ihre Konturen ab. Der Nuntius saß still in der Kabine und schaute unverwandt auf das gigantische Schauspiel der Natur. Über Garmisch flog ich zurück nach München. Nach der Landung wurde Nuntius Pacelli wieder von seiner Begleitung erwartet. Er erzählte begeistert von seinem Erlebnis. Als er mir zum Abschied die Hand reichte, bedankte er sich mit herzlichen Worten für die unvergeßlichen Eindrücke, die ich ihm vermittelt hatte. Für mich war es natürlich auch ein ganz besonderer Tag, hatte ich doch den ersten prominenten Gast in meiner Maschine gehabt.

Die ersten Postflüge nach Wien und Zürich

Am 14. Mai 1923 wurden die Luftverkehrsstrecken nach Wien und Zürich eröffnet. An diesem denkwürdigen Tage erfolgte somit auch der erste offizielle Postflug auf diesen Strecken. Mein Kamerad Kneer war für die Strecke München—Zürich vorgesehen, und ich wurde für München—Wien bestimmt. Beim ersten Start war außer Flughafendirektor Angermund auch eine Abordnung der bayerischen Regierung zugegen. Es war ein festliches Ereignis. Leider war das Kartenmaterial, das mir zur Verfügung stand, vollkommen ungenügend. So flog ich von München aus mit Kompaß genau nach Osten, bis ich den Inn erreichte, von Linz kam ich zur Traun, dann machte ich die Donau aus, an die ich mich hielt, zumal das Wetter sehr stark dunstig wurde und die Sicht verhinderte. Ich flog über Melk die Donau entlang nach Krems und kam über Tulln und Kornneuburg nach Wien. Der Flughafen selbst lag in den Donauniederungen unmittelbar im Überschwemmungsgebiet gegenüber Nußdorf, in Jedlisee. Dort landete ich auf dem angebrachten Landekreuz.
Eine große Anzahl von Menschen waren zu diesem Festtag erschienen, um uns zu empfangen. Außer mir waren zwei Zeitungsreporter und ein Gast als Passagier mitgeflogen. Mit Herren der Österreichischen Luftverkehrs-AG. waren auch Regierungsvertreter anwesend. In langen Reden wurde des bedeutenden Tages gedacht. Die zahlreichen Zeitungsreporter, Zeichner und Fotografen nahmen es sehr wichtig, dieses historische Ereignis festzuhalten. Für die Strecke, die insgesamt 456 Kilometer betrug, hatte ich 2 Stunden und 40 Minuten gebraucht.
Nachdem wir den Ansturm der Reporter und Fotografen überstanden hatten, begaben wir uns zum Essen in ein Gartenrestaurant, das nahe am

Landeplatz gelegen war. Auch da wurden wir wieder von wißbegierigen Zeitungsleuten bedrängt, die Genaues über den Flug wissen wollten. Sämtliche Zeitungen von Wien und München berichteten damals sehr ausführlich in Wort und Bild über das große Ereignis.

Gegen 13 Uhr startete ich zum Rückflug nach München, wo wir nach der Landung wiederum feierlich von zahlreichen Gästen begrüßt wurden. Nachdem wir alles über uns hatten ergehen lassen, flogen wir zu unserem eigentlichen Flughafen in Schleißheim. Von München-Oberwiesenfeld nahmen wir immer Fluggäste mit nach Schleißheim, wo die Hallen waren und die Maschinen für den nächsten Flug startklar gemacht wurden. Am nächsten Tage flog ich die Strecke München—Zürich. So wechselten das ganze Jahr über die Flüge zwischen München—Wien und München—Zürich und ebenso meine Übernachtungen von einem Tag auf den anderen zwischen Wien und Zürich.

Nach einigen Wochen Flugdienst machten uns unsere Motore, sowohl der 160 pferdige Mercedes- als auch der 185 pferdige BMW-Motor, zu schaffen, denn beide waren den Dauerbeanspruchungen nicht gewachsen. So war es unvermeidlich, eine größere Anzahl Notlandungen zu machen, die zum Glück immer glatt verliefen. Muß ein Flugzeugführer wegen Motorschadens herunter, so kann ihm keine Schuld beigemessen werden und nur wenn er das Flugzeug am Boden zertrümmerte, wurde die Gesellschaft böse, da ja nur ein beschränkter Maschinenpark zur Verfügung stand. Um solche Schäden nach Möglichkeit zu vermeiden, zahlte die Gesellschaft sogenannte Bruchprämien aus, die ich jedesmal, da mir kein Unfall zugestoßen war, in Empfang nehmen konnte.

Da wir ständig mit der Möglichkeit rechnen mußten, daß der Motor aussetzte, waren wir bei jedem Flug immer auf der Suche nach Notlandeplätzen. Gleich nach dem Start suchte man sich schon die erste Landemöglichkeit. Hatte man dieses Gelände überflogen, so wurde wieder weitergesucht — bis zum Zielflughafen. Dadurch wurde natürlich jeder Flug zu einer ziemlichen Belastung, doch ging dank unserer Vorsicht meist alles glatt. Besonders unangenehm war es für die Fluggäste nach einer solchen Notlandung, wenn sie dann auf irgendeinem Dorf hockten und nicht recht wußten, wie sie zu ihrem Zielflughafen weiterkommen sollten. Aber man lebte in der damaligen Zeit glücklicherweise noch nicht so hastend wie heute, und so war man auch nicht allzu unglücklich, wenn es zu einer unfreiwilligen Sommerfrische kam.

Viel zu schaffen machten uns immer wieder die Gegenwinde, die besonders auf diesen Strecken sehr häufig waren. Einmal flogen wir an so einem

Sturmtag von Wien nach München. Wir konnten erst nach gut vier Stunden Linz erreichen, das noch nicht einmal halbe Strecke war. Neben mir saß ein Kaufmann, der dringend nach München wollte, um den Abendzug nach Karlsruhe zu erreichen, wo er unaufschiebbare Geschäfte abwickeln mußte. Als wir über Linz waren, fragte er, ob das München sei. Ich mußte ihn leider enttäuschen. „Aber das ist doch unmöglich", meinte er, „wir fliegen doch bereits über vier Stunden!" „Der Gegenwind ist so stark, daß ich kaum vorwärtskomme", erklärte ich ihm. „Wir müssen jetzt nach Wels fliegen und dort tanken." Der Kaufmann zeigte ein saures Gesicht, sagte aber nichts. Nachdem ich in Wels getankt hatte, war es unmöglich, wieder zu starten. Das Wetter hatte sich weiter verschlechtert. Der Sturm wütete, und der Regen peitschte gegen die Maschine. Ich versuchte meinem Fluggast klar zu machen, daß es heller Wahnsinn sei, jetzt fliegen zu wollen. Die Berge mußten ja schon in dichtem Nebel stecken und Blindflug gab es damals noch nicht. Man mußte die Täler entlang fliegen, den Eisenbahnschienen folgen und hatte immer darauf zu achten, daß man keine Kirchtürme mitnahm. Außerdem war die Reise äußerst beschwerlich, da wir damals ja noch im Freien saßen und starker Regen die Sicht nach vorn unmöglich machte. Der Mann war untröstlich. Er fing beinahe an zu heulen und jammerte: „Ich bin ein ruinierter Mann, und Sie sind schuld daran!" Diese Schuld wollte ich allerdings nicht auf mich nehmen, und so ließ ich mich breitschlagen, einen Versuch zu wagen. Wider Erwarten glückte Start, Flug und Landung: Wir kamen glücklich in München an. Die Gesamtflugzeit betrug an diesem Tage sieben Stunden und zehn Minuten, eine Zeitspanne, in der man beinahe mit dem Zug nach München gekommen wäre, der damals neun Stunden benötigte. Am nächsten Tage flogen wir die umgekehrte Strecke, München—Wien, in zwei Stunden und zehn Minuten, so daß wir wieder einmal einen Rekordflug anmelden konnten, der letzten Endes nicht nur ein Erfolg des Piloten, sondern auch eine Propaganda für die Firma war.

In Zürich bekam ich eines Tages auch das erste gekrönte Haupt als Fluggast: Es war König Boris von Bulgarien. Er flog mit mir über München nach Wien, um von dort aus mit dem Zug weiterzureisen. Später mußte ich ihn oft zu Hitler bringen. Er konnte sich dabei des ersten Fluges noch sehr gut erinnern und erzählte mir, wie ihn dieses Flugerlebnis beeindruckt habe.

Unsere Hauptsorgen galten damals unseren Motoren. Da Deutschland immer noch keine Flugzeuge bauen durfte, waren unsere wenigen Maschinen dauernd überbeansprucht und wir hatten am laufenden Band Schwierigkeiten mit den Motoren. Aus diesem Grunde bekamen wir dann die englischen Siddeley Puma=Motore, die einwandfrei und gut liefen.

Gelegentlich eines Fluges von Zürich nach München hatte ich mit zwei Eng-
länderinnen ein nettes Erlebnis. Die beiden Damen waren schneeweiß gekleidet und trugen auch ebensolche Hütchen nach der damaligen Mode. Kurz
nach dem Start begannen sie an Schokolade und cognacgefüllten Pralinen
zu knabbern. Auch mir steckten sie durch das Guckfenster solche Pralinen
zu. Ich riet ihnen, mit diesem Genuß lieber bis zur Landung zu warten, denn
bei dem böigen Wetter könnte er ihnen übel bekommen. Es dauerte dann
auch nicht lange, da wurde eine der Damen leichenblaß, kurze Zeit später
auch ihre Begleiterin. Da sich seinerzeit noch keine „Kotztüten" an Bord
befanden, mußten sie ihre Köpfe zum Fenster hinausstecken. Es währte aber
nicht lange, dann waren sie für diese Anstrengung zu schwach. Die ganze
Schokolade ergoß sich nun über die weißen Kleider — eine schöne Bescherung! Nach der Landung in München rollte ich auf den Flugsteig, der sich
in Nähe der BMW-Motorenwerke befand. Es war eben Feierabend, und die
Arbeiter kamen neugierig herbei, um zu sehen, wer ausstieg. Angesichts der
Zaungäste wagten sich die Damen in ihrem Zustand nicht heraus und blieben sitzen. Unser Luftboy vom Bodendienst hatte bemerkt, daß beim An-
rollen etwas aus der Maschine gefallen war und lief auf den Flughafen zu,
den verlorenen Gegenstand zu holen. Es war ein weißes Hütchen, das in der
Zwischenzeit allerdings braun geworden war. Er ließ es dann auch lieber
liegen. Über eine halbe Stunde mußten die Unglückswürmer im Flugzeug
sitzen bleiben, bis sich die Zuschauer verlaufen hatten. Erst dann waren sie
zu bewegen, die Maschine zu verlassen. Wir brachten sie zur Flugleitung,
wo sie sich waschen und umkleiden konnten. Sie versicherten mir, daß sie
diesen Flug nie in ihrem Leben vergessen würden.

Die Strecke wird verlängert

Am 20. Juli 1923 wurde die Strecke verlängert und bis zum Balkantor geführt. Den Anschluß von Wien nach Budapest übernahm eine ungarische
Gesellschaft mit einer Junkers F 13, die auf Schwimmer gesetzt war. Zu den
Eröffnungsfeierlichkeiten in Wien waren außer den Angehörigen der Trans-
europa-Union auch die beiden Bundesminister Dr. Schürff und Schneider mit
einem Stab von Sektionschefs erschienen. Ebenso waren der ungarische Gesandte und viele andere Persönlichkeiten anwesend. Alles wartete gespannt
auf das Wasserflugzeug. Die Anlegestelle dafür lag nur wenige Meter von
meiner Landmaschine entfernt. Als es endlich neben mir wasserte, wurden
die üblichen Reden gehalten, die Passagiere stiegen um, und es ging weiter

nach Budapest, während ich in den Mittagstunden wieder nach München zurückflog. Das Flugzeug der ungarischen Gesellschaft, die sich Aero=Expreß nannte, wurde vom Direktor der Gesellschaft selbst gesteuert. Die Wiener nannten es den „Hidroplan". Zwei Jahre lang wurde die Strecke von Wien nach Budapest mit Wasserflugzeugen beflogen.

Da damals auch ausländische Piloten mit österreichischen Ausweisen ausgerüstet sein mußten, erhielt ich am 7. August 1923 vom österreichischen Bundesministerium für Handel und Verkehr den Erlaubnisschein Nr. 3 zum Führen von Flugzeugen und Befördern von Personen und Gütern. Im Jahre 1924 wurde dann die Strecke München—Zürich bis Genf erweitert, wir flogen also bereits die lange Strecke Genf—Zürich—München—Wien—Budapest durch.

Das Jahr 1925 brachte uns einen neuen Maschinentyp, und zwar die dreimotorige Junkers G 24. Es war ein Flugzeug für neun Gäste, einen Flugzeugführer, einen Maschinisten und einen Funker. Die drei Motoren hatten eine Stärke von je 220 PS, also insgesamt 660 Pferdestärken. Die Reisegeschwindigkeit der Maschine betrug 160 Kilometer pro Stunde. Nach damaligen Verhältnissen war sie auf das modernste und bequemste eingerichtet, nur hatte sie an den Rädern noch keine Bremsen. Da in Deutschland inzwischen Kleinflugzeuge, aber immer noch keine Großflugzeuge erlaubt waren, wurde sie — wie die F 13 von Danzig aus — für uns in München von der Schweiz und für Berlin von Schweden aus zugelassen. Gebaut wurden die Flugzeuge in Malmö in Schweden. Wir bekamen drei Maschinen dieses Typs, und zwar die CH 132, 133 und 134. Die CH 134 trug den Namen „Österreich". Mit dieser Maschine flog ich zu Beginn der Eröffnungssaison im Jahre 1925 nach Wien, dort war der Riesenvogel Tagesgespräch. Bundesminister Dr. Schürff, der sich immer sehr für die Fliegerei eingesetzt hatte, nahm in Anwesenheit des gesamten österreichischen Bundesministeriums die Taufzeremonie vor. Von deutscher und österreichischer Seite wurden Reden gehalten. So starteten wir den ersten Flug im Jahre 1925 von Wien über München und Zürich nach Genf. Kurze Zeit später meldete sich Bundesminister Dr. Schürff zu einem offiziellen Staatsbesuch in München an. Es war dies der erste Staatsbesuch zwischen Österreich und Bayern.

Unsere drei Maschinen wurden von zwei bayerischen, meinem Kameraden Doldi und mir, und einem Schweizer Piloten der Schweizer Fluggesellschaft Ad Astra geflogen, die auch an unserem Unternehmen beteiligt war. Weil wir immer sehr regelmäßig geflogen waren und keinerlei Aus= und Unfälle hatten, verlor sich bei der Bevölkerung langsam die Angst, und wir bekamen für unsere Rundflüge sehr viele Fluggäste.

Der Bundesminister Dr. Schürff hatte den Direktor der Österreichischen Luft=
verkehrs=AG., Hofrat Deutelmoser, gebeten, ihn verständigen zu wollen,
wenn wieder einmal ein Probeflug gemacht würde. Da die Maschinen nach
einer gewissen Betriebszeit immer eine Generalüberholung über sich er=
gehen lassen mußten, ergab sich bald eine Gelegenheit zu dem gewünschten
Probeflug. Dr. Schürff warb für diesen Flug eine ganze Anzahl Gäste an,
denen er dieses Großflugzeug zeigen wollte. Der Minister traf bereits auf
dem Flughafen ein, als die Maschine noch nicht ganz startbereit war. Sie
wurde geprüft und in Ordnung befunden. Weil ich aber einen Minister an
Bord nehmen sollte, entschloß ich mich vorsichtigerweise doch zu einem kur=
zen Start von der Flughalle aus. Ich gab Vollgas – die Maschine aber drehte
nach rechts ab. Es gelang mir noch, sie zum Stehen zu bringen. Ich konnte
mir den Rechtsdrall nicht erklären, da ich doch genügend Seitensteuer ge=
geben hatte, um dies zu verhindern. Im Gegenteil hatte mit dem größeren
Ausschlag des Seitensteuers der Rechtsdrall nur noch zugenommen. Mir war
dies um so peinlicher, als ich den Bundesminister zum Zuschauer hatte. Ich
rollte zum Startplatz zurück, um es noch einmal zu versuchen. Es erging mir
wie das erste Mal, obwohl ich besonders Obacht gegeben hatte.
Daraufhin gab ich meinem Bordmonteur Anweisung, das Seitensteuer zu
beobachten. Es stellte sich heraus, daß die Seitensteuerkabel bei der General=
überholung verkehrt eingehängt worden waren. Ich hatte also genau das
entgegengesetzte Steuer ausgelöst. Hätte ich den Flug trotz des festgestellten
Fehlers gemacht, wäre die Maschine zweifellos am Boden oder in der Luft
zu Bruch gegangen. Natürlich rollten wir sofort zur Werft, wo es einen
Heidenkrach wegen dieser Unvorsichtigkeit gab. Die Kabel wurden aus=
gewechselt. Ich startete aufs neue – es war alles in Ordnung – und rollte
nach meiner Landung zu Bundesminister Schürff und seiner Begleitung. Ich
erklärte nur ausweichend, was geschehen war. Der Probeflug führte dann
über Wien, den Wiener Wald in Richtung Semmering.

Gründung der Deutschen Lufthansa

Am 15. Januar 1926, einem historisch gewordenen Tag, wurde die Deutsche
Lufthansa gegründet, der ich bis zum Jahre 1934 angehören sollte. Die bei=
den bestehenden Gesellschaften, die Transeuropa=Union und der Aero=Lloyd,
wurden von Berlin aus zusammengeschlossen. Der Staat gab Subventionen,
so daß nicht nur Junkers, sondern auch andere Firmen wie Rohrbach, Sablat=
nig und Focke=Wulf Flugzeuge bauen konnten. Vorläufig waren es nur

39

Verkehrsmaschinen, aber man hatte vielleicht doch schon daran gedacht, Flugzeugfabriken zu haben, wenn einmal wieder die Militärfliegerei gestattet sein würde. Das fliegende Personal wurde geschlossen von der Deutschen Lufthansa übernommen, nur das Bodenpersonal und ein Teil der Büroange= stellten mußten entlassen werden. Der Betrieb wurde dann voll aufgenom= men. Wir waren seinerzeit 130 Piloten und hatten ebensoviele Maschinen. Die Deutsche Lufthansa machte sich in der Folge einen Namen, der in der ganzen Welt bekannt und angesehen war.

Der erste Flug des österreichischen Bundespräsidenten

Auf Anregung des Bundesministers Dr. Schürff kam auch der damalige Bundespräsident Österreichs, Dr. Hainisch, zu einem Probeflug. Es war ein großes Ereignis für Österreich, und eine Menge Zeitungsreporter waren zu= gegen. Der Bundespräsident ließ sich Werkstätten zeigen und sah sich die Flugleitung und alles, was damals mit der Fliegerei zu tun hatte, an. Dann nahm meine Maschine, die ja den Namen „Österreich" trug, den Bundes= präsidenten, Bundesminister Dr. Schürff, Ministerialrat Klasterski, den Prä= sidenten der Luftverkehrsgesellschaften Jaurek, Direktor Heinzheimer und Hofrat Deutelmoser auf. Wir flogen Richtung Wien, den Wiener Wald ent= lang nach dem Semmering. Dort warteten auf den Hotelterrassen bereits Gäste, die uns mit großen Tüchern zuwinkten. Ich umkreiste das Hotel mehrere Male und nahm Kurs auf die Mustergüter des Präsidenten Hainisch in Steinhaus. Dieser war außerordentlich erfreut, sein Gut auch einmal von oben sehen zu können. Die Heimreise ging über das Burgenland dem Süden zu. Dort überraschte uns ein Schneesturm, der aber der Stimmung der Gäste keinen Schaden zufügen konnte.
Unter Umgehung der Enklave bei Ödenburg flogen wir auf den Neusiedler= see zu. In einer Höhe von fast 1200 Metern machte sich dieses Stück Erde mit dem großen Wald und dem malerischen See unendlich hübsch aus. Über Bruck, Fischamend ging es dann dem Heimathafen zu. Auf Wunsch des Bundespräsidenten überflog ich mit drei großen Schleifen nochmals Wien. Es lag im klarsten Sonnenglanz. Der Stefansturm zeichnete sich scharf ab, ebenso die Hofburg, das Rathaus, das Parlament und andere Pracht= bauten und Plätze. Nachdem wir in Wien=Aspern gelandet waren, konnte ich mich von der außerordentlichen Freude meiner Fluggäste überzeugen. Dr. Hainisch zeigte nicht die geringste Abspannung, er hatte unterwegs kei= nerlei Anflüge von Luftkrankheit zu spüren bekommen. Beim Abschied

sagte er zu mir: „Ich danke Ihnen, Herr Baur, daß Sie mir an meinem Lebens-
abend Gelegenheit gegeben haben, so wunderbar Schönes zu sehen. Dieser
Tag wird mir immer unvergeßlich bleiben."
Wenige Tage später, am 21. April 1926, bekam ich von der österreichischen
Präsidentschaftskanzlei folgenden Brief: „Sehr geehrter Herr Baur! Auftragsgemäß beehre ich mich, Ihnen eine Porträtplakette des Herrn Bundespräsidenten zu übermitteln, auf deren Rückseite über Ihren besonderen Auftrag eine Widmung eingraviert wurde. Der Herr Bundespräsident, der von
seiner Luftfahrt am 18. dieses Monats die erhebendsten Eindrücke gewonnen
hat, ist von der Sicherheit und bravourösen Geschicklichkeit, mit der Sie
das Großflugzeug gelenkt haben, ganz entzückt und hat mich beauftragt,
Ihnen auch noch auf diesem Wege seinen wärmsten Dank auszusprechen.
Er hat ja übrigens schon Gelegenheit genommen, Ihnen mündlich zu sagen,
wie sehr er sich gefreut hat, unter Ihrer sachkundigen und vertrauen-
erweckenden Führung in das ihm bisher verschlossen gebliebene Reich der
Luft einzudringen. Indem ich mich des mir gewordenen Auftrages entledige,
bitte ich Sie, sehr geehrter Herr, den Ausdruck meiner vorzüglichsten Hochachtung entgegenzunehmen. Unterschrift: Ministerialrat Klasterski."

„Sommersprossen"

Inzwischen war der Sommer 1926 ins Land gekommen. Heiß brannte die
Sonne auf die Maschine, wenn sie am Boden stand. Der Innenraum glühte
förmlich, es gab Temperaturen bis zu vierzig Grad. Beim Flug kam aber
dann frische Luft in die Kabine, da man die Seitenfenster wie beim Auto
herunterdrehen konnte.
Eines Morgens, ich sollte nach Berlin fliegen, stiegen neun Gäste in die Maschine ein. Wir starteten und ließen die Fenster offen, damit der Innenraum abkühlte. Durch die heißte Luft war es recht böig, und das Flugzeug
schaukelte natürlich. Ein Fluggast, der — wahrscheinlich vor Angst — schon
bedenklich blaß in die Maschine eingestiegen war und unmittelbar hinter
dem Funker saß, bekam plötzlich einen unwiderstehlichen Drang, wobei er
den Kopf zum Fenster hinausstreckte. Mein Funker schrie mir zu, ich solle
mich doch schnell einmal umsehen. Ich schaute vom Führersitz nach rückwärts und sah, daß drei hinter besagtem Mann sitzende Gäste ihre Gesichter voller „Sommersprossen" hatten. Durch den überaus starken Fahrwind
war die ganze Bescherung wieder in die offenen rückwärtigen Fenster herein-
gedrückt worden.

Eine ungeheure Aufregung entstand — sofort übergaben sich zwei weitere Gäste. Ich konnte mir kaum das Lachen verbeißen. Mein Funker ging sogleich auf die Toilette, um Wasser zu besorgen. Er versuchte die Gäste zu beruhigen, die auf den Unglücksraben geradezu wild geworden waren. Es schien, als sollte es zu einer Prügelei kommen. Die Beteiligten waren jung und temperamentvoll genug, um ihrer Empörung tatkräftigen Ausdruck zu verleihen. Ressentiments spielten wohl auch eine Rolle, da der arme Sünder zu allem Unglück noch einer anderen Rasse angehörte. Erst nachdem die üblichen kleinen Handtücher verteilt waren und die Leute sich gewaschen hatten, trat eine Beruhigung ein. Bei der Zwischenlandung in Nürnberg verzichteten dann zwei Gäste auf den Weiterflug — sie nahmen den Zug.

Bauchlandung auf einem ehemaligen Exerzierplatz

Gelegentlich eines Fluges von Wien nach München war ich infolge starken Gegenwindes wieder einmal gezwungen, in Wels zu landen, um Benzin einzukaufen. Als ich noch beim Tanken war, flog die Gegenmaschine aus München an, kurvte, ging herunter und landete ebenfalls. Nun war der Flugplatz in Wels ein ehemaliger Exerzierplatz, und bekanntlich sind solche Plätze immer sehr wellig. Durch diese Unebenheiten kann eine landende Maschine mehrere Meter hochgeworfen werden. Mein guter Kamerad Lieb, der durch eine Störung zur Notlandung gezwungen wurde, flog mit starkem Seitenwind herein, beim Aufsetzen kam er mit einer Bodenwelle in Berührung, die ihn einige Meter hochwarf. Er ließ die Maschine ausrollen, wurde aber vom Seitenwind gefaßt, der eine Tragfläche an den Boden drückte. Die Folge war eine Wendung um 180 Grad. Bei der noch hohen Landegeschwindigkeit wurde das Fahrgestell so überbeansprucht, daß es abbrach. Ich ging auf das Flugzeug zu, das gleich neben mir auf dem Bauche lag.

Lieb stieg aus und begann erbärmlich zu schimpfen und zu fluchen. „Geh und kümmere Dich lieber um Deine Passagiere!" sagte ich zu ihm. Aber mein guter Lieb schimpfte unentwegt weiter. Ich öffnete dann die Tür der Kabine und bat die Passagiere, das Flugzeug zu verlassen, da an einen Weiterflug nicht mehr zu denken sei. Es gab Gäste, die von der Notlandung nichts gemerkt hatten, viel weniger davon, daß die Maschine zu Bruch gegangen war. Ein alter Wiener fragte mich: „Wieso können wir nicht weiterfliegen?" „Sie sehen doch", erwiderte ich, „daß die Propeller zerstört sind und die Maschine auf dem Bauch liegt." Worauf er meinte: „Hab ich mir doch gedacht, daß die ‚Spreißerln' da nicht mehr ganz in Ordnung sein können!" Da ich keine Gäste an Bord hatte, übernahm ich die Passagiere und flog mit ihnen nach Wien weiter. Das defekte Flugzeug mußte an Ort und Stelle demontiert werden und wurde mit der Bahn zurückbefördert.

Erprobungen nicht immer ganz einfach

Ich wurde mit meiner Maschine nicht nur auf den Strecken München—Genf und München—Wien eingesetzt, sondern auch auf den Strecken nach Berlin, Frankfurt, Essen, Stuttgart, Saarbrücken und Paris. Oft probte ich auf diesen Flügen Neuheiten aus. So hatte man mir auch einmal versuchsweise einen vierflügeligen Propeller eingebaut. Die Firma Schwarz hatte dieses Modell in einer ganz bestimmten Absicht entwickelt. Der Propellerstrahl des Mittelmotors beeinflußte die Seitenmotoren so stark, daß Knickungen von Kurbelwellen häufig vorkamen und unangenehme Komplikationen herbeiführten. Die Seitenmotoren sollten also jetzt versuchsweise mit kürzeren Propellern ausgestattet werden. Um den durch die Kürzung notwendig gewordenen Ausgleich zu schaffen, bekam der Propeller statt der üblichen zwei jetzt drei oder vier Flügel.

Ich sollte also auf einem Flug von Berlin nach München diese Neuerung beobachten. In der Gegend von Schleiz flog ich wegen des schlechten Wetters nur zweihundert Meter über Grund. Plötzlich gab es einen furchtbaren Krach, der Propeller des linken Motors zersplitterte, der Motor selbst flog um zwanzig Zentimeter nach vorn. Es war ein Glück, daß wir mit einer solchen Möglichkeit gerechnet hatten. Vorsorglich eingebaute Fangseile verhinderten, daß der Motor völlig herausgerissen wurde und absackte. Wir wären dann mit ziemlicher Sicherheit mit unserer ganzen Maschine hinuntergetrudelt. Natürlich stellte ich den Motor sofort ab. Die Maschine aber hatte bereits so zu schlagen angefangen, das heißt, die Flächen waren in solche Schwingungen geraten, daß ich das Steuer kaum noch halten konnte. Ich nahm sofort Gas weg und landete auf dem nächsten Platz unmittelbar vor mir. Zum Glück kam ich gut zum Boden. Die Fluggäste, die ich an Bord hatte, waren sehr erschrocken. Die Maschine mußte wegen des herausgerissenen Motors an Ort und Stelle abmontiert werden. Später bekam ich von dem damaligen Direktor der Deutschen Lufthansa Milch ein Anerkennungsschreiben für die große Umsicht und die sofortige Landung, was zweifellos den Absturz der Maschine verhindert hatte. Der Propeller, der bereits in mehreren Exemplaren gebaut worden war, wurde sofort gesperrt und vernichtet.

Neben den Großflugzeugen flog ich auch ab und zu Kleinflugzeuge. Als die Udet=Flugzeugwerke von Rammersdorf bei München die „Flamingos" gebaut und nach Ungarn verkauft hatten, waren zur Überführung keine Piloten vorhanden, die mit der Strecke vertraut waren. Deshalb fragte mich Udet, ob ich nicht einige Maschinen nach Steinamanger bringen wolle. Durch meine Zusage bekam ich erstmalig einen der kleinen „Flamingos" in die Hand. Bekanntlich machte Udet seine Kunstflüge mit dieser kunstflugtaug=lichen Maschine.

Bei einem Probeflug nahm ich einen der Konstrukteure, einen gewissen Stubenrauch mit. Nach mehreren Kurven setzte ich zum Looping an. Ich überschlug mich in der Luft und wollte gerade einen weiteren Looping machen, als ich sah, wie Stubenrauch mit beiden Armen wild in der Luft herumgestikulierte. Was stimmte da nicht? – Der Ärmste hatte vergessen, sich anzuschnallen! Bei einem langsameren Looping hätte ich ihn längst verloren. Mit meinem festgeschnallten Begleiter flog ich die Maschine dann nach Herzenslust ein. Darauf lieferte ich sie dann in Steinamanger ab. Diese Überführungsflüge verkaufter Maschinen führte ich für die Udet=Werke wiederholt durch.

Bei einem Flug von Zürich nach München machte ich die Bekanntschaft des berühmten Nordpolforschers Fridtjof Nansen. Er war von seinem ersten Flug entlang der Alpenkette außerordentlich begeistert. Zum Abschied ver=sprach er mir sein Buch „Sibirien, das Land der Zukunft", das er mir auch wenige Wochen später mit einer Widmung zuschickte.

Da die Fliegerei modern geworden war, blieben wir auch nicht von Film=gesellschaften verschont. Oft machten wir mit und in den Maschinen Film=aufnahmen. So wurde unter anderem von einer Filmgesellschaft mit zwei Flugzeugen ein Flug nach dem Großglockner gemacht. Ich selbst sollte den Großglockner unmittelbar umkreisen, die begleitende Maschine mit den Film=operateuren an Bord sollte uns über dem Bergmassiv von oben her auf=nehmen. Das Wetter war ausgezeichnet. Die Filme, die wir später zu sehen bekamen, waren hervorragend und haben vielen Kinobesuchern die er=habene Wunderwelt der Berge auf eine damals noch unbekannte Art näher gebracht.

Bei einer anderen Gelegenheit flog ich ein altes Kriegsflugzeug zur Bavaria=Gesellschaft nach München. Nachdem die Tragflächen abmontiert waren, wurde mit laufendem Motor der für die Aufnahmen notwendige Wind ge=macht. Ich sah zu, wie es donnerte, blitzte und regnete. Nach den Aufnah=

men wurde die Maschine wieder aufmontiert, und ich flog sie nach dem Heimathafen zurück.

Ein anderes Ereignis jener Zeit war der Deutschlandflug mit kleinen Sportflugzeugen. Es sollte mit Überfliegen der Zugspitze enden. Wir landeten also in Garmisch und warteten auf die ankommenden Maschinen. Sobald diese gemeldet worden waren, startete ich mit meinen Filmleuten und eingebauten Kameras. Ich mußte mich dann so lange über der Zugspitze aufhalten, bis die anfliegenden und das Zugspitzhaus umkreisenden Maschinen gefilmt worden waren. Bei diesen Unternehmungen wurde eines der Flugzeuge von den starken Böen erfaßt und über dem Schneeferner auf das Platt geworfen. Bei dieser Gelegenheit lernte ich den späteren Reichsminister Heß kennen. Er kam mit einer Sportmaschine des „Völkischen Beobachters" als erster über das Zugspitzhaus und das Zugspitzplatt hinweg. Die Aufnahmen wurden in allen Kinos gezeigt.

Im Jahre 1927 bekamen wir die ersten Rohrbach=Maschinen, und zwar die Roland 1, ebenfalls ein neunsitziges Passagierflugzeug. Der Flugzeugführer hockte oben und hatte vollkommen freie Sicht. Diese Maschine war besser als die derzeitige G 24. Sie wies höhere Steigleistungen auf und war auch um zwanzig Kilometer schneller, trotzdem die Motoren kaum stärker waren. Mit ihr flog ich die Strecke Genf—Wien. Die Roland war ein Hochdecker, das Fahrgestell lag seitlich und war nach rechts und links von den Passagierfenstern aus zu sehen. Durch die oberhalb angebrachten Tragflächen war der Ausblick nach unten ausgezeichnet.

Es war auf einem Flug von München nach Wien. Nachdem wir bereits den halben Weg zurückgelegt hatten, meldete mir mein Funker, daß das rechte Rad ohne Luft sei. Nun wäre bei den großen Ballonreifen mit einem Durchmesser von 1,20 Metern die Landung ohne Zweifel mit erheblicher Gefahr verbunden gewesen. Deshalb gab ich meinem Maschinisten Anweisung, auch dem linken Rad die Luft zu nehmen. Er kam auf die Idee, der Propellerpeitsche — eine Art Besenstiel mit einer Gummischlaufe, mit der der Propeller am Boden durchgedreht wird — eine Feile mit der Spitze nach vorn anzuheften. Durch das geöffnete Fenster versuchte er nun, diese in den Pneu zu treiben. Seine Anstrengungen brachten jedoch keinerlei Erfolg, das Rad drehte sich weg. Endlich faßte die Feile. Der Maschinist bohrte und bohrte. Bestimmt keine Kleinigkeit bei 180 Kilometern Stundengeschwindigkeit und dem starken Fahrwind. Plötzlich brach der Stiel ab, die Feile blieb im Pneumatik stecken und war auch nicht wieder herauszukriegen — und die Luft war nach wie vor im Reifen! Einen Augenblick dachte ich daran, ihn mit meiner Pistole zu durchschießen, doch ließ ich von diesem

Vorhaben ab aus Furcht, die Kugel könnte zurückprallen und in meiner mit Gästen vollbeladenen Maschine Unheil anrichten.

Ich telegrafierte die Sachlage nach Wien und bat, unter allen Umständen ein Auto nach der Landestelle zu schicken. Über Wien angekommen, sah ich unten, kurz hinter dem Landetuch, eine ganze Kolonne von Fahrzeugen aufmarschiert: einen Omnibus, einen Sanitätswagen und zwei Feuerwehr=wagen. Ich setzte zur Landung an, ließ die Maschine auslaufen, wobei ich sie so lange auf einem Rad hielt, wie es der immer mehr nachlassende Fahr=wind zuließ. Als sie sich auf die rechte Seite neigte, betätigte ich sofort die Gegenbremse und machte schlagartig eine Kehrtwendung um 180 Grad — wir standen — ohne Unfall und ohne Schaden. Die Passagiere, die wir vor=her hatten anschnallen lassen, waren erst recht beunruhigt, aber nach der glatten Landung um so zufriedener.

Gelegentlich eines Fluges nach Berlin war ich infolge schlechter Wetterlage gezwungen, von Nürnberg aus, unmittelbar über dem Boden krebsend, das Maintal zu nehmen, und dann über Meiningen nach Eisenach zu fliegen. Kurz vor Eisenach bekam ich plötzlich mehrere Schläge in die Maschine, gleichzeitig beobachtete ich, wie Schwalben erschreckt abwärts sausten. In diesem Fall erwies das Flugzeug sich als erbitterter Feind: mehrere Schwal=ben waren vom Propeller erschlagen worden, sie hatten allerdings den Tragflächen auch einigen Schaden zugefügt. In der Maschine verbreitete sich ein scheußlicher Geruch, wie von verbranntem Fleisch. In Leipzig konn=ten wir dann die Ursache dieses Gestanks aufdecken: Im Auspuff lag eine Schwalbe, die dort langsam verbrotzelt war.

Es geschah noch öfter, daß wir mit Schwalben in Berührung kamen. Sobald diese kleinen Vögel in den Bereich ihres großen Bruders kamen, flüchteten sie senkrecht abwärts stürzend vor ihm, im Gegensatz zu Habichten und Bussarden, die immer stehenblieben, auch wenn ich noch so nah an sie herankam.

Am 22. Juni 1926 hatte ich meinen 300000sten Kilometer zurückgelegt. Über die Kilometerzahlabrechnung wurde von der Gesellschaft genauestens Buch geführt. Mein Führersitz war an diesem Tage mit Girlanden ge=schmückt. Selbst die mitfliegenden Passagiere brachten ihre Anteilnahme durch Blumen zum Ausdruck. In Zürich wurde ich von der Schweizer Ge=sellschaft Ad Astra mit großen Rosensträußen bedacht, in München sogar mit unserem bayerischen Nationalgetränk, einem Glas frischen Münchener Bieres. Auch Wien, das meine zweite Heimat geworden war, hatte es sich nicht nehmen lassen, mir einen Lorbeerkranz und ein gutes Abendessen zu präsentieren. Alle Zeitungen in Deutschland und Österreich berichteten in anerkennender Weise über meine fliegerische Tätigkeit. Die Luftverkehrsfirmen in Deutschland, Österreich und der Schweiz nutzten dieses Ereignis auch propagandistisch sehr geschickt, um den Menschen die Luftreise schmackhaft zu machen. Es hieß etwa folgendermaßen: ‚Seht euch unser fliegendes Personal an! 300 000 Kilometer ohne den geringsten Unfall. Wer hat hier noch Zweifel? Wer kann hier noch Angst haben? Fliege, und du sparst viel Zeit und viel Geld!' Es war ja meistens die Angst, die die Menschen trotz der Neugierde, die Welt auch einmal aus der Vogelschau kennenzulernen, von einem Flug abhielt.

Im September 1927 hatte ich bereits den 400 000 sten Kilometer erreicht. Auch dieses Ereignis wurde gefeiert, ähnlich wie das vorige. Die Deutsche Lufthansa brachte erstmalig die goldene Ehrennadel für fliegende Besatzungen heraus, deutlich beschriftet mit: 400 000 km.

Da wir außer Passagieren und Post immer noch Fracht mitnahmen, wurden einmal auch zweitausend Stück bayerischer Weißwürste geflogen. In Berlin war irgendeine große bayerische Veranstaltung, und dazu waren die Würste in München bestellt worden. Die Wetterlage war außerordentlich ungünstig, als ein Kamerad von mir frühmorgens startete. Als er an das Fichtelgebirge kam, war es vollkommen zu, so daß er nicht drüber hinwegkam. Immer und immer wieder versuchte er es, aber es gelang ihm nicht und er mußte sich zu einer Notlandung entschließen. Zwar ging die Landung glatt, aber — was sollte man jetzt mit diesen unzähligen Weißwürsten anfangen? Ein Hilferuf nach München und Berlin: Wir kommen mit den Weißwürsten nicht weiter. Was soll geschehen? An einen Start war bei der zunehmenden Verschlechterung der Wetterlage nicht mehr zu denken. Aus München kam die Anweisung, die Weißwürste an die Umgebung billig abzugeben. Bekanntlich dürfen sie keine 24 Stunden alt werden, sonst verderben sie. Aber selbst zu Spottpreisen wurde man sie nicht los — sie wurden verschenkt. Auf diese Weise haben die Bauern des Fichtelgebirges, dazu noch auf so billige Art, auch einmal Original Münchener Weißwürste kennengelernt.

Revolution in Wien

Im Juli 1927 hatten sich die innenpolitischen Verhältnisse in Österreich sehr stark zugespitzt. Es kam zum Generalstreik — es kam zur Revolution! Der Justizpalast stand in Flammen — Wien war in hellster Aufregung. Es floß Blut! In dieser unruhigen Zeit hatten auch Post und Bahn ihren Betrieb eingestellt. Wir waren mit unseren Maschinen die einzige Verbindung zwischen

München und Wien. Wir sind mehrmals am Tage gestartet, um Post und Fracht nach Wien und zurück zu bringen. Eines Tages sprach mich unser Wiener Flugleiter an: „Herr Baur, können Sie in Salzburg zwischenlanden? Wir haben vier Fluggäste nach dort." Ich versprach, mein Bestes zu tun. Der Salzburger Flugplatz war zu der damaligen Zeit ein Exerziergelände und für Großflugzeuge, wie die G 24 und die CH 134, die ich flog, völlig ungeeignet. Es sollten dort auch nur Kleinflugzeuge, beispielsweise die F 13, landen, für die von uns geflogenen Maschinen war er nicht vorgesehen. Ich hatte auf ihm noch nicht gelandet und kannte ihn nur aus der Luft. Als ich über Salzburg war, umkreiste ich zunächst einmal den Platz, um mir die Sachlage noch einmal genauestens von oben zu besehen. Sie erschien mir recht wenig vertrauenerweckend. An Gebäuden sah ich nur eine kleine Bretterbude, in der, wie sich später herausstellte, die Flugleitung saß. Direkt am Platz vorbei führte die Straße von Reichenhall nach Salzburg. Mit Exerzierplätzen und ihren Wellen, die für deckungsuchende Soldaten gut sein mögen, nicht aber für uns, hatte ich schon meine Erfahrungen gemacht. Ich suchte also den Scheitel einer Welle auf und setzte unmittelbar hinter dieser zur Landung an, damit die Maschine schön sitzen blieb und nicht wieder hochging. Es klappte, ich rollte bis vor die Flugleitung, in der ein ehemaliger österreichischer Hauptmann, Woral, saß. Er ließ die Passagiere aussteigen und brachte die Bordbücher in Ordnung.

Luftakrobat am Flugzeugschwanz

In der Zwischenzeit hatten sich Männer und Frauen von der Straße her eingefunden, die das erste Mal in ihrem Leben ein Großflugzeug sahen und es nun auch aus der Nähe und in aller Gründlichkeit betrachten wollten. Unsere Maschine hatte noch keinerlei Bremsen, Wenden durch einseitiges Abbremsen war also noch nicht möglich. Mit nur einem arbeitenden Motor Kehrtmachen — dabei wäre mir bei dem kleinen Platz zu viel wertvolles Gelände verloren gegangen, denn das kostete einen Riesenbogen. Wenn schnell gedreht werden sollte, dann hoben einfach mehrere Männer die Maschine beim Schwanz an und trugen den ganzen Apparat herum.

So bat ich den Flugleiter, einige Männer zu fragen, ob sie wohl mit anfassen wollten. Er kam mir mit sechs Zuschauern zu Hilfe. Ich rollte an das Platzende und gab das Kommando zum Wenden. Als ich in Startrichtung stand, gab ich dem Flugleiter mein Fertigzeichen und bekam von ihm das Freizeichen, also die Starterlaubnis: alle drei Gashebel rein und ab!

Wir waren ungefähr zweihundert Meter gerollt, als ich schon feststellen mußte, daß wir schwanzlastig waren. Ich nahm aber trotzdem die Maschine vom Boden, und wir kamen auch gut weg. Die Schwanzlastigkeit blieb. Ich konnte mir das nicht erklären. Die Trimmuhr war genau für die Belastung, die ich noch in der Maschine hatte, eingestellt. Mir blieb das Ganze ein Rätsel. Aber irgendeine Ursache mußte doch vorhanden sein. Die Dämpfungsfläche, die vor dem Höhen= und Tiefensteuer gelagert war, konnte man je nach Be= oder Entladung mit Hilfe eines Trimmrades herauf= oder herunterdrücken. Das Flugzeug war dann richtig ausbalanciert und flog frei, weder kopf= noch schwanzschwer. Es war immerhin möglich, daß die Trimmuhr versagt hatte, da nur ein Seilzug das Anzeigen über das Trimm= gerät bewirkte. Mit solchen Gedanken flog ich auf die Burg in Salzburg zu. In der Zwischenzeit war ich etwa dreihundert Meter über dem Boden und hatte das Flugzeug ausgetrimmt und in Ordnung gebracht.

Da ich nach München wollte, hatte ich linksum gemacht und zog jetzt wieder am Platzrand von Salzburg vorbei. Hier bot sich mir ein eigen= artiges Bild. Menschen rannten hin und her und winkten mit Taschentü= chern. Ein Handtuch war sogar dazwischen, es mochte aus der Flugleitung stammen. Dann gingen Leuchtkugeln hoch. Leuchtkugeln in allen Farben: weiß, grün, rot, mit Stern und ohne Stern. Wir hatten selbstverständlich Farben und Signale für bestimmte Notfälle, aber hier war nichts Spezielles zu erkennen. Nur eines stand für Zintl und mich fest: etwas stimmte hier nicht! Wir waren inzwischen vierhundert Meter hoch. Ich umkreiste den Platz mehrere Male, fragte den Funker, ob wir vielleicht etwas vergessen hätten, Bordbücher oder anderes. Nein — es war alles da. Die Menschen unter uns winkten und schossen weiter. Nun hatten wir zwar eine Funk= anlage an Bord — aber Salzburg hatte keine Funkstation. Wir hätten wohl mit Wien oder München in Verbindung treten können, aber sollten wir hier kreisen, bis wir Antwort bekommen würden? Ich mußte landen. Es geschah nicht ohne Widerwillen, war ich doch froh gewesen, gut hinein= und vor allem auch hinausgekommen zu sein!

Nachdem ich dieselbe Bodenwelle wiedergefunden hatte, die ich mir beim ersten Hereinlanden ausgesucht hatte, setzte ich sehr leicht auf. Es war — wie man bei uns zu sagen pflegt, wenn man den Boden so sacht berührt, daß die Passagiere es kaum merken — eine vollendete „Eierlandung". Ich ließ die Maschine auslaufen, aber wir standen noch nicht, da rannten uns auch schon die Menschen entgegen, der Flugleiter an der Spitze. Im Laufen zeigten sie mit den Händen auf unser Flugzeug, als wollten sie uns auf etwas aufmerksam machen. Sollten wir beim Landen jemanden über den

Haufen gerollt haben? Es wäre immerhin möglich, da dem Piloten durch die rechte Motorschnauze die Sicht nach rechts vollkommen genommen ist. Ich fragte Zintl, ob er nicht einen Menschen im Grase hatte hocken sehen, den wir überrollt haben könnten. Aber Zintl antwortete mir, daß die Lande=bahn gänzlich frei gewesen sei. Nun stand ich auf. Mein Platz lag völlig offen, ich konnte also nach hinten sehen. Und da gewahrte ich in fünfzehn Metern Entfernung einen Mann, der sich gerade vom Boden erhob. Er reckte sich, drehte sich nach links und rechts, als wollte er erproben, ob sein Kreuz noch intakt sei.

Aus dem Geschrei vieler Münder konnte ich mir nun so viel zusammen=reimen, daß dieser Mann an unserem Schwanz gehangen habe. Ich sprang hoch, ließ mich über die Tragfläche abrutschen und rannte auf ihn zu. Er war totenblaß, jeder Blutstropfen schien aus seinem Gesicht gewichen. Zit=ternd stand er da. Ich fragte ihn, wie er dazu komme, sich an den Schwanz unseres Flugzeuges zu hängen. Aber er glotzte mich nur geistesabwesend an, als sei er noch nicht wieder zur Besinnung gekommen. Schließlich fing er stotternd an zu erzählen. Unser Mann hatte sich tatsächlich bei uns hinten angehängt. Als Filmstatist hatte er längere Zeit vergeblich nach Arbeit gesucht, aber keine gefunden. Nun hatte er sich eingebildet, daß tapfere Leute begehrt seien. Deshalb wollte er nach dieser Richtung von sich reden machen. In der Meinung, unsere Maschine flöge nach Wien, hatte er sich für seine Person eine unerhörte Publicity versprochen, wenn er am Schwanz eines Flugzeuges hängend, mit uns auf dem Flugplatz der Filmstadt aufgekreuzt wäre. Selbstverständlich würde das alles dann in der Zeitung stehen und genau so selbstverständlich hoffte er daraufhin auf eine Anstel=lung als nunmehr „tapferer Filmstatist". Ich sagte unserem blinden Passagier, daß wir gar nicht nach Wien, sondern nach München geflogen wären. „Oh Jegerl, dann hätte das ja gar nichts geholfen! Zudem hätte ich es auch nicht bis dorthin ausgehalten!"

Ich wollte nun natürlich von dem Unglücksraben auch wissen, wie und wo er sich festgeklammert hatte. Er war, als wir starteten, so lange mitgelau=fen, wie er mitlaufen konnte. Als ihm die Rennerei zu toll wurde, hatte er sich mit der linken Hand an dem Griffstück zum Herumheben des Schwan=zes und mit der rechten an der Strebe zwischen Dämpfungsfläche und Rumpf festgehalten und hochgezogen. Mit einem Fuß hatte er sich dann zwischen der Strebe eingeklemmt. Seine Lage war jämmerlich. Man muß sich vorstellen, daß er bei waagerechter Lage der Maschine, wie das während des Fluges ja der Fall ist, mit dem Kopf nach unten hing! Nur der starke Fahrtwind — wir hatten eine Reisegeschwindigkeit von 160 Stundenkilo=

metern — hatte ihn herangepreßt und verhindert, daß er abstürzte. Wir waren sieben bis acht Minuten in der Luft gewesen. Das hatte er noch durchgestanden. Aber lange hätte er es — nach seiner eigenen Aussage — nicht mehr ausgehalten. Es ist bestimmt keine Kleinigkeit, mit dem Kopf im Fahrwind zu hängen und mit den Händen die ganze Last des Körpers zu tragen! Wären wir durchgeflogen, so hätte er nur noch die Möglichkeit gehabt, sich über dem Chiemsee ins Wasser fallen zu lassen. Doch auch diese Lösung wäre ihm kaum gut bekommen.

Unser Luftakrobat hatte Glück, daß ich die sanfte Landung gebaut hatte. Wären wir nur ein einziges Mal gesprungen, so hätte er sich, da er dann das Vielfache seines Körpergewichtes zu tragen gehabt hätte, mit den Händen nicht mehr halten können und wäre am Erdboden zerschmettert worden. Man bedenke: 110 Kilometer Landegeschwindigkeit! Und dann war zum Schluß, als der Mann sich kurz vor dem Ausrollen fallen ließ, das Unheil noch einmal vorübergegangen: Zu seinem Glück war er nicht unter den Schwanzschleifsporn, sondern lediglich vor die Strebe geraten, an der der Sporn sitzt. Die leichte Verstauchung des Kreuzes wird er bald vergessen haben. Wahrscheinlich schneller, als die Erinnerung an diesen Flug.

Übrigens sagte mir unser Wiener Flugleiter ungefähr zwei Jahre später, daß unser „Schwanzflieger" wieder aufgekreuzt sei. Er hatte auf den Bürgermeister Seitz in Wien ein Attentat versucht und stand deshalb vor Gericht. Nachdem der Verteidiger das Salzburger Flugerlebnis seines Mandanten zum besten gegeben hatte, kam dieser nicht ins Gefängnis, sondern nach Steinhof, in die Irrenanstalt bei Wien. So hatte sein Abenteuer mit uns doch noch einen Nutzen: er wanderte nicht ins „Kittchen".

Es geht über die Alpen!

Das Jahr 1928 brachte wiederum ein besonderes, für die Weiterentwicklung des Flugwesens geschichtliches Ereignis, und zwar sollte die Strecke München—Trient—Mailand geflogen werden. Ich wurde mit dem Wagen nach Trient geschickt, um die Platzverhältnisse, von denen man wußte, daß sie nicht gerade günstig waren, zu erkunden. Ich erfuhr dann auch durch den dortigen Flugleiter von den besonderen Schwierigkeiten, zu denen die Ora, ein Bergwind, den Anlaß gab. Bei warmem Wetter tauchte sie jedesmal in den Morgenstunden auf. Sie setzte gewöhnlich gegen 10 oder 10 Uhr 30 ein und dauerte bis gegen 17 Uhr. Dieser Bergwind wird durch die kolossalen Temperaturunterschiede verursacht, die zwischen dem kühlen Garda-

see und den aufgeheizten Bergwänden der Brentagruppe entstehen. Sie be=
wirken sehr starke Luftströmungen, die sich in das Etschtal ergießen und
dort den Wirbelwind hervorrufen. Die Windstärken betragen bis zu 15 und
mehr Metern pro Sekunde. Es kann ohne weiteres passieren, daß ein Flug=
zeug mit Gegenwind, also Nordwind, hereinkommt, aber noch beim Landen
plötzlich Rückenwind hat, da der Wind in den wenigen Sekunden bereits um=
geschlagen ist. Auf dem nur achthundert Meter langen Platz kommt die
Maschine bei Rückenwind dann unmöglich zum Stehen, was soviel heißt,
daß sie unweigerlich an den anschließenden Weinbergen zerschellen würde.
Ich erklärte dem Flugleiter, daß eine Fluggesellschaft wie die Deutsche Luft=
hansa unmöglich ein solches Risiko auf sich nehmen könne, zumal ihr ober=
stes Gesetz die Sicherheit für Passagiere und Maschinen sei. Er erklärte
sich bereit, an allen vier Ecken des Flugplatzes Windhosen anzubringen,
damit von oben festgestellt werden könne, von welcher Seite der Wind
käme. Ich war nach wie vor der Meinung, daß das wenig nütze, da wir es
hier mit einem ausgesprochenen Wirbelwind zu tun hätten, der in Sekun=
denschnelle umschlagen kann. Risiken seien im äußersten Notfalle oder im
Kriege unvermeidlich, im zivilen Luftverkehr dagegen müßten sie vollstän=
dig ausgeschaltet werden. Wie recht ich hatte, stellte sich bei einer späteren
Gelegenheit heraus, als die Windhose auf dem Nordteil des Platzes den
Wind von Norden kommend und gleichzeitig diejenige des Südteils ihn als
von Süden kommend anzeigte.
Bei meiner Rückkehr nach München gab ich meiner Flugleitung sowie mei=
ner Direktion in Berlin den gewünschten Aufschluß über die Platzverhält=
nisse in Trient und erklärte, daß, wenn man von einer Landung in Trient
durchaus nicht absehen wolle, die einzige Möglichkeit darin bestünde, so
früh von München wegzustarten, daß man vor Einbruch der Ora an Ort
und Stelle sei.
Es wurde beschlossen, zunächst einen dreimonatigen Versuchsdienst ohne
Passagiere, nur mit Post und Fracht aufzunehmen. Im Monat April wurde
die Strecke München—Trient—Mailand eröffnet. Ich wurde zu dem Eröff=
nungsflug ausersehen. Wie bei allen Anlässen dieser Art fand auch hier
eine offizielle Verabschiedung mit wichtigen Leuten und vielen Reden statt.
Ich startete bei schönstem Sonnenschein. In Trient ging ich bis auf unge=
fähr fünfhundert Meter herunter. Aber an den vier Windsäcken konnte
ich erkennen, daß die Ora bereits eingesetzt hatte. Ich beauftragte meinen
Funker, die Station in Trient zu benachrichtigen, daß eine Landung unter die=
sen Umständen undurchführbar sei und wir durchfliegen würden. In Mai=
land gab es auf dem Flugplatz Taliedo wieder einen großen offiziellen Emp=

fang. Nach den Feierlichkeiten — es war etwa eine halbe Stunde später — ließ der Kommandant, ein italienischer Oberst, mich rufen, um mir folgendes zu eröffnen: „Wir haben eben aus Rom Nachricht bekommen, daß Sie den Flughafen Trient in dreitausend Meter Höhe überflogen haben, ohne Anstalten zu machen herunterzugehen." Ich bat daraufhin den Obersten, mich zu meiner Maschine zu begleiten, damit er sich an Hand meines Höhenschreibers oder Barografen, wie man ihn auch nennt, davon überzeugen könne, daß das nicht stimme. Ich nahm aus dem Rumpfteil des Flugzeuges einen Kasten heraus, an den wir in der Luft natürlich nicht herankamen, und wies auf die noch feuchte Tinte des Höhenschreibers, der zugleich mit den Höhen= auch die Zeitangaben aufzeichnete. So konnte ich den Nachweis erbringen, daß ich über Trient von dreitausend auf fünfhundert Meter heruntergegangen war. Der Oberst bat mich darum, ihm das Barogrammblatt auszuhändigen, aber ich lehnte ab mit dem Hinweis, daß es ihm genügen müsse, wenn er sich, gegebenenfalls unter Zeugen, davon vergewissern könne, daß es sich bei dem Vorwurf um eine Falschmeldung handele.

Der Rückflug war für den nächsten Morgen 9 Uhr angesetzt. Die Motoren liefen bereits. Ich saß in meinen Pelzkleidern startbereit — selbstverständlich waren wir auf diesen Flügen in der offenen Maschine und bei einer Temperatur von null Grad in viertausend Metern Höhe gut eingepackt — es wurde 9 Uhr 15, es wurde 9 Uhr 30. Ich hatte in meiner Flugkombination längst zu schwitzen angefangen. Ich zog sie wieder aus. Der Flugleiter, der hier die Deutsche Lufthansa vertrat, bemühte sich um die Starterlaubnis für mich. Er erhielt jedoch die Meldung, daß Rom den Start für die Maschine noch nicht freigegeben habe und ein Bescheid aus Rom abzuwarten sei. Es wurde 10 Uhr, es wurde 10 Uhr 30 — mir wurde allmählich die Sache zu dumm. Ich beauftragte meinen Funker, seine Antenne, eine zwei Meter lange Stange, die gewöhnlich nur in der Luft ausgefahren wird, am Boden aufzubauen und mit München Verbindung aufzunehmen. Auf diese Weise verständigten wir München, daß bis zur Stunde noch keine Starterlaubnis erteilt worden sei. Die Antwort darauf war, daß die italienische Maschine, die am Vortage nach München geflogen war, ebenfalls festgehalten wurde. So verging der Tag mit Warten. Nichts geschah — wir blieben in Mailand sitzen. Erst am nächsten Tage bekamen wir gegen 8 Uhr 30 die Starterlaubnis für 9 Uhr. Wir flogen auf Trient zu, machten dort Zwischenlandung und kehrten nach München zurück.

Am andern Tag wurde der Start nach Mailand so vorverlegt, daß ich nicht in den Ora=Bereich hineinkam und eine Zwischenlandung in Trient vor=

nehmen konnte. In Mailand angekommen, wurden wir von dem Kommandanten mit wütenden Schimpfkanonaden empfangen, etwa in der
Form: Einer Maschine die Luft aus den Reifen zu lassen, um sie am Start
zu hindern, sei eine große Ungehörigkeit, zumal wenn solche Maßnahmen
deutscherseits sich auch noch gegen einen der Sieger des Weltkrieges richteten. Ohne Frage konnte keine Rede davon sein, daß der italienischen
Maschine die Luft aus den Reifen gelassen worden sei. Ein Startverbot ist
für einen Verkehrspiloten, gerade auf fremdem Boden, verpflichtend. Würde
er ihm nicht nachkommen, würde ihm die Einflugerlaubnis für das nächste
Mal verweigert und er hätte weder sich noch der Gesellschaft damit einen
Dienst erwiesen.

Damals gab es mit Ausnahme der Zugspitze noch keine meteorologischen
Stationen und deshalb auch keine meteorologischen Vorhersagen. So wurden Flugmeteorologen eingesetzt und angewiesen, uns bei allen Schlechtwetterlagen auf den Flügen zu begleiten und Erfahrungen für die späteren
Mailand-Flüge zu sammeln, nicht zuletzt zur Beratung und Ausbildung —
gab es seinerzeit doch noch keine Blindfluginstrumente.

Der dreimonatige Flugtest mit Post und Fracht zeitigte gute Resultate. Die
Flugstrecke München—Mailand, die 455 Kilometer beträgt, flogen wir in
einer Flugzeit von durchschnittlich zweieinhalb Stunden. Der Weg war uns
von den Italienern genau vorgeschrieben, und zwar wurde der Brennerpaß
als Einflugschneise bestimmt. Dort wurde von der italienischen Regierung
aus ein Mann stationiert, der täglich die deutschen Maschinen kontrollieren mußte. Wir durften nicht mehr als zwei Kilometer nach Westen oder
Osten abweichen. Es war eine besondere Funkstelle eingerichtet, der wir
jeweils mitteilen mußten, daß wir in fünf Minuten den Brenner überfliegen
würden. Beim Flug nach Italien riefen wir über Innsbruck und beim Flug
vom Süden nach München über Sterzing die Bodenstelle. Die Funkstelle
hatte Anweisung, einen Aufsichtsbeamten zu verständigen, der aus seinem
Häuschen ins Freie ging, um uns zu beobachten. Von ihm ging dann eine
Meldung über unsere Passage der Grenze nach Rom — ein etwas komplizier-
tes Verfahren der Überwachung.

Die Italiener hatten zweifellos Angst, wir könnten Spionage treiben. Aus
dieser Angst heraus sind viele Zwischenfälle zu erklären, die sich in der
folgenden Zeit ergaben. Aber die Furcht der Spionageabwehrleute südlich
des Brenner war unbegründet. Nie hat jemand an uns ein die Abmachungen
und das Recht verletzendes Ansinnen gestellt. Wir haben in jedem Fall die
uns auferlegten Bedingungen erfüllt und nie daran gedacht, unsere fliegerischen Aufgaben zu anderen Zwecken zu mißbrauchen oder sie mißbrauchen

zu lassen. Internationale Gepflogenheiten und Bestimmungen haben wir schon in eigenstem Interesse beachtet. Aber bei den Italienern eckten wir trotzdem an.

So eröffnete mir eines Tages der Flughafenkommandant von Mailand, daß er jetzt schon siebenmal die Meldung bekommen habe, daß ich den Brenner falsch — das heißt nicht in der gewünschten Route — überflogen hätte. Ich wies den Vorwurf zurück und berief mich darauf, daß alle Bestimmungen stets sorgsam beachtet würden. Der Kommandant erwiderte, daß er nur die Meldung von Rom übermitteln könnte, und daß es ihm leid tun würde, wenn er mir die Einfluggenehmigung für Italien entziehen müßte. Ich wandte mich daraufhin an den Direktor der Avio-Linie, der italienischen Luftverkehrsgesellschaft, einen Herrn Solusin. Der Direktor, der übrigens Hauptmann d. R. der Luftwaffe war, nahm meinen Vorschlag an, mit mir nach München und zurück zu fliegen, um sich durch persönlichen Augenschein davon zu überzeugen, wie ich den Brenner überflöge. Solusin schwieg sich auf meine Bitte über unser Vorhaben gegenüber den italienischen Behörden aus. Auf meinen Flügen nach München und zurück war meine Route genau so vorschriftsmäßig wie bei allen vorhergegangenen. Solusin konnte sich dieses Mal überzeugen. Und was er wahrscheinlich nicht erwartet hatte, das geschah. Bereits am übernächsten Tage hielt mich der Oberst vom Mailänder Flughafen wieder an: „Herr Baur, wir haben jetzt die achte Meldung, ich befürchte das Schlimmste für Sie." Ich verwies den Obersten an den Direktor Solusin, der ihm bestätigen könnte, daß wir so genau über den Brenner geflogen wären, daß wir auf das Häuschen des Aufsehers am Brenner hätten herunterspucken können. Ich gab auch meiner Überzeugung Ausdruck, daß es sich nur um bewußte Falschmeldung und Diffamierung handeln könne.

Solusin bestätigte meine Angaben temperamentvoll und bestimmt und ließ auch durchblicken, daß er die ganze Angelegenheit als eine Gemeinheit ansehe. Der Oberst machte Rom Meldung, und von da kam nach acht Tagen ein Entschuldigungsschreiben, aus dem hervorging, daß die Meldungen beabsichtigte Falschmeldungen des Beamten am Brenner waren. Dieser verfolgte mit seinen Angaben völlig unpolitische, nichtmilitärische und auch nicht gegen mich gerichtete Ziele. Ihm gefiel es ganz einfach in der Einsamkeit nicht, es gab dort keine Mädchen, keinerlei Zeitvertreib. Der Mann wollte diesen verlorenen Posten loswerden, daher die Falschmeldungen. Er hat seinen Posten dann auch verloren, ob es ihm bei der Art, wie er ihn verlor, nicht nachträglich unbehaglich zumute war, kann ich nicht sagen. Immerhin — ich war rehabilitiert.

Flugkapitän der Deutschen Lufthansa

Am 20. Juli 1928 teilte die Deutsche Lufthansa mir in einem Schreiben mit, daß ich mit Wirkung vom 1. Juli zum Flugkapitän ernannt worden sei. Es gab damals noch sehr, sehr wenig Flugkapitäne. Es war Bedingung, daß man 500 000 Kilometer zurückgelegt haben mußte, davon allein 20 000 im Nachtflugverkehr. Außerdem sollte man acht volle Jahre in der Luftfahrt tätig sein und hiervon fünf im eigentlichen Luftverkehr. Es gab bei der Lufthansa die Titel Flugzeugführer, erster Flugzeugführer und Flugkapitän. Es war meine schönste Beförderung, und ich denke heute noch mit besonderer Freude daran. Damals nahmen viele Zeitungen in der Welt von dieser Tatsache Notiz. Selbstverständlich hat auch die Deutsche Lufthansa die Gelegenheit benutzt, um für ihr fliegendes Personal Propaganda zu machen.

Mit geflügelten Passagieren

Die Fliegerei hatte sich gewaltig entwickelt. Die Unkenrufe wurden schwach und schwächer. Auch denen, die sich bis zuletzt gesperrt hatten, wurde immer klarer, daß hier große Zukunftsmöglichkeiten lagen, die sie nicht länger übersehen konnten. Diese Entwicklung freute niemanden mehr als uns. In der Zwischenzeit hatten wir schon manches durch die Luft befördert — es gab eben doch immer noch neue Möglichkeiten.
Es war im Herbst des Jahres 1928. Ein ungeahnt früher Kälteeinbruch hatte vielen Zugvögeln die Möglichkeit genommen, noch über die schwierige Alpenstrecke hinwegzukommen. Das Todesurteil für viele Tausend der kleinen Tierchen schien gesprochen zu sein, als der Tierschutzverein sich einschaltete und die Deutsche Lufthansa bat, ein Verkehrsflugzeug für einen Flug nach dem Süden zur Verfügung zu stellen. Durch Rundfunk und Zeitung wurde die Bevölkerung von dem Vorhaben in Kenntnis gesetzt, in allen Teilen Bayerns wurden die Vögel gesammelt und zur weiteren Beförderung der Lufthansa übergeben. Der erste dieser Transporte mit 150 bis 200 Schwalben ging am 28. September 1928 von München nach Mailand. Die Männer und Frauen, die die Tierchen mit viel Mühe in Scheunen und Ställen gefangen hatten, lieferten sie bei uns ab und überzeugten sich, daß sie auch richtig untergebracht wurden. Auf dem Flug haben wir unsere kleinen Schützlinge aufmerksam beobachtet, denn natürlich waren wir sehr gespannt, wie sie sich benehmen würden, wenn sie einmal nicht selbst flögen, sondern geflogen würden.

In München zeigte das Thermometer acht Grad Wärme. Die Schwalben waren merkwürdig ruhig. Aber schon nach einer halben Stunde machten sich die in der Kabine herrschende Wärme und die Höhenluft bemerkbar. Die Tierchen fingen an lebhaft zu zwitschern, als ob sie sich gegenseitig ihre Rettung erzählen müßten. Aber als wir dann über die Viertausend= Meter=Grenze kamen, da schien es ihnen wie den Menschen zu ergehen — sie wurden müde und still. Über die Paßstraßen wegfliegend, kommen sie selten über zweitausend Meter hoch. Leider hatten wir für unsere kleinen Gäste keine Sauerstoffgeräte zur Verfügung. Schon am Gardasee wurde mein Funker auf das wieder einsetzende starke Gezwitscher aufmerksam. Er sah nach, was die Tiere so anregte. Es war nichts Besonderes festzu= stellen, außer daß wir uns wieder in niedrigeren Höhen befanden. Es schien uns, als hätten die Tierchen bemerkt, daß ihre Rettung gelungen sei. In Mailand war es warm und sonnig. Wir stellten nach der Landung die Kä= fige auf den Rumpf des Flugzeugs und öffneten sie. Unsere kleinen Gäste kreisten — von ihren bereits in Italien weilenden Brüdern und Schwestern herzlich begrüßt — noch lange über uns. Dann schien die Futtersuche sie sehr stark zu beschäftigen. Gestärkt werden sie darauf ihren Weg nach dem Süden fortgesetzt haben.

Ein lustiges Zwischenspiel gab es noch, als die Zöllner erschienen. Wir konnten ihnen nur die leeren Käfige zeigen. Aber auch sie zeigten sich an= teilnehmend und erfreut. Am Abend mußte ich im Münchener Funkhaus über den Flug berichten. In den folgenden Tagen wurden dann noch viele Schwalben gebracht. Alt und jung kam von weither gefahren, um die Tiere abzuliefern. Es waren ungefähr dreitausend Schwalben, die wir auf diese eigenartige Weise nach dem Süden geflogen haben.

Eine halbe Million Flugkilometer

Wieder war ein besonderer Festtag, als ich meinen 500 000sten Flugkilo= meter flog. An diesem Tage wurde nicht nur Post befördert, sondern es kamen mein Direktor, Herr Major Hailer aus München, und ein Reporter vom Berg=Verlag. Um 9 Uhr 30 starteten wir bei strahlendem Sonnenschein aus München heraus. Unser dreimotoriges Rohrbach=Flugzeug brachte uns in vierzig Minuten nach Innsbruck, und dann hatten wir zur linken Hand das Zillertal, zur rechten das Stubaier Tal und unter uns den Brenner. Über den Sarntaler Alpen öffnete ich die Tür zum Innenraum, gab einen Zettel nach hinten, auf dem ich meldete, daß ich in diesem Augenblick meinen

500000sten Kilometer flog. „Herzlichen Glückwunsch" kam es zurück. Mein Bordwart, mein Funker und mein Direktor kamen, um mir die Hände zu schütteln. Der große Lorbeerkranz, der bis dahin im Mittelgang gestanden hatte, wurde vorgeholt und neben mich gestellt. Es ging dann Richtung Trient, wo die Ora eine Zwischenlandung wieder einmal unmöglich machte, über die Brenta=Gruppe hinweg dem Gardasee zu und über Bergamo nach Mailand, das auch zu einem festlichen Empfang gerüstet hatte. Wir hatten den Flug in der für damalige Verhältnisse recht kurzen Zeit von 2 Stunden und 20 Minuten zurückgelegt.

Sauerstoff

Im Jahre 1929 wurde die Strecke auch für Passagiere zugelassen. Nachdem für die herrliche Alpenwelt ausgiebig Propaganda gemacht worden war, fanden sich unternehmungslustige Gäste ein. Ich bin davon überzeugt, daß sie alle durch den Einblick in die erhabene Schönheit der Berge für ihre Ausgaben entschädigt wurden. Ein großer Nachteil allerdings war, daß wir damals noch keine Sauerstoffanlagen an Bord hatten. So kam es wiederholt vor, daß herzschwache Menschen in Höhen von 4000 bis 4500 Metern wegen Sauerstoffmangel bewußtlos wurden. Trotzdem gaben diese Höhen auch für schwache Menschen immer noch so viel an Sauerstoff her, daß von einer ernstlichen Gefahr nicht die Rede sein konnte. Im allgemeinen liefen die Menschen zuerst blaurot an, ehe sie das Bewußtsein verloren, aber sobald es wieder auf dreitausend Meter herunterging, wurden sie wieder munter. Wenn sie sich dann später auf dem Flughafen für das schöne Flugerlebnis bedankten, so geschah es aus voller Überzeugung — von ihrer Ohnmacht hatten sie selbst am wenigsten gemerkt.
Aber so konnte es natürlich nicht bleiben. Mit der fortschreitenden Technik bekamen die Flugzeuge auch ihre Sauerstoffanlage, zunächst nur für Passagiere, nicht für Besatzungsmitglieder, die ja an diese Höhen ohnehin gewöhnt waren. Damit waren für unsere Flüge schon wesentlich günstigere Situationen geschaffen. Nun konnten auch Kinder und sogar Säuglinge mitfliegen. Für sie wäre es bei den früheren Verhältnissen gewiß fraglich gewesen, ob sie der Belastung standgehalten hätten. Seitdem hatten wir wiederholt Babys an Bord — im Vergleich zu der sechzehnstündigen Bahnfahrt bewältigten wir ja die Strecke in zweieinhalb Stunden. Für unsere kleinsten Gäste hatten wir niedliche kleine Sauerstoff=Flaschen. Mein Funker hatte die Aufgabe, die Kinder zu beobachten. Sobald sie blaue Lippen

bekamen, trat er mit seiner Flasche in Aktion, wurden die Lippen wieder rot, setzte er sie wieder ab, um bei erneut auftretenden Störungserscheinungen die Sache zu wiederholen. Für unsere großen Gäste wurden die Sauerstoff=Flaschen an jedem Sitz festmontiert. Die Passagiere konnten auswechselbare, in Cellophanpapier verpackte Gummimundstücke auf ein Schlauchstück stecken und bei Ermüdungserscheinungen, einer Folge von Sauerstoffmangel, zu „schnullen" anfangen, bis sie sich wieder wohlfühlten. Je nach Bedarf bedienten sie sich der Anlage.

Brennstoff — selbst gemischt

Eine weitere Annehmlichkeit brachte die Tatsache mit sich, daß der Flughafen Trient seit dem Jahre 1929 von den großen Maschinen nicht mehr angeflogen zu werden brauchte. Damit konnten wir vom Brenner aus den direkten Weg über die Adamello=Gruppe, die eine Höhe von 3500 Metern hat, nehmen und über den Iseosee nach Mailand fliegen. Da wir immer noch mit erheblichen Motorschwierigkeiten zu kämpfen hatten und im Gebirge wohl kaum Notlandeplätze ausfindig gemacht werden konnten, hatte ich mir im Falle einer Gefahr die verhältnismäßig flachen Gletscher auf der Adamello=Gruppe ausersehen und dort bereits eine Abstiegsmöglichkeit ausgemacht. Zum Glück ist es dazu nie gekommen.
Zum Zweck der Leistungssteigerung wurden unsere BMW=Motoren stärker verdichtet. Der normale Brennstoff jedoch, den wir bislang hatten, begann bei diesen hochverdichteten Motoren sofort zu klopfen. Deshalb stellten wir selbst ein Brennstoffgemisch her. Wir nahmen dazu fünfzig Teile Benzin und fünfzig Teile Benzol und schüttelten beide Stoffe in einem großen Faß kräftig durcheinander. Auf diese Weise glaubten wir eine gute Mischung zu haben, mit der die Motoren einwandfrei arbeiten würden. Während meiner weiteren Flüge mußte ich aber feststellen, daß auch dieses Brennstoffgemisch noch sehr unvollkommen war. Es kam oft vor, und zwar traten diese Vorfälle zu einer ganz bestimmten Zeit auf, daß dicke, schwarze Rauchwolken aus dem Auspuff stießen oder aber, daß dieser rotglühend wurde — ohne Zweifel Anzeichen dafür, daß der Brennstoff nicht richtig gemischt war. Ich kam zu dem Schluß, daß die Verrußungserscheinung jedesmal dann auftrat, wenn reines Benzol durchfloß, das Glühen der Auspufftöpfe jedoch, wenn die Reihe am Benzin war. Die beiden Stoffe hatten sich also wieder voneinander geschieden. Kein Wunder, wenn man bedenkt, daß sie eine ganze Nacht Zeit dazu hatten! Da nämlich die Maschinen je=

weils nach der Landung am Abend für den nächsten Tag startbereit gemacht und mit dem Brennstoffgemisch versorgt wurden, hatte sich dieses
aller Wahrscheinlichkeit nach in den einzelnen der acht in den Tragflächen
eingebauten Tanks wieder getrennt. Aber man nahm die Angelegenheit
nicht allzu tragisch. Jede Reaktion löst bekanntlich eine Gegenreaktion aus
— diese bestand bei uns in einem Quirl, mit der die Mischung am Morgen
noch einmal kräftig bearbeitet wurde. Daß aber auch unser Quirl noch nicht
die Benzin=Benzol=Mischung vervollkommnete, bewies ein Rückflug von
Mailand nach München.

Wegen der Schlechtwetterlage war ich gezwungen, durchzuziehen und auf
4300 Meter hinaufzugehen. Die Alpenkette war vollkommen zu, über der
gesamten Strecke herrschte Schneetreiben, selbst München hatte nur eine
Wolkenhöhe von zweihundert Metern. Als ich in 4300 Meter Höhe ankam, hatten wir oben eine Temperatur von 28 Grad minus. Wenn keine
allzu starken Luftströmungen über dem Alpengebiet vorhanden waren,
konnte ich auf Grund meiner immerhin reichlichen Erfahrungen den Standort an den Wolkentürmen genau ausmachen. Über jedem Berg gibt es nämlich eine Wolkenstauung, ebenso über jedem Tal eine gewisse Senkung
der Wolkendecke. Ich flog Richtung Brenner, über dem eine gewisse
Senke lag. Rechts und links vom Ortler= und Olperer=Gebiet waren die
Wolken auf eine Höhe von über 5000 Meter hinaufgegangen. Als ich in
die Senke einflog, blieben mir schlagartig alle drei Motoren stehen. Ich
konnte mir das nicht erklären. Da ich keine Motorkraft mehr hatte, ging
ich sofort herunter und tauchte in die Wolkendecke ein. Ich gab PAN —
PAN bedeutet in der Fliegerei soviel wie SOS bei der Schiffahrt. Außerdem gab ich einen Notfunkspruch durch mit dem Hinweis, daß ich mich
vermutlich im Brenner=Gebiet befände, damit man uns im Unglücksfall
später leichter auffinden könnte. Wir hatten nämlich ein Jahr zuvor eine
österreichische Maschine verloren, die die Strecke Wien—Salzburg—Innsbruck—Zürich flog und an einem Berg bei Garmisch zerschellt war. Ganze
acht Tage hatten wir nach ihr suchen müssen, bis wir sie endlich fanden.

Mein Höhenmesser sank beängstigend ab: 3500, 3000, 2500 Meter — ich
mußte mich über dem 2000 Meter hohen Brenner befinden. Aber unter mir
sah ich nichts. Ich ging weiter herunter: 2300, 2200 Meter — plötzlich
wurde es unten schwarz. Das bedeutete, daß ich entweder unmittelbar vor
einem Berg war oder daß ich den Boden einer Wolkendecke durchstieß. Sekunden entschieden jetzt über diese beiden Möglichkeiten: gegen den Berg
anzurennen oder aber über einem Tal zu sein. Auf einmal bekam ich, es
war bei 2100 Meter Höhe, Sicht. Ich atmete auf: Wir befanden uns genau

im Taleinschnitt des Brenner und zwar unmittelbar hinter dem Brenner in Steinach. Da es ja auf dem Brenner unmöglich ist zu landen, machte ich ein Waldstück aus, auf das ich die Maschine aufsetzen wollte. Waldlandungen können verhältnismäßig glimpflich ablaufen, die Baumkronen sind elastisch und fangen den Rammstoß des Flugzeuges ab, wenn es nicht gerade der Zufall will, daß ein großer Ast oder der Baum selbst Tragflächen oder Sitze durchstößt. Mit einem Blick auf das Thermometer stellte ich fest: 15 Grad minus. Kurz vor dem ausgemachten Waldstück fing der linke Motor plötzlich wieder an zu laufen. Kaum war er da, setzte auch der Mittelmotor ein. Mir fiel ein Stein vom Herzen, die Rohrbach flog auch ohne weiteres mit zwei Motoren. In Innsbruck wollte ich dann landen, allerdings hätte ich auf dem kleinen Platz nicht wieder wegstarten können — für meine Passagiere bestimmt keine angenehme Sache. Wie ich nun so über dem Innsbrucker Platz dahinflog, setzte urplötzlich auch der dritte Motor ein. Ich war überglücklich, daß ich alle drei Motoren wieder im Betrieb hatte. Wir hatten in dieser Höhe 12 Grad minus.

Brachte ich das Versagen der Motore mit der Temperatur und diese mit dem Brennstoffgemisch in Verbindung, so ergab sich folgende interessante Feststellung: Mein Brennstoffgemisch war an jenem Tage recht niedrigen Temperaturen ausgesetzt. Nun reagieren Benzin und Benzol auf Kälte sehr verschieden. Benzin fängt bei 45 Grad minus an zu sulzen, das heißt zu gefrieren und wird dickflüssig, während Benzol bereits bei 15 Grad minus diese Eigenschaft hat. Ich hatte also in der Höhe von 4300 Metern bei 28 Grad minus offensichtlich gerade einen Benzoldurchfluß, deshalb das Sulzen, als Folge davon das Abschnüren der Brennstoffzufuhr und schließlich das schlagartige Stehenbleiben der drei Motoren. In der Höhe von etwa 2100 Metern bei 15 Grad minus begannen dann der linke und der Mittelmotor, und bei 12 Grad minus auch der rechte Motor wieder zu arbeiten.

Nun war ich also glücklich über Innsbruck. Von dort flog ich wegen der schlechten Wetterlage das Tal entlang. Kurz vor Schwaz merkte ich, daß der rechte Außenmotor zu kochen begann. Ich mußte ihn deswegen abstellen. So flog ich mit den beiden anderen Motoren über Kufstein und Rosenheim nach München. Dort war man durch meine PAN=Meldung sehr aufgeregt. Zum Glück hatten die Passagiere von der Gefahr nichts bemerkt, im Gegenteil, sie bedankten sich dafür, daß ich noch vor Überfliegen der Alpen heruntergegangen sei, so daß sie nach der anfänglichen Sichtlosigkeit doch wenigstens einen Teil der Berge hätten sehen können. Ich ließ sie in ihrem Glauben.

Als wir den rechten Außenmotor in Augenschein nahmen, den wir abge=
stellt hatten, sahen wir einen Gehäusebruch an der Vergaserkammer. Die
Motoren waren dort zum Zweck einer besseren Vergasung mit einer Warm=
wasserkammer umgeben. Durch die niedrige Temperatur war das Wasser
beim Gleitflug eingefroren. Als der Motor wieder warm wurde, platzte
ein Aluminiumgußstück, und das Wasser nahm seinen Weg durch den Ver=
gaser. Nachdem ich eine ganze Menge davon verloren hatte, fing der kleine
Rest an zu kochen. Trotz aller Pechsträhnen hatte ich damals noch Dusel.
Wäre mir das Einfrieren der Motore nur fünf Minuten vorher passiert, so
wäre ich gerade über dem hochgipfeligen, von Wolken vollständig ver=
deckten Sarntaler Gebiet gewesen und während des Gleitfluges zweifellos
an irgendeinem Berge zerschellt.

Föhn und Gewitter geben uns Rätsel auf

Viel zu schaffen machte uns auch der Föhn. Der Föhn ist bekanntlich ein
Schlechtwettergebiet, das aus dem Süden kommend in ungeheuren Sturm=
wirbeln über das Gebirge hinwegbraust. Diese Föhnströmungen konnten
wir in der damaligen Zeit noch nicht überfliegen, da wir nur Höhen bis zu
4300 Metern, bei leichterer Zuladung vielleicht bis zu 4500 Metern errei=
chen konnten, während das Wirkungsgebiet des Föhn bis 5200 Meter hoch
reichte. Darüber hinaus war es vollkommen ruhig und still. Die Wind=
stauungen im Einflußbereich des Föhn aber trieben mit unserer Maschine
ein böses Spiel. Oft wollte es einfach nicht gelingen, das Flugzeug in der
Waage zu halten. Ich habe dort Böen erlebt, die mich ohne Gas bis zu
tausend Meter hochwarfen und sogar mit Vollgas weit über tausend Meter
abwärtszogen. Wenn man sich dann noch im Blindflug über Bergen bis
zu 3500 Metern Höhe befand, indessen der Höhenmesser nur noch 3200
oder gar 3000 Meter anzeigte, so kann man sich vorstellen, daß wir es mit
der Angst zu tun bekamen.
Bei ruhigem, klarem Wetter ist das Alpengebiet die schönste Strecke, die
ich je in meinem Leben geflogen habe — und ich habe sie im Laufe der
Jahre mehrere hundert Male geflogen, immer und immer wieder mit neuer
Begeisterung. Sie enthüllt dem Beobachter in ständigem Wechsel ihre Un=
berührtheit und Erhabenheit, in der ewigen Ablösung der Tages= und
Jahreszeit. Die Sicht in diesen Höhen ist so unglaublich weit, die Luft so
unendlich klar, daß man drei= bis fünfhundert Kilometer in die Ferne sieht —
ein erhabenes Bild.

Bei schlechtem Wetter aber kann es einem oft gruselig werden. Dann offen=
baren sich Naturgewalten von ungeahntem Ausmaß. Ich denke an die
Berggewitter, die vielfach durch die Einstrahlung der Sonne auf irgendein
Gletschermassiv hervorgerufen werden. Diese Erwärmung treibt Wasser=
dämpfe in die Luft empor, die wiederum Strömungen bewirken. An Ort
und Stelle bauen sich so Gewittertürme auf, die eine Höhe bis über acht=
tausend Meter erreichen. Da sie ungeheure Böen enthalten, werden sie von
Piloten meistens umflogen, nicht durchflogen. Oft haben sie auch noch Ver=
eisung und Hagel oder Graupel im Gefolge. In den meisten Fällen war es
möglich, sich durch die einzelnen Gewittertürme hindurchzuschlängeln, da
ja die Gewitter, wenn sie nicht vom Westen kommen und sogenannte Front=
gewitter darstellen, im wesentlichen lokaler Natur sind.
So flog ich auch wieder eines Tages von Mailand nach München. Ich hatte
nur einen Gast an Bord, einen Großindustriellen aus Mailand. Die Wetter=
meldungen lauteten außerordentlich ungünstig: Es waren schwerste Ge=
witter im Anzug, die den Brenner zum Teil bereits passiert hatten, teil=
weise sich noch in den Bergen aufhielten, von schweren Hagelniederschlä=
gen begleitet, die weder zu umfliegen, noch zu überfliegen waren. Da das
Frontgewitter bereits durchgezogen war und die Nachgewitter bekanntlich
nicht mehr von gleicher Stärke sind, startete ich los. Am Brenner merkte ich,
daß es unmöglich war hochzukommen. Schwarz in schwarz lag das Massiv
da, es blitzte unaufhörlich und hagelte. Ich kehrte also nach Trient zurück,
um dort zu landen und abzuwarten, bis das Gewitter sich verzogen hatte.
Laufend ließ ich mir die Wettermeldungen vom Brenner geben — es gingen
Stunden hin. Als ich endlich die Nachricht bekam, der Brenner sei frei, ent=
schloß ich mich, aus Trient wieder herauszustarten. Im selben Augenblick
setzte die Ora ein. Ich war zirka sechzig bis achtzig Meter hoch, da bekam
ich von einer Böe einen Schlag verpaßt, daß die Maschine über der Etsch im
Nu mindestens fünfzig Meter durchfiel. Ich glaubte, die Tragflächen müß=
ten wegplatzen, so energisch war der Stoß. Ich hatte auch keinerlei Luft=
polster mehr unter mir. Als die Maschine dann zirka vierzig Meter über
der Etsch wieder auf das Luftpolster stieß, bekam ich aufs neue einen Schlag,
daß ich auf dem Boden aufgeprallt zu sein glaubte.
Nun waren ich und auch mein Maschinist festgeschnallt — eine unumgäng=
liche Notwendigkeit, wollte ich bei stark böigem Wetter die Steuerung
nicht verlieren. Oft wurde man so hoch geschleudert, daß man buchstäblich
in der Luft hing. Die Passagiere und der Funker waren meist nicht ange=
schnallt. So wurde mein Funker denn auch plötzlich hochgeworfen und,
obwohl er sich noch an seinem Peilrad festhielt, in der Luft umgedreht und

zu Boden geschmettert, wobei er mit seinem rückwärtigen Teil nach oben zu liegen kam. Meinem Passagier erging es nicht besser, im Gegenteil: er flog mit dem Kopf gegen das Gepäcknetz und dann gegen eine scharfe Kante, die ihm die Kopfhaut in einer Länge von sechs Zentimetern aufspaltete. Mein Funker nahm sich sofort des Verletzten an. Er ging mit ihm zur Toilette, wo es Wasser und kleine Handtücher gab.

Als wir aus dem Ora-Bereich heraus waren, zog ich an, um möglichst schnell an Höhe zu gewinnen, weil oben bekanntlich eine ruhigere Sphäre ist. Wir hatten schon Bozen passiert, als mein Funker mir meldete, daß unser „armer" Passagier einfach nicht zu bluten aufhörte. Ich öffnete meine Kabinentür und schaute nach rückwärts in den Toilettenraum. Hier sah es aus, als wenn ein Schwein geschlachtet worden wäre! Zu meinem Entsetzen bemerkte ich, daß mein Funker die Wunde mit nassen Lappen bearbeitete — kein Wunder, daß das Blut nicht zum Gerinnen kam. Ich gab sofort Anweisung, eine trockene Mullbinde anzulegen, die die Blutung zum Stillstand brachte.

Der Brenner war nun glücklich frei, ebenso auch der weitere Flugweg. Ich gab einen Funkspruch auf, daß der Flughafenarzt davon in Kenntnis gesetzt werden möge, daß wir einen Verletzten an Bord hätten. Außerdem bat ich darum, die Zollbeamten und die auf dem Flughafen Oberwiesenfeld stationierte Flugleitung nach der Flughalle zu beordern, da ich unmöglich einen vollkommen blutverschmierten Passagier vor den Augen der Gäste des großen Flughafen-Gartenrestaurants ausladen könne. Nach der Landung rollte ich also in die Flughalle, in der Zollabfertigung und Paßkontrolle durchgeführt wurden und auch der Arzt mit mehreren Klammern die Wunde unseres Pechvogels zusammenheftete. Er sah übel hergerichtet aus, sein Anzug war über und über mit Blut befleckt. Ich entschuldigte mich und erklärte ihm, daß ich gegenüber den Launen und Tücken der plötzlich hereinbrechenden Ora recht machtlos sei und erfuhr bei dieser Gelegenheit, daß ich einen begeisterten Fußballspieler vor mir hatte, der zu einem Länderspiel nach Prag wollte. Tatsächlich ist er dann auch am nächsten Tag weitergeflogen. Weil die Gesellschaft ihm den Schaden ersetzte, nahm die Sache doch noch ein einigermaßen gutes Ende.

Sieben-Stunden-Flug über die Alpen

Immer wieder verstanden es die Berge, mich mit neuen Tücken zu überraschen. Kälte, Föhn, Gewitter, Böen — ich hatte sie alle kennengelernt. Manchmal türmte sich auch vor dem Massiv eine Front auf, die einfach

r dem Start nach Wien mit der Junkers F 13

Nuntius Pacelli, später Papst Pius, 1922 mit einer Junker F 13 nach Oberammergau

Flugplatz Jedlesee bei Wien mit dem Kahlenberg im Hintergrund

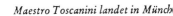

Maestro Toscanini landet in Münch

nicht zu überwinden war. So war ich wieder einmal auf dem Wege von Mün= chen nach Mailand. Es war an diesem Tage ein Frontgewitter mit Hagel= schlag über der gesamten Alpenkette liegend gemeldet worden. Es war ein= fach alles in der Luft, was man sich an Schlechtem wünschen kann. Ich ver= suchte, an den Brenner heranzukommen. Aber bereits vor Innsbruck ballten sich riesige Wolken und Gewittertürme vor mir auf, es war ausgeschlossen, im eingeschlagenen Kurs weiterzukommen. Mir blieb nichts anderes übrig, als kehrt zu machen. Zuerst versuchte ich, in Richtung Bodensee in das Rheintal einzufliegen, um von dort über den Splügenpaß und dem Comer See Mailand zu erreichen. Aber auch im Rheintal stauten sich Gewitter und Wolkenmassen. Nochmals kehrt und in Richtung Schweiz die Alpenkette entlang an den Vierwaldstätter See. Aber auch hier war nichts zu machen. Also weiter längs der Alpen — die Westseite war bereits von Gewittern frei, aber die Wolken stockten noch vor den riesigen Bergmassiven. Ich flog über die Jungfrau und das Matterhorn hinweg, um über das Rhonetal zu meinem Ziel zu gelangen.

Ich war schon in der Schweiz — aber ich kam immer noch nicht über das Gebirge. Der Platz von Genf war mir bekannt — ich war schon Hunderte von Malen dort gelandet. Der Brennstoff war kurz vor dem Ende, also ging ich runter. Nach den Wettermeldungen, die ich in Genf bekam, war der Weg nach dem Süden offen. Nachdem ich getankt hatte, startete ich und flog etwa 150 Kilometer das Rhônetal entlang, Richtung Marseille — dann endlich wurde die Alpenkette frei. Nach sieben Stunden Flugzeit kam ich dann über Genua nach Mailand. Von unseren Passagieren hatte es niemand sonderlich eilig — sie flogen alle zu ihrem Vergnügen.

Sorgen und Freuden — dicht beieinander

Ich habe das oft erlebt: Wir mühten uns, schwitzten vor Sorge, und unsere Gäste saßen hinten in der Kabine und genossen—wie auch in diesem Falle — das, was uns solchen Kummer bereitete, mit innigem Wohlbehagen, weil es nicht alle Tage geboten wurde, die Alpen in solchem Licht, mit einer solchen Wolkenbildung, und vor allem in einem solchen Vorbeiflug zu erleben. So hatte auch an diesem Tage niemand bemerkt, um was es eigentlich ging. Die Passagiere bewunderten das herrliche Massiv der Jungfrau mit ihren Gletschern, das Matterhorn, das Rhônetal, die Monte Rosa und all die an= deren Bergriesen und ließen sich von der erhabenen Pracht der Bergwelt ein= fangen. Sie waren begeistert, wir ängstlich bemüht um einen guten Ausgang.

Nachtlandung auf einem Kartoffelacker

Verehrte Leser, Sie mögen mir verzeihen, daß ich so viele einzelne Erlebnisse aus der Vergangenheit niederschreibe. Aber sie erscheinen mir besonders wichtig in einer Zeit, da man in Überschallgeschwindigkeiten denkt und in der man vergißt, wie ungeheuer problematisch noch vor drei Jahrzehnten die Fliegerei in vielen Dingen war.

Über die Alpen flogen wir nur bis zum Oktober. In den anderen Monaten ging ich wieder auf Normalstrecke: ich flog zwischen Berlin und München hin und her. Bei einem Fluge nach Berlin war die Wetterlage äußerst ungünstig. Es kamen von Westen her starke Regen- und Schneeböen, die sich in den Mittelgebirgen stauten. An ein Überfliegen des Schlechtwettergebietes war nicht zu denken, da die Wolkendecke bis über fünftausend Meter hinauf reichte. Nach Osten war die Luft rein. Ich flog also über der ersten Wolkendecke in ungefähr dreitausend Metern Höhe über den Bayerischen Wald. Aber auch hier war bald alles zu. Die Donau zeichnete sich schwach durch die Wolken ab. Ich ging also zunächst herunter, aber da der Bayerische Wald noch unter mir war, hielt ich es doch für ratsamer, wieder hochzuziehen. Ich lenkte nach Süden ab — aber auch hier fand ich eine vollkommen geschlossene Wolkendecke vor. Die Zeit verging. Als ich die Alpen endlich erreichte, war die Situation auch hier dieselbe. Bei Judenburg — also schon weit im Alpengebiet — bekam ich zum ersten Male wieder Erdsicht. Nach der Bodenorientierung hielt ich es für das beste, die Richtung München einzuschlagen. Über einer geschlossenen Wolkendecke fliegend sah ich hin und wieder Berggipfel. Peilungen waren nicht möglich oder aber nur sehr ungenau. Ein starker Gegenwind bereitete mir zusätzliche Sorgen — der Brennstoff ging zur Neige. Ich mußte mich nach einem Notlandeplatz umsehen. Nach Peilungen aus München und Wien war ich im Chiemgau=Gebiet. Da ich aber immer noch Bergspitzen unter mir hatte, die mindestens 2000 bis 2500 Meter hoch sein durften, konnten diese Peilungen nicht stimmen. Ich flog nach Norden, um aus den Bergen herauszukommen. Die aufkommende Dunkelheit machte das Maß voll, viel mehr hätte eigentlich nicht auf einmal kommen können.

Der Brennstoff ging immer mehr zur Neige. Ich mußte — ob ich wollte oder nicht — herunter. Mein Maschinist Zintl wurde angewiesen, auftauchendes Licht sofort zu melden. Vor allem sollte er darauf achten, in welcher Tiefe die Lichtquelle läge, ob in sehr weiter oder näherer Entfernung, woraus zu schließen war, ob wir uns noch im Alpengebiet befänden. Plötzlich schrie Zintl, daß er Licht gesehen habe — sehr tief unter uns. Ich ging also herunter.

Etwa 1500 Meter über Grund stieß ich aus den Wolken hervor. Unter uns an einem Fluß eine erleuchtete Ortschaft. Ich glaubte, es mit dem Inn zu tun zu haben. An diesem vermeintlichen Inn flog ich entlang, um nach Rosenheim oder einer anderen mir bekannten Stadt zu kommen. Ich fand nichts, was mir bekannt gewesen wäre. Ich flog nach Süden, um den Einfluß des Inn von Rosenheim und Kufstein zu erkunden. Da aber kam plötzlich ein See in Sicht — wie sich später herausstellte, der Traunsee. In diesem Augenblick aber wußte ich es noch nicht — und es hätte uns auch kaum etwas genutzt, da inzwischen wirklich und endgültig kein Brennstoff mehr in den Tanks war. Der Scheinwerfer beleuchtete nur den Geländestreifen genau unter uns, hätte ich eine Stelle gefunden, so würde ich sie beim Zurückfliegen nicht wiederfinden. Aber auch das war schon nicht mehr wichtig: Die Motoren gluckerten noch schwach — dann war es aus. Statt des Motorenlärms umgab uns nur noch das leise Rauschen des Windes.

Wir mußten landen, gleichgültig ob es krachen würde oder nicht. Dem Funker gab ich Anweisung, ganz hinten in der Maschine Platz zu nehmen, damit sie beim Landen weniger leicht auf den Kopf ginge. Der Maschinist machte die Notklappen auf, damit wir im Notfall nach oben herausspringen konnten. Ich stellte die Zündung ab und ließ auch die Akkus abschalten, um möglichst alle Ursachen für einen Brand auszuschließen. Ich sah keine fünf Meter weit! Ich konnte nur warten, bis die Räder den Boden berühren würden. Beim Aufsetzen verspürten wir ein starkes Rucken — aber die Maschine rollte weiter geradeaus. Nach zweihundert Metern standen wir. Wir waren auf einem hartgefrorenen Kartoffelacker quer zu den Furchen gelandet. Jammernd kam mein Funker nach vorn gerannt. Ihm war der Feuerlöscher gegen den Schädel geflogen. Der Maschinist gestikulierte nervös, ohne daß er tat, was die Situation gebot: Licht machen. Erst auf meine Aufforderung hin schaltete er die Akkus ein — wir sahen uns wieder.

Nach fünf Minuten kamen die ersten Jungen angelaufen. Ich fragte, was das für eine Ortschaft sei, die erleuchtet dalag. Sie flüsterten in einem Dialekt, den ich nicht verstand. Ich glaubte schon, wir wären in der Tschechoslowakei. Die Jungen fingen eine diesbezügliche Bemerkung auf, und einer sagte: „Nein, nein, das hier ist nicht die Tschechoslowakei, hier ist Österreich. Die Ortschaft da heißt Lambach, der Fluß ist die Traun, und es ist nicht weit bis nach Wels!" Jetzt wußten wir, wo wir waren. Erst jetzt entdeckte ich unmittelbar neben unserer Landestelle einen Leitungsmast. Ich befragte mich, was das für eine Telefonleitung sei — aber es war keine Telefonleitung, sondern eine Hochspannungsleitung mit 30000 Volt. Fünf Meter an ihr vorbeischwebend waren wir gelandet . . . . .

Keiner von uns war zu Schaden gekommen. Meine erste Sorge galt jetzt der Benachrichtigung unserer Gesellschaft. Inzwischen waren die ersten Bauern mit Fuhrwerken eingetroffen. Einer nahm mich mit in die Ortschaft. Die Post war schon geschlossen, die Telefonistin nach Hause gegangen. Schließlich waren wir ja auf dem Lande. Es gelang mir, dem Bürgermeister klar zu machen, daß es sich um eine wichtige Sache handele und ich unter allen Umständen Nachricht geben müsse. In München und Wien zerbreche man sich in dieser Stunde sicherlich den Kopf über unser Schicksal. Die Telefonistin wurde geholt, sie stellte über Wels und Linz die Verbindung mit München her. Mein Flugleiter, Herr Major Hailer, war sprachlos, als er meine Stimme hörte. Er sagte mir, daß man schon einen Lastkraftwagen hergerichtet habe, um sofort, wenn die erwartete Unglücksmeldung aus dem Chiemgau — wo man uns vermutete — kommen sollte, aufbrechen zu können. Sägen und Hacken standen ebenfalls bereit, da es sich nach der Auffassung der Verantwortlichen nur noch um eine Bergung handeln konnte. Man hatte inzwischen auch schon die Fahrgastschiffstationen am Chiemsee rebellisch gemacht. Sie sollten mitteilen, ob sie nicht Geräusche vernommen hätten, die darauf schließen ließen, daß ein Flugzeug auf dem See niedergegangen wäre.

Die Freude war selbstverständlich groß, als ich melden konnte, daß Menschen und Maschine nicht zu Schaden gekommen wären. Die Frage nach der Startmöglichkeit konnte ich noch nicht beantworten. Ich sagte aber, daß versuchen würde wegzukommen. Für den Fall der Unmöglichkeit wollte ich die Maschine abmontieren lassen, um dann in Wels starten zu können. Am nächsten Morgen stellte ich fest, daß sich unmittelbar neben unserer Landestelle eine Kleewiese befand. Auf diesem Streifen von zwanzig Metern Breite und rund dreihundert Metern Länge bin ich dann, nachdem ich noch einen Tag auf den richtigen Wind gewartet hatte, gestartet.

Maestro Toscanini fliegt mit uns

Am 24. Juni 1931 hatte ich die Ehre, den großen Dirigenten Toscanini zu fliegen. Er flog mit uns von Mailand nach München. Von dort wollte er nach Bayreuth fahren, um den „Tannhäuser" und den „Tristan" zu dirigieren. Unser Funker war von mir beauftragt worden, ganz besonders auf den alten Herrn zu achten und vor allem die rechtzeitige Sauerstoffzugabe sicherzustellen. Aber der Maestro lehnte ab: „Ich fühle mich auch in größeren Höhen noch sehr wohl!" Toscanini hatte einen großen Packen Noten bei sich, er arbeitete unermüdlich, aber er ließ sich auch Zeit, hin und wieder einen Blick durch das Fenster zu werfen. Er hatte einen herrlichen Ausblick, das Wetter war an diesem Tage besonders gut. Auf dem Münchener Flugplatz wurde der Künstler vom Direktor Clemens von der Süddeutschen Konzertdirektion und einigen Freunden herzlich begrüßt. Toscanini äußerte sich begeistert über den Flug und lobte ganz besonders die sichere und ruhige Lage der deutschen Flugzeuge. Dem Oberbürgermeister von München, Scharnagl, sandte er folgende Grüße: „Auf der Durchreise nach Bayreuth sende ich dem verehrten Oberbürgermeister der geistig so hochstehenden Stadt meine ergebensten Empfehlungen und grüße begeistert seine Bürger. Toscanini." Nach kurzem Aufenthalt begab sich der Künstler mit seiner Frau im eigenen Wagen nach Bayreuth.

„Künstlicher Horizont"

Das Jahr 1930 brachte uns in der technischen Entwicklung einen entscheidenden Sprung nach vorn. Bis zu dieser Zeit war jeder längere Flug in Wolken oder dichtem Nebel ein Wagnis. Die Geräte, welche die Lage des Flugzeuges anzeigten, waren sehr primitiv. Sie stammten noch aus der Zeit des Weltkrieges. Und eigentlich waren sie nichts anderes, als eine Wasserwaage mit Libelle. Diese Instrumente aber waren während des Fluges der Zentrifugalkraft unterworfen und infolgedessen unzuverlässig. Viele Flugzeugführer haben — wenn sie blind fliegen mußten — sich auf diese trügerischen Libellen verlassen und sind mit ihren Maschinen abgestürzt. Im Jahre 1930 bekamen wir nun den künstlichen Horizont, das Blindfluginstrument. Der Girorektor — so hieß es damals — ermöglichte es, die Lage der Maschine bei Blindflug stets zu kontrollieren. Es war ein Kreisel, der rund 20000 Touren lief, dadurch eine sehr große Stabilität aufwies und unabhängig von allen Erschütterungen des Flugzeuges und sonstigen Einwirkungen war. Seine Anzeige war scharf und genau.
Ich bekam den Girorektor in die Maschine eingebaut, um ihn bei meinen Alpenflügen zu erproben. Meine Erfahrungen waren sehr gut. Viele Kameraden wollten es in der ersten Zeit nicht wahrhaben, daß ich Flüge von mehr als hundert Kilometern durch die Wolken gemacht hatte, ohne dabei abgestürzt zu sein. Die Italiener waren oft sprachlos, wenn ich bei Schlechtwetterlagen in Mailand landete, während ihre Maschinen nach drei- oder vierstündigen Versuchen wieder umgekehrt waren. Sehr oft habe ich damals gehört: „Herr Baur, es ist doch völlig ausgeschlossen, daß Sie jetzt aus

München kommen!" „Und doch komme ich von dort!" „Bei dem Wetter fliegt niemand über die Alpen!" „Ich bin aber über die Alpen geflogen, weil ich mich an meinen Girorektor gehalten habe!" Das Ende war Kopfschütteln. Wohl wurde durch Funkpeilungen festgestellt, daß ich manchmal nicht genau auf der Grundlinie, dem direkten Weg, geflogen war, aber das lag daran, daß bei böigem Wetter der Kompaß unruhig wurde und mich dadurch vom Kurs abbrachte. Diese Abweichungen mußten wir noch in Kauf nehmen, da der Girorektor ja nur die Horizontale und nicht die Abweichungen nach rechts oder links aufzeichnete. Dieser Mangel wurde erst später beseitigt, als der Wendezeiger erfunden wurde, der auch die seitlichen Abweichungen anzeigte. Mit diesen beiden Instrumenten zusammen wurde es dann möglich, auch bei Nebel und Schlechtwetterlagen größere Strecken im Blindflug ohne größeres Risiko zu durchfliegen. Wie oft hatten wir bei Flügen über den Alpen, dem Jura, dem Fichtelgebirge oder dem Thüringer Wald umkehren müssen, weil nicht nur über den Gebirgshöhen Nebel lag, sondern auch über Tälern, durch die wir sonst krebsten, wenn es oben zu dunstig war. Nach diesen Erfindungen waren wir in der Luft wesentlich freier geworden. Souverän bewegten wir uns oben oder unten, zwischen den Schichten oder über allen Wolken. Problematisch im eigentlichen Sinne waren für uns jetzt nur die Verhältnisse auf den Plätzen, auf denen wir starten und landen mußten. Das soll nicht heißen, daß die Flüge keinerlei Fragestellungen mehr brachten, aber sie hatten doch eine wesentliche Vereinfachung erfahren. Die Lufthansa war an diesen Neuerungen selbstverständlich sehr stark interessiert. In Kursen — vor allem in den Wintermonaten — wurden die Flugzeugführer mit dem Instrument und seiner Arbeitsweise vertraut gemacht.

Aber — jedes Ding hat zwei Seiten!

Vereisung kannten wir von gelegentlichen Vorkommnissen, aber sie waren bis zur Erfindung des Blindfluggerätes keine Gefahr für die Luftfahrt, weil wir bis dahin die Wolken ja gemieden hatten. Jetzt aber tauchten wir in diese riesigen Zusammenballungen von Wassertropfen ein und hielten uns eine ganze Zeit in ihnen auf. Es ist ein großer Irrtum, anzunehmen, daß die größten Kältegrade in einem von Wolken umgebenen Raum auch die größte Vereisung brachte. Am gefährlichsten waren die Flüge bei minus 2 bis 8 Grad. Bei 2 bis 3 Grad minus dauerte der Erstarrungsprozeß verhältnismäßig lange, so daß es zu gefährlicher Eisbildung kommen kann. Bei tiefer liegenden Kältegraden erstarrt das Wasser augenblicklich, es bleibt nicht erst

an den Flächen des Flugzeuges haften, sondern rieselt als feine Eiskörn=
chen über die Tragfläche ab ohne anzusetzen. Die natürliche Folge war, daß
wir uns bei Vereisungsgefahr bemühten, möglichst tief, bei Null Grad mög=
lichst hoch zu fliegen, um tiefe Minustemperaturen zu erreichen.
Selbstverständlich nahm die Technik sich auch dieser neuen Gefahr an, sie
suchte Gegenmittel zur Verfügung zu stellen. Die Flugzeugwerke, so zum
Beispiel Junkers, brachte Maschinen in unterkühlte Räume, in denen die
verschiedensten Erfindungen erprobt wurden. Auch dienten Messungen, die
wir auf Blindflügen durch Wolken bei Vereisungsmöglichkeit vornahmen,
der Forschung als wertvolle Unterlage. Alle Eisarten wurden untersucht:
Glatteis, Graupeleis und geriffeltes Eis.
Die großen Gefahrenherde blieben für uns die Frühjahrs= und Herbstmonate,
in denen plötzlich auftretende Schauer schlagartig Vereisung brachten. Ich
selbst habe es mehrere Male erlebt. Gewitter sind von hinten nicht zu er=
kennen, und wenn man mitten drin ist, ist es zu spät — augenblicklich setzt
dann die Vereisung ein. Zum Glück sind Gewitter nur 15 bis 20 Kilometer
tief, so daß man sie schnell hinter sich hat. In großen Höhen, wie die Ge=
birgsfliegerei sie mit sich bringt, treten häufig sehr starke Schauer auf, die
von Hagel oder Graupel begleitet sein können. Auch bei diesen wenig er=
freulichen Begleiterscheinungen schlechten Wetters gibt es enorme Vereisung.

Trommelfeuer im Flugzeug

Es ist mir passiert, daß ich in zehn Minuten bis zu vier Zentimeter Eis=
ansatz an den Flächen, am Rumpf und an den Propellern hatte, denn auch
die Metallpropeller setzten an. Und das hatte noch eine ganz unangenehme
Sache im Gefolge. Das sich an den Propellerkanten bildende Eis wurde
durch die hohe Umdrehungszahl immer wieder abgeschleudert und sauste
nun, vor allem von den Außenmotoren kommend, krachend gegen den
Rumpf. Die Passagiere schreckten bei diesem Trommelfeuer heftig zusam=
men und befürchteten, die Metallwand möchte nicht standhalten.
Aber die Propellervereisung war auch noch in anderer Beziehung unan=
genehm. Es konnte vorkommen, daß das Eis nur von einer Seite abgeschleu=
dert wurde und auf der anderen Seite hängen blieb. So war der Propeller
nicht mehr richtig ausgelastet, er wurde „unwuchtig". Diese ungleichmäßige
Belastung machte bei der hohen Umdrehungszahl etliche hundert Kilogramm
aus. Der Motor mußte gedrosselt werden, damit er nicht „ausstieg". Da die
Vereisung zuerst bei den Flächenprofilen begann, die von den Luftströmun=

gen angegriffen wurden, setzten auch hier die ersten Abwehrmaßnahmen ein. Die Stirnseiten der Tragflächen wurden durch die Wärme der Auspuff= rohre auf ungefähr 180 Grad erhitzt, dadurch blieben sie eisfrei. In die Naben der Propeller wurden Spritzen eingebaut, die alkoholhaltige und enteisende Flüssigkeiten — durch Pumpen gedrückt — an den Propellern entlangspritzten. An der Dämpfungsfläche, die dem Höhensteuer vorgelagert ist, wurde ein Gummischlauch angebracht. Selbstverständlich setzte dieser in seinen Windungen zu einem Gummipolster werdende Schlauch auch Eis an. Aber er wurde in bestimmten Zeitabständen aufgepumpt, dann wurde die Luft wieder abgelassen: das Eis sprang ab.

Trotzdem kam es immer noch vor, daß Maschinen wegen Vereisung not= landen mußten. Ich flog einmal mit einer Ju 52 von Danzig nach Berlin ungefähr zwei Stunden blind. Durch Vereisung wurde meine Maschine so schwer, daß ich schon die schlimmsten Befürchtungen hatte. Ich konnte das Steuer kaum noch halten. Durch den Eisansatz tritt eine ganz bestimmte Profiländerung ein. Von den Stirnkanten der Tragflächen aus verläuft er genau nach der Luftströmung, denn die Luft wird ja vorn am Nasenprofil geschnitten, ähnlich wie bei Schneewächten. Wir hatten nicht den Sog, den wir zum Fliegen brauchten, sondern einen nach abwärts ziehenden Sog, der uns zwang, mit Vollgas zu landen. Durch die umgekehrten Strömungsver= hältnisse war die Maschine unmöglich in der Luft zu halten. Bei dem hier geschilderten Flug nach Berlin kam ich gerade noch in Häuserhöhe an den Flughafen heran. Fünf Minuten länger, und ich hätte mich auf eine proble= matische Notlandung einlassen müssen. Durch die Enteisungsanlagen, die in kurzer Zeit dann vervollständigt wurden, konnten auch diese Gefahren bis auf ein Minimum herabgedrückt werden.

Blitzableiter eines Schornsteines gerammt!

Wie haarscharf es manchmal am Unheil vorbeiging, möge das folgende kleine Erlebnis beweisen. Ich war mit einer Rohrbach=Maschine auf dem Flug von München über Fürth, Leipzig nach Berlin. Wir waren durch die Schlecht= wetterlage — auf der ganzen Strecke herrschte starkes Schneetreiben — ge= zwungen, von Roth nach Fürth das Pegnitztal entlangzufliegen und uns ganz dicht über dem Boden zu halten. Wir mußten aufpassen, daß wir keine Kirchtürme mitnahmen. Ich machte meinen Maschinisten darauf aufmerk= sam, daß wir bald in der Nähe der Faber=Werke sein müßten, die in der Nähe von Schwabach liegen. Dort standen nämlich zwei Fabrikschornsteine von etwa hundert Metern Höhe. Da wir knapp hundert Meter über Grund flogen, zum Teil noch tiefer, bestand große Gefahr, daß wir einen der Schornsteine rammen würden. Durch das starke Schneetreiben starrten wir nach vorn, um Hindernisse rechtzeitig auszumachen. Aber die Sicht war schlecht und die Motorschnauze deckte mir die ausgemachten Hindernisse zu, sobald wir mit ihnen auf gleicher Höhe waren. Plötzlich bekam die Maschine einen starken Schlag. Wir erschraken heftig, aber wir flogen weiter. Wir mußten etwas gerammt haben. Was, wußten wir noch nicht. Als wir in Fürth landeten, kroch ich sofort unter die Maschine, um nachzusehen, wie stark es uns getroffen hatte. Unmittelbar unter meinem Sitz war ein großes Loch. Wir mußten den Blitzableiter von einem der Schornsteine der Faber=Werke gestreift haben. Es war ein ungeheures Glück, daß wir nicht einen oder zwei Meter tiefer geflogen waren — denn dann wäre es mit uns aus gewesen. Die Fliegerei so dicht über dem Boden barg zweifellos große Gefahren in sich. Auch hier wurde mit Einführung der neuen Blindfluggeräte endgültig Wandel und Abhilfe geschaffen, so daß wir in der Luft immer sicherer waren.

Nicht nur nach Mailand, sondern auch nach Rom

Zu Beginn der Flugsaison 1931 hatten wir wieder eine große Sensation: Unsere Italienstrecke sollte über Mailand bis nach Rom weitergeführt werden. Zum offiziellen Eröffnungsflug starteten wir am 1. April 1931 um 9 Uhr 15 in München. An Bord meiner Maschine befanden sich der Reichsverkehrsminister von Guerard, Ministerialdirigent Brandenburg, der Direktor der Deutschen Lufthansa Wronski und zwei Pressevertreter. Mit uns flog eine andere Maschine als normales Postflugzeug. An der Grenze am Brenner sollte — wie eine Meldung aus Verona besagte — ein Ehrengeleit von neun Maschinen auf uns warten, das uns nach Mailand bringen würde. Da wir am Brenner die Flugzeuge nicht sichten konnten, wählte ich nicht den direkten Weg nach Mailand, sondern ging auf Kurs Bozen, durch das Etschtal nach Trient. Auch hier war unser Ehrengeleit nicht auszumachen, also flog ich geradenwegs auf Mailand zu. Beim Überfliegen der deutsch-österreichischen Grenze sandte der Verkehrsminister von Bord des Flugzeuges aus ein Telegramm an die österreichische Regierung in Wien.
Kurz vor Mailand tauchte dann unser Ehrengeleit auf. Wir landeten gemeinsam auf dem Flughafen Taliedo. Hier war ein großer Empfang vorbereitet worden, zu dem der Oberbürgermeister von Mailand, der Präsident der Avio=Linie, der deutsche Generalkonsul Dr. Schmidt und die Kinder der

beiden deutschen Schulen in Mailand erschienen waren. Um 14 Uhr flogen wir weiter nach Rom. Bei schönstem Wetter kamen wir über die Apenninen in Italiens Hauptstadt an. Es war 16 Uhr 30, als wir auf dem Flughafen Cento=Cello aufsetzten (es gab noch den Zivilflughafen Litorio und den Militärflughafen Campino). Cento=Cello, ebenfalls ein Militärflughafen, wurde stets bei offiziellen Empfängen angeflogen. Eine Ehrenkompanie er= wies dem Reichsverkehrsminister die militärischen Ehren. Unter den offi= ziellen Persönlichkeiten, die zum Empfang erschienen waren, befanden sich auch der damalige italienische Luftfahrtminister Balbo und der deutsche Bot= schafter von Schubert. Für die deutsche Kolonie war unsere Ankunft ein großes Ereignis, und sie war zahlreich erschienen, um uns zu begrüßen. Balbo gab zu Ehren der deutschen Gäste am Abend ein Essen.

Am selben Tage war von Rom aus ein italienisches Flugzeug nach Berlin geflogen. An Bord befanden sich der Chef der italienischen Zivilluftfahrt, Dr. Molfese, der Staatssekretär des Luftfahrtministeriums Riccardi, dessen Adjutant Oberst Gaetta und mehrere andere Persönlichkeiten, die am Aus= bau der italienischen Luftfahrt arbeiteten.

Als wir in Mailand landeten, wurde die italienische Gegenmaschine vom Karwendelgebirge aus durch ein Begleitgeschwader der deutschen Verkehrs= fliegerschule nach München geleitet. In Berlin wurden die italienischen Gäste von ihrem Botschafter Orsini=Baroni begrüßt und von Staatssekretär Gut= brodt, Vertretern des Reichsverkehrsministeriums, des Handelsministeriums und des Reichspostministeriums empfangen. Beide Seiten brachten in ihren Ansprachen die Hoffnung zum Ausdruck, daß es bald gelingen möge, die Flugverbindung zwischen Berlin und Rom in weniger als zehn Stunden durchzuführen. Das moderne Verkehrsmittel Flugzeug möge die Beziehun= gen zwischen den Völkern freundschaftlich vertiefen. Am selben Abend unterzeichnete der Reichspostminister in Vertretung des Verkehrsministers das deutsch=italienische Luftabkommen.

Besichtigungen und Rundflüge

Da ich in Rom eine Woche bleiben sollte, um dann den Reichsminister wieder nach Berlin zurückzufliegen, startete mein Kamerad Doldi am 2. April mit der planmäßigen Maschine um 7 Uhr 30 wieder nach München. Ich saß mit meinem Direktor Wronski im Hotel und wartete der Dinge, die da noch kommen sollten. Der Reichsverkehrsminister und auch Direktor Wronski wurden offiziell vom Papst empfangen. Bei dieser Gelegenheit äußerte

Dr. von Guerard sich meinem Direktor gegenüber, daß ein großer Teil der Kardinäle den Wunsch geäußert hätte, einen Flug über der Vatikanstadt zu machen. Wronski sagte mir noch am Abend, daß ich mich für den nächsten Tag sprungbereit halten sollte. Ab 17 Uhr des folgenden Tages war die Maschine dann für die Rundflüge klar. Es kamen auch eine ganze Anzahl Gäste aus dem Vatikan und der deutschen Botschaft, aber die Kardinäle, die ich auch gern geflogen hätte, sind leider nicht gekommen. An diesem Nachmittag war herrliches und ruhiges Wetter, allen Beteiligten war der Rundflug über der Ewigen Stadt ein Erlebnis.

In den folgenden Tagen besichtigten wir Rom und machten Fahrten in die Albaner Berge. Am 9. April starteten wir wieder in Rom zum Flug direkt nach Berlin. Der Reichsverkehrsminister, dem auch die gesamte Luftfahrt unterstand, äußerte sich noch einmal anerkennend und begeistert über die beiden Flüge, die ihm, wie schon so vielen anderen, einen völlig neuen Blick in die Alpenwelt eröffnet hatten. In der folgenden Zeit ging es dann fast täglich von München nach Rom und am nächsten Tage wieder zurück. Allein im Jahre 1931 bin ich diese 800 Kilometer lange Strecke 78mal geflogen.

Zum hundertsten Male über die Alpen

Anläßlich meiner hundertsten Überquerung des Zentralalpengebietes wurden in den Zeitungen die besonderen Schwierigkeiten der Flüge über die Alpen geschildert. Es kam auch zum Ausdruck, daß durch mich die meteorologischen Grundlagen geschaffen wurden. Die Berge hatten uns vor neue Aufgaben gestellt — wir hatten mit Gewalten und Energien der Natur rechnen gelernt, die wir aus der Ebene nicht kannten.

Als ich von der hundertsten Überquerung nach München zurückkam, hatte Herr Major Hailer mir ein Geschenktischchen aufgebaut. Ich bekam einen großen Silberbronzeadler. Auf dem Granitsockel war folgende Widmung angebracht: „Zum 100. Alpenflug dem bewährten Flugkapitän Baur in dankbarer Anerkennung seiner Verdienste — Süddeutsche Lufthansa." Staatssekretär Dr. Lewald, der Ehrenpräsident der Vereinigung deutscher Berufsflugzeugführer, schrieb mir: „Sehr geehrter Herr Flugkapitän! Zu der achtunggebietenden, hervorragenden Leistung, die Sie heute mit der hundertsten Überquerung der Zentralalpen auf der Strecke München—Mailand und zurück glücklich vollbracht haben, spreche ich Ihnen meine rückhaltlose Anerkennung und meine besten Wünsche für Ihre weitere, ebenso erfolgreiche Tätigkeit aus. In ausgezeichneter Hochachtung Ihr ergebener Dr. Lewald."

Es ist vielleicht auch interessant und aufschlußreich, wenn ich hier einige Stellen aus einem Interview wiedergebe, das ich am 14. Juni 1931 dem be= kannten Rundfunkreporter Otto Willi Gail gab. Es wurde unter dem Titel „770 000 Kilometer in der Luft" gesendet. Lassen Sie mich nur die wichtig= sten Stellen aus diesem Dreißig=Minuten=Gespräch herausgreifen: Wie stark sind die Motoren? Wir haben für die Gebirgsflüge stärkere Motoren ein= geführt, um auf größere Höhen zu kommen. Normal erreichen wir eine Höhe von 4000 Metern, mit diesen stärkeren Motoren von rund 1000 PS kommen wir auf fast 5000 Meter. — Kann der Bordwart Sie während des Fluges vertreten? Er hilft mir unterwegs. Wir haben uns bemüht, den uns begleitenden Männern das Fliegen beizubringen. Auf den langen Strecken ermüdet der Pilot, vor allem bei böigem Wetter, manchmal sehr stark. Und es ist schon eine Entlastung, wenn er das Steuer einmal für zehn Minuten aus der Hand geben kann. — Welche Reisegeschwindigkeit hat Ihre Rohr= bach=Maschine? Sie fliegt 180 Kilometer in der Stunde. Für die Strecke München—Mailand gebrauchen wir zweieinhalb Stunden. — Wozu ist eigent= lich der Funker da? (Ich bringe gerade diesen Absatz, da er deutlich zeigt, wie weit wir heute vorangeschritten sind.) Der Funker ist sehr wichtig. Bei Schlechtwetter fliegen wir 200 bis 300 Meter über den Wolken, und dann sind wir ganz allein auf ihn angewiesen. Er holt alle zwanzig Minuten Standortmeldungen ein. Danach richte ich meinen Kurs, und wir kommen dann genau dort an, wo wir ankommen wollten. — Können Sie den Standort ermitteln, ohne die Erde zu sehen? Durch die Funkpeilung ist uns auch das möglich. Ich habe in meiner Rohrbach=Maschine jetzt diese Neuerung, einen eigenen Funkpeiler. Wir sind in der Lage, uns peilen zu lassen oder aber selbst zu peilen. Wir peilen bestimmte Sender, meistens Rundfunksender, die in Betrieb sind, an. Unter normalen Verhältnissen sind zwei oder drei Peilungen notwendig. Nach zwei Minuten haben wir dann den genauen Standort. Nehmen wir ein praktisches Beispiel: Wir fliegen auf der Strecke München—Mailand. Wir rufen München, Stuttgart und Zürich ‚Bitte peilen Sie!' Die drei Stationen geben Zeichen, daß sie bereit sind. Nun gibt der Funker eine halbe Minute lang immer den gleichen Buchstaben. Die Statio= nen setzen ihre Peilrahmen in Bewegung und peilen uns an. Sie lesen dann die festgestellte Gradzahl ihrer Rahmenantenne, die genau in Nord=Süd= Richtung aufmontiert ist, ab. Auf den Peilkarten ist ebenfalls die genaue Gradeinteilung eingezeichnet. Die Stationen funken sich ihre Ergebnisse gegenseitig zu, und nach zwei bis drei Minuten haben wir unseren genauen

Standort. Es gibt höchstens Differenzen von zwei bis drei Kilometern, die aber bei den großen Entfernungen keine Rolle spielen. Genauer muß es schon gehen, wenn wir bei Nebel den Flugplatz anpeilen. Dann treten wir unmittelbar mit der Station auf dem Flughafen in Verbindung und ver= langen Kurspeilung. Die Station peilt uns an, und an der Gradeinteilung ist dann genau zu sehen, auf welchem Kurs der Flughafen liegt. Auf dem letz= ten Stück des Fluges werden dann die Peilungen sehr rasch wiederholt, zuerst alle fünf, dann alle zwei Minuten und zuletzt jede Minute – bis wir über dem Platz sind.

Herr Flugkapitän, wie hoch fliegen Sie denn auf der Strecke nach Rom? Das ist sehr unterschiedlich und hängt natürlich von der Höhe des Gebirges ab, nicht zuletzt aber auch vom Wetter. Gerade jetzt im Frühling bilden sich in Verbindung mit der Schneeschmelze um die Mittagszeit Kumuluswolken, die meist vier=, fünf= und sogar sechstausend Meter hoch stehen. Die Berge sind durchschnittlich 3700 Meter hoch. Zeitweise fliegen wir unter den Wol= ken dahin, öfter darüber, weil die Luft dort oben ohne Böen ist. Der Flug ist dann sowohl für die Besatzung als auch für die Passagiere angenehmer. – Aber hat diese große Höhe nicht auch sehr viele Nachteile? Ist es nicht sehr kalt da oben? Zwar wissen wir, daß Professor Piccard in seiner Gondel über vierzig Grad Wärme gehabt hat, aber wie ist es in Ihrer Maschine? Und zweitens, wiederum bezugnehmend auf den Aufstieg Piccards in die Strato= sphäre, hat man da oben nicht unter Sauerstoffmangel zu leiden? Zu Ihrer ersten Frage: Wir haben jetzt in dieser Jahreszeit acht bis zehn Grad minus in viertausend Metern Höhe, aber in der Kabine sind immer zwanzig Grad Wärme. Wir heizen mit Luft, die sich an den Auspuffrohren erwärmt. Selbst= verständlich ist die Temperatur regulierbar.

Auf die Frage nach dem Sauerstoffmangel erzählte ich einen Fall, der sich gerade am vorhergehenden Tag ereignet hatte. Wir hatten ein sechs Mo= nate altes Kind in der Maschine. Wegen der Gewitter und Kumuluswolken= bildung flogen wir in 4500 Metern Höhe. Schon bei 4000 Metern begann das Kind zu schlafen, es war ruhig, aber das Herz ging schneller, und die Lippen wurden bläulich. Ich wies meinen Funker an, dem Kinde Sauerstoff „unter die Nase" zu blasen. Das geschah, das Kleine atmete unwillkürlich den Sauerstoff ein, wurde munter und blieb auch wach. Wir konnten in diesem Falle den Sauerstoff nur fliegen lassen, das Kind konnte ja noch nicht an dem Mundstück saugen – aber es hatte auch so geholfen. – Ähn= liche Gespräche führte ich in dieser Zeit häufiger. Die Fliegerei war bekannt und viel diskutiert worden – sie nahm die Aufmerksamkeit der Menschen immer mehr in Anspruch.

Aluminiumflaschen oxydieren!

Aber auch mit der Sauerstoffflasche konnte man Pech haben. Das bewies uns ein Vorfall im Jahre 1932, als wir schon die Ju 52 für die Überfliegung der Alpen auf der Strecke München—Venedig—Rom, einer ausgesprochenen Schlechtwetterstrecke, benutzten. Erst mit der Ju 52 wurde es überhaupt möglich, sie zu fliegen, und zwar in einer Höhe von sechstausend Metern. Auf dem Fluge, den ich schildern will, waren wir bereits eine Stunde in der Luft, als mein Funker, der wie ich keinen Sauerstoffmangel kannte, zu mir sagte, daß er noch nie so viele Fehlzeichen im Morsen gegeben habe wie heute, er wolle in die Kabine gehen, um einmal etwas Sauerstoff zu nehmen. Außer uns waren noch zwei Passagiere an Bord, eine Dame, die ohne Sauerstoff auskam, und Dr. Holzer, ein Meteorologe. Als nun Lecy, mein Funker, und Dr. Holzer Sauerstoff aus der Flasche sogen, sanken sie bewußtlos zu Boden. Herr Holzer hatte noch instinktiv den Frischluftschlauch zur Hand genommen. Als nun unser Maschinist Zintl in die Kabine kam, sah er die beiden wie tot daliegen. Zintl probierte zunächst an sich eine andere Sauerstoffflasche aus, dann gab er den Bewußtlosen davon. Nach zwanzig Minuten konnte Lecy seinen Funkdienst wieder aufnehmen.

Als wir in Venedig ankamen, erfuhren wir, daß die Italiener während der langen Funkstille sehr besorgt waren. Wir ließen die Flasche untersuchen. Es stellte sich heraus, daß eine durch längere Lagerung erfolgte Oxydation der Aluminiumflasche den chemisch reinen Sauerstoff sehr stark verschlechtert hatte. Auf unsere Reklamation hin wurden derartige Fälle für die Zukunft ausgeschaltet. Die Flaschen mußten hinfort häufiger ausgewechselt werden, so daß eine Oxydation ausgeschlossen war.

Ein treuer Passagier

Eines eigenartigen Fluggastes sei hier noch kurz gedacht, meines schwarzen, kurzhaarigen Dackels. Er hatte sich bei kurzen Probeflügen gut gehalten und wurde, da er immer wieder bettelte, auch auf Routenflügen mitgenommen. Aber bei vier-, fünftausend Metern Höhe sah er mich jedesmal ganz traurig an. Sobald es aber auf dreitausend Meter herunterging, „schwanzelte" er wieder. Zufrieden saß der liebe kleine Kerl dann wieder neben mir auf seinem Platz. Er liebte die Wärme sehr, aber in Rom war es ihm doch oft zu heiß, und er war froh, wenn er wieder in München war. Dutzende von Malen hat er den weiten Flug mitgemacht.

Staub aus der Sahara über Italien

Noch eine Begebenheit aus der Zeit der Flüge über die Alpen scheint mir erwähnenswert. Äußerst unangenehm machte sich hin und wieder der Schirokko bemerkbar. Es ist ein heißer Wind, der von der Sahara herkommt und in seinen eigenartigen Auswirkungen ähnlich dem Föhn im Zentralalpengebiet ist. Mir brachte er eines Tages eine besondere Überraschung. Ich geriet über dem Apennin in 3500 Metern Höhe in ein äußerst heftiges Gewitter. Als ich in Mailand landete, stellte ich fest, daß die Maschine an allen Flächen, die die Luftströmungen angegriffen hatten, gelb und mit feinem Sand überzogen war. In München zog ich die „Wetterfrösche" zur Begutachtung heran. Die waren geradezu begeistert und erklärten mir, das sei Staub aus der Wüste Sahara! Bei den Wirbelstürmen werde der Staub bis zu achttausend Metern hochgetragen, er wandere dann bis an den Rand der Alpen. In dem starken Gewitter hatte der Staub sich mit dem Regen an der Maschine festgesetzt und war dort kleben geblieben. Bei meinen vielen Alpenflügen habe ich dies nur ein einziges Mal erlebt. Für unsere Wissenschaftler waren diese Feststellungen äußerst interessant, sie haben noch einige Herren der Landeswetterwarte München hinzugezogen.

Mit dem Lewald-Preis ausgezeichnet

Im März 1932 wurden drei Kapitäne der Deutschen Lufthansa für Höchstleistungen in der Luftfahrt mit dem Lewald-Preis ausgezeichnet. Diese drei standen in der ersten Reihe der Kilometerjäger der Luft. Allen gemeinsam war die Liebe zur Fliegerei, die Hingabe an eine schöne und große Aufgabe, die volle Verantwortung mit sich brachte. Aber verschieden waren die Leistungen, für die sie den Lewald-Preis erhielten. Ich hatte zu dieser Zeit bereits 900 000 Kilometer im planmäßigen Luftverkehr geflogen. Die Alpen hatte ich inzwischen 150mal überquert. Für meine Leistung auf dieser unbestritten schönsten, aber auch schwierigsten Strecke Europas wurde mir der Preis zuerkannt. Es wurde hervorgehoben, daß diese schwierige Strecke mit 96prozentiger Regelmäßigkeit beflogen worden war, nachdem sie noch drei Jahre vorher als Versuchsstrecke gegolten hatte. Am Rande sei vermerkt, daß wir auch eine vorzügliche Passagierfrequenz erreicht hatten. Der zweite ausgezeichnete Flugkapitän war Josef Funk, ein großer, schlanker und wortkarger Württemberger, der in unerschütterlicher Ruhe Hunderttausende von Nachtflugkilometern auf der Strecke Berlin—Königsberg ge-

schafft hatte. Der dritte, Hans von Steinbeck, erhielt als ältester Verkehrs=
flieger die Auszeichnung. Er war einer der ersten und sicherlich auch tüch=
tigsten Schüler von Grade und hatte bereits im Jahre 1910 seinen ersten
Flug hinter sich gebracht.

Sicherlich war diese Auszeichnung für uns eine besondere Ehrung, und wir
haben sie auch als solche empfunden. Aber wichtiger für die Fliegerei war
die Tatsache, daß wir auf schwierigsten Strecken und auch in der Nacht=
fliegerei einen für die damalige Zeit außergewöhnlichen Sicherheitsgrad er=
reicht hatten, daß die deutsche Verkehrsfliegerei nach den Beschränkungen,
die ihr der Versailler Vertrag auferlegt hatte, sich wieder zu dieser Höhe
hatte entwickeln können, und daß sie langsam in der Welt Bedeutung ge=
wann und allgemein Anerkennung fand. Daß der Weg, den die Deutsche
Lufthansa ging, richtig war, das bewies insbesondere die Tatsache, daß die
deutsche Verkehrsfliegerei schon wenige Jahre später auf vielen internatio=
nalen Strecken der Inbegriff für höchste Sicherheit geworden war.
Wenn heute Düsenflugzeuge über mich hinwegrasen, dann will mir die
Erinnerung an diese Pionierzeit ganz besonders schön erscheinen. Aber es
überkommt mich auch Wehmut — wie sind wir damals in des Wortes
wahrster Bedeutung „geflogen".

Mit Hitler über Deutschland

„Herr Hitler hat angerufen!"

Als ich an einem Märztage des Jahres 1932 von der Strecke zurückkam und in München landete, wurde mir von Herrn Major Hailer mitgeteilt: „Aus dem ‚Braunen Haus' hat Herr Hitler angerufen, er möchte sich mit Ihnen unterhalten. Hitler hat vor, Flüge in die verschiedensten Städte des Reichsgebietes zu machen. Dazu will er sich ein Flugzeug mieten. Sie sind ihm als Pilot empfohlen worden." Ich setzte mich in meinen Wagen und fuhr zum „Braunen Haus". Ich war hier zum ersten Male. Hitler hatte im ersten Stock ein kleines Arbeitszimmer. Er empfing mich nett und freundlich und setzte mir sofort sein Anliegen auseinander. Er wollte im Wahlkampf mit dem Flugzeug reisen, und zwar sollten an einem Abend bis zu fünf Städte besucht werden. Er meinte, Brüning habe den Rundfunk zur Verfügung und damit eine ungeheure Breitenwirkung, auf die er verzichten müsse, wenn er mit dem Auto oder mit der Eisenbahn an einem Abend nur eine Stadt, vielleicht auch zwei besuchen könne. Auf der anderen Seite sei es vom Standpunkt der propagandistischen Wirkung aus unmöglich, eine Aktion schon zu früh anlaufen zu lassen, da dann der Effekt in den letzten und entscheidenden Tagen verpufft sei. Ich erklärte ihm, wo in Deutschland Flugplätze vorhanden waren und wo wir landen konnten. Hitler sagte mir, daß er offen gestanden recht wenig Vertrauen zur Fliegerei habe. Aber ich sei ihm von verschiedenen Seiten empfohlen worden.

Mißtrauen gegen die Fliegerei

Ich erfuhr dann auch den Grund seines Mißtrauens. Zur Zeit des KappPutsches hatte der spätere Generaloberst Ritter von Greim Hitler nach Berlin geflogen. Sie hatten eine Kriegsmaschine zur Verfügung. Das Wetter war miserabel und Hitler hatte seinen Magen restlos räumen müssen. Greim hatte sich bei der schlechten Sicht auch noch verflogen und war schließlich nach vier Stunden in Jüterbog notgelandet. Hitler sagte mir, daß es ihr Glück gewesen wäre, daß er zwei Ausweise in der Tasche gehabt hätte, einen für die „Weißen" und einen für die „Roten". Als er sah, daß die Soldaten in Jüterbog rote Armbinden trugen, hätte er den entsprechenden Ausweis herausgenommen und die Soldaten gebeten, ihm Benzin zu geben, da er auf dem schnellsten Wege nach Berlin müßte. Als Hitler und Greim am Abend in Berlin landeten, hatte sich der Kapp=Putsch, um dessen Willen sie hergekommen waren, bereits erledigt. Diesen Flug hatte Hitler nicht ver-

gessen — er hatte sich geschworen: einmal und nicht wieder — und ihm
graute jetzt davor, daß er eventuell, kurz bevor er auf das Rednerpodium
stieg, wie er sagte „kotzen" müßte.
Ich beruhigte ihn und machte ihm klar, daß die Fliegerei von 1932 mit ihren
dreimotorigen Großflugzeugen eine andere sei als die von 1920. Er konnte
sich jedoch nicht vorstellen, daß er im Jahre 1932 nicht wie im Jahre 1920
luftkrank werden sollte. Aber er sei bereit, auch dieses Opfer auf sich zu
nehmen. Ich versicherte ihm, daß er gar nicht so aussehe wie einer, der
schnell luftkrank werden würde. Ich hatte im Laufe der Jahre für diese
Dinge ein scharfes Auge bekommen. Schon oft hatte ich meine Besatzung
durch meine Voraussagen in Erstaunen gesetzt, wir hätten wieder zwei oder
drei oder aber auch niemanden an Bord, der sich übergeben würde. Zudem
bot ich Hitler an, sich den Maschinensitz im Führerraum neben mir zu
wählen. Dort habe er genügend Abwechslung und Ablenkung. Das riesige
Instrumentenbrett und die verschiedenen Steuerungen nähmen die Auf=
merksamkeit sehr stark in Anspruch, nicht zuletzt auch die einzigartige
Sicht aus der Glaskanzel nach vorn und fast senkrecht nach unten. Wenn
ich Passagiere hatte, denen ich angesehen hätte, daß sie luftkrank werden
würden, hätte ich sie meistens mit mir nach vorn genommen. Es ist tatsäch=
lich nicht ein einziges Mal vorgekommen, daß sich hier vorne, neben mir,
jemand übergeben habe.
Hitler war wenig überzeugt. Er sah die Flüge nur als notwendiges Übel an,
das er auf sich nehmen mußte, wenn er die Arbeiterschaft vor den Wahlen
gewinnen wollte. Da er mit den Kundgebungen erst in den Abendstunden
beginnen konnte, war hauptsächlich an Nachtflüge gedacht. Die Veranstal=
tungen sollten jeweils eine Viertelstunde dauern und räumlich möglichst
weit voneinander entfernt sein, damit täglich ein großer Bereich erfaßt wer=
den könnte. Für den Wahlflug war eine Zeitspanne von vierzehn Tagen
vorgesehen, mit einer Pause von einem, höchstens zwei Tagen zur Erholung
von dem anstrengenden Sprechen. Wir redeten dann noch über technische
Einzelheiten, die bei Nachtflügen erforderlich waren. Dann bat Hitler mich,
die weiteren Dinge mit seinem Adjutanten, Herrn Brückner, zu besprechen.
Dieser legte mir einen großen, schon genau ausgearbeiteten Plan vor, in dem
alle Versammlungen eingetragen worden waren. So wurden 1932 drei große
Wahlflüge von je zwei bis drei Wochen Dauer durchgeführt. Bei jedem
Wahlflug wurden 60 bis 65 verschiedene Städte angeflogen. Ich sah den
Plan an und strich verschiedene Orte, die keinen Flugplatz hatten, dann
wurden die Daten für die einzelnen Kundgebungen eingetragen — die Ak=
tion konnte beginnen!

Wahlflüge — Erfolg für die Deutsche Lufthansa

Bei den drei Wahlflügen haben wir Hunderte von deutschen Städten besucht. Bei oftmals unmöglichen Platzverhältnissen, bei Sturm, Gewitter, Hagel, Regen und Nebel hatten wir nicht den kleinsten Unfall zu verzeichnen. Keine der angesetzten Versammlungen wurde abgesagt. Diese Tatsache war auch für die Deutsche Lufthansa von größter Bedeutung. Sie wurde — unabhängig von dem Vorhaben Hitlers — sowohl in Fachkreisen als auch vor allem von der Bevölkerung stark beachtet. Die Büros der Lufthansa meldeten starke Platznachfrage. Viele Menschen verloren ihre Scheu vor dem Fliegen. Auf den Hauptstrecken mußten mehr Flugzeuge zu Verdichtungsflügen (so nannten wir diesen Einsatz) eingesetzt werden. Auch der Frachtverkehr schwoll ungeheuer stark an. Frachtflüge wurden nur noch bei Nacht durchgeführt. Da bei dem ungeahnten Aufschwung einfach nicht genügend Flugzeuge vorhanden waren, ging man dazu über, mit denselben Maschinen am Tage Passagiere und bei Nacht Fracht zu fliegen. So verhalf Hitler — gewollt oder ungewollt — der Verkehrsfliegerei zu einem ungeahnten Erfolg. Er wurde der größte Propagandist der Deutschen Lufthansa.

Der erste Deutschlandflug

Der erste Wahlflug begann am 3. März 1932 und endete nach einer Woche am 10. März. Wir starteten von München nach Dresden. Das Wetter war ausgesprochen günstig, und Hitler überstand den Flug sehr gut. Er sprach in Dresden, nach einer guten halben Stunde flogen wir weiter nach Leipzig, wo er in den Messehallen sprach, und nach dreiviertel Stunden ging es weiter nach Chemnitz. Es war schon stockdunkle Nacht geworden, als wir dann in Plauen landeten. Hitler wählte unter den vielen Blumensträußen, die er im Verlaufe des Tages bekommen hatte, den größten aus und überreichte ihn mir mit den Worten: „Herr Baur, Sie haben Ihre Sache gut gemacht. Ich bin begeistert. Hoffentlich verlaufen die weiteren Flüge genauso. Sie haben sich den größten Rosenstrauß verdient." Hitler sprach in Plauen und fuhr dann im Wagen nach Zwickau, wo ebenfalls noch eine Wahlversammlung stattfand.

Am nächsten Morgen um 9 Uhr starteten wir zum Rückflug nach Berlin. Trotz der Strapazen des vergangenen Tages war Hitler frisch und sichtlich erfreut über den Erfolg seiner Kundgebungen, von dem er sich während des Fluges durch eingehendes Studium eines ganzen Stapels von Zeitungen unterrichtete. Er hatte dieses Mal nicht neben mir, sondern auf dem vorderen Sitz in der Kabine, unmittelbar hinter dem Funker, Platz genommen. In Berlin wurde Hitler von einer großen Menschenmenge auf dem Tempelhofer Flugplatz erwartet und stürmisch begrüßt. Am Abend sprach er im Berliner Sportpalast.

Es hatte sich herausgestellt, daß es notwendig war, ein bewegliches Vorkommando einzusetzen. Von der Deutschen Lufthansa wurde noch eine F 13 gechartert, die Flugkapitän Steidel übernahm. In dieser kleinen, einmotorigen Maschine flogen Sepp Dietrich und einige Presseleute uns voraus, um zu prüfen, ob alles in Ordnung war. Auf dem Flugplatz des betreffenden Ortes erwarteten sie uns jedesmal. Dietrich meldete Hitler die jeweilige Sachlage und flog dann weiter zum nächsten Versammlungsort. Bei dieser Regelung blieb es für die Dauer unserer Wahlflüge.

Am 6. April 1932 flogen wir für die Reichspräsidentenwahl von Berlin nach Würzburg, Fürth und nach Nürnberg. Am 7. April wurde die Wetterlage außergewöhnlich schlecht. Im Luftverkehr wurden alle Strecken stillgelegt. Von Westen her war Sturm, Schnee und Hagelschlag gemeldet — und so kam es dann auch. In Fürth war der Sturm so stark, daß wir die Maschine mit mehreren Benzinfässern am Boden verankern mußten, damit der Wind sie nicht wegtrug. Hitler erkundigte sich, ob es überhaupt möglich sei zu starten. Ich erklärte, daß wir schon fliegen könnten − nur sonderlich schön würde es bei diesem böigen Wetter natürlich nicht werden. Im übrigen hoffe ich aber, über den Spessart hinweg zu kommen. Die Berge waren für mich das Hauptproblem, da sie bei solchen Wetterlagen in den meisten Fällen völlig zu waren. Ich gab dann Nautisanpillen aus, die gegen Luftkrankheit schützen sollten. Ich sage „sollten", weil sie nicht bei jedem anschlugen. Dann starteten wir. Nach kurzem Anlauf hingen wir bereits in der Luft. In der Gegend von Neustadt überfiel uns der erste Hagelschlag. An Höhenflug war nicht zu denken. Ich versuchte also unten zu bleiben. Aber auch da war keine Sicht. Bis Würzburg mußte ich blindfliegen. Über Würzburg lockerte sich das Wetter etwas auf. Aber je näher wir dem Spessart kamen, desto stärker wurde wieder der Hagel, und schließlich schlug schwerer Graupel gegen die Maschine. Schön war dieser Flug wirklich nicht, und als wir in Frankfurt ankamen, war meine erste Frage, wer von meinen Passagieren die Luftkrankheit bekommen habe. Aber alle hatten den ersten Schlechtwetterflug gut überstanden. Hitler war insbesondere von den Bildern beeindruckt, die sich ihm beim Flug über den Spessart geboten hatten. Er sagte mir, daß er an den Feuerzauber in der „Walküre" erinnert worden sei, wie er den nach dem schweren Regen und Hagelschlag dampfenden Spessart

unter sich gesehen habe und die drohende, schwarze Gewitterwand im Hinter=
grund. So hatte auch dieser Schlechtwetterflug auf ihn einen nachhaltigen
Eindruck gemacht.

Mit festgestellten Verwindungsklappen gestartet

Am nächsten Tage, am 8. April, ging es über Mannheim nach Düsseldorf.
Über dem Mannheimer Platz wehten böige Winde. An sich war es üblich,
nach der Landung die Steuer mit Bolzen festzustellen. Bei solchem Wetter
aber wären die Steuer, vor allem das Querruder und das Höhensteuer, vom
Sturm auf und ab und hin und her getrieben worden, wodurch die Bolzen
hätten leicht ausgeschlagen werden können. Für diesen Fall hatten wir eine
besondere Feststellvorrichtung: wir banden die Steuer ganz einfach fest.
So geschah es auch in Mannheim. Vor dem Start nach Düsseldorf hatte
mein Maschinist das Höhensteuer wieder freigemacht. Er hatte aber ver=
gessen, das Querruder, das heißt die Verwindungen, ebenfalls wieder loszu=
machen. Ich gab Gas, war schnell vom Boden weg — und merkte sogleich,
daß die Verwindungsklappen noch fest waren. Die Maschine nahm bedenk=
liche Lagen ein, denn es war mir unmöglich, gegen den starkböigen Wind
zu steuern. Auf meinen dringenden Ruf sprang der Maschinist — Kopf vor=
aus — in die Steuerung, um die Feststellvorrichtung zu lösen. Glücklicher=
weise gelang dies auf Anhieb. Länger hätte ich die Rohrbach nicht mehr
halten können. Der Wind hätte uns erfaßt und zu Boden geschleudert.
Mehr noch als mir war dem Bordmonteur der Schrecken in die Glieder ge=
fahren, denn er trug die Verantwortung für die Feststellung der Steuerun=
gen. Dieser Schock hat nachgewirkt, so etwas ist uns Gott sei Dank nicht
mehr passiert.
Von Düsseldorf flogen wir am selben Tage noch nach Dortmund und Essen,
von dort tags darauf nach Stuttgart. Am 10. April landeten wir um 16 Uhr 45
in München. Sechs Sportflugzeuge begrüßten uns bei unserer Ankunft. Auf
dem Flughafen Oberwiesenfeld wurde Hitler bei unserer Landung von einer
riesigen Menschenmenge begeistert empfangen.

Sefton Delmer flog mit

Ich erwähnte schon, daß bei den Flügen auch Reporter mitflogen. So war
in der soeben geschilderten Woche auch der englische Journalist Sefton Del=
mer mit unterwegs. Er gab damals stark beachtete Berichte an seine Zeitung.

Nach einem Rasttag in München und einem Zwischenflug nach Berlin starteten wir am 18. April zu einer neuen Route. Diesmal ging es zunächst nach Oberschlesien, nach Gleiwitz, und in der Nacht noch nach Breslau. Am 20. April — dem Geburtstag Hitlers — waren wir in Königsberg. Auf dem Flugplatz waren Tausende von Menschen zusammengeströmt. Selbst auf dem Anfahrtsweg und vor dem Parkhotel, wo Hitler wohnte, stauten sich unübersehbare Menschenmengen, die Hitler mit ununterbrochenen Heilrufen huldigten. Als wir nach Halle weiterflogen, sah unsere Maschine im Inneren aus wie eine Hochzeitskutsche, so viele Blumen waren in unserer Kabine verstaut worden. Da Hitler der Geruch der verschiedensten Blumen zu stark wurde, nahm er vorne bei mir Platz. Wir flogen ein Stück über der Ostsee und dann Richtung Halle. Als wir über dem Flughafen waren, sahen wir unter uns wieder riesige Menschenmassen, auch hier wieder das gleiche brausende Geschrei. Hitler sprach in der Radrennbahn. In Kassel dasselbe Bild. Von dort aus fuhr Hitler im Wagen nach Marburg, um vor der Studentenschaft zu sprechen. In den nächsten Tagen waren wir noch in Frankfurt am Main, Wiesbaden, Berlin, Hamburg, Kiel, Flensburg, Hamburg und München. Und überall wiederholte sich das gleiche Schauspiel: Jubel, Trubel und helle Begeisterung.

Am 24. April verabschiedete mich Hitler mit herzlichen Dankesworten und in der Hoffnung, daß das Wahlergebnis für ihn ebenso gut ausfallen möge

Wieder auf Streckenflug

Bereits am 26. April war ich wieder unterwegs auf der planmäßigen Strecke München—Berlin, und ab 4. Mai flog ich die Route München—Rom, die in diesem Jahr erstmalig nicht mehr über Mailand, das gesondert angeflogen wurde, sondern über Venedig führte. Diese Stadt hatte ihren Flughafen auf dem Lido, einem schmalen Landestreifen von etwa 250 Metern Breite und 800 Metern Länge. Mit den Rohrbach=Maschinen war die Landung dort sehr schwer — sie hatten keine Bremsen und benötigten einen sehr langen Anlauf. Es wurde also wieder die alte G 24 geflogen, die einen kürzeren Anlauf benötigte und nicht so empfindlich auf Seitenwinde reagierte. Diese Seitenwinde waren in Venedig ein großes Problem. Es gab ja dort, durch die Form des Platzes bedingt, nur zwei Landerichtungsmöglichkeiten, so daß man bei dem Seitenwind, der sehr häufig vom Meere herüberwehte, recht stark behindert war.

Der zweite Wahlflug

Ende Juni besprach ich mit dem Adjutanten Hitlers den zweiten großen Wahlflug, der vom 15. bis zum 30. Juli wiederum mit der alten Rohrbach D 1720 kreuz und quer durch Deutschland führen sollte. Der erste Flug brachte uns von der Isar bis an die Memel nach Tilsit. Nach diesem sieben= stündigen Flug — zum größten Teil ohne Erdsicht über der Wolkendecke — ging es noch in der Nacht nach Königsberg. Von dort fuhr Hitler mit dem Wagen in kleinere Ortschaften der Masuren. Danach flogen wir am 17. nach Marienburg, von wo aus Hitler eine ähnliche Rundreise per Wagen unter= nahm. Am 19. weiter nach Schneidemühl und Kottbus, wo der Aufenthalt wegen mehrerer Unterredungen länger dauerte. Von Kottbus wollten wir dann nach Warnemünde starten.

Die Wettermeldungen waren äußerst ungünstig: Fünfzig Meter Wolkenhöhe, starker Regen, Sturm. Ich kannte den Platz dort aus eigener Erfahrung noch nicht. Die Landung hätte gegen 22 Uhr vor sich gehen müssen. Ich sah mich gezwungen, die nächtliche Landung auf diesem kleinen Platz, der zu allem Übel auch keine Funkstation hatte, abzulehnen. Hitler war damit einver= standen, daß wir Rechlin — 100 Kilometer nördlich von Berlin — anflogen. Er wollte in Stralsund sprechen. Die Autokolonne war schon nach Warne= münde unterwegs. Aber wie umdirigieren? In Kottbus wurde ein Blitz= gespräch zur Berliner Gauleitung angemeldet. Durch die Ortsgruppen, durch deren Bereich die Kolonne hindurch mußte, wurde sie tatsächlich nach Rech= lin umgeleitet.

Unsere kleine Vorausmaschine startete und ist dann auch bei stockdunkler Nacht gegen 21 Uhr in Rechlin gelandet. Wir sollten gegen 22 Uhr ankom= men. Fünfzig Kilometer nördlich von Berlin nahm mein Funker einen Spruch auf, der uns verbot, in Rechlin zu landen. Da er ihn bereits bestätigt hatte, konnte ich nicht umhin, mich daran zu halten und umzukehren. Hitler wurde kolossal wütend und fragte mich, ob ich mir das erklären könne. Ich er= widerte, daß man möglicherweise die Lage dieses geheimen Militärflug= platzes nicht unnötig bekanntmachen wolle. In Berlin begaben Hitler und Brückner sich sofort zum Telefon und riefen Göring an. Dieser war damals bereits Reichstagsabgeordneter. Er schaltete sich ein, und wir bekamen die Landeerlaubnis für Rechlin. Gegen 23 Uhr konnte ich wieder starten, jedoch mit dem ausdrücklichen Hinweis, daß ich Rechlin sofort wieder zu verlassen habe, da unter allen Umständen eine Ansammlung der Bevölkerung und das Bekanntwerden der Lage des Platzes vermieden werden müßte. Ich mußte mich also nach einem neuen Nachtquartier umsehen.

Inzwischen war das Wetter auch in Rechlin schlecht geworden. Es gab dort keine Landebeleuchtung und auch keine Umgrenzungslampen. Nur Leuchtkugeln wurden geschossen. Die Landung, genau um Mitternacht, war äußerst schwierig. Als ich aufsetzte, hatte ich den Platz noch gar nicht erreicht, sondern war noch hundert Meter von der Platzgrenze entfernt und rollte quer über einen Kartoffelacker hinweg. Ich gab noch einen Spritzer Gas und zog auf die Leuchtkugeln los. Es war stürmisch und es regnete in Strömen — aber die Landung klappte. In Rechlin stand eine kleine Halle, und es gab auch einen Platzwächter, der mich sofort empfing: „Herr Baur, ich habe Weisung aus Berlin, Sie dürfen unter keinen Umständen hier übernachten. Es ist zwar heute ein Wetter, bei dem man keinen Hund hinausjagt — es tut mir leid — aber ich habe meine Anweisungen!" Ich habe ihn beruhigt und bin gleich wieder weggezogen. Aus der Luft rief ich Stettin — es dauerte eine Zeitlang bis man reagierte. Immerhin war es schon o Uhr 30. Aber dann wurde der Stettiner Platz freigegeben.

Tags darauf flog ich in den kleinen Flughafen von Warnemünde ein. Er lag dicht am Wasser — hier landeten auch Wassermaschinen. An jenem Tage war gerade Kapitän Christiansen mit seiner Do X da. Er wartete mit dem Abflug bis zur Ankunft Hitlers. Als dieser ankam, erzählte er als erstes, daß die gestrige Versammlung ihn ganz besonders erfreut habe. Die Menschen hätten bis um 2 Uhr nachts ausgehalten, nur um ihn zwanzig Minuten zu hören. Sie hätten sehr gefroren, da es in dem großen Zelt sehr kalt gewesen wäre. Aber der Erfolg sei einzigartig. Ich machte Hitler darauf aufmerksam, daß Kapitän Christiansen sich gewiß sehr freuen würde, wenn er sich die Do X ansehen würde. Das tat er dann auch, meinte aber danach, daß unsere Maschinen ihm besser gefallen als dieses „Riesenmonstrum". Später ist er von Starnberg aus doch in dem Monstrum geflogen.

Es ging dann weiter nach Kiel, Hamburg und Alt-Harburg, das ein dramatischer Höhepunkt wurde. Bereits in Hamburg teilte uns ein Polizeioffizier mit, daß Flugblätter verteilt worden waren — er hatte auch einige mitgebracht — auf denen zu lesen stand, daß man, falls Hitler sich erdreisten sollte, in Alt-Harburg, der Hochburg der Kommunisten, zu sprechen, dafür garantiere, daß er diese Stätte nicht mehr lebendig verlassen würde. Hitler zeigte diese Zettel Sepp Dietrich. Der war der Auffassung, daß der aufgestellte Saalschutz genüge. Nach zwei Stunden war Hitler zurück. Es war zwar zu Tumulten gekommen, aber im Endeffekt hatte sich Hitler durchsetzen und einen Großteil der Kommunisten für sich gewinnen können. Er hatte es sogar fertiggebracht, die Kundgebung länger als vorgesehen auszudehnen und am Schluß unbehelligt den Saal zu verlassen. Er selbst kleidete die Taktik, die er bei den Roten verfolgte, vielleicht am treffendsten in Worte: „Wenn es mir gelingt, zehn bis fünfzehn Minuten zu sprechen, so besteht keinerlei Gefahr mehr, daß sie mich hinauswerfen. Sie werden dann meist still und hören mich weiter an, zuerst noch mit Mißtrauen, später aber mit Begeisterung." So verstand es Hitler durch sein Redetalent, selbst Gegner zum Schweigen zu bringen und auch hin und wieder zu begeisterten Anhängern zu machen.

Über Bremen, Hannover, Braunschweig, am 22. über Kassel, Breslau, Neiße, am 23. über Breslau, Gleiwitz, Görlitz, Dresden, Leipzig, Dessau, und am 24. über Düsseldorf, Essen, Osnabrück und Erfurt kamen wir nach Weimar. Hier sollte für einen Tag Rast gemacht werden. Bei der Landung sagte mir Hitler: „Baur, Sie haben Ihre Sache so ausgezeichnet gemacht, daß ich den morgigen Tag Ihnen widmen möchte." Am nächsten Tag fuhren wir dann in den Mittagsstunden nach dem Schloß Belvedere. Bei einem zweistündigen Spaziergang im Schloßpark ließ sich Hitler in einem dauernden Rede= und Antwortspiel über die Fliegerei im ersten Weltkrieg erzählen. Er war äußerst lebhaft und interessiert bei der Unterhaltung.

Die Frauen und Hitler

Bei unserem Spaziergang gingen Sauckel und einige andere Parteiführer hinter uns. Plötzlich wandte sich Hitler an Sauckel: „Sehen Sie zu, daß Sie einige Frauen zu uns an den Tisch bringen. Ich habe die ganzen Tage nur diese rabaukigen Mannsbilder um mich herum gehabt, ich möchte auch einmal wieder liebliche Frauenstimmen hören." Es dauerte längere Zeit, dann saßen wir um 17 Uhr in bunter Reihe am Kaffeetisch auf der Schloßterrasse: Sauckel war mit fünfzehn Mädeln zwischen 18 und 23 Jahren angerückt gekommen. Inzwischen hatte sich in Weimar herumgesprochen, daß Hitler da war. Viele Neugierige waren herausgekommen und pilgerten an der Terrasse vorbei, eine Menge von Fahrzeugen hatte sich auf den Weg gemacht und defilierte im Schrittempo vorüber. Ich mußte an den Wagen denken, der ganz langsam an uns vorübergefahren war, als ich noch mit Hitler allein hier saß. Er wurde von einer Frau gesteuert. Plötzlich hatte mich Hitler aufgeregt angestoßen und gesagt: „Sehen Sie doch, Baur, eine kleine, bildhübsche Frau, eine schöne Frau!" Ich kannte zwar Hitlers Privatleben nicht, wußte auch nicht, wie er zu Frauen stand, trotzdem konnte ich mich nicht erwehren zu sagen: „Sie können mir eigentlich nur leid tun." „Wieso?" meinte er. „Weil es für Sie anscheinend die Frauen nur aus der

Ferne gibt." Worauf Hitler antwortete: „Da haben Sie sehr recht. Ich kann mir das nicht leisten. Die Frauen machen mit mir nur Propaganda, und als Mann, der im Scheinwerferlicht der Öffentlichkeit steht, muß ich mich davor hüten. Wenn Sie einen Seitensprung machen, kräht kein Hahn danach, wenn ich mir das aber erlauben würde, so könnte ich mich bald nicht mehr sehen lassen. Die Frauen können den Mund nicht halten."

Nun war Hitler von einer Schar anmutiger Mädel umringt, die anfangs zwar noch etwas scheu waren, bald aber lustig drauflos plapperten. Ich versuchte mit meiner Nachbarin ins Gespräch zu kommen — zwecklos, sie hatte nur Augen für Hitler. Wie mir, so erging es allen anderen: die Mädel starrten alle auf Hitler. Allmählich hatten sie ihn ganz eingekreist. Als Hitler merkte, daß wir ohne unsere Tischnachbarinnen dasaßen, wurde er wortkarger. Schließlich wurde ihm das Geschnatter zu viel, und er erklärte: „Meine Damen, wir wollen die Kaffeestunde beschließen. Ich darf Sie noch einladen, in das Künstlercafé mitzukommen." Selbstverständlich wurde die weitere Einladung mit großem Jubel angenommen. Hier war Hitler bald wieder von Frauen umringt. Er ließ Brückner rufen und durch ihn Dr. Hanfstaengl bitten, Klavier zu spielen. Dann entschuldigte sich Hitler bei den Damen, Hanfstaengl sei ein ausgezeichneter Pianist, er höre sehr gern Musik und möchte jetzt ein wenig zuhören. Dann trat er ans Klavier, ließ sich zwei Stücke vorspielen, um sich danach endgültig von der Gesellschaft zu verabschieden.

Bei dieser und später bei manch anderen Gelegenheiten sprach ich zwangsläufig mit Frauen und Mädchen über Hitler. Sie waren alle begeistert, fanatisch oder hysterisch. An jenem Abend drehte sich die Unterhaltung mit meiner Nachbarin nur um das Thema: Hitler. Sie gestand mir, sie sei in Hitler verliebt und fürchte, mit ihren 22 Jahren keinen Mann zu bekommen, da sie alle mit Hitler vergleiche und keiner ihm ähnele. Ich konnte mir nicht verkneifen zu erzählen, was Hitler mir soeben noch gesagt hatte, daß er sich nämlich auf keinerlei Abenteuer mit Frauen einlassen könnte, da sie nicht schweigen würden. Sie starrte mich entgeistert an: „Sie, ist das wirklich wahr? Hat er das wirklich gesagt? Sagen Sie ihm doch, ich gebe keinen Ton von mir, ich lasse mir lieber die Zunge herausreißen!" Ich mußte lachen, aber ihr war es ernst. Auch Hitler hatte am nächsten Tag, als ich ihm die Sache berichtete, nur ein Lachen.

Ich erwähne dieses kleine Erlebnis, weil sich in ähnlichem Rahmen all die Erlebnisse mit Frauen, die wir in unseren Reihen trafen, abspielten. Hitler vermied es ängstlich, etwas zu unternehmen, was seinem Ansehen, seinem Nimbus schaden konnte.

Pflastersteine für Hitler

Von Weimar ging es über Berlin und Eberswalde wieder nach dem Westen: Aachen, Köln, Frankfurt, Wiesbaden, Stuttgart, Neustadt und Freiburg im Breisgau. Dort hatten sich auf dem Flugplatz Tausende von Menschen angesammelt. Die Straße bis zum Versammlungsort war schwarz von Menschen. Die Wagen kamen nur schrittweise vorwärts. Hitler stand aufrecht, um die jubelnde Menge zu begrüßen. Plötzlich flogen aus der Menge Pflastersteine, von Kommunisten geworfen, die sich hinter der vorderen Reihe der Frauen und Kinder verschanzt hatten. Einer flog auch auf den Wagen Hitlers zu, da er aber mit dem Wagen ungefähr gleiche Richtung und Geschwindigkeit hatte, so wurde Hitler nur unbedeutend am Hinterkopf verletzt. Er sprang aus dem Wagen, schwang seine Nilpferdpeitsche, konnte aber niemanden mehr erreichen, da die Kommunisten zum größten Teil schon verschwunden waren. Wäre der Stein aus der entgegengesetzten Richtung geworfen worden — er hätte Hitler den Kopf zerschmettert.

Wenige Meter am Zeppelinmast vorbei

Am Abend sollte Hitler in Radolfzell sprechen. Friedrichshafen, das wir anfliegen mußten, hatte die Funkstation nicht besetzt. Ich mußte also mit Hilfe des Kompasses hinkommen. Als es dunkel geworden war, mußten wir uns nach meiner Berechnung über dem Bodensee befinden. Ich ging so weit herunter, daß ich das Wasser schimmern sah. Wir kreisten ungefähr zehn Minuten lang, ich konnte den Platz nicht ausmachen. Unsere Leuchtsignale wurden nach einiger Zeit vom Boden her beantwortet. Auf dem Platz wurden zwei grüne Fackeln aufgestellt, zwischen denen ich durchlanden sollte. Ich ging herunter, steckte meine eigenen Fackeln an den Tragflächen an und schwebte wenige Meter über einem Wald zur Landung herein. Kurz vor dem Aufsetzen gingen die Fackeln auf dem Flugplatz aus. Mein Scheinwerfer gab mir nur eine ganz beschränkte Sicht. Ich wußte, daß in der Mitte des Feldes der Ankermast stand, an dem die Zeppeline festmachen. Meine Sorge war, damit nicht in Berührung zu kommen! Auf dem Platz war es stockdunkel — selbst Hindernisse waren nicht angeleuchtet. Ein Zurück gab es nicht mehr. Wenige Meter am Landemast vorbei habe ich aufgesetzt. Mit Fürth, Nürnberg und München endete im Dantestadion der zweite Wahlflug, der bei der Bevölkerung sowohl in politischer als auch hauptsächlich in fliegerischer Hinsicht stark beachtet wurde.

Nach zwei Monaten Streckendienst zwischen München—Venedig—Rom, München—Berlin und Zürich—Wien war ich vom 13. Oktober bis zum 5. November wieder mit Hitler unterwegs. Diesmal mit der Ju 52. Bekanntlich war diese Maschine im Jahre 1932 in den Luftverkehr gekommen. In Zürich hatte sie beim internationalen Flugmeeting den ersten Preis erhalten. Die beiden Maschinen der Lufthansa sollten dann auf der Alpenstrecke eingesetzt werden. So ohne weiteres jedoch gab die Lufthansa die Ju 52 für Hitler nicht her, zumal auch noch eines der beiden Flugzeuge beim Rückflug Zürich—München—Berlin zu Bruch gegangen war. Die eine Ju 52, die nur noch zur Verfügung stand, sollte unter allen Umständen für die Alpenflüge bleiben, vor allem weil sie bis auf 6500 Meter Höhe kommen konnte. Aber Göring — als Reichstagspräsident — war Hitler behilflich. Er bekam die Ju 52 und konnte nun sechzehn Gäste mitnehmen, das waren sieben mehr — außerdem war diese Maschine um dreißig Kilometer schneller als die Rohrbach. Wieder hatten wir einen Korrespondenten der Auslandspresse bei uns. Nach Sefton Delmer und Ward Price war es diesmal ein Vertreter des Reuterbüros, James Kingston.

Dieser Flug brachte uns in rund sechzig deutsche Städte. Die Witterungsverhältnisse waren jahreszeitlich bedingt recht schlecht, so daß wir mit erheblichen Schwierigkeiten zu kämpfen hatten. Doch fiel keine der angesetzten Kundgebungen aus. In Königsberg kam es am 18. Oktober zu Zwischenfällen. Schon bei unseren vorherigen Besuchen hatte das Monteur- und Werftpersonal Arbeiten an unserem Flugzeug verweigert. Wir hatten uns jedoch auf den Standpunkt gestellt, daß wir als Lufthanseaten — gleichgültig, wen wir flogen — verlangen konnten, daß die Maschinen gewartet wurden, wie das üblich war. Der Meister war unserer Auffassung, aber seine Männer waren anderen Sinnes. Nun, bei unserem neuerlichen Besuch ging der Zauber wieder los. Wir kamen am Abend an — am nächsten Tag sollte Ruhe sein, die Wartungsarbeiten eilten daher nicht so sehr.

Wie üblich zog an der Maschine eine SA-Wache auf. Das war der Stein des Anstoßes! Herr Zintl, der Maschinist, und Herr Hensgen waren schon früh am nächsten Morgen draußen, um dafür zu sorgen, daß unsere Ju wieder startbereit wurde. Herr Hensgen, der häufig in Königsberg war und die Leute auf Grund seines persönlichen Kontaktes mit ihnen recht gut kannte, hoffte Zwischenfälle verhindern zu können. Ich kam gegen 11 Uhr an. Das erste, was man mir sagte, war, ich möchte veranlassen, daß die SA-Wache zurückgezogen würde, da sonst niemand an der Maschine arbeite. Es mußte getankt und ein Auspufftopf, der gerissen war, geschweißt werden. Auf meine Anordnung gab die SA=Wache ihren Posten auf. Die Arbeiten begannen. Zum Tanken mußte ich mehrfach ohne Erfolg auffordern. Schließ= lich sagte ich: „Wenn nicht augenblicklich getankt wird, dann lasse ich einen Shell=Tankwagen aus der Stadt kommen und verzichte auf Eure Tan= kerei!" Das half. Ich habe damals die Schwierigkeiten in Königsberg darauf zurückgeführt, daß die Deruluft (Deutsch=Russische=Luftverkehrsgesellschaft) ihre Hände im Spiel hatte. Diese Gesellschaft beflog die Strecke Königsberg– Moskau und zurück. Die in Königsberg arbeitenden Männer wurden sehr stark von Moskau beeinflußt.

In Ulm landeten wir auf einer gewöhnlichen Bauernwiese. In derselben Nacht noch sollten wir wieder weg. Da aber ein Start von einem gewöhn= lichen, ungepflegten Platz zur Nachtzeit ohne Landelampen unmöglich ist, fuhr ich in die Stadt und kaufte mir in einer Eisenwarenhandlung zehn Sturmlaternen, die wir mit Petroleum auffüllten. Zwischen ihnen hindurch bin ich dann aus der Wiese herausgestartet.

„Als Herr des Dritten Reiches . . ."

Auch nach Beendigung dieses Wahlfluges bedankte Hitler sich bei mir. Gleichzeitig sagte er mir, daß er sich eine Ju 52 kaufen werde. Ich verstän= digte daraufhin die Junkers=Werke, die Hitler ein Angebot unterbreiteten: 275 000 Reichsmark sollte die Maschine kosten. Hitler bat mich ins Braune Haus: „Ich habe hier die Unterlagen über eine Ju 52. Aber sie ist mir noch zu teuer. Ich werde warten. Lange kann es nicht mehr dauern, und ich bin der Herr des Dritten Reiches. Dann werde ich eine Regierungsstaffel auf= stellen. Sie werden der Chef dieser Staffel sein." Wenige Wochen später wurde mir ein silbernes Teeservice zugestellt. Es trug die Widmung: „Dem hervorragenden Führer der D 1720, Flugkapitän Baur, in dankbarster Er= innerung an die drei Deutschlandflüge. Herzlichst Adolf Hitler."
Bis Ende Januar 1933 flog ich auf den verschiedensten Strecken in und außerhalb Deutschlands, wie es von München aus befohlen wurde. Nach dem 30. Januar wurde ich von der Deutschen Lufthansa Hitler zur persön= lichen Dienstleistung zur Verfügung gestellt. Bis 1945 habe ich ihn dann geflogen.
Hitler flog auch, als er die Regierungsgeschäfte übernommen hatte, sehr häufig. Ebenso waren die verschiedensten Minister mit mir unterwegs. In der ersten Zeit stellte Hitler seine Maschine — wenn er nicht flog — bereit=

willig zur Verfügung. Mir brachte er blindes Vertrauen entgegen. Menschen, die ihm besonders am Herzen lagen, ließ er nur mit mir fliegen. Später habe ich dann aus der Deutschen Lufthansa Piloten geholt, die die Minister flogen. Von ihnen allen war mir Reichsminister Heß der liebste. Er war begeisterter Flieger und Flugzeugführer. Aber er hatte von Hitler den Befehl bekommen, nur mit einem perfekten Piloten zu fliegen. Ich habe Heß im Verlauf vieler Flüge mit dem Blindfliegen vertraut gemacht. Auch Göring hatte ich häufig an Bord.

Besuch bei Balbo in Rom

So habe ich Göring auch zu seinem ersten Besuch des Luftmarschalls Balbo nach Rom geflogen. Der Flug hatte eine kleine Vorgeschichte, die unsere Aufmachung anging: Wir sollten die neue Uniform der kommenden deutschen Luftwaffe tragen. Ein bekannter Berliner Uniformschneider, Holters, wurde uns ins Haus geschickt, um Maß zu nehmen. So flogen Göring, Körner, Milch und wir — meine Besatzung und ich — in dem neuen Staat nach Rom. Ich hatte damals den Dienstgrad eines Fliegerkapitäns und die Dienststellung eines Fliegerstaffelführers. Es war im April 1933 — also noch gar nicht lange nach der Machtübernahme. Mit den vorhergenannten Personen, ein Diener Görings kam noch hinzu, starteten wir aus Berlin heraus.
Göring hatte vorn neben mir Platz genommen. Er wünschte, über Grafenwöhr — dort lebte seine Mutter in einem Schloß — zu kreisen. Er wollte sie aus der Luft begrüßen. Er saß rechts und steuerte die Maschine — ich saß links neben ihm. Wir waren noch keine zehn Minuten in der Luft, als auch schon sein Diener angelaufen kam und Schinkenbrote brachte. Anschließend gab es Kaffee mit Kuchen, dann einen Steinhäger und sofort hinterher Apfelsinen. Ich war satt und hatte den Eindruck, daß ich bis Rom durchhalten würde. Aber der Diener hatte wohl andere Instruktionen, denn es ging lustig weiter: Brötchen, Kaffee, Kuchen, und wieder von vorn. Ich lehnte dankend ab, während Göring bis München unaufhörlich aß. Als wir das Schloß bei Grafenwöhr ausgemacht hatten, gingen wir auf fünfzig Meter herunter, und ich umkreiste das Gebäude. Von unten wurden große Handtücher geschwenkt. Göring winkte mit dem Taschentuch zurück.
Es war ein wunderschöner Tag — das Fliegen machte Spaß, als Göring zum ersten Male über die Alpen flog. In Berlin war ich beim Botschafter Ceruti gewesen, um mit ihm zu verhandeln, wann und wo uns das Ehrengeleit aufnehmen sollte, das uns von italienischer Seite angeboten worden war.

Ich wies darauf hin, daß ich einmal — bei meinem Flug mit dem Minister Guerard — schlechte Erfahrungen mit einem italienischen Ehrengeleit gemacht hätte. Ich riet dringend davon ab, daß die achtzehn vorgesehenen Maschinen uns schon über dem Brenner in Empfang nehmen sollten. Bei Schlechtwetterlage bestünde in dem schmalen Etschtal sehr große Rammgefahr. Wir waren dann übereingekommen, daß die Maschinen erst über Ravenna zu uns stoßen sollten.

Als wir bis dahin noch rund zehn Minuten zu fliegen hatten, ließ ich Funkverbindung aufnehmen. Wir kündigten unser Kommen an und baten darum, daß man startklar mache. Aus der Luft sahen wir dann auch unten am Boden die wie am Schnürchen stehenden achtzehn Maschinen mit angelassenen Propellern. Ich gab den Befehl zum Start. Wir kreisten so lange, bis wir alle aufgenommen hatten. Bis zum Apennin brauchten wir nicht lange, aber schon dort stellte ich fest, daß wir niemand mehr bei uns hatten. Ich schickte den Funker nach hinten, damit er nach unserem Ehrengeleit Ausschau halte. Die achtzehn Maschinen waren weit, weit hinter uns, weil sie viel langsamer waren. Ich wollte es zuerst nicht glauben, da wir 210 Kilometer machten, die Flugzeuge der Italiener aber nach ihren eigenen Angaben 260 Kilometer fliegen sollten. Doch es blieb dabei — wir waren einsam in der Luft. Ich fragte Göring, was wir machen sollten. Er entschied, den Italienern wieder entgegenzufliegen. Nach einem Rückflug von fünfzehn Kilometern nahm ich das Geleit wieder auf, indem ich meine Maschine auf 190 Kilometer drosselte. Aber auch die 190 Kilometer konnten von den begleitenden Maschinen nicht gehalten werden.

Über dem Apennin stand ein Gewitter. Ich fragte Göring, ob wir in das Gewitter hineinfliegen sollten: „Wenn wir so weiterfliegen, verhungern wir bis Rom — soviel Brennstoff haben wir nicht. Möglicherweise verlieren wir die Italiener — aber wir werden schon nach Rom kommen. Unserem Begleitgeschwader kann auch nichts passieren, sie werden den Weg sicherlich ohne uns finden!" Göring war einverstanden. Als wir in das Gewitter kamen, räumte Göring schnellstens seinen Platz am Steuer, er wollte beim Blindflug nicht vorn sein, weil er sich mit den neuen Geräten nicht auskannte. In der Kabine mußte er ganz hinten auf der Bank Platz nehmen, da ein normaler Sessel in der Ju 52 für sein breites Hinterteil nicht ausreichte. Dies war immer Anlaß zu vergnügtem Schmunzeln der Besatzung. Wir wurden vom Wetter ganz schön gebeutelt, aber bei Perugia war die Luft bereits wieder klar. Bei günstigem Wetter ging es bis Rom weiter. Von unserem Ehrengeleit war weit und breit nichts mehr zu sehen — es war absolut und endgültig verschwunden.

ahlflüge mit Hitler 1932

Wahlflüge 1932, von links Dr. Hanfstaengel, Hitler, Schaub, Hoffmann, Baur, Brückner

Waldi, mein treuer Reisebegleiter

Die Rohrbach Roland C

In der italienischen Hauptstadt landeten wir auf dem Militärflughafen Cento-Cello. Schon aus der Luft sahen wir, daß um den Platz herum italienische und deutsche Flaggen an hohen Masten wehten. Ich legte eine saubere Eierlandung hin und rollte zum Abstellplatz. Dort war eine Ehrenkompanie aufgestellt. Göring verließ — natürlich wieder vom Platz im Führerraum aus — die Maschine als erster. Balbo umarmte ihn und begrüßte ihn mit einem Kuß: „Mein lieber Göring, man sieht doch, was ein alter Flugzeugführer ist, das war eine saubere Landung!" Göring blinzelte mir nur zu. Ich schwieg selbstverständlich. Sofort fragte Balbo, wo eigentlich das Ehrengeleit geblieben sei. Göring forderte mich auf, dem Marschall den Vorgang zu berichten. Nach den Begrüßungszeremonien wurde zu einem Freundschaftstrunk und zum Essen in eine Militärbaracke gebeten. Dort war ein riesengroßer Tisch aufgebaut, überladen mit allerlei Leckerbissen. Göring machte reichlich von dem Angebot Gebrauch, obschon er von Berlin bis Rom eigentlich unentwegt gegessen hatte. Kein Wunder, daß er so dick war! Nachdem der traditionelle Wermut gereicht worden war, verließen wir die Baracke wieder. Es mochten derweilen dreißig Minuten vergangen sein, als wir das Brummen einer Anzahl von Flugzeugen hörten. Das war unser Ehrengeleit! Der italienische Luftmarschall war nicht sonderlich begeistert und schaute ziemlich betreten drein. Wir erfuhren später, daß er dem Staffelführer Vorwürfe gemacht hat.

Am Abend waren wir Gäste Balbos. Wir wurden von einem Lokal ins andere, von einem Restaurant ins andere gebracht. Balbo war in der damaligen Zeit zweifellos beliebt in Rom. Es lag auch im Zuge der italienischen Gastfreundschaft, daß überall, wohin wir kamen, sofort die italienische und deutsche Nationalhymne gespielt wurden. Balbo und Göring, die Luftfahrtminister ihrer Nationen, wurden von der Bevölkerung stürmisch und begeistert begrüßt.

Gegen Mitternacht kam für mich Nachricht von der Deutschen Botschaft, daß ich sofort nach Berlin zurückkommen müsse, Hitler brauche mich dringend. Für Göring sollte eine Ersatzmaschine nach Rom fliegen. In den frühesten Morgenstunden startete ich nach Berlin. Dort war eigentlich nichts besonderes los. Hitler wollte nach München fliegen, und da er mit keinem anderen flog, hatte ich eben von Rom herkommen müssen. Einmal innerhalb der dreizehn Jahre, in denen ich Hitler flog, ist er doch mit einem anderen Piloten geflogen. Das war, als ich mit Ribbentrop in Moskau war. Wegen der Wichtigkeit wollte er unbedingt in Berlin sein, wenn wir ankamen, und so ließ er sich ausnahmsweise von einem anderen Piloten von Berchtesgaden nach Berlin bringen.

Die Ersatzmaschine holte Göring in Rom ab. Schon auf dem Wege nach Mailand hatte das Flugzeug auf 3500 Meter Höhe gehen müssen. Göring war unerhört sauerstoffhungrig. Er „schnullte" den Sauerstoff in der gleichen Menge, wie er aß. Durch diese Inanspruchnahme waren die Flaschen bis Mailand halb geleert. Am nächsten Tage, beim Weiterflug nach München, lag die untere Wolkendecke bei ungefähr zweihundert Metern. Der Pilot ging über die obere Wolkengrenze auf ungefähr 4500 Meter hinauf. So flog er über die Alpen. Nach ungefähr fünfundvierzig Minuten ging der Sauerstoff aus. Normalerweise war für einen solchen Fall Reserve an Bord. Der Funker aber hatte in Mailand nicht ausgewechselt, sondern die Ersatzflaschen an ihrem Ort belassen: im Gepäckraum unter der Tragfläche, wo sie also während des Fluges nicht erreichbar waren. Als Göring nichts mehr in der Flasche hatte, schnappte er sofort nach Luft. In kürzester Zeit hatte er auch die Flaschen von Milch und Körner leergetrunken.

Die Maschine flog gerade zwischen der Adamello=Gruppe und dem Brenner, als plötzlich Staatssekretär Milch nach vorn zum Flugzeugführer kam und von ihm verlangte, unter allen Umständen herunterzugehen: „Göring ist vollkommen blau und schnappt nach Luft wie eine Kaulquappe. Wir müssen heruntergehen, sonst stirbt er!" Der Flugkapitän konnte aber nicht tiefer fliegen. Überall war Regen und Schnee und unter ihm Gipfel bis zu 3500 Metern. Wenn er nicht in die Berge rennen wollte, mußte er auf der von ihm geflogenen Höhe bleiben. Die Schlechtwetterfront kam von Westen, nach Osten hin war die Wolkendecke zwar auch schon geschlossen, aber nach Südosten hin fiel sie in Richtung Venedig ziemlich stark ab. Milch gab Anweisung, umzukehren und in Venedig zu landen, wo man die Reserveflaschen hervorholen und wieder starten könne. In der Po=Ebene, in der Gegend von Treviso, war die Maschine schon auf 2500 Meter heruntergegangen. Göring wurde wieder munter und fidel. Er glaubte, schon kurz vor München zu sein. Als er hörte, daß es nach Venedig ginge, fragte er den Piloten, ob er verrückt geworden sei: „Ich will nicht nach Venedig, sondern nach München!"

Milch klärte Göring auf. Aber Göring wollte unter keinen Umständen nach Venedig zurück. Er befürchtete, daß Balbo — durch seine Funkstation in Mailand unterrichtet — erfahren könne, daß er, Göring, nach Venedig zurückmußte, weil er die Sauerstoffflaschen nicht erreichen konnte. Das wäre eine blamable Angelegenheit — schließlich sei er ja Luftfahrtminister. Der Flugkapitän mußte also wohl oder übel wieder auf Kurs München gehen. Über dem Brenner war die gleiche Situation: sie mußten auf 4500 Meter hinauf, Göring bekam die gleichen Erstickungsanfälle, Milch gab wieder Befehl, unter allen Umständen tiefer zu gehen, weil er das Schlimmste befürchtete. Mein Kamerad nahm langsam das Gas weg, tauchte in die Wolken ein und rutschte über das Karwendelgebirge hinweg. Er hat für den Flug nach Mün= chen nicht zwei, sondern vier Stunden gebraucht. Völlig erschossen kam er dort an.

Göring fuhr am selben Abend zum Obersalzberg, um Hitler Bericht zu er= statten. Ich bekam in der Nacht noch den Anruf, Göring am nächsten Mor= gen nach Berlin zu fliegen. Als Göring mich sah, fiel er mir um den Hals: „Baur, ich habe gestern geglaubt, meine letzte Stunde sei gekommen!" Er berichtete mir dann die Sauerstoffgeschichte.

Hitler erzählte mir dasselbe an einem der nächsten Tage beim Abendessen noch einmal und fragte mich, was ich unter den gegebenen Umständen ge= macht hätte. Meine Antwort war einfach: „Wenn ein Ertrinkender um sich schlägt, dann gibt man ihm eins auf den Kopf. Er läßt sich dann mitziehen und ist hinterher froh, daß man ihn gerettet hat. Selbstverständlich hätte ich Göring nicht aufs Hirn geschlagen. Aber ich wäre noch fünfhundert Meter höher gegangen. Dort wäre er bewußtlos geworden, aber gestorben wäre er nicht. Ich habe derartige Fälle schon häufiger erlebt. Hinterher haben sich die Passagiere, die bewußtlos waren, ohne daß sie es gemerkt hatten, für den schönen Flug bedankt. So wäre es vermutlich auch mit Göring gegangen!" Hitler hatte nur die Antwort: „Baur, Sie sind ein roher Mensch!"

Ständiger Gast Hitlers

Hitler hatte inzwischen Vertrauen zu meinem fliegerischen Können gefaßt. Sicherlich schaffte die Tatsache, daß wir häufig in der Luft zusammen waren, und ich dort einzig und allein für seine Sicherheit verantwortlich war, soweit das in meiner Macht stand, auch ein besonderes persönliches Verhältnis. So eröffnete Hitler mir eines Tages, daß ich immer sein ständiger Gast sei. Ich könne in seiner Wohnung wie in der Reichskanzlei ein= und ausgehen, ganz wie ich wolle. Von diesem Zeitpunkt ab war ich dann auch fast bei jedem Mittag= und Abendessen mit ihm zusammen.

Es war zweifellos interessant, die Lebensgewohnheiten Hitlers kennenzu= lernen. Vor allem auch in Zeiten, in denen er Entspannung suchte. Im Gar= ten der Reichskanzlei gab es viele zahme Eichkätzchen. Wenn er sich dort sehen ließ, kamen sie angesprungen und krabbelten ihm auf die Schultern.

Sie wollten Nüsse haben. Hitler hatte immer welche in der Tasche, wenn er im Garten der Reichskanzlei spazieren ging. Ich habe ihm oft, wenn der Vorrat aufgebraucht war, angeboten, neue zu holen. Aber Hitler lehnte ab: „Nein, Baur, das ist nicht Ihre Aufgabe." Er gab dann einen kurzen Schrei von sich — hinter den Bäumen tauchte ein Bedienter auf, der wieder Nüsse brachte.

„Der deutsche Föhn"

Da das Reichspräsidentenpalais renoviert wurde und Hindenburg während dieser Zeit in der Reichskanzlei residierte, wohnte Hitler im „Kaiserhof", wo auch ich untergebracht war. Ich saß an einem Abend mit ihm in seinem Hotelzimmer, als es klopfte. Dr. Hanfstaengl kam herein und teilte Hitler mit, daß er seinen Marsch „Der deutsche Föhn" beendet habe und ihn gern vorspielen möchte. Hitler forderte mich auf mitzukommen. Wir gingen in das Zimmer von Dr. Hanfstaengl, dort stand ein Flügel. Hitler setzte sich mit dem Rücken zum Flügel in eine Ecke. Hanfstaengl spielte den Marsch, der für meine Ohren recht fremdländisch klang (Hanfstaengl war lange Zeit im Ausland gewesen). Hitler ließ den Marsch noch einmal wiederholen. Dann setzte er sich zu Hanfstaengl und pfiff ihm seinen Marsch von Anfang bis Ende vor. Zwischendurch unterbrach er sich, um den Komponisten darauf aufmerksam zu machen, daß er hier so und dort so abändern müsse. Ich bin nicht unmusikalisch, ich liebe Musik und habe Musik gepflegt, aber ich muß sagen, daß ich mir nicht zugetraut hätte, von diesem Marsch drei Takte aus dem Kopf wiederzugeben.

Hitler und Mussolini treffen sich in Venedig

Am 18. April 1933 sollte das erste offizielle Treffen von Hitler und Mussolini in Venedig stattfinden. Wir flogen bei klarem Wetter über die Alpen, für Hitler war es ebenso wie für Göring vorher das erste Mal. Er war stark beeindruckt. Um 12 Uhr sollten wir in Venedig landen. Wir waren aber schon um 11 Uhr 55 da. Hitler bestimmte: „Wir sind für 12 Uhr angemeldet, also landen wir auch Punkt 12 Uhr!" obwohl Mussolini bereits auf dem Flugplatz zu sehen war. Fünf Minuten umkreisten wir Venedig. Hitler gab zu erkennen, daß der Anblick der märchenhaften Stadt nicht ohne Wirkung auf ihn blieb. Die Begrüßung mit Mussolini schien recht herzlich zu sein. Er kam auch zu mir an die Maschine, die er sich, da er schon viel von der

Ju 52 gehört hatte, gern einmal von innen ansehen wollte. Ich habe sie ihm ausführlich gezeigt. Er war sehr interessiert und als Flugzeugführer natürlich auch fachkundig. Ich habe ihn später häufig geflogen und immer wieder festgestellt, daß er ein begeisterter Flieger war.

In der Nähe von Venedig fanden auf einem Schloß die Besprechungen statt. Neben dem italienischen Außenminister nahm noch der deutsche Reichsaußenminister von Neurath an den Gesprächen teil. Wir standen in hundert Meter Entfernung. Von der herzlichen Begrüßung schien nicht viel übrig geblieben zu sein. Wir hörten selbstverständlich nichts, aber wir konnten erkennen, daß beide Gesprächspartner aufgebracht und absolut nicht friedlich waren. Hitler wie Mussolini stampften mehrmals mit den Füßen auf den Boden, auch gestikulierten beide heftig. Es ging damals im wesentlichen um die Österreich=Frage. Mussolini wollte noch nicht so wie Hitler, und stimmte mit ihm nicht darin überein, daß man den österreichischen Nationalsozialisten freie Hand lassen müsse, im Gegenteil unterstützte er die damalige österreichische Regierung gegen sie. Wir hatten bei unseren Beobachtungen den Eindruck, daß das nicht gut gehen könne. Tatsächlich flogen wir dann auch nach wenigen Stunden schon wieder nach Deutschland zurück. Hitler hat auf dem Rückflug kein Wort über die Unterredung geäußert, wie man auch später nie etwas darüber gehört hat. Er stand fast während der ganzen Zeit vorn bei mir und schaute versonnen in die immer wechselnde Wunderwelt der Alpen.

In der Nähe des Obersalzberges hatten wir noch keinen geeigneten Flug= platz für unsere Ju 52 (sie trug den Namen Bölcke – D 2201). Als Hitler wieder einmal in München war, ließ er mich in das Braune Haus kommen, um mir zu erklären, daß in absehbarer Zeit nicht damit zu rechnen sei, daß der auf österreichischem Gebiet liegende Salzburger Flughafen für uns nutz= bar werden würde. Ich sollte einen günstigen Platz in der Nähe von Berch= tesgaden ausfindig machen. Von der Luft aus habe ich dann zusammen mit Major Hailer verschiedene, uns geeignet erscheinende Plätze in die Karte eingezeichnet, die wir hinterher per Wagen an Ort und Stelle in Augen= schein nahmen. Eine Anzahl Wiesen schied aus, weil sie, wie oft in gebirgiger Gegend, zu feucht waren. Genau gegenüber dem Salzburger Hafen machten wir dann ein Gelände aus, das uns passend schien. Der Bürgermeister von Reichenhall wollte uns zwar unbedingt an seinen Ort „nageln", aber der Platz war vollkommen ungeeignet, da er nur eine Länge von sechshundert und eine Breite von hundert Metern hatte. Wir setzten Hitler in Kenntnis, der sogleich den Auftrag zum Ausbau gab, und berichteten dem Luftfahrt= ministerium. Unser neuer Flugplatz war elf Kilometer nordwestlich von

Reichenhall und nur zwei Kilometer vom Salzburger Platz entfernt. Es wurden dort eine Halle für drei Ju 52 und Abfertigungsgebäude errichtet. Bis
zum Jahre 1938, als der Salzburger Hafen für uns frei wurde, haben wir
das achthundert Meter im Quadrat große Gelände benutzt. Dann bekam
es die Luftwaffe, die dort Gebirgsflieger ausbildete.

Hofer — Paradestück des Reichsparteitages 1933

Der Reichsparteitag 1933 wurde ganz groß aufgezogen. Hitler ließ sich jeden
Abend von Nürnberg nach Bayreuth fliegen und fuhr von da aus im Wagen
nach Berneck ins Hotel Bube, um sich hier in aller Ruhe auf den nächsten
Tag vorzubereiten. Ich erzählte Hitler eines Tages, daß ich bei einer Nürn-
berger Zeitung ein Telegramm gelesen habe, nach dem der Gauleiter von
Tirol, Hofer, aus einem Innsbrucker Gefängnis ausgebrochen sei. Es sei ihm
— zwar verwundet — gelungen, über die Grenze zu kommen. Jetzt liege er in
Brixen in einem Lazarett. Ich machte den Vorschlag, Hofer von dort im Flugzeug abzuholen und nach Nürnberg zu bringen. Hitler fand die Idee prächtig. Er ließ seinen Adjutanten Brückner kommen und gab ihm den Auftrag,
sich sofort mit dem österreichischen Vertreter, Herrn Habicht, in Verbindung
zu setzen, der mit mir nach Italien fliegen solle.
Ich brachte Hitler am nächsten Tage nach Nürnberg und startete dann nach
Bozen. Hitler hatte Habicht genauestens informiert, was er unternehmen,
und insbesondere ihm Anweisungen gegeben, wie er sich verhalten sollte,
falls die italienische Regierung Schwierigkeiten machen würde. Wir waren
gegen 11 Uhr in Bozen. Von dort wurde das Lazarett in Brixen verständigt.
Im Krankenwagen kam Hofer mit seinen Eltern und seiner Tochter um
12 Uhr in Bozen an. Wir hatten einige Stühle ausgebaut, um die Trage in
das Flugzeug stellen zu können. Um 12 Uhr 30 wollte ich wieder starten,
um gegen 15 Uhr in Nürnberg zu sein. In der Flugleitung nahm der Mann
der Avio-Fluglinie das Bordbuch an sich und versprach eine baldige Starterlaubnis. Die Abfertigung ging auch schnell vonstatten. Aber dann erschien
der Kommandant des Flugplatzes, um mir zu erklären, daß ich nicht starten
könnte, da die Wettermeldungen vom Brenner noch nicht vorlägen. Ich erklärte ihm, daß ich gerade von dort komme und die Wetterlage mir genauestens bekannt sei. Der Offizier verwies auf seine Vorschriften. Eine Stunde
wartete ich, dann fragte ich wieder nach. Ein vielsagendes Achselzucken war
die Antwort: der Kommandant sei zur Zeit beim Essen! Es hieß also weiter
warten und sich mit Geduld wappnen.

Ich ahnte schon, daß nicht die fehlende Wettermeldung der eigentliche Grund sein konnte, sondern vielmehr der abzuholende Herr Hofer. Herr Habicht versuchte mit dem Präfekten von Brixen zu verhandeln – vergeblich. Da die Herren von der deutschen Botschaft mir alle bekannt waren, rief ich dort an. Ich bat, bei den zuständigen Ministerien um Starterlaubnis für mich nach= zusuchen. Vorerst kein Ergebnis. Als ich nach zwei Stunden, immer noch ohne Wettermeldung, starten wollte, war es der Zollbeamte, der uns nicht ziehen lassen wollte. Wir seien keine planmäßige Maschine, und er müsse erst mit seinem Direktor sprechen. Meine Hinweise auf unsere einwand= freien Papiere und auf die Tatsache, daß die Maschine Eigentum der Deut= schen Lufthansa sei, die mit dem italienischen Staat in einem Vertragsver= hältnis stehe, wurden ebenfalls mit dem Bemerken „Vorschrift" abgetan. Nach einer weiteren Stunde war der Zolldirektor noch immer nicht auffind= bar. Nun trat der Paßkontrollbeamte auf den Plan und erklärte, daß unsere Passagiere keine Pässe hätten. Gleichzeitig kam er auf die Idee, sich die Pässe der Besatzung zeigen zu lassen. Zintl, mein Maschinist, war zum Essen gegangen, und mein Paß war im Gepäckraum, zu dem Zintl wiederum den Schlüssel in der Tasche hatte. Kurz – es war ein tolles Theater, das in der nächsten Stunde noch weitere Verwicklungen brachte.

Schließlich erschien ein Offizier, der mir erklärte, er sei hier der zuständige Mann, und wenn ich mich sofort an ihn gewandt hätte, dann wäre die Start= erlaubnis sicherlich schon längst erteilt worden. Das war mir des Guten zuviel. Ich habe dann auch mächtig aufgedreht und vor allem darauf hin= gewiesen, daß es bisher nicht üblich war, daß ich mich bei dem militärischen Kommandanten zu melden hatte. Herr Kanoniere, der Flugleiter der Avio= Linie, protestierte dann auch in meinem Beisein gegen die Anmaßung von Rechten, die dem Kommandanten nicht zustünden. Als ich dann auch ihn um die Starterlaubnis bat, indem ich darauf hinwies, daß wir einen Ver= wundeten an Bord hätten, der bei der glühenden Sonne in der Kabine schon halb verschmachtet sei, hatte er ebenfalls nur ein Achselzucken. Wir warte= ten weiter!

In der Zwischenzeit erzählte Hofer mir seine Geschichte: In seiner Zelle im Innsbrucker Gefängnis waren plötzlich drei frühere Parteifreunde erschie= nen. Sie hatten den Gefängniswärter geknebelt und ihm die Schlüssel ab= genommen. Vor dem Gefängnis wartete ein Auto, das Hofer auf der Berg= straße an die Grenze bringen sollte und auch bis in die Nähe von Steinach im Brennertal kam. Als nämlich im Gefängnis die Flucht bemerkt worden war, hatte die Polizei die Verfolgung aufgenommen. Sie beschoß den Wagen. Hofer sprang heraus und rannte auf die italienische Grenze zu. Die Polizi=

sten — es war eine größere Anzahl — wollten den Flüchtenden unter allen Umständen noch vor der Grenze stellen. Beinahe hätten sie ihn auch er= wischt. Es gelang ihm aber noch, sich in den Latschen dicht an der Grenze zu verstecken. Seine Verfolger rannten zum Teil nur wenig von ihm ent= fernt vorbei. Als Hofer glaubte, die Beamten hätten die Suche aufgegeben, machte er sich erneut auf den Weg. Er wurde jedoch bemerkt und beschossen. Ein Schuß ins Knie warf ihn um — aber es gelang ihm doch noch, humpelnd über die Grenze zu kommen. Die Österreicher hatten Auslieferung verlangt, aber die Italiener hatten abgelehnt und den Verwundeten nach Brixen ins Hospital gebracht.

Endlich kam gegen 18 Uhr von der Deutschen Botschaft der Bescheid, die italienische Regierung habe zugesichert, den Start freizugeben. Zehn Minu= ten später kam auch schon der Flughafenkommandant von Bozen angelaufen und meldete, die Starterlaubnis sei gegeben worden. Der Oberst, der sich wie die übrigen Männer, mit denen wir zu tun hatten, hinter allerlei Aus= flüchten verschanzt hatte, legte nun die freundlichste Miene an den Tag. Er machte mir sogar den Vorschlag, doch noch zur Nacht zu bleiben, da die Dunkelheit schon hereinbräche. Aber ich hatte es satt, länger in diesem Bereich von Kompetenzstreitigkeiten und Bürokratismus zu verweilen und erwiderte lachend: „Keine Bange! Ich kenne die Gegend genau und habe keine Angst vor einem Nachtflug." So wurde mir das Bordbuch ausgehän= digt, der Start konnte erfolgen.

Mit Hofer, seinen Eltern und seiner Tochter an Bord flogen wir zunächst nach München, da wir wegen Brennstoffmangel nicht nach Nürnberg durch= fliegen konnten. Noch ehe wir den Brenner erreicht hatten, war es stock= dunkel. Über München mußte ich feststellen, daß meine Landefackeln nicht brannten. Es blieb mir nichts anderes übrig, als auf dem recht dunklen, nur mit Stallampen als Richtungsweiser versehenen Flughafen zu landen. Da= mals gab es noch keine Scheinwerferanlagen zur Beleuchtung des Platzes, das mußten die Flugzeuge selbst besorgen. Aber warum brannten meine Landefackeln nicht?! Ja — wir hatten bei dem eiligen Start aus Italien ganz vergessen, die Fackelstecker in die Steckkontakte für die an den Tragflächen= enden angebrachten Magnesiumfackeln zu stecken. Da sie häufig genug die Ursache zu Beschädigungen und sogar Brand waren, bestand ein generelles Verbot, sie zu anderen Zeiten als vor Nachtflügen einzustecken. Während nämlich die Maschinen in den Hallen standen, wurde durch Monteure zu gern an Apparaturen herumgespielt oder an Knöpfen gedrückt. Beim Bren= nen dieser Magnesiumfackeln entsteht nun eine enorme Hitze, die ohne Abkühlung ganze Löcher aus den metallenen Flächen herausschmilzt.

Nachdem wir getankt hatten, flogen wir sogleich nach Nürnberg weiter, diesmal allerdings mit eingesteckten Fackelsteckern! Da wir von München aus Nürnberg benachrichtigt hatten, war bei unserer Landung dort ein großer Empfang vorbereitet. Jupiterlampen waren angebracht, damit die Ankunft Hofers für die Wochenschau gefilmt werden konnte. Der damalige Oberbürgermeister Liebel hielt eine Ansprache, in der er Hofer als den „Märtyrer von Österreich" feierte. Hofer wurde im „Württemberger Hof" untergebracht und war während der Dauer des Reichsparteitages das Paradestück, umjubelt von den Massen, geehrt von Hitler als der Mann, der eine Woche lang unmittelbar neben ihm auf der Rednertribüne Platz nehmen durfte.

Hitler fürchtete sich vor Attentaten

Im Herbst 1933 brannte die Ortschaft Öschelbronn bei Karlsruhe ab. Etwa zur gleichen Zeit ereignete sich in Essen ein Autounglück, bei dem 12 SA-Männer den Tod fanden und 23 schwer verletzt wurden. Hitler wollte die Ortschaft Öschelbronn besuchen, um der Bevölkerung die sofortige Hilfe der Regierung zuzusichern, und danach an der Beerdigung in Essen teilzunehmen. Der Flug sollte streng geheim gehalten werden, damit angeblich jeglicher unnötige Aufenthalt vermieden würde. Hitler legte, wie er ausdrücklich betonte, den größten Wert darauf, rechtzeitig zur Beerdigung anwesend zu sein.

Als ich in den Morgenstunden des 14. September die Maschine startklar machte, um zunächst den üblichen Probeflug zu machen, kam Oberst Carganico, der damals Flughafenkommandant von Berlin war, zu mir. Er wollte unbedingt wissen, wohin es ging. Da ich aber von Hitler strengste Weisung hatte, den Flugweg geheim zu halten, konnte ich ihm nicht mit einer Auskunft dienen. Carganico war verzweifelt: „Baur, Sie sind hier noch mein Untergang. Von mir verlangt das Reichsluftfahrtministerium, daß ich es vor jedem Start mit Hitler und auch von jedem Flugziel unterrichten soll, damit die notwendigen Flugsicherungen durchgeführt werden können. Nun wollen Sie bei der unsicheren Wetterlage heute wieder fort und mir nicht sagen, wohin es eigentlich geht." Dann redete er auf mich ein, es ihm doch wegen der Flugsicherungen zu verraten, er werde bestimmt dicht halten. Um ihm entgegenzukommen, schlug ich vor, Hitler selbst entscheiden zu lassen, ob er das Flugziel bekanntgeben wolle. Als dieser auf dem Flugplatz ankam, stellte ich ihm den Kommandanten vor, um diesem die Gelegenheit zu geben, seine Bitte vorzubringen. Aber Hitler reagierte mit Lachen. „Nein, nein, das bleibt unter uns. Baur ist so gewandt, daß die Flugsicherungen unterbleiben können, wenn er mir erklärt, daß er den Flug ohne Bedenken durchführen kann." Da die Wetterlage an jenem Tage nicht allzu schlecht war, mußte ich zugeben, daß ich auf Flugsicherungen verzichten konnte.

So starteten wir. Obwohl unser Ziel Karlsruhe war, flogen wir aus Tarnungsgründen nach Norden, gingen im großen Bogen um die Stadt herum und nahmen dann erst Kurs auf Südwest. Während des ganzen Fluges ruhte der Funkbetrieb, um der Funkstation in Berlin jede Anpeilmöglichkeit zu nehmen. Erst fünf Minuten vor der Landung forderte mein Funker die Wetterlage an und ließ sich die Windmessungen geben. Schon aus der Höhe konnten wir feststellen, daß der Flugplatz von Menschen wimmelte — es waren Tausende. Allein Hunderte von SA-Männern standen in Reih und Glied. Ich ließ Hitler durch meinen Funker zum Führersitz bitten, damit er sich die Menge ansähe, die ihn erwartete. Hitler fluchte und schrie: „Welches Kamel hat denn hier wieder nicht dicht gehalten?" Nach der Landung stürzte er sich sofort wütend auf den Polizeibeamten und fragte, von wem die Meldungen durchgegeben worden seien, worauf dieser ihm keine Antwort geben konnte. Wie sich später herausstellte, hatte die Geheime Staatspolizei den dortigen Gauleiter Wagner verständigt, daß Hitler streng geheim nach Karlsruhe käme, und dieser wollte es sich nicht nehmen lassen, ihm einen würdigen Empfang zu bereiten. So mußte Hitler wohl oder übel die Ehrenkompanie abschreiten und die SA-Männer begrüßen.

Obwohl er mit dem Auto Karlsruhe verließ, brauchte er eine lange Zeit, um durch die Menschenmauern der mit Flaggen festlich geschmückten Stadt hindurchzukommen und die freie Landstraße nach Öschelbronn zu erreichen. Ich selbst blieb auf dem Flughafen, um Hitlers Rückkehr abzuwarten. Aber er kam nicht, sondern fuhr mit dem Wagen nach Böblingen bei Stuttgart, wohin ich gegen 12 Uhr telefonisch beordert wurde, um ihn nach Essen zu fliegen. Vor dem Start wurde ein Blitzgespräch nach dort angemeldet, um die Teilnahme Hitlers an den Beerdigungsfeierlichkeiten abzusagen. Zu der Verzögerung in Karlsruhe kam nämlich eine zunehmende Schlechtwetterlage mit mehreren Gewittern und sehr starkem Gegenwind auf der Strecke, so daß wir voraussichtlich gut zwei Stunden Flugzeit von Stuttgart nach Essen gebraucht und womöglich zu einem Zeitpunkt eingetroffen wären, da die Trauerfeier bereits begonnen hätte. Dies wollte Hitler unter allen Umständen vermeiden. Deshalb entschloß er sich, der Beerdigung fernzubleiben und die Verletzten in den Krankenhäusern zu besuchen, was zweifellos auch eine propagandistische Wirkung auslöste.

Noch in den Abendstunden flogen wir nach Bonn weiter, wo wir wie immer in Bonn=Hangelar landeten und von wo aus es noch zwanzig Minuten Auto= fahrt bis nach Godesberg waren. Bekanntlich stieg Hitler, wenn er sich im Westen aufhielt, stets im Hotel Dreesen in Godesberg ab, wo für ihn stän= dig ein Zimmer und neben diesem ein größerer Raum für vierzehn Per= sonen zum Empfang seiner Gäste bereitgehalten wurden. Auch ich und meine Besatzung, sowie alle, die zum Stabe Hitlers gehörten, wurden bestens untergebracht. Das Hotel lag in bevorzugter Lage unmittelbar am Rhein und bot eine herrliche Aussicht über den ganzen Strom. Man konnte die Auffahrt der Kähne und Dampfer verfolgen und hatte einen wunderbaren Blick in die Berge mit dem Drachenfels. Am nächsten Tage ging es dann wieder nach Berlin zurück.

Ein ähnliches Erlebnis hatten wir, als Hitler zur Beerdigung eines Altpartei= genossen nach Nürnberg flog. Auch dieser Flug sollte streng geheim ge= halten werden, aber wieder hatte die Staatspolizei für die Bekanntmachung gesorgt. Beim Anblick der Menschenmassen, die ihn erwarteten, wurde Hit= ler so wütend, daß er sofort Befehl gab, nach Fürth weiterzufliegen, wo wir auf dem früheren Militärflugplatz landeten. Hitler borgte sich einige Wagen aus und fuhr mit seinem engsten Gefolge zur Beerdigung.

Zweifellos entsprang diese Vorsicht Hitlers einer beständigen Furcht vor Attentaten. Im Flugzeug fühlte er sich weit sicherer als auf der Bahn, wo die Sicherungsmaßnahmen viel schlechter durchführbar waren, dazu auch viel umfangreicher sein mußten. Um beispielsweise einen Sonderzug von Berlin nach München fahren zu lassen, mußten bei der Bahn bis herunter zu den Schrankenwärtern mindestens fünftausend Stellen verständigt wer= den. Zudem wäre hier gerade in den Abend= oder Nachtstunden ein Atten= tatsversuch mit Minen, die auf Achsendruck eingestellt sind, ein Leichtes gewesen. Am liebsten kreuzte Hitler plötzlich, unvorhergesehen und unan= gemeldet auf. Darin sah er die beste Sicherung für seine Person. Ich selbst ging jeweils eine halbe Stunde vor einem Start auf den Flugplatz, aber da ich ja auch Minister und andere von Hitler beauftragte Männer flog, wußte außer mir kein Mensch, ob er persönlich kam.

Da ich natürlich vorher immer die Wetterkarte eingehend studieren mußte, ließ ich mir, um den Wetterwarten keine Kombinationsmöglichkeit bezüg= lich der einzuschlagenden Richtung zu verschaffen, die Karten vom ganzen Reich vorlegen. Auch behielt ich aus Gründen der Flugsicherheit an der Maschine die Nummer D – 2600 bei, obwohl damals die internationalen Buchstabenbezeichnungen eingeführt wurden. Es bedurfte eines langen Kampfes mit dem Luftfahrtministerium, bis ich die Genehmigung erhielt

Die Nummer hatte den Vorteil, daß die Maschine auf allen Plätzen des Reichsgebietes als Hitlers Flugzeug bekannt war, in München so gut wie in Königsberg oder Essen. Wir hatten stets den Vorzug, wenn wir einen Flughafen um eine Wettermeldung oder Peilung baten. Wurde eine Nebellandung notwendig und waren wir dann mit anderen Maschinen in der Luft, so wurden wir mit Vorrang bedient, während die anderen Maschinen zurückgehalten wurden und solange kreisen mußten, bis sie gerufen wurden — das konnte bis zu dreiviertel Stunden währen.

Eine Million Flugkilometer

Im September 1933 flog ich meinen millionsten Luftkilometer. Ich hatte damit eine Strecke erreicht, die den Äquator 25mal umkreist, so daß ich nicht ohne eine gewisse Befriedigung auf mein bisheriges Fliegerleben zurücksah. Wieder wurden mir zahlreiche Ehrungen zuteil. Die Lufthansa überreichte mir die goldene Ehrennadel, und die Junkers=Werke schickten mir eine goldene Sprungdeckeluhr. Aber am meisten habe ich mich über ein Bild des Jagdfliegers Immelmann aus dem ersten Weltkrieg gefreut, das noch seine persönliche Unterschrift trug. Die Mutter hatte es mir mit der Bitte zugesandt, es in unserer D — 2600 unterzubringen, die ja auch den Namen „Immelmann" trug. Dieses Bild bekam einen silbernen Rahmen und wurde an einem Ehrenplatz vor dem Sitz Hitlers angebracht.

Trotz Erkundung im Schlamm versackt

In den ersten Novembertagen wollte Hitler nach Elbing starten. Da mir bekannt war, daß der Flugplatz bei Regenperioden sehr aufweichte, und somit die Gefahr bestand, daß die Maschine versackte und nicht mehr wegstarten konnte, ließ ich drei Tage vorher durch den Flugleiter von Berlin, Werner, bei dem Leiter des Deutschen Luftfahrerverbandes, Oppermann, anfragen, ob eine Landung in Elbing möglich sei. Dies wurde mit dem Hinweis bejaht, daß das einmotorige Junkers=Flugzeug A — 20, eine Sportmaschine, eigens zum Zwecke der Bodenerkundung von Königsberg nach Elbing gekommen sei und die Verhältnisse als zum Landen geeignet beurteilt habe. Ich ließ darüber hinaus telefonisch darum bitten, Landungsfeuer für einen eventuellen Nachtflug vorzubereiten, der ja immer im Bereich der Möglichkeit lag.

So starteten wir dann am 5. November nach Elbing. Als wir landeten, merkte ich bereits beim Aufsetzen, daß die Maschine einzusinken begann und noch ehe sie richtig ausgerollt war, steckte sie im Sumpf fest. Es war trotz der drei Motoren unmöglich, sie zu bewegen, so daß Hitler aussteigen und den Weg zur Flugleitung zu Fuß gehen mußte. Von dort wurde ihm ein Wagen entgegengeschickt, der ihn auch in die Stadt fuhr, wo er sprechen wollte.

Ich saß nun fest und schimpfte weidlich mit Oppermann, daß Telefonanrufe und Erkundungen für die Katz gewesen wären, wenn ich zum Schluß doch hier im Schlamassel stecke. Da mit meiner Motorenkraft nichts zu machen war, wurden lange Seile beschafft, unten am Fahrgestell angebracht und auf Kommando von 150 Mann angezogen. Sie brachten die Maschine auch langsam bis zum Platzende vorwärts. Aber an einen Start auf dem weichen Boden war nicht zu denken. Deshalb ließ ich Bohlen besorgen und unter die Räder legen. Dann wurde aus dem Flugzeug alles Entbehrliche entfernt, selbst die Tanks wurden soweit entleert, daß nur mehr der notwendige Brennstoff für einen kurzen Flug an Bord war. Auch die Radbekleidung wurde abgenommen, die ja beim Einsacken der Maschine sowieso vollkommen verbeult worden war. Dann benachrichtigte ich Hitler, daß er nicht mehr von diesem Platz aus starten könne, sondern daß er mit dem Wagen nach Danzig fahren solle, wo ich ihn aufnehmen würde.

Nun hieß es aufpassen! Ein Start auf Bohlen schließt die Gefahr ein, daß eines der Bretter aufstehen und den Propeller beschädigen kann. Aber es ging bei der leeren Maschine und dem darum verhältnismäßig kurzen Start gut ab. Von Danzig brachte ich Hitler nach Berlin zurück, von wo aus wir am nächsten Tage nach Marienburg flogen. Hier besuchte Hitler den greisen Feldmarschall von Hindenburg, der in der Nähe das Staatsgut Neudeck hatte. Wenn Hitler in dieser Gegend war, blieb er meist bei der Familie Finkenstein über Nacht und kam erst am nächsten Tag wieder zum Flugzeug zurück.

Von Marienburg aus wollte er nach Kiel, um dort eine Versammlung abzuhalten. Die Wetterlage war außerordentlich ungünstig. Der Start wurde früher angesetzt, weil zu befürchten war, daß starker Gegenwind die Maschine abbremsen und Verspätungen verursachen würde. Um 11 Uhr 45 flogen wir von Marienburg ab. Kurz nach Danzig mußten wir bereits den polnischen Korridor bis zur Ostsee bei teilweise über hundert Kilometer starkem Gegenwind blind überfliegen. Von Rügenwalde ab ging es dann etwa fünfzig bis hundert Meter über Wasser der Küste entlang bis nach Swinemünde. Von da bis Kiel mußte ich wieder blind fliegen und war auf Peilungen angewiesen.

Die erste Standortpeilung nach Swinemünde war elf Kilometer Nordnordost von Demmin. Der Kurs nach Kiel schien zu stimmen. Auch die nächsten Peilungen drei Kilometer Ostsüdost von Warnemünde und fünfundzwanzig Kilometer südöstlich von Oldenburg bestätigten, daß ich genau auf dem Kurs nach Kiel war. Ich nahm Gas weg und ging von zirka tausend auf ungefähr dreihundert Meter über Meereshöhe herunter, um mit Bodensicht nach Kiel fliegen zu können. Etwa siebzehn Minuten später ergab die Peilung den Standort elf Kilometer südlich von Lübeck. Danach wäre ich genau südwärts geflogen. Da ich aber meinen Kurs nicht geändert hatte, konnte die Peilung unmöglich stimmen. Ich bat daher meinen Funker Lecy, sofort noch einmal Peilung anzufordern. Darauf bekam ich den nächsten Standort: einundzwanzig Kilometer nordöstlich Hamburg. Ich mußte daraus schließen, daß die Standortpeilung von Oldenburg nicht gestimmt haben konnte und ich mich tatsächlich südlich von Kiel befände.

Also änderte ich meinen Kurs auf 340 Grad nordwärts. Eine weitere Peilung brachte aber den Standort zwölf Kilometer nordöstlich Travemünde. Kurs nach Kiel wäre 312 Grad. Da wurde ich ärgerlich: „Die Bodenstationen müssen radikal durchgedreht sein", sagte ich zu Lecy, „wir suchen uns unseren Weg selbst." Ich ging dann auf zweihundert Meter herab und bekam Bodensicht, um aber auch Fernsicht zu erhalten, mußte ich auf fünfzig Meter herunter. So weit wir sehen konnten: Wasser, Wasser, nichts als Wasser. Wieder änderte ich meinen Kurs nach Südwesten, um Land in Sicht zu bekommen, zumal wir ja vor einer Viertelstunde noch Landsicht hatten. Aber nach zehn Minuten entdeckten wir noch nicht die geringste Spur. Ich hielt nun genau Südkurs. Hitler kam vor und wollte wissen, wo wir uns befänden. Ich mußte ihm erklären, daß die Peilungen Trugschlüsse ergeben hätten, wir könnten aber nicht mehr weit vom Ziel entfernt sein. Da wir schon vier Stunden unterwegs waren, argwöhnte Hitler, wir hätten die schmale Landzunge von Kiel schon überflogen und befänden uns bereits über der Nordsee.

Endlich bekamen wir Land in Sicht. In einer Bucht zeichnete sich auch eine größere Stadt ab. Auf Hitlers Frage, um welche Stadt es sich handele, konnte ich keine Antwort geben. Um bei dem niedrigen Flug keinen Kamin oder Kirchturm zu rammen, konnte ich auch nicht die Karte zur Hand nehmen, die zudem die Bodenorientierung wegen ihres Maßstabes von 1:1 000 000 sehr erschwert hätte. So kam ich auf ein altes Fliegerrezept aus der Zeit vor der Einführung der Blindfluggeräte zurück: einfach den Bahnhof anfliegen, um vom Bahnhofsschild den Namen der Ortschaft abzulesen. Nun stand aber gerade ein Güterzug vor diesem Schild, der unheimlich dampfte und es mit seinen durch den Wind emporgetriebenen Rauchschwaden verhüllte. Hitler hielt vorn bei mir im Führerstand Ausschau. Plötzlich zeigte er nach unten: „Da, in dieser Halle habe ich schon einmal gesprochen. Das ist Wismar!" Als ich mit Hilfe meiner Karte einen raschen Blick über die Bahnlinien warf, stellte ich fest: er hat recht. Peilungen, die nach wie vor einliefen, ließen alles andere zu, bloß nicht Wismar. Da ich ihnen durchaus nicht mehr traute, verließ ich mich allein auf die Bodensicht. Wir flogen dreißig bis fünfzig Meter über Grund. Bereits die kleinsten Hügel, von denen es hier in der Gegend einige gab, waren eingenebelt. In Richtung Lübeck, Travemünde erreichte ich endlich die Trave, über der ich in zwanzig Metern Höhe der Bucht zusteuerte, in der Travemünde lag.

Die Wettermeldungen aus Kiel waren äußerst ungünstig: dreißig bis fünfzig Meter Wolkenhöhe, starker Regen und Sturm. Die vor mir liegenden Inseln waren wegen der weiteren Sichtverschlechterung nur mühsam zu erkennen, und wir konnten kaum noch zweihundert Meter weit sehen. Ich flog die Trave mehrere Male auf und ab, konnte aber den mir bekannten Flughafen Travemünde nicht entdecken. Da mein Betriebsstoff allmählich zur Neige ging — ich hatte noch knapp 150 Liter Brennstoff für etwa eine Viertelstunde — bereitete ich Hitler auf eine Notlandung auf irgendeiner nahen Wiese vor, womit er einverstanden war. Mit angestellten Landeklappen und zum Zwecke der Benzinersparnis stark gedrosselten Motoren unternahm ich einen letzten Versuch in zwanzig Metern über dem Meeresspiegel in Richtung Norden. Ich kam auch wieder auf die Bucht, vor der sich mir das Wasser vollkommen frei auftat, aber ich fand den Platz nicht.

Ich forderte Hitler auf, sich auf seinen Platz zu begeben, um sich anzuschnallen. Im ungünstigsten Falle nämlich konnte es mit unserer Maschine zu einem Kopfstand kommen, denn bei dem durch den Regen stark aufgeweichten Boden ist durch Versacken der Räder die Bremswirkung so stark, daß das Flugzeug einfach nach vorn Übergewicht bekommt. Ich machte eine Wiese vor dem offenen Wasser aus, umkreiste sie an der äußersten Bugstelle und wollte gerade, schon Gas wegnehmend, zur Landung schreiten, als ich rechts von mir einen schwarzen Schatten sah. Ich gab daher wieder Gas und flog diesen Schatten an und siehe da — es war der Flughafen Travemünde! Hitler war über die gelungene Außenlandung des Lobes voll und erfreut, daß wir es trotz aller Hindernisse doch noch geschafft hatten. Er setzte dann die Fahrt nach Kiel mit dem Auto fort, um am nächsten Morgen zum Weiterflug nach Hamburg wieder das Flugzeug zu nehmen.

Natürlich war mein erster Weg in Hamburg zur Peilstation, um an Hand der genau eingetragenen Peilungen festzustellen, wo die Fehlerquellen zu suchen waren. Es erwies sich, daß außer Hamburg und Kiel auch Kopen= hagen, Stettin, Berlin, Leipzig und Hannover an den Peilungen beteiligt gewesen waren. Das Ergebnis war: von zehn Peilungen sieben Falschpeilun= gen. Schuld daran waren die Dämmerungserscheinungen, die damals noch eine derartige Abwanderung des Peilstrahls zuließen. Später wurde das Peil= verfahren so verbessert, daß solche Dinge nicht mehr vorkommen konnten.

Moderne Weihnachtsbescherung

Weihnachten 1933 stellte ich meine Maschine in den Dienst einer Feier, bei der ungefähr 150 Jungen und Mädel, Waisen und Kinder aus ärmlichen Verhältnissen, auf dem Münchener Flugplatz beschert werden sollten. Fröh= lich und aufgeregt warteten sie in der Vorhalle des Flughafengebäudes auf die Ankunft der „Himmelsmaschine". Es war ein modernes Märchen, das wahr wurde, als „Petrus", alias Karl Steinacker, mit einem Heiligenschein um den Kopf in seiner himmelblauen Kutte mit gelbem Überwurf und den goldenen Himmelsschlüsseln in der Hand aus dem Flugzeug stieg und zwei Zwergen befahl, Pakete, Kisten und Säcke mit Weihnachtsgeschenken aus dem Innern hervorzuholen, um sie vor der Maschine aufzustapeln. Im Nu gewann Steinacker sich durch eine humoristische Ansprache die Herzen der Kinder, in deren Gesellschaft auch der Bayerische Rundfunk mit seinem Sprecher Otto Willi Gail, sowie Staatsminister Hermann Esser und der Flughafenleiter Hailer waren. Ganz zum Schluß erschien auch noch das „Christkindchen" in weißem, mit Sternen besticktem Kleid.
Bei einer Verlosung gab es 24 Gutscheine für einen Rundflug. Als das erste Dutzend des kleinen Völkchens die große Maschine hinaufkletterte, sah man manch ängstliches Gesicht und manch zaghaften Blick auf die zurück= bleibenden Angehörigen. Aber dann ging es unter lebhaftem Zuwinken der Kinder in die Luft. Und als sie ausstiegen, noch beeindruckt von dem großen Erlebnis ihres ersten Fluges, hatte sich bei den nächsten Flugküken schon die Scheu verloren. Inzwischen hatte die Flugplatzverwaltung im Flughafen= restaurant die Tische für die kleinen Gäste mit Kakao und Kuchen decken lassen. Später wurden die reichlichen Geschenkpakete mit Gutscheinen für Schuhe und Bekleidungsstücke verteilt. In den strahlenden Kinderaugen aber konnte man den Dank lesen für diese wohlgelungene Veranstaltung der Deutschen Lufthansa.

Ich habe schon früher viele Kombinationen über Eva Braun gehört. Ich bin in der Gefangenschaft auch oft gefragt worden, ob ich Eva Braun gekannt hätte. Sicherlich war die Existenz dieser Frau für viele Menschen eine Über= raschung, für noch mehr vielleicht sogar eine Enttäuschung. Und doch ist diese Episode Hitlers vielleicht eine der menschlichsten in seinem Leben überhaupt. Ganz bestimmt, soweit sie die Frau, Eva Braun, angeht. Sie hat in der Politik keine Rolle gespielt, sie hatte auch keinen großen Ehrgeiz, der über ihr Zusammenleben mit Hitler hinausging. Und alle, die sie ge= kannt haben, waren von ihrer fraulichen Persönlichkeit angenehm berührt. In der Sensationsaufmachung vieler Berichte und in der Legende hat sich um das Bild Eva Brauns eine Menge Unfug gebildet, der ihr durchaus nicht gerecht wird. Sie war nicht viel — aber sie war zufrieden. Sie war nur die Frau, die einen Mann glücklich machen wollte und dabei auch ihr schmerz= liches Glück fand. Ich habe ihre einfache Art, ihr herzliches Wesen sehr geschätzt.

Ich war ein großer Freund des Fotografierens. Während der Wahlflüge hatte ich viele Aufnahmen gemacht, und auch dann, als ich mit Hitler nach dem Januar 1933 unterwegs war, hatte ich meine Leica immer bei mir. Als ich Hoffmann, dem parteiamtlichen Bildberichterstatter, einmal einige beson= ders gelungene Aufnahmen zeigte, bat er mich, ihm das Veröffentlichungs= recht zu verkaufen. Verkaufen wollte ich nicht, aber ich machte ihm einen anderen Vorschlag. Hoffmann sollte mir meine Aufnahmen entwickeln und vergrößern. Bislang hatte ich das selbst gemacht. Langsam reichte jedoch meine Freizeit dazu nicht mehr aus. Hoffmann war einverstanden. Von die= sem Zeitpunkt ab wanderten meine Filme zu ihm — in seinem Atelier wurde alles nach meinen Wünschen erledigt. Aufnahmen, die dann zur Veröffent= lichung geeignet erschienen, wurden ausgewertet. Ich hatte also keine Ar= beit mehr damit und Hoffmann trotzdem seine Bilder.

Als ich im Jahre 1933 in Begleitung meiner Frau wieder einmal das Atelier von Hoffmann im ersten Stock der Amalienstraße betrat, um Bilder abzu= holen, kam aus der Tür des Labors ein Mädchen in den Ladenraum, das ich noch nie dort gesehen hatte. Schon von weitem erkannte ich, daß es eine außergewöhnliche Schönheit war. Als wir uns am Ladentisch gegenüber= standen, muß ich vor Verwunderung recht große Augen gemacht haben, bis sie mich endlich fragte: „Sie wünschen, mein Herr?" Worauf ich mich vor= stellte und mich nach meinen Bildern erkundigte. „Ach, Sie sind der be= kannte Flugkapitän Baur", erwiderte sie, „wie mich das freut, Sie kennen=

zulernen. Ich habe schon sehr viel von Ihnen gehört." Meine brave Frau sah einmal das hübsche Mädel, dann wieder mich an, da ich mich von dem Anblick einer so lieblichen Schönheit schlecht trennen konnte. Wahrscheinlich kam es dem Mädchen bedenklich vor, wie meine Frau so schaute, denn es erklärte augenblicklich: „Einen Moment, Herr Baur, ich werde sofort nachsehen, ich glaube, die Bilder sind bereits fertig." Nun ging sie wieder zur Tür hinaus. Als sie zurückkam, gab sie mir die Bilder mit den Worten: „Sehen Sie sie an, Herr Baur, ob alles in Ordnung ist." Ich besah mir die Bilder nur mit einem Auge, fühlte aber beide Augen meiner Frau auf mich gerichtet. Deshalb sagte ich, sie seien alle in Ordnung, bedankte und verabschiedete mich. Als wir das Atelier verlassen hatten, fragte mich meine Frau, ob ich das Mädchen schon länger kenne, was ich verneinte. Dann meinte sie, sie müsse schon zugeben, daß sie selten ein so hübsches Mädchen gesehen habe wie dieses hier.

Kurz vor Weihnachten 1933 erwartete mich meine Frau — wie so oft — zusammen mit meiner damals neunjährigen Tochter Inge auf dem Münchener Flugplatz. Hitler gab auch meiner Tochter die Hand und sagte: „Baur, mir schenken viele Frauen zu Weihnachten Pralinenkästen. Es sind welche dabei mit einem Durchmesser bis zu einem halben Meter. Kommen Sie doch einmal mit Ihrer Tochter vorbei, ich möchte ihr gern solch eine Pralinenschachtel schenken." Hitler wohnte während der Zeit, da er in München war, in einem vierstöckigen Mietshaus, das einem Schweizer Juden gehörte. Am Nachmittag vor dem Weihnachtsabend ging ich also zu seiner Wohnung im zweiten Stock dieses Hauses. Auf mein Läuten öffnete mir Frau Winter. Sie meinte, das sei dumm, daß ich gerade jetzt käme, Hitler habe Besuch. „Aber klopfen Sie doch ruhig einmal an, Sie sind ja schließlich kein Fremder — er wird nicht gleich schimpfen!" Ich klopfte und öffnete auf das „Herein". Vor Hitler stand das Mädchen von Hoffmann. Sie wurde rot, auch Hitler war etwas verlegen. Er wollte mich bekanntmachen — aber Eva Braun, denn sie war es, wehrte ab und sagte: „Wir kennen uns bereits — ich sah Herrn Baur schon, als er sich seine Bilder abholte." Hitler nahm sich meiner Tochter an, gab ihr die Pralinenschachtel, worauf wir uns mit guten Wünschen bald empfahlen.

Nach den Feiertagen flogen wir wieder nach Berlin zurück. Bevor ich zum Mittagstisch ging, traf ich Sepp Dietrich, den Führer der Leibstandarte. Ich erzählte ihm von meiner Begegnung in München. Er antwortete nur: „Hat sie Dir auch gefallen?" Und als ich dies bejahte: „Ja, unser Vater hat keinen schlechten Geschmack!" Seit diesem Zeitpunkt wußte ich von der Existenz der Frau, die einen Anteil an Hitler hatte, und die wohl auch die einzige blieb, der er wirklich zugetan war. Der Bevölkerung war das Verhältnis Hitlers zu Eva Braun unbekannt. Und doch wurde gemunkelt — Wahrheit und Dichtung durcheinandergemischt.

So sagte mir meine Frau im Jahre 1935 einmal, daß man in München von einem Mädchen Eva Braun erzähle, mit der Hitler ein Techtelmechtel habe. In der Umgebung Hitlers wurden Fragen dieser Art entweder mit einem „nein" oder so beantwortet, daß man sich unwissend stellte. Selbstverständlich kam ich in der folgenden Zeit häufig mit Eva Braun zusammen. Alleinflüge habe ich nie mit ihr gemacht, aber sie schloß sich sehr oft an, wenn ich mit führenden Persönlichkeiten zwischen Berlin und München flog, natürlich immer nur mit Hitlers Erlaubnis. Ich mochte sie sehr gern und habe mich viel mit ihr unterhalten. Sie bat mich öfter inständig darum, Hitler bei den Flügen ja nichts zuzumuten, was ihm irgendwie Schaden zufügen könnte.

Auf dem Obersalzberg hat sie viel fotografiert und gefilmt. Sie mußte sich viele Tage und manchmal sogar Wochen hindurch mit sich selbst beschäftigen, da ihre eigenartige Stellung ihr größte Zurückhaltung auferlegte. Selbst bei ihren Besuchen auf dem Berghof trat sie völlig in den Hintergrund. Saß Hitler im engeren Kreise im Zirbelzimmer zu Tisch, so war sie stets zu seiner Rechten. Nach Beendigung der Mahlzeit küßte er ihr die Hand und geleitete sie in den anschließenden Café- oder Unterhaltungsraum. Er war ihr, wie allen Frauen, die zu seinem Tisch gehörten, der aufmerksamste Tischherr, den man sich vorstellen konnte.

Ich sprach mit Eva Braun auch über das Verhältnis, das sie mit Hitler verband. Sie war sich darüber im klaren, daß es ihr nie vergönnt sein würde, die Frau des Mannes zu werden, den sie liebte, sie würde seine Geliebte bleiben müssen. Sicherlich bedrückte sie hin und wieder die Tatsache, daß sie vor der Öffentlichkeit verborgen gehalten wurde. Aber sie ließ es sich nur sehr selten anmerken. Und immer, wenn Hitler kam, war sie froh und glücklich.

Bei der Stellung, die sie einnahm, konnte sie bei größeren Anlässen auch nie als die Dame des Hauses auftreten. Nur bei kleineren Gesellschaften durfte der Schleier des Geheimnisses gelüftet werden, und da wirkte sie immer besonders gut durch ihre natürliche Bescheidenheit. Zweifellos war der Tag ihrer Trauung, der nur durch das Ende möglich wurde, ihr größter Tag: sie wurde die Frau des geliebten Mannes, wenn auch nur für ein paar Tage ihres Lebens. Als dann die Öffentlichkeit von ihrer tatsächlichen Existenz erfuhr, wurde sie nicht als die Geliebte Hitlers, sondern als seine legitime Frau bekannt.

Die Rolle der Eva Braun läßt sich übertreiben und ist auch übertrieben wor=
den. Wahrscheinlich war sie nur ein Mensch unter vielen anderen, den die
Liebe an die Seite eines einst mächtigen Mannes brachte und den dieselbe
Liebe aus freier Wahl mit in den Abgrund riß, als die Würfel gefallen waren.

Die zweite Begegnung mit Mussolini

In den Apriltagen 1934 machte Hitler mich darauf aufmerksam, daß wir
bald wieder zu einem Besuch Mussolinis nach Italien fliegen würden. Nach
längeren Vorbereitungen starteten wir am 14. Juni 1934 zu einem offiziel=
len Staatsbesuch nach Venedig. Um auch Vertreter des Auswärtigen Amtes
mitnehmen zu können, wurden dieses Mal drei Ju 52 eingesetzt. Pünktlich
landeten wir zur vorgeschriebenen Zeit. Es wurde eine außerordentlich herz=
liche Begrüßung, denn inzwischen hatten Hitler und der Duce sich schon
weitgehend angefreundet. Ein Musikzug spielte die deutsche und italienische
Nationalhymne, dann schritt Hitler mit Mussolini und anderen hohen Staats=
funktionären die Ehrenkompanie ab. Danach wurden die Boote bestiegen,
die zur Fahrt in die Stadt bereitstanden. Hitler wurde in einem Hotel unter=
gebracht, in dem ihn eine ganze Anzahl ausländischer Zeitungsreporter be=
lagerte, die der Welt von diesem historischen Ereignis Kunde geben sollten.
Der deutsche Botschafter, von Hassel, war damit beauftragt, für Hitler eine
Wasserrundfahrt im Motorboot zu arrangieren, um ihm die Schönheiten
und Sehenswürdigkeiten der Stadt zu zeigen. Besonderes Interesse zeigte
Hitler für die Kriegsmarine, die ebenfalls eingelaufen war. Es waren meist
kleinere Schiffseinheiten, deren Besatzungen in Paradeaufstellung an Deck
angetreten waren und Hitler ihre Ehrenbezeigungen erwiesen.
In den Nachmittagsstunden fand auf dem Markusplatz eine große Volks=
versammlung statt. Etwa 70 000 Menschen standen dicht bei dicht zwischen
den Prokuratien und dem Dom. Mussolini sprach in lapidaren Sätzen von
seinem Fenster aus auf die Menge ein, während Hitler mit seinem Stabe
etwa sechzig Meter weiter von einem anderen Fenster aus zunächst ziemlich
reserviert das Schauspiel beobachtete. Mussolini machte die Italiener auf
den Bündnisvertrag mit Deutschland aufmerksam, wobei er öfter die Person
Hitlers erwähnte. Plötzlich entdeckten einige Zuhörer Hitler am Fenster.
In Sekundenschnelle erhob sich ein orkanartiger Sturm von brausenden
Heilrufen und Sprechchören „Hitler—Duce—Hitler—Duce . . . ." Ein wirres
Durcheinander entstand. In ihrer südländischen Begeisterung warfen die
Italiener Hunderte und Aberhunderte von Hüten in die Luft — ich bin über=

zeugt, daß keiner mehr zu seinem eigenen Hut gekommen ist. Anscheinend spielte das auch gar keine Rolle, denn die Menschen waren so fanatisiert, wie ich es noch niemals gesehen hatte. Mussolini ließ daraufhin Hitler zu seinem Fenster bitten, und als das Volk nun beide zusammen sah, da kannte der Enthusiasmus überhaupt keine Grenzen mehr. Das Volk tobte buchstäblich vor Begeisterung. Hutwerfen und Geschrei bestimmten eine halbe Stunde lang diese unbeschreibliche Szene, von der auch Hitler stark beeindruckt war.

Am Abend wurde im Dogenpalast in Venedig ein Opern=Arien=Konzert veranstaltet. Die besten Sänger und Sängerinnen Italiens waren aufgeboten. Ihre Stimmen überwältigten die Gäste im prunkvollen Hofe des Dogen= palastes nicht minder als die Tausende von Zuhörern aus dem Volk, das draußen stand und lauschte. Applaus und Hochrufe beendigten die Veran= staltung und die immer wieder zum Ausdruck gebrachte Aufforderung, Hit= ler und der Duce möchten sich dem Volk zeigen. Hitler, der ein Kunstken= ner und großer Freund von Opernmusik war, äußerte sich später in Berlin über die Sänger dieses Abends, daß sie unübertrefflich gewesen seien.

In den Vormittagstunden des nächsten Tages fand auf dem Markusplatz ein Vorbeimarsch sämtlicher Faschistenverbände, darunter auch der Jugend= organisation Balilla statt. Auf einer etwa acht Quadratmeter großen Ehren= tribüne nahmen Hitler und Mussolini zusammen mit den jeweiligen Füh= rern der Verbände den Vorbeimarsch ab. Der Marine folgte die Balilla, ihr schlossen sich die übrigen Organisationen an. Durch den schnellen Schritt fiel die Marschordnung sehr unordentlich aus. Die Musik feuerte überdies dauernd zu einem immer schneller werdenden Tempo an, so daß aus dem Vorbeimarsch mehr ein Laufschritt wurde. Erheiternd für uns Deutsche waren auch die Ehrenbezeigungen der jeweiligen Führer, die ihren kleinen Dolch herauszogen und mit hochgestreckten Armen an Hitler und Musso= lini vorbeidefilierten.

In den Mittagsstunden flogen wir wieder nach München zurück. Wir wur= den auf dem Flugplatz von Mussolini und seinem Stabe herzlich verabschie= det. Hitler, der sich von den Ereignissen sehr beeindruckt zeigte, die das Freund= schaftsverhältnis mit Mussolini weiterhin außerordentlich gefestigt hatten, blieb auf dem Rückweg vorn bei mir. Er betrachtete nach wie vor die Natur, stellte dazwischen aber immer wieder Fragen an mich, so unter anderem, welchen Eindruck ich von den einzelnen Veranstaltungen gewonnen habe. Wahrheitsgemäß sagte ich ihm, daß die Versammlung am Markusplatz und das Arienkonzert im Dogenpalast für mich außerordentlich eindrucksvoll gewesen seien. Was jedoch den Vorbeimarsch angehe, so sei er meiner Auf=

fassung nach sehr schlecht gewesen. Hitler lachte laut auf: „Da haben Sie den Nagel auf den Kopf getroffen!" Bei schönstem Sonnenschein flogen wir in 4500 Metern Höhe über die Alpenkette nach Berlin zurück.

Große Ereignisse werfen ihre Schatten voraus

Bald nach diesem Italienbesuch erklärte mir Hitler: „Baur, wir werden in den nächsten Tagen eine längere Reise nach dem Westen unternehmen. Voraussichtlich werden wir mehrere Tage brauchen, versorgen Sie sich also mit Kleidung und Wäsche!" Es wurde Befehl gegeben, drei Maschinen start=bereit zu machen — es sollte nach Essen und später nach Bonn gehen. An diesem Flug nahm auch Reichsminister Dr. Goebbels teil. Wir starteten in Berlin und flogen nach Essen.

Unterwegs stellte ich fest, daß der rechte Außenmotor nicht mehr richtig funktionierte. Deshalb bat ich Hitler nach der Landung um die Erlaubnis, sofort nach Berlin zurückzukehren, um mir dort während der Nacht einen neuen Motor einbauen zu lassen. Schon auf dem Flug von München nach Berlin hatte ich bemerkt, daß er „schüttelte", obwohl er noch nicht ganz seine fünfhundert Stunden voll hatte, wonach Motoren generell erneuert werden. Ich hatte dann in Berlin die Kerzen auswechseln lassen, die, weil sie durchschlugen, beziehungsweise schlecht zündeten, meist die Ursache für das Schütteln waren. Doch es hatte nichts geholfen, es mußten neue Motoren her. Ich wollte am nächsten Morgen zeitig wieder zurück sein. Aber Hitler erklärte mir, daß er mich gerade heute unter keinen Umständen entbehren könne, weil er mich noch dringend brauche. „Sie können ja eine Begleit= maschine nehmen und mit mir nach Bonn weiterfliegen." Die „Führer=Ju" unterschied sich von den normalen Junkers=Flugzeugen der Lufthansa nicht, denn abgesehen von einem kleinen Tisch an Hitlers Sitz waren keine Um= bauten vorgenommen worden. So wurde meine Maschine von einem ande= ren Piloten zurückgeflogen, ich blieb.

Hitler fuhr zunächst, wie so oft in dieser Zeit, zu Krupp, um irgendwelche militärischen Neuerungen zu besichtigen. Wir mußten mehrere Stunden warten, bis er zurückkam, dann starteten wir in den Spätnachmittagsstun= den nach Bonn=Hangelar, wo Hitler wieder bei Dreesen in Godesberg Woh= nung nahm. Schon während des Fluges war mir aufgefallen, daß Dr. Goeb= bels, der sonst tolle Einfälle hatte und damit seine Umgebung mit Einschluß Hitlers immer wieder zum Lachen reizte, sehr wortkarg war. Im Hotel Dree= sen war er überhaupt nicht wiederzuerkennen, so still und bedrückt war er geworden. Auch Hitler ließ den Kopf hängen. Den Grund konnte sich niemand von uns erklären.

Wie gewöhnlich wurde in Hitlers Eßzimmer um 20 Uhr das Abendessen eingenommen. Es waren mehrere höhere Parteiführer zugegen. Hitler war auch hier, im Gegensatz zu sonst, wenig gesprächig, was die Gäste veranlaßte, ebenfalls recht wortkarg zu sein. Während des Essens, gegen 20 Uhr 15, wurde Goebbels ans Telefon gerufen. Als er zurückkam, meldete er, daß Sepp Dietrich mit mehreren Kompanien seiner Leibstandarte in Augsburg eingetroffen sei, worauf Hitler erwiderte: „Das ist gut so!" Wir konnten uns nicht zusammenreimen, was Dietrich in Augsburg zu tun haben sollte. Das Essen ging schweigend vorüber. Die Gäste nahmen im Nebenzimmer und auf dem Balkon Platz. Es wollte absolut keine Stimmung aufkommen.

Gegen 21 Uhr kam ein Mann vom Arbeitsdienst, der bei Hitler vorgelassen zu werden bat. Es sollte von Arbeitsdienstlern und BdM=Mädeln ein Ständchen gebracht werden. Man merkte Hitler den Unmut an, als er fragte: „Gut, wann soll das sein?" „In etwa zwanzig Minuten, mein Führer. Wir werden uns vor dem Balkon aufstellen." Inzwischen war es 21 Uhr 30 geworden. Eine große Menschenmenge hatte sich vor dem Balkon versammelt, die Musikkapelle war aufmarschiert, und die BdM=Mädel, die brennende Fackeln in Händen hielten, waren angetreten. Abwechselnd spielte die Musik und es sangen die Mädchen. Hitler stand an der Balkonbrüstung allein, wir hatten uns abseits gruppiert. Plötzlich bemerkte ich, daß Hitler weinte. Obwohl er sehr leicht weich werden konnte, fand ich keine Erklärung für dieses Verhalten — es sollte mir nur allzubald verständlich werden.

Nach dem Ständchen wollte ich mich von Hitler verabschieden, um aus der gedrückten Atmosphäre herauszukommen und unten im Saal bei Tanz und Modevorführung ein wenig Unterhaltung zu suchen. Aber Hitler erklärte mir: „Baur, heute brauche ich Sie wahrscheinlich noch, ich kann Sie nicht weglassen. Bleiben Sie hier, Sie werden von mir noch näheren Bescheid bekommen." Ich verständigte meine Leute, daß sie sofort packen sollten, um gegebenenfalls gleich flugbereit zu sein, da Hitler sich oft nur wenige Minuten vor einem Flug dazu entschloß. Nachdem ich selbst meine Sachen griffbereit zurecht gelegt hatte, ging ich in den oberen Aufenthaltsraum zurück, wo die Gäste mit Hitler weilten. Die Stimmung war nach wie vor trübe, es kam kein Gespräch auf. Ich hockte in einem Winkel und döste vor mich hin.

Gegen 23 Uhr befahl Hitler: „Baur, lassen Sie sich einmal das Wetter von München geben!" „Aha!", dachte ich, „nach München soll die Reise gehen." Ich rief sofort die Wetterwarte in Köln an, die meldete, auf der ganzen

Strecke herrschten noch Gewitter, die aber im Laufe der Nacht gänzlich ab=
flauen würden, aber es dürfte erst nach Mitternacht einem Flug nach Mün=
chen nichts mehr im Wege stehen. Ich machte Hitler Meldung, der dankte
und starrte weiter vor sich hin. Bereits nach einer halben Stunde fragte er
wieder nach dem Wetter. Sofort hatte ich die Wetterwarte an der Strippe:
weiteres Abflauen der Gewittertätigkeit. Noch zweimal mußte ich nach je
halbstündiger Pause die Wettermeldungen einholen, bis sie günstiger laute=
ten: reines Rückseitenwetter, regenfrei, mit stetiger Aufklärung, für den
Flug also bedenkenlos. Es war um 1 Uhr, als Hitler mich nach der frühe=
sten Startmöglichkeit fragte. Ich gab 2 Uhr an, da wir ja trotz Bereitschaft
von Besatzung und Flugzeugen zwanzig Minuten für die Fahrt nach dem
Flughafen und die übrige Zeit für das Klarmachen der Maschinen benötig=
ten, die mit Planen abgedeckt und mit Ankern verschraubt im Freien stan=
den. Außerdem mußten die Motoren erst warmlaufen, so daß wir uns noch
recht tummeln mußten, um dem Befehl nachzukommen: punkt 2 Uhr!
Die zweite Maschine wurde für Goebbels bereitgestellt, der am Morgen
damit nach Berlin zurückfliegen sollte. Hitler selbst nahm nur seine beiden
persönlichen Adjutanten, vier Polizisten, seinen Diener und den Fahrer mit.
Mit diesen sieben Personen an Bord starteten wir nach München. Als wir
gegen 4 Uhr morgens bei schönstem Wetter dort landeten, stand nichts
weiter da als ein einziges Fahrzeug. Es gehörte Gauleiter Wagner, der Hitler
am Flugplatz abholte. Hitler sprang aus der Maschine und ging in einer
Entfernung von etwa dreißig Metern fünf Minuten lang mit Wagner auf
und ab. Er war dabei außergewöhnlich erregt, fuchtelte dauernd mit seiner
Nilpferdpeitsche, die er übrigens ständig mit sich führte, in der Luft herum
und hieb sich dabei selbst mehrere Male stark auf den Fuß. Dann sprang
er in den kleinen Wagen, knallte die Tür zu und tobte: „Ich werde diesem
Schwein schon helfen!" Wir standen sprachlos und hatten keine Ahnung,
was eigentlich vorgefallen war.

Die D—2600 rettete Hitler das Leben

Flugleiter Hailer kam schrecklich aufgeregt auf mich zu: „Du liebe Zeit,
Baur, was ist denn los? So habe ich Hitler noch nie gesehen. Ich habe ein
furchtbar schlechtes Gewissen." Ich fragte ihn wieso. Da erklärte er mir:
„Ich konnte doch überhaupt nicht ahnen, daß Sie nach München kommen.
Wo haben Sie denn eigentlich Ihr Flugzeug, die D — 2600? Sie sind ja mit
einer ganz anderen Maschine geflogen. Ich konnte wirklich nicht riechen,

daß Hitler darin ist." Da ich aus seinen Worten nicht klug wurde, bat ich ihn, doch deutlicher zu werden. „Ich bin gestern spät abends von Stabschef Röhm angerufen worden", berichtete er, „er hat mich persönlich verlangt, um mir zu sagen, er mache mich verantwortlich und ich bürge ihm mit dem Kopf dafür, daß ich ihn sofort bei der Obersten SA=Führung anrufe und davon verständige, wenn Hitler, ob bei Tag oder Nacht, nach München unterwegs sei."

Hailer, der vor dem mächtigen Stabschef einen ordentlichen Respekt hatte, hatte zugesagt und selbst die Nachtwache übernommen, wozu er als Direk=tor an sich gar nicht verpflichtet gewesen wäre. Er war nun ganz ratlos und wollte noch die Oberste SA=Führung anrufen, ich bedeutete ihm aber, daß das doch keinen Zweck mehr habe, da Hitler bereits auf dem Wege dorthin und wohl jeden Augenblick da sei. Hailer hatte trotz alledem große Beden=ken, doch telefonierte er nicht mehr.

Die Tatsache, daß wir nicht als D — 2600, die ja nach Berlin geflogen war, gemeldet wurden, machte es Hailer ohne unser Wissen und Wollen unmög=lich zu melden: Hitler ist auf dem Fluge nach München und wird hier bald landen. Röhm konnte keine Gegenmaßnahmen treffen und wurde von Hit=ler überrascht. Im gegenteiligen Falle wäre sicherlich Hitler der Überraschte gewesen. Denn — wie ich schon sagte — seine Begleitung bestand nur aus sieben Mann.

Ich selbst begab mich nach Hause und erfuhr erst über den Rundfunk in den Mittagsstunden, was sich in der Zwischenzeit zugetragen hatte. Etwa um die gleiche Zeit wurde ich auch telefonisch verständigt, daß Hitler um 16 Uhr wieder nach Berlin zurückfliegen wollte. Ich war wie befohlen zur Stelle. Hitler kam pünktlich. In Berlin war ein großer Empfang für ihn vorbereitet. Göring hatte seine Fliegerstürme auf dem Flugplatz aufgestellt, auch Goebbels war da, um sogleich nähere Berichte über die mißlungene SA=Meuterei zu geben. Er erwähnte, daß Obergruppenführer Ernst, der Gruppenführer von Berlin, bei dessen Hochzeit Hitler Trauzeuge war, auf dem Wege nach Bremen geschnappt worden sei.

Der verunglückte Röhm=Putsch

Nach Hitlers Darstellung, die er mir während des Abendessens gab, hatten sich die Vorgänge in der Affäre Röhm folgendermaßen abgespielt: Der ita=lienische Gesandte in Paris hatte erfahren, daß der Stabschef Röhm einen Putsch gegen Hitler plane. Röhm war nämlich mit den Franzosen in Unter=

handlungen getreten und sollte von ihnen die Zusage erhalten haben, daß sie im Falle eines Regierungswechsels nichts gegen ihn unternehmen wür= den. Er hatte bereits eine genaue Regierungsliste aufgestellt. Es war ihm im wesentlichen darum zu tun, seine SA in das Heer einzureihen und die seiner Meinung nach unzuverlässigen Offiziere der alten kaiserlichen Armee auszubooten.

Der italienische Gesandte hatte nun dem deutschen Gesandten davon Mit= teilung gemacht, der sofort Hitler verständigte. Dieser griff schlagartig zu, als noch die Vorbereitungen zum Putsch in vollem Gange waren. Nach unserer Ankunft in München fuhr Hitler mit Gauleiter Wagner sofort zum Polizeipräsidium, wo Obergruppenführer Schneidhuber damals Polizeiprä= sident war. Hitler sagte ihm auf den Kopf zu, daß er mit Röhm gemeinsame Sache mache, riß ihm an Ort und Stelle seine Rangabzeichen und das gol= dene Parteiabzeichen ab und ließ ihn verhaften. Von da fuhr Hitler nach Wiessee, wo Röhm im Hotel „Bauernhansl" abgestiegen war. Röhm hatte draußen Posten aufstellen lassen, die aber zum größten Teil betrunken waren. Hitler kam um 6 Uhr morgens an und zwar gerade in dem Augenblick, als die Ablösung die Wache zu übernehmen hatte, aber noch nicht auf der Bild= fläche erschienen war. Der Posten, dessen Zeit um war, befand sich gerade im Aufenthaltsraum, um seinen schlafenden Nachfolger zu wecken. So be= trat Hitler unbehelligt das Hotel und öffnete die Tür zum Wachraum, wo alle Posten mit Ausnahme der beiden soeben erwähnten schliefen. Natür= lich erschraken sie furchtbar, als Hitler vor ihnen stand. Sein Fahrer, Bri= gadeführer Schreck, übernahm die Sicherstellung der Wache, die Leute wur= den entwaffnet und eingesperrt. Als Hitler dann durch die Gangtür ging, kam gerade Standartenführer Uhl von oben herab, um sich nach der Ur= sache des Tumultes zu erkundigen. Beim Anblick Hitlers zog er sofort die Pistole, aber Polizeirat Högl, der mit dabei war, entwand sie ihm mit einem Jiu=Jitsu=Griff. Auf Hitlers Frage, wo Röhm sei, gab er keine Antwort. Daraufhin wurde der Wirt geweckt. Aus der Fremdenliste wurde festgestellt, wer im Hotel untergebracht war. So hatte Hitler Röhms Zimmer ausgemacht. Er ging sogleich hinauf in den ersten Stock und klopfte an die Tür. Auf die Frage: „Was ist los? Wer ist draußen?" erwiderte Hitler: „Nachricht aus München ist da!" Worauf Röhm antwortete: „Nun, dann komm doch herein!" Hitler machte die Tür auf und sah — dies alles nach seinen eigenen Angaben — Röhm nackt im Bett liegen, neben sich einen Jungen in dem= selben Zustand. Er, Hitler, habe in seinem Leben noch nie ein derart wider= liches Bild vor sich gehabt. Er schrie Röhm an: „Zieh Dich sofort an, Du bist verhaftet. Warum brauche ich Dir nicht zu sagen." Röhm, der nach der anfänglichen Verdutztheit eine Unschuldsmiene aufsetzen wollte, beteuerte, von nichts zu wissen. Aber Hitler machte kurzen Prozeß: „Jedes Wort ist hier überflüssig. Högl, sorgen Sie dafür, daß Herr Röhm sich sofort anzieht und nach unten gebracht wird." Er selber ging an Hand der Fremdenliste von Zimmer zu Zimmer und jagte jeden einzelnen aus dem Bett heraus. Nur Röhms Arzt, der sich unter der Steppdecke verkrochen hatte, ließ er ungeschoren mit dem Bemerken: „Mit Samaritern wollen wir nichts zu tun haben." Ärzten gegenüber, von deren politischen Betätigung er nichts hielt, hat er immer eine Ausnahme gemacht. Die Leute wurden nach unten gebracht und zunächst im Keller eingesperrt, bis ein Omnibus beschafft worden war. Dabei machte sich stark der Mangel an Leuten auf Hitlers Seite bemerkbar — mit ihm waren es nur acht, die die ganze Aktion durchführten. Der Omnibus wurde dann vollgeladen und von zwei mit Maschinenpistolen ausgerüsteten Polizisten an den Ausgängen bewacht. Hitler fuhr im Wagen voraus. Da bereits die Autos unterwegs waren, die in den frühen Morgenstunden zu Röhm befohlen waren, hielt er jeden entgegenkommenden Wagen persönlich an. Er stieg aus, sah hinein, entschuldigte sich bei Zivilisten und ließ sie weiterfahren. Kam aber ein Wagen mit SA=Führern — und es war eine ganze Menge solcher Fahrzeuge — so befahl er ihnen, im Omnibus Platz zu nehmen. Der Fahrer durfte zurück= fahren. Verschiedene SA=Führer, von denen er mit Bestimmtheit wußte, daß sie an dem Röhm=Putsch keinen Anteil hatten, sondern lediglich zu Röhm befohlen waren, ließ er in ihrem Wagen sitzen mit dem Bemerken: „Fahren Sie wieder nach Hause, die Sache mit Röhm ist erledigt. Sie brauchen nicht mehr hin zu fahren!" So kam unter anderem auch ein Wagen mit dreißig bewaffneten SA=Männern, denen Hitler ebendenselben Bescheid gab. Aber der Obersturmführer berief sich auf seinen Befehl und bestand darauf, nach Wiessee zu fahren, worauf Obergruppenführer Brückner ihn anschrie: „Hast Du nicht gehört, was der Führer befohlen hat? Wenn Du nicht augenblick= lich umkehrst, schieße ich Dich vom Wagen herunter!" Der Obersturm= führer bekam dann den Befehl, auszusteigen und ebenfalls im Omnibus Platz zu nehmen. Die SA=Leute wurden entwaffnet und kamen unter Be= wachung. Die Kolonne bewegte sich auf der Tegernseer Landstraße Rich= tung München, und da diese ohnehin am Gefängnis Stadelheim vorbei= führte, wurden sämtliche Leute dort eingeliefert. Während Röhm nicht vor= hatte, Hitler umzubringen — er wollte ihn nur kaltstellen — kamen bei dem Massaker, mit dem die Röhm=Revolte ihr Ende fand, 72 Mann ums Leben. Ich schloß dann die Lücke in Hitlers Bericht mit der ihm noch unbekannten Tatsache, daß der Maschinentausch wahrscheinlich den Ausgang des Put=

sches zu seinen Gunsten entschieden hätte, worauf er meinte: „Man sieht, es hat doch wieder einmal das Schicksal die Hand dabei im Spiele gehabt." Hitler pflegte sich immer dann auf das Schicksal zu berufen, wenn die Sache für ihn günstig stand.

„Göringnebel"

Als charakteristisch für die Person Hitlers und seine Beziehungen zur Umwelt möge dieses kleine Erlebnis gewertet werden: Hitler kam eines Nachts gegen 23 Uhr 30 von einer Festvorstellung in der Staatsoper zurück. Er ging in das sogenannte Rauchzimmer der Reichskanzlei — in dem aber nicht geraucht werden durfte. Als er mich sah, sagte er: „Baur, wir fliegen heute nacht noch nach München!" Ich rief sofort die Wetterwarte an und ließ mir die Wettermeldungen geben. Die ganze Strecke war wolkenlos, nur in München selbst herrschte starker Bodennebel, so daß eine Landemöglichkeit nicht bestand. Als ich Hitler Meldung machte, meinte er, das könne nicht stimmen, es sei absolut sternklar, der angebliche Bodennebel sei nichts anderes als „Göringnebel". Damit wollte er sagen, daß Göring in seiner Sorge um die Person Hitlers unter allen Umständen zu verhüten suchte, daß er nachts flöge.

Ich versicherte, daß ich die Auskunft direkt von der Wetterwarte München erhalten hätte, worauf er erwiderte: „Das wollen wir gleich feststellen!" Er gab dem Gruppenführer Schaub den Befehl, sofort das Café Heck in München, in dem er ständiger Gast war, sowie das Münchener Speiserestaurant in der Osteria anzurufen und die Mädchen, die ihn dort ständig bedienten, ans Telefon zu bitten. Dann ersuchte er sie persönlich, auf die Straße hinauszugehen und nach dem Wetter zu sehen. Die Mädchen berichteten übereinstimmend, daß es stark neblig sei. Auf meinen Vorschlag, in der Nacht noch bis Nürnberg zu fliegen, von wo aus er mit dem Wagen nach München fahren könne, verzichtete er. „Mit Euch Fliegern muß man vorsichtig sein. Ich weiß, daß Göring Euch zu beeinflussen versucht, daß ich meine Nachtfliegerei, die ihm ein besonderer Dorn im Auge ist, unterlasse. Nun, diesmal habe ich Euch nicht überführen können, aber ich werde die Sache für die Zukunft weiterhin kontrollieren." Ich konnte mir nicht verbeißen, den Grundsatz, den ich in der Verkehrsfliegerei immer vertreten habe, auch Hitler gegenüber eindeutig zum Ausdruck zu bringen: „Wenn mir ein Flug möglich erscheint, so führe ich ihn durch. Wenn mir das Wetter Grenzen setzt, so lehne ich einen Start ab, weil ein Risiko damit verbunden ist."

In der Folge kam wieder eine etwas ruhigere Zeit. Ich erhielt den Auftrag, eine Regierungsstaffel aufzustellen. Zunächst gab ich sechs Ju 52 in Auf= trag. Ich ließ mir auf dem Tempelhofer Flughafen eine eigene Halle geben und suchte mir von der Deutschen Lufthansa die geeignetsten Piloten, Ingenieure, Monteurmeister und =personal aus. Da ich in den Staatsdienst übernommen werden sollte, es eine Luftwaffe aber noch nicht gab, war man sich nicht recht schlüssig, wo man mich einreihen sollte. Ursprünglich hieß es, ich werde der Reichskanzlei, Reichsminister Lammers, unterstellt. Aber Hitler entschied: „Baur ist ein alter Soldat und eigentlich nicht für einen Ministerialbeamten geeignet. Es ist in dem Fall besser, wenn wir ihn in die Polizei übernehmen." So wurde ich Major der Schutzpolizei und blieb Poli= zist bis zum Ende des Krieges, obwohl ich von der Polizei so wenig Ahnung hatte wie ein Polizist vom Fliegen. Ich war ihr eben nur verwaltungsmäßig zugeteilt und konnte im übrigen eine vollkommen selbständige Dienststelle aufbauen.

Wir fingen mit sechs Ju 52 an und kamen bis Kriegsende auf vierzig Ma= schinen. Während des Krieges hatte ich dann bis zu dreizehn viermotorige Condor, eine ganze Anzahl Ju 52 und noch kleinere Flugzeuge, wie Störche und Siebel=Reisemaschinen, die weniger Brennstoff brauchten und trotzdem drei= hundert Kilometer Reisegeschwindigkeit hatten. Sie konnten drei Fluggäste aufnehmen. Für Hitler wurden drei Ju 52 verwendet, ferner hatten Göring und Heß Maschinen, später bekamen auch Goebbels, Himmler, Keitel und Raeder ihre eigenen Flugzeuge.

Ich war für den gesamten Flugbetrieb verantwortlich. Da ich selbst sehr viel unterwegs war, gab es eine Menge Arbeit. Die Maschinen mußten zum Schutz vor Sabotageakten ständig bewacht werden. Hitlers Maschinen wur= den von je einem Posten der SS und der Staatspolizei beaufsichtigt, für die anderen Flugzeuge war nur ein Posten vorgesehen, und zwar immer aus SS und Polizei gemischt, um irgendwelche Vereinbarungen zu verhindern. Wenn die Maschinen vom Flug zurückkamen, war der Flugmaschinist verantwort= lich für ihre Startklarmachung. Monteure durften sie nur dann betreten und daran arbeiten, wenn ein Besatzungsmitglied zugegen war. Für den Fall, daß der Maschinist einmal austreten mußte, forderte er die Leute auf, die Arbeit einzustellen und eine Zigarettenpause einzulegen. In der Zwischen= zeit übernahmen die auch während der Reparatur anwesenden Posten die Bewachung. Nach Beendigung der Arbeiten wurden die Maschinen abge= schlossen und waren für niemanden mehr zugänglich. Wir hatten nämlich von unserem Nachrichtendienst aus Prag erfahren, daß versucht wurde, Vorrichtungen einzubauen, die den Absturz verursachen sollten. Diese Versuche jedoch waren fast aussichtslos, da neben der strengen Bewachung vor jedem Flug mit Hitler oder einem Minister ein Probeflug von mindestens zehn Minuten Dauer unternommen werden mußte — spätestens hierbei wäre ein eingebauter Sprengkörper zur Explosion gekommen.

Komplizierter Urlaub

Ende April 1934 begab Hitler sich zur Erholung für sechs Tage nach Wiesbaden. Flug und Fahrt dorthin sollten streng geheim gehalten werden. Zunächst flogen wir von München bis Stuttgart, von wo aus Hitler am nächsten Tag die Reise mit dem Wagen fortsetzen wollte. Aber die Bevölkerung Stuttgarts war bereits alarmiert und staute sich in riesigen Menschenmassen vor dem Hotel. Es wurde ihr gesagt, Hitler fliege vom Flugplatz Böblingen, wo ja meine Maschine stand, fort, nur damit er unbehelligt seine Reise fortsetzen konnte. Er fuhr dann auch tatsächlich ein Stück in Richtung Böblingen, um nach einer Weile von der Straße abzubiegen und den Weg nach Wiesbaden einzuschlagen.

Ich hatte den strikten Befehl, den ganzen Tag über auf dem Flughafen Böblingen zu bleiben und erst frühestens um 18 Uhr auf der Wiesbadener Rennbahn zu landen. Im Hotel Koch wartete ich dann auf Hitler, aber er kam nicht. Erst gegen 21 Uhr traf er todmüde ein. Überall waren Fahnen gehißt und standen dichtgedrängt die Menschen. Er war nur im Schrittempo weitergekommen. Die Leute waren ganze Strecken mitgelaufen, Polizisten hatten den Wagen begleitet, um zu verhindern, daß die Kinder unter die Räder gerieten. Bauern hatten sogar ihre Karren quer auf die Straße gestellt, um Hitler zum Anhalten zu zwingen.

Nachträglich stellte sich dann heraus, wie es zu der Bekanntmachung der Reiseroute gekommen war: Ein findiger Bürgermeister hatte den Frankfurter Rundfunk angerufen, der nun seine Hörer mit Berichten über die jeweilige Durchfahrt auf dem laufenden hielt. Als Hitler dies erfuhr, wurde er sehr wütend und ließ sofort den Rundfunkreporter kommen, der mitternachts im Hotel eintraf. Brückner, der Adjutant Hitlers, empfing ihn und bedeutete ihm, Hitler sei äußerst aufgebracht über die Reportage, mit der er seine Ruhe, die er in seiner Erholungszeit so notwendig brauche, beeinträchtigt habe. Hitler, dem der Reporter vorgeführt wurde, fuhr ihn zunächst grob an, beruhigte sich aber, als er erkannte, daß keine bösen Ab-

sichten vorlagen, und entließ ihn mit einer Verwarnung, daß er das nächste
Mal nicht so glimpflich davonkommen würde. Der Reporter hatte es in sei=
ner Art gutgemeint, aber er bekam trotzdem seinen Rüffel.
Während seines Aufenthaltes in Wiesbaden ging Hitler jeden Tag einige
Stunden im Park spazieren, der für diese Zeit für die Öffentlichkeit gesperrt
wurde. Nur Personen, die sich bereits im Park befanden, wurden darin be=
lassen, sie wurden aber von den Wärtern verwarnt, Hitler in seiner Ruhe
nicht zu stören. Auch die Berge wurden jeden Nachmittag besucht.

Mit Reichsminister Heß in Schweden

Am 13. Mai 1935 erhielt Reichsminister Heß die Erlaubnis, mit mir nach Stock=
holm zu fliegen. Wir starteten in den Morgenstunden, machten in Malmö
eine Zwischenlandung und landeten schließlich auf dem Militärflugplatz
Wäserös kurz vor Stockholm. Bei nicht besonders guter Wetterlage flogen
wir dann wieder nach dem Süden, um in Norrköping, bei dem Grafen
von Rosen, Wohnung zu nehmen. Er hatte ein wunderschönes Schloß. Es
war ein ganz alter Bau, der an einem ungefähr zwanzig Kilometer langen
See lag und von Waldungen umgeben war, die absichtlich nicht gerodet
wurden, damit der Urwaldcharakter erhalten blieb. Daher gab es in diesem
Forst noch sehr viele Elche.
Hier hatte Göring seine erste Frau Karin, eine geborene Gräfin von Rosen,
kennengelernt. Der Graf erzählte uns, wie Göring mit einer alten Wasser=
maschine aus dem Weltkrieg seine Rundflüge gemacht hatte. Wir wurden
mit erlesener Gastfreundschaft in eine uns fast fremd anmutende Welt auf=
genommen. Hier waren jeder Komfort der Neuzeit und alle Errungenschaf=
ten der Technik ausgeschaltet. Es gab nicht einmal elektrisches Licht. In den
Abendstunden wurde ein Kamin angezündet, um den sich der Graf mit Frau
und Kindern lagerte. Er selbst nahm dann eine Gitarre zur Hand, stieg
einige Stufen hoch und sang englische Lieder. Es wurde von Zinntellern
gegessen und aus Zinnbechern getrunken. Merkwürdigerweise gab es eine
Toilette nur im Gesindehaus. Im Urwald war eine Blockhütte errichtet, wo
die gräfliche Familie sich alljährlich etwa vierzehn Tage ohne Dienerschaft
aufhielt und ein ziemlich eigenwilliges Leben führte.
Unser nächster Besuch galt dem bekannten schwedischen Forscher Sven
Hedin, der sich sehr für die deutschen Verhältnisse interessierte und ja
auch zeitlebens ein Freund Deutschlands war. Mit dem Auto fuhren wir
nach Stockholm zurück, wo wir bei dem damaligen Gesandten, Prinz zu

Wied, untergebracht waren. Während unseres zweitägigen Aufenthaltes in Stockholm hatten wir ausreichend Gelegenheit, uns diese wunderschöne Hauptstadt Schwedens gründlich anzusehen.

Hindenburgs Sorge um die Wehrmacht

Das Verhältnis zwischen Hindenburg und Hitler war vor der Machtübernahme ziemlich gespannt gewesen, obwohl Hitler der Person Hindenburgs, den er nur den „alten Herrn" nannte, eine kolossale Hochachtung entgegenbrachte. Erst nach 1933 besserten sich die Beziehungen, und sie wurden im Laufe der anderthalb Jahre bis zu Hindenburgs Tod sogar recht herzlich. Der greise Generalfeldmarschall wurde dem energischen Mann sehr zugetan, als dieser die Arbeitslosigkeit im Lande beseitigt hatte. Weil Hitler von Hindenburg in seiner Selbständigkeit nicht beeinträchtigt wurde und in allen politischen Entscheidungen freie Hand hatte, flog er ziemlich häufig nach Marienburg, von wo aus er sich nach dem Gut Neudeck begab.

Lediglich in einem Punkt konnte es zu Differenzen kommen, wenn nämlich die Sprache auf die Wehrmacht kam. Dann zeigte sich der Reichspräsident reserviert und beinahe ängstlich, da er im Stillen stets die Befürchtung hegte, Hitler könnte in die Wehrmacht eingreifen, und wohl auch zu genau wußte, daß ihm die physische Kraft fehlte, sich gegen Hitlers Maßnahmen zu behaupten. Wiederholte Male hatte er Hitler erklärt: „Politik ist Ihre Sache, die Wehrmacht ist die meine. Die Wehrmacht muß einmal der große Garant des Reiches werden. Für sie zu sorgen und sie zu erhalten und auszubauen, ist meine größte Aufgabe." Hitler wagte sich auch nicht zu weit in dieser Angelegenheit vor. Er konnte es sich leisten abzuwarten, weil er damit rechnete, daß Hindenburg nicht mehr allzu lange leben würde.

Die ersten Condor

Im Frühjahr 1935 bekamen wir die ersten beiden viermotorigen Condor-Maschinen, die eine Reisegeschwindigkeit von dreihundert Kilometern erreichten und mit allen Neuerungen der damaligen Zeit, so mit einem einziehbaren Fahrgestell, ausgestattet waren. Es waren zwei Kabinen eingebaut, die insgesamt achtzehn Gästen Platz boten. In der Maschine Hitlers war nur das hintere Abteil für Gäste hergerichtet, das vordere war für ihn bestimmt und durch einen Tisch, einen Klubsessel und ein kleines Sofa behaglich

...rt am Gipfel der Pala di S. Martino (2987 Meter) vorbei

Direktor Franz Hailer beglückwünscht mich zu meiner hundertsten Alpenüberquerung

Wahlflug 1932. Von links nach rechts:
Bormann, Himmler, Röhm, Esser, Hitler, Schwarz, Brückner, Sepp Dietrich, ich und Lecy

Mit Hitler in der D-2600 über Nürnberg, Reichsparteitag 19

gemacht. Ein weiterer Tisch mit zwei Sitzplätzen machte es für Besprechungen geeignet, außerdem war ein Panzerschrank für wichtige Akten und Schrift= stücke eingebaut. Auch an eine Bewirtung war gedacht worden. Wir hatten eine Pantry, das ist ein Wirtschaftsschrank mit einem Spültisch, einem Kühl= kasten und Fächern für alle Arten von Gläsern, Geschirr und Bestecken. In Fräulein Diem aus Augsburg erhielten wir erstmalig eine Stewardeß, die bis zum Kriegsbeginn bei uns blieb. Dieses kleine Fräulein hat es vorzüglich verstanden, den Alkoholkonsum an Bord beträchtlich zu steigern. Hitler, der bekanntlich keinen Alkohol zu sich nahm, zog sie seinen Dienern vor und ließ sich oft von ihr Obst, Keks oder Tee bringen. Er ließ sich gern von einem netten Mädchen bedienen und machte daraus auch keinen Hehl: „Ich, verstehe die Berliner nicht, die alle nur Kellner haben wollen. Es ist für einen Mann doch viel angenehmer, ein liebliches Mädchen um sich zu haben, als so ein rauhbeiniges, schnoddriges Mannsbild." Unsere Maschine erhielt wieder die Nummer D—2600 und wurde auf den Namen „Immelmann" ge= tauft. An Bord lag ein Gästebuch aus, in dem sich sämtliche Persönlichkeiten eintrugen. Leider ist es bei einem Luftangriff in Schleißheim mit verbrannt.

Durch die erhöhte Geschwindigkeit dieses komfortablen Reiseflugzeuges wurden die Flugzeiten wesentlich verkürzt. Für einen Normalflug auf der Strecke München—Berlin brauchten wir nur noch eine Stunde und fünfund= dreißig Minuten. Da Hitler sich für die Dauer der Flüge sehr interessierte und auch auf eine pünktliche Landung den größten Wert legte, waren vor seinem Platz ein Geschwindigkeitsmesser, ein Höhenmesser und eine Uhr eingebaut. Die Uhr wurde vor jedem Abflug genau eingestellt, und ich mußte ihm jedesmal die voraussichtliche Ankunftszeit angeben, die auf Grund von Wettermeldungen und Windmessungen errechnet war. Es gelang mir, diese Zeiten mit 98prozentiger Sicherheit auf die Minute genau zu bestimmen.

Teestunde im „Kaiserhof"

Eine Zeitlang war Hitler ständiger Gast im „Kaiserhof". Drei= oder viermal in der Woche begab er sich mit kleiner Begleitung zur Teestunde dorthin, um sich die ungarische Kapelle anzuhören, die dort gerade konzertierte. Goebbels hatte ihn auf diese ausgezeichnete Musik aufmerksam gemacht und zugleich auf die Gelegenheit hingewiesen, einmal wieder unter Men= schen zu kommen. Es wurde ein Ecktisch reserviert, von dem man eine gute Übersicht über den ganzen Saal hatte. Es dauerte nur wenige Tage, da war die Halle, die sonst nur knapp zur Hälfte gefüllt war, erdrückend voll.

Nach einiger Zeit fiel Hitler auf, daß in seiner unmittelbaren Nähe die Tische von den Kellnern als reserviert behandelt wurden, an denen dann immer die gleichen älteren Damen Platz nahmen. „Ich kann mir nicht denken, was da eigentlich los ist", meinte Hitler. „Bei allem Respekt vor älteren Damen wären mir doch jüngere lieber." Er beauftragte seinen Polizeichef, die Ursache zu ergründen. Es stellte sich dann heraus, daß die Kellner jedesmal bei Hitlers Anmeldung die Damen gegen entsprechendes Trinkgeld davon unterrichteten. Die Bewunderung und Verehrung für ihn nahmen sogar solche Formen an, daß jeweils das Teeservice, das er benutzt hatte, sowie alle Gegenstände, mit denen er in Berührung gekommen war, für ein Sündengeld aufgekauft und als Andenken mitgenommen wurden. Als Hitler davon erfuhr, mied er von Stunde an den „Kaiserhof". Er brachte mir gegenüber zum Ausdruck, daß er es nicht für möglich gehalten habe, daß in einem Hotel, wie dem „Kaiserhof", solche Unstimmigkeiten vorkommen könnten. „Aber auch hier habe ich mich wieder einmal getäuscht!"

Nachteile des einziehbaren Fahrgestells

Nach einem Besuch Hamburgs, wo Hitler im „Atlantik" übernachtet hatte, wollten wir am nächsten Morgen wieder nach Berlin zurückfliegen. Auf dem Flughafen Fuhlsbüttel waren mehrere SA-Einheiten mit Fahnen und Musik aufmarschiert. Nachdem Hitler die Front der Ehrenformation abgeschritten hatte, kam er auf mich zu, um, wie üblich vor jedem Start, nach den Wettermeldungen zu fragen. In demselben Augenblick dröhnte ein einmotoriges Schnellflugzeug, eine Ju 160, über uns. Es umkreiste uns mehrere Male und setzte zur Landung an. Ich bemerkte sofort, daß das Fahrgestell nicht ausgefahren war. Der Pilot fing die Maschine in ungefähr einem Meter über Grund ab, um sie, wie das bei einer normalen Landung üblich ist, ausschweben zu lassen. Da sie aber nicht auf den Boden kam, verlor sie ständig Fahrt und setzte sich hin. Sie rutschte auf dem Bauch weiter und blieb in einer Entfernung von etwa zweihundert Metern vor uns liegen. Die Gäste stiegen aus der mit Ausnahme des Propellers unbeschädigten Maschine. Der Flugzeugführer kam ziemlich verdattert zum Vorschein. Er hatte in seiner durch den Aufmarsch auf dem Platz hervorgerufenen Erregung das Ausfahren des Fahrgestells vergessen.

Hitler kam sogleich auf mich zugestürmt: „Sehen Sie, Baur, so kann es uns mit unserer Condor auch ergehen!" Worauf ich erklärte, daß wir ja dafür unser Warnsignal hätten. Sobald nämlich die Maschine zur Landung ansetzte und das Gas weggenommen wurde, trat beim Schalten des Gashebels automatisch eine Sirene in Tätigkeit, die den Flugzeugführer mahnte, sein Fahrgestell auszufahren, und die nicht eher aufhörte, bis dieses schließlich eingeklinkt war. Man konnte allerdings diese Sirene, deren Lärm oft recht störend war, ausschalten, was ich aber nie getan habe. Aber Hitler war meinen Einwendungen gegenüber mißtrauisch: „Da ist doch die Ju 52 viel besser. Hier kann nichts passieren, weil sie ein stabiles Fahrgestell hat." Er hatte in der ersten Zeit zu der neuen Condor mit ihren vielen Neuerungen wenig Zutrauen.

In der Führerwohnung der Reichskanzlei wurden fast Abend für Abend Filme vorgeführt. Es geschah auf Hitlers Wunsch und aus seinem Bedürfnis, sich von dem anstrengenden Alltagsleben abzusetzen, Zerstreuung zu suchen und Anregungen und Ideen zu erhalten. Da es aber im Reich jährlich nur sechzig bis fünfundsechzig neue Filme gab, wurde eine Unzahl von amerikanischen, englischen, französischen, schwedischen und tschechischen Filmen gezeigt, mit denen das Propagandaministerium laufend dienen konnte. Interessant war es stets bei Vorführung der neuesten Filme.

Wiedereinführung der Wehrmacht

In den Abendstunden des 16. März 1935 gab Hitler dem deutschen Volke bekannt, daß er die „Sklavenketten von Versailles" zerrissen habe. Gleichzeitig wurde das Gesetz zur Wiedereinführung der deutschen Wehrmacht in Kraft gesetzt. Am nächsten Tage bereits flog Hitler nach München, um die erste Militärparade abzunehmen. Wir waren um 14 Uhr 30 in Berlin gestartet und kamen nach gut zwei Stunden in München an. Auf dem Flughafengelände waren Reichswehr, Landespolizei, SS, SA und sonstige Formationen aufmarschiert. Auf dem Oberwiesenfeld standen die Ehrenkompanien. Auch der Arbeitsdienst war angetreten. Zehntausende von Menschen waren zusammengeströmt. Bei unserer Landung krachten 21 Salutschüsse, der Musikzug der Reichswehr spielte den „Badenweiler". Hitler wurde von dem Reichsstatthalter von Bayern, General Ritter von Epp, als Sprecher der Bevölkerung Münchens begrüßt. Im Beisein des greisen Feldmarschalls von Mackensen, des Admirals Raeder, des Generalobersten von Blomberg und des Reichsministers Göring schritt er dann die Fronten der Ehrenkompanien ab. Der triumphale Empfang in München bewegte ihn noch lange, und während des Rückfluges nach Berlin gab er immer wieder seiner Befriedigung über das grandiose militärische Schauspiel Ausdruck.

Flug mit Gömbös

Es kam nun die Zeit, in der ein reger Flugverkehr einsetzte. Hitler war bei den meisten Regierungen des Auslandes hoffähig geworden, und man bemühte sich um seine Gunst.

Am 18. Juni 1935 mußte ich den ungarischen Ministerpräsidenten Gömbös, den Hitler zu einem offiziellen Staatsbesuch eingeladen hatte, in München abholen. Gömbös traf am Samstag, um 7 Uhr 30 in der Früh, auf dem Münchener Hauptbahnhof ein. Er wurde von Hitlers Adjutanten Brückner abgeholt. Nach einem kurzen Imbiß starteten wir um 8 Uhr 30 nach Berlin. Vor dem Abflug besichtigte er eingehend die Maschine, für deren Einrichtung er sich sehr interessierte. Ich bot ihm an, vorn bei mir Platz zu nehmen, von wo aus er am besten die Besonderheiten der Landschaft und Städte übersehen könne. Er machte gern davon Gebrauch. In Berlin wurde er vom Reichskanzler persönlich am Flugplatz empfangen. Nachdem er mir für den eindrucksvollen Flug gedankt hatte, wurde er ins Gästehaus geführt. Später wurde eine Besichtigungsfahrt durch die Stadt arrangiert, der sich ein großes Staatsessen anschloß. Dieses bestand nur aus vier Gängen: Fisch, Suppe, Fleisch und einer Nachspeise.

So hat es Hitler bis zu seinem Lebensende gehalten. Wenn der übliche Trinkspruch auf das Wohl des jeweiligen Staates an die Reihe kam, wurden die Sektgläser gefüllt. Auch Hitler nahm eines zur Hand, nur ließ er sich dabei immer Apollinaris=Brunnen einschenken, da er grundsätzlich keinen Alkohol trank. Gömbös blieb einige Tage zu Besprechungen und Besichtigungen in Berlin und wurde dann von mir im Flugzeug wieder zu seinem in München wartenden Sonderzug zurückgebracht.

Weltausstellung in Paris

In diesem Jahr fand auch die Weltausstellung in Paris statt. Deutschland beteiligte sich daran mit einem eigenen Pavillon. Es wurden große Vorbereitungen getroffen, da Hitler den Ehrgeiz hatte, das Reich würdig vertreten zu sehen. Mehrere Male flog ich den Architekten Speer hinüber, der den Bau des deutschen Pavillons leitete. Hitler legte besonderen Wert darauf, daß möglichst viele Personen seiner näheren Umgebung die Ausstellung besichtigten, und stellte seinen Mitarbeitern Devisen zur Verfügung, mit denen sie, wenn auch nicht üppig, so doch ausreichend, eine Woche in Paris leben konnten.

Zu diesen Besuchern zählten Hauptmann Wiedemann, einer seiner persönlichen Adjutanten, mit Frau, Architekt Professor Speer, Oberbürgermeister Liebel von Nürnberg mit Frau, Hausintendant Kannenberg mit Frau und einige Sekretäre und Sekretärinnen Hitlers. Wir hatten im Zentralhotel Wohnung genommen und waren zur Eröffnung der Ausstellung anwesend.

Das größte Interesse bei den internationalen Gästen erregten der deutsche und der russische Pavillon, die sich gegenseitig an Ausstattung überboten. Wir hatten in den acht Tagen ausgiebig Gelegenheit, uns die Weltausstellung genauestens anzusehen, dazu auch die Stadt mit ihren Sehenswürdigkeiten und Eigentümlichkeiten. Hitler ließ sich von uns ausführlich berichten. Er bedauerte sehr, daß er als Staatsmann nicht unter den Besuchern weilen konnte.

Freizeitgestaltung — nicht immer ganz einfach

Im Juli dieses Jahres nahm Hitler wieder einige Tage Urlaub. Er flog mit mir zu diesem Zweck nach Warnemünde, um in dem bekannten Weltbad Heiligendamm Wohnung zu nehmen. Reichsminister Dr. Goebbels mit Frau und Kindern war ebenfalls dort. Hitler beteiligte sich zwar nicht am Badebetrieb, doch verbrachte er täglich einige Stunden auf der Strandpromenade, wo er sich mit den Gästen unterhielt. Um so mehr machte ich mit dem Wasser Bekanntschaft, da ich mich hier ebenso wie in der Luft in meinem Element fühlte. Wir blieben eine Woche in Warnemünde.

In den Sommermonaten pflegte Hitler an den Sonntagen im Garten der Reichskanzlei spazieren zu gehen. Oft war ich dabei sein einziger Begleiter. Bei einer dieser Gelegenheiten fragte ich ihn, ob ihm das nicht zu langweilig würde, immer allein oder mit einem Adjutanten hier umherzuwandeln. Bei der Verehrung und Vergötterung, die ihm zuteil würden, ständen ihm doch Tür und Tor offen. Er meinte darauf: „Baur, ich weiß das schon. Aber wohin ich gehen möchte, dahin kann ich heute nicht mehr gehen. Und wohin ich gehen könnte, dahin mag ich nicht mehr gehen." Als ich ihn darauf fragend ansah, erklärte er mir: „Wenn ich irgendeiner Einladung Folge leiste, so kommt sicher bald die gnädige Frau und trägt mir eine Bitte vor. Als Gast kann ich die Bitte schlecht abschlagen. Ihr aber eine Bitte zu erfüllen, die mir innerlich nicht zusagt, kann ich mit meinem Gewissen nicht vereinbaren. Deshalb bleibe ich diesen Visiten lieber fern."

Dann erzählte er mir von einem Haus in München, das er gern einmal wieder aufsuchen möchte, aber nicht aufsuchen könnte. „In den ersten Jahren

meiner Kampfzeit wohnte ich bei einer Marktfrau, die auf dem Viktualien=
markt ihren Gemüsestand hatte. Wenn ich abends nach Hause kam, saß
diese alte, brave Frau schon wieder hinter ihrer Nähmaschine und flickte
ihre Sachen zusammen. Wenn ich zur Tür hereinkam, sagte sie: ‚Na, Herr
Hitler, haben Sie heute schon was zu essen gehabt?', was ich wahrheits=
gemäß verneint habe. ‚Ach, Sie armer Schlucker', meinte sie, ‚werden Sie
doch endlich vernünftig und lassen Sie das mit Ihrer Politik. Ich gebe ja
zu, daß Sie es ehrlich meinen, aber dabei verhungern Sie noch. Überhaupt
ist das kein Beruf für Sie. Sie haben doch außer der Politik noch etwas
anderes gelernt. Gehen Sie doch auf den Bau und verdienen Sie sich Ihr
tägliches Brot. Das bekommt Ihnen viel besser, als sich von Politik zu ernäh=
ren!' Sie konnte das alles nicht verstehen, trotzdem ging sie weg, um mir
ein Glas Bier, für zehn Pfennig warmen Leberkäs und zwei Brötchen zu
holen. Das stellte sie dann auf den Nähmaschinentisch und sagte: ‚Na, Herr
Hitler, setzen's Ihnen zu mir her. Sie sollen bei mir auch nicht verhungern.'
So stellte diese brave Haut mir noch das Essen hin, obwohl ich ihr nicht
einmal die Miete immer bezahlen konnte. Sie hat ihr Bißchen mit einem
anderen Armen aufgeteilt, ohne daran zu denken, daß ihr die guten Taten
einmal vergolten werden würden. Sehen Sie, Baur, zu dieser Frau möchte
ich gern einmal wieder gehen, aber heute als Reichskanzler kann ich das
nicht mehr machen."

Hitler, der immer spontane Einfälle hatte, rief sofort einen Bedienten zu
sich, der Obergruppenführer Brückner holen sollte. Diesem sagte er dann:
„Brückner, ich habe eben Baur von der alten Marktfrau in München erzählt.
Diese Frau wird jetzt wahrscheinlich eine Rentnerin sein und wohl kaum
mehr auf den Markt gehen können. Lassen Sie einmal nachforschen, was
aus ihr geworden ist. Ich werde ihr dann von meinem Privatgeld einen Zu=
schuß zu ihrer Rente geben, damit sie sieht, daß ich sie nicht vergessen
habe." Zweifellos ist das auch geschehen, sofern die alte Frau noch gelebt
hat, aber ich habe davon nichts mehr gehört.

„Die paßt zu Göring!"

Eines Tages, als wir eben in Berlin gelandet waren, kam Reichsminister
Göring auf den Flugplatz und bat Hitler, er möge sich seine neue Maschine,
eine Ju 52, ansehen, die er nach seinen besonderen Wünschen hatte bauen
lassen. Das Flugzeug stand nur wenige Meter von meiner Halle entfernt.
Es war innen mit grünem Saffianleder tapeziert, ebenso waren die sechs

Klubsessel in der Kabine mit grünem Saffianleder gepolstert. Es war ein Prunkstück von einer Maschine! Hitler lächelte nur und meinte: „Jawohl, Göring, sehr schön, sehr schön!" Als wir beide wieder allein waren, sagte er zu mir: „Baur, diese Maschine paßt zu Göring, aber nicht zu mir. Lassen Sie sich unter keinen Umständen verleiten, auch so ein ähnliches Gebilde bauen zu lassen. Wir bleiben bei den alten Einrichtungen, die einfach und geschmackvoll sind. Zu mir würde der Prunk nicht passen. Auch würden die Menschen kein Verständnis dafür aufbringen, wenn ich mit einem derartigen Luxusflugzeug durch die Gegend flöge."

Mein Urlaub — auch ein Problem!

Im Winter wurde der Flugbetrieb ruhiger. Da konnte auch ich Urlaubspläne schmieden, um einmal ganz nach meinen Wünschen zu leben. Bei dem angespannten Dienst kam es kaum noch vor, daß ich einmal ausging, und wenn, mußte ich immer hinterlassen, wo ich sofort zu erreichen war, da Hitler in seinen Entschlüssen stets sehr schnell war und seine Leute gleich zur Hand haben wollte. Ich mußte meine Urlaubsbitte oft zwei= bis dreimal vortragen. Er war besonders ängstlich, wenn ich ihm meine Absicht verriet, die Zeit zum Skifahren zu benutzen, weil er glaubte, ich könnte mir dabei die Knochen brechen. Selbst wenn ich ihm erklärte, daß ich schon seit meiner frühesten Jugend Skisport betrieben hätte, kam er noch mit dem Einwand: „Auch den ältesten und erfahrensten Skiläufern kann mal ein Malheur passieren. Was mache ich dann, wenn Sie wochenlang in der Klinik liegen?" Ich ließ aber nicht nach, und so war es mir immer wieder möglich, in den Wintermonaten für vierzehn Tage in meine geliebten Berge zu fahren und mich von dem anstrengenden Dienst und der ständigen Bereitschaft richtig zu erholen.

Hitler fliegt mit der Do X

Gelegentlich eines Fluges nach München war Staatsminister Esser zum Empfang Hitlers erschienen. Er trug ihm dabei eine Bitte Dr. Dorniers vor, mit der Do X, die auf dem Starnberger See wasserte, einen Rundflug zu machen. Hitler hatte dieses Großflugzeug, wie bereits erwähnt, während eines Wahlfluges in Warnemünde kennengelernt, war aber seinerzeit nicht besonders begeistert von dem „Monstrum". Er sagte daher zu mir: „Ich habe

ja eigentlich wenig Zeit, aber was halten Sie davon, Baur, kann man ohne Gefahr in eine derartige Maschine einsteigen?" Indem ich lächelnd eine Gefahr verneinte, antwortete ich ihm: „Sie müssen Dr. Dornier, dem Erbauer dieses Flugzeuges, schon die Ehre geben und einen kurzen Rundflug mit ihm machen." Darauf war Hitler beruhigt und meinte. „Gut, ich werde es tun, aber ich werde bei dieser Gelegenheit auch gleich über Ihr Haus hinwegfliegen, um es mir einmal von oben anzusehen."
Während er sich zu der Do X begab, fuhr ich rasch nach Hause. Es dauerte eine gute Stunde, da brummte auch schon der große Vogel über mir und zog seine Kreise, während ich ihm lebhaft zuwinkte. Da das Flugzeug verhältnismäßig niedrig über uns hinwegflog, konnte Hitler mich von seinem Sitz aus sicherlich beobachten.

Aber seine Skepsis bekommt neue Nahrung

Nach Beendigung des Rundfluges hatte Dr. Dornier Hitler eingeladen, mit ihm am nächsten Tag nach Passau zu fliegen und auf der Donau, auf dem Stausee des Kachlettwerkes, zu landen. Hitler lehnte aber ab, da er mit Arbeit überhäuft sei und nicht abkommen könne. An seiner Stelle flog Major Hailer, der Flughafendirektor von München, mit, der dabei allerdings ein eigenartiges Erlebnis hatte, wie er mir nach der Rückkehr erzählte. Sie hatten die Strecke Starnberg—Passau zurückgelegt und wollten auf den Stausee des Kachlettwerkes herunter. Hailer saß hinten in der Maschine. In dem Augenblick, als sie zum Landen aufsetzte, wurde es plötzlich hinter seinem Rücken glockenhell, zugleich schoß eine Wasserwoge in das Innere. Bei einem Blick nach rückwärts mußte Hailer feststellen, daß das Flugzeug den größten Teil seines Schwanzes verloren hatte. Außerdem sah er noch, wie gerade das Höhensteuer, das abgerissen war, mit dem gesamten Leitwerk ins Wasser fiel. Da der Rumpf dadurch wieder leichter wurde, neigte er sich nach vorn, so daß glücklicherweise das Einströmen des Wassers aufhörte. Vermutlich hatte der Pilot bei der Landung den Schwanz etwas zu tief genommen, so daß von den Bugwellen des Flugbootes die Wassermassen mit solcher Heftigkeit am Leitwerk mit dem Höhensteuer aufprallten, daß sie glatt den Schwanz abrissen. Diesen Vorfall erzählte ich Hitler am nächsten Tage. „Sehen Sie, Baur", meinte er, „das habe ich schon im voraus gerochen, daß der Flug nicht in Ordnung gehen wird. Da habe ich doch Glück gehabt, daß ich nicht dabei war." „Allerdings", sagte ich, „unter diesen Umständen ist das der Fall."

Am 7. Dezember war der „Tag der Nationalen Solidarität". Es wurden alle führenden Persönlichkeiten aufgerufen, sich an diesem Sammeltag des Winterhilfswerkes zu beteiligen. Die Männer aus der Reichskanzlei nahmen im wesentlichen Unter den Linden Aufstellung. Ich stand mit meiner Besatzung meistens in der Nähe des Hotels „Bristol", wo wir ein Schild mit unserer „Firma" aufbauten. Die meiste Zeit war ich zwar mit Autogrammgeben in Anspruch genommen, aber es wurden dabei auch rund zehn Büchsen voll an einem Tage gesammelt. Hitler steckte mir in der Regel einen Fünfzigmarkschein hinein.

Am Abend dieses Tages waren die Schauspieler und Schauspielerinnen, die sich an der Sammlung beteiligt hatten, Gäste Hitlers in der Reichskanzlei. Den Herren gab Hitler je einen Hunderter und den Damen je einen Tausendmarkschein in die Sammelbüchse. Er stand dann im Vorraum der Reichskanzlei und erwartete jeden einzelnen. Selbstverständlich waren auch die Männer der Presse und der Wochenschau da. Es „blitzte" unaufhörlich, denn dieser Tag sollte in Zeitungen, Zeitschriften und Kinos groß aufgemacht erscheinen. Ich erinnere mich an Gäste wie Lil Dagover, Else Elster, Hilde Körber, Lotte Werkmeister, Grete Weiser, Paul Hartmann, Harald Paulsen, Harry Piel, Paul Richter, Otto Gebühr, Tony van Eyck, Hans Brausewetter, Fritz Kampers und viele andere, deren Namen mir entfallen sind. Hitler gab im großen Speisesaal ein Festessen und bis spät in die Nacht hinein gab es dann eine sehr angeregte Unterhaltung, an der er sich äußerst lebhaft beteiligte.

Januar: Monat der Feste

Als „Führer des Deutschen Reiches" hatte Hitler sehr viele Verpflichtungen. An Festen war der Januar naturgemäß sehr reich. Er war ein ausgesprochener „Festmonat", in dem eine Festlichkeit die andere ablöste, angefangen vom „Neujahrsempfang beim Führer" bis zur Wiederkehr des „Tages der nationalen Erhebung Deutschlands". Seit 1936 fanden diese Feste dann im Festsaal statt, der in diesem Jahre fertiggestellt wurde. Alle hatten sie ihren Tag und ihr Fest: Die Diplomaten, die Industriellen und die Leute von der Partei. Es wurde niemand vergessen, nicht Heer, Luftwaffe und Marine, nicht Schauspielerinnen und Schauspieler. In den meisten Fällen waren je hundert bis hundertzwanzig Personen geladen. Hitler war eigentlich nie ein

Freund von Festen, im Gegenteil bereiteten sie ihm ein gewisses Unbehagen. Wie er betonte, war er am liebsten mit den Künstlern zusammen. Niemand aber war glücklicher, wenn der Januar vorüber war, als Hitler.

Ich bin kein Vegetarier geworden

Am 19. Juni 1937 wurde ich vierzig Jahre alt. Kannenberg hatte von Hitler Anweisung, mir mein Lieblingsgericht — Schweinsbraten mit Kartoffel= knödeln — herzurichten. Hitler hatte auf folgende Weise von meiner Passion gerade für dieses Essen erfahren. Er sagte mir eines Tages: „Baur, die vege= tarische Kost, wie ich sie zu mir nehme, wär auch das Beste für Sie. Es be= ruhigt die Nerven und ist außerdem sehr bekömmlich. Werden Sie Vege= tarier und Sie werden gesund sein!" Ich antwortete ihm: „Ich bin gesund, und ich gehöre nicht zu den Heuchlern, die in Ihrer Anwesenheit vegeta= risch essen und die dann, wenn Sie den Tisch verlassen haben, zu Kannen= berg gehen und sich ein Stück Wurst geben lassen. Ich sage Ihnen offen, daß mir ein Stück Schweinebraten mit Kartoffelklößen zehnmal lieber ist als Ihr ganzer Gemüsezauber. Mich werden Sie nicht zum Vegetarier machen!" Hitler lachte laut auf. Kannenberg aber bekam Anweisung, mir jedesmal zum Geburtstag dieses Gericht zu bereiten.

An jenem 19. Juni verband Hitler mit seinen Glückwünschen seinen Dank dafür, daß ich ihn sechs Jahre lang sicher geflogen hatte. Bei uns am Tisch saß auch der Generaldirektor von den Mercedes=Werken, Herr Werlin. Hitler war — wie üblich — zuerst mit dem Essen fertig, weil er weniger aß als wir. Als ich mit meiner Nachspeise geendet hatte, entschuldigte er sich bei den anderen Herren, die noch mit ihr zu tun hatten, er könne mir nun nicht länger mein Geburtstagsgeschenk vorenthalten. Dann faßte er mich unter den Arm und brachte mich durch den Wintergarten in den Garten der Reichskanzlei. Natürlich war ich intensiv mit dem Gedanken beschäftigt, was das wohl für ein Geburtstagsgeschenk sein könnte. Da ich mir kurz vorher ein Wohnhaus hatte bauen lassen, tippte ich auf irgendeine Brunnen= oder Gartenfigur. Nach einer Linkswendung standen wir vor einem schwar= zen Mercedes=Cabriolet — dem Geschenk Hitlers für mich. Ich traute zuerst meinen Augen nicht. Ich war ganz verblüfft. Hitler öffnete die Tür, setzte sich ans Steuer und sagte: „Sehen Sie, Baur, wie bequem es sich in den grauen Ledersesseln sitzt." Dann sprang er aus dem Wagen heraus und strich mit den Händen an den Kotflügeln entlang: „Wie schön der Wagen lackiert ist — wirklich ein schönes Stück!"

Hitler erzählte dann, wie er zu dem Geschenk gekommen sei. Er hatte sich zunächst mit seiner Umgebung beraten. Bormann hatte im Hinblick auf meine Anglerleidenschaft Angelruten in Vorschlag gebracht. Aber da hatte Hitler sich an ein Ereignis erinnert, das schon eine Zeitlang zurücklag. Ich hatte vom Münchener Flughafen bis zu meiner Wohnung am Pilsensee eine Stunde Anfahrtsweg zurückzulegen. Eines Tages war nun Hitler auf den Gedanken gekommen, sich hinter mich zu hängen, um zu beobachten, ob ich ein ebenso guter Fahrer wie Flieger sei und nicht unvernünftig rase, wie es nach seiner Auffassung Flieger oft taten. Er hatte dann in seinem Wagen hinter einer Straßenecke auf mich gelauert und mich eine gute halbe Stunde bis über Pasing hinaus verfolgt. Seine Beobachtungen waren zu seiner Zufriedenheit ausgefallen. Nur mit einer Tatsache hatte er sich damals nicht abfinden können, nämlich daß ich als Deutscher, Flugkapitän und Pilot des Führers einen Amerikaner fuhr, einen 13/40er Ford. So wurde also ein Mercedes für mich bestellt und von Direktor Werlin in den Reichskanzleigarten gebracht. Hitler erfüllte mir dann auch meine Bitte, daß ich den Wagen selbst nach München bringen könnte. In der kommenden Nacht fuhr ich ihn zu meiner Wohnung und zu meiner Frau. Ich war glücklich. Nun hatte ich ein nettes Heim, eine Frau und Kinder, diesen schönen Wagen – ich sagte öfters zu meiner Frau, ich wünsche mir nichts anderes mehr, als daß es immer so bleiben möge. Aber das Glück läßt sich in dieser Welt nicht festnageln – auch der Wagen war nur bis zum Kriegsende mein Eigentum, dann nahmen ihn die Amerikaner in Besitz.

Ein Flug nach Afrika wird akut

Wir bestellten in jedem Jahr eine neue Junkers=Maschine, einmal, weil wir immer mehr Maschinen gebrauchten und zum anderen, weil veraltete Maschinen aus dem Verkehr gezogen wurden. Im Herbst war ich wieder einmal bei den Junkerswerften in Dessau, um eine neue Maschine in Auftrag zu geben und gleichzeitig die gewünschten Einbauten zu besprechen. Als die notwendigen Rücksprachen erledigt waren, bat Direktor Tiedemann mich zum Essen ins Werkkasino.
Er hatte eine Bitte an mich. Die Junkers=Werke hatten damals dreißig Ju 52 an die Südafrikanische Union verkauft. Diese Maschinen sollten schnellstens fertiggestellt und nach Südafrika geflogen werden. Die Werke verfügten nur über geringes fliegendes Personal. Es konnten jeweils nur zwei Besatzungen nach dem Süden Afrikas geschickt werden, die anderen wurden

zum Einfliegen in Dessau gebraucht. Die Deutsche Lufthansa konnte nicht helfen, da es ihr bei den vielen Strecken auch an fliegendem Personal fehlte. Blieb die deutsche Luftwaffe. Die half bereitwilligst aus. Aber den Besatzungen, die von dort kamen, fehlte es zum großen Teil noch an den fliegerischen Erfahrungen, vor allem im Langstreckenflug. Dies wird verständlich, wenn man berücksichtigt, daß sie nur unzulängliches Kartenmaterial zur Verfügung hatten. Auch waren sie noch nicht genügend orientierungsfest und auf dem Gebiet der Navigation unbewandert. Schon einige Male war es vorgekommen, daß Maschinen im afrikanischen Busch notlanden mußten. Es war sehr schwer, die Menschen zu bergen, geschweige denn die Maschinen, sie waren in der Einöde so gut wie verloren. Gewiß zahlten die Versicherungen, aber sie setzten auch die Prämien herauf. Und irgendwie fing die Sache nun an, unangenehm zu werden.

Nun bat Herr Tiedemann mich also, ihm für diesen Zweck zwei oder drei Besatzungen zur Verfügung zu stellen. Zwei Besatzungen konnte ich ihm sofort zusagen, und da es kurz vor dem Winter war, stellte ich in Aussicht, daß ich möglicherweise selbst mitfliegen werde. Tiedemann war begeistert. Ich machte allerdings noch die Einschränkung, daß ich erst den „Chef" fragen müsse. Die zwei anderen Besatzungen aber seien den Junkers-Werken zunächst einmal sicher.

Schon am selben Abend — bei Tisch — trug ich Hitler die Besprechungen, die ich in Dessau hatte, vor. Er war einverstanden, daß wir die Junkers-Flugzeuge nach Afrika flogen. In einem Punkt gab es allerdings ein kategorisches Nein: ich sollte nicht mitfliegen. Auch mein Hinweis, daß ich jetzt nicht mehr über die Reichsgrenzen hinauskomme und mir auch im Winter so und so meine zwei Wochen Skiurlaub nehmen würde, zeitigten keinen Erfolg. Hitler: „Baur, das kommt nicht in Frage. Was stellen Sie sich vor? Wenn Sie irgendwo in der Wüste notlanden müssen, werden Sie von Löwen aufgefressen, und ich sitze hier und warte auf Sie! Ich denke gar nicht daran!" Also — abgelehnt.

Mehrere Tage lang saß ich dann mittags und abends am Tisch, ohne einen Ton zu sagen, so enttäuscht war ich. Dann fragte mich Hitler endlich: „Baur, was ist eigentlich mit Ihnen los?" Ich gab ihm zu verstehen, daß er den Grund sicherlich kenne — ich wolle nach Afrika fliegen. Als Hitler sah, wie mir die Sache am Herzen lag, gab er seine Einwilligung. Allerdings mußte ich mich verpflichten, jeden Abend zu telegrafieren, wo ich gelandet sei. Er wollte, wenn ich überfällig sei, von Berlin aus Suchaktionen veranlassen. Ich versprach das natürlich und habe mein Versprechen auch gehalten.

Schon am nächsten Morgen war ich in Dessau. Ende Dezember würde die Maschine fertig sein, mit der ich fliegen sollte. Ich ließ mir das Karten= material geben — das war allerdings mehr als dürftig. Für Afrika waren nur Karten im Maßstab 1:6 000 000 vorhanden — ein Zentimeter auf der Karte entsprachen also sechzig Kilometer in der Natur. Damit war nicht viel anzufangen. Berge und Höhen waren lediglich schraffiert — und, was noch schlimmer war, ohne jegliche Höhenangabe. Insbesondere bei Blindflügen konnte die Situation unangenehm werden. Neben den Karten gab es noch Listen und Zusammenstellungen über die Flughäfen, die angeflogen werden konnten und sollten, sowie Verzeichnisse über Quartiere. Dieses letztere Material war von den Besatzungen zusammengetragen worden, die bereits nach Johannesburg geflogen waren. Sechs oder sieben Maschinen waren schon in Südafrika angekommen — zwei hatten aber unterwegs notlan= den müssen.

Bei der Verhandlung über die Vergütung wies ich darauf hin, daß ich nur meine Auslagen ersetzt haben möchte. Die Junkers=Werke wollten aber auch den Überführungsflug bezahlen. Ich habe dann gebeten, daß man von einer Bezahlung Abstand nehmen, mir aber gestatten möge, meine Frau mitzunehmen. Das wurde bereitwilligst zugesagt. So durfte meine Frau, die sonst immer zu Hause bleiben mußte, nun auch einmal ein Stück unserer schönen Erde kennenlernen.

Im Dezember ging es dann los

Wie verabredet, wurde ich im Dezember 1937 nach Dessau gerufen. Nach= dem ich die Maschine eingeflogen hatte, startete ich am 31. mit einem eng= lischen Ingenieur an Bord, einem Angehörigen der Südafrikanischen Unions= gesellschaft. Er war ein Vierteljahr in den Junkers=Werken tätig gewesen, um die Dural=Verarbeitung zu erlernen, für den Fall irgendwelcher erfor= derlichen Reparaturen, und wollte nun nach Johannesburg zurück, wo er stationiert war. In München landeten wir kurz, um meine Frau aufzuneh= men. Noch am selben Tag waren wir in Rom. In dieser Stadt, in der ich einige hundert Male gewesen war, gingen wir zur Deutschen Botschaft und feierten dort Silvester. In den Morgenstunden flogen wir von Rom über Sizilien und Malta nach Tripolis. Dort tankten und übernachteten wir. Mei= ner Frau zeigte ich die Stadt und die Basare der Eingeborenenviertel. Es gab dort schon von den Italienern erbaute große Hotels im europäischen Stil, wo man gut übernachten konnte.

Von Tripolis ging es zu einem großen Teil über das Wasser hinweg nach Benghasi — dort nur Zwischenlandung zum Tanken — und über die Wüste Sahara nach Kairo. Hier machten wir einen Tag Rast. In der Heimat hatte man uns geraten, in Kairo unsere Tropenausrüstung zu kaufen, sie sei dort viel billiger und vor allem hätten wir eine größere Auswahl. So beschafften wir uns Tropenhelme, Tropenanzüge, bestehend aus Khakihosen und =hem= den, und all die anderen Dinge, die man in Afrika braucht. Selbstverständ= lich ließen wir uns auch zu den Pyramiden führen. Von Kairo flogen wir nach Süden, am Nil entlang über Wadi Halfa. Einige hundert Kilometer von Kairo entfernt erreichten wir die „Schwarzen Berge", ein Basaltgebirge mit= ten in der Wüste. Es sieht von oben aus wie eine Mondlandschaft. Kein Baum, kein Strauch. Flüsse, die in den Karten eingezeichnet waren, konnten wir nicht ausmachen, sie waren vollkommen ausgetrocknet und nicht mehr zu erkennen. Der Nil fließt auf dieser Strecke fast ausschließlich durch Sandwüsten. So weit wir schauen konnten, rein gar nichts, ganz zu schwei= gen von einer Oase. Wir waren immer wieder erstaunt, wenn wir eine kleine Ansiedlung entdeckten, und konnten uns nicht erklären, wovon die Menschen dort lebten. Ob das bißchen kümmerliche Schiffahrt ausreicht? Mir ist das bis heute schleierhaft geblieben.

In Wadi Halfa war nur ein ganz kleiner Flugplatz, es gab eine kleine An= siedlung und sogar einige wenige Palmenbäume. Im übrigen war der Platz ein reiner Sandflugplatz, auf dem kein Grashalm wächst. Bei unserem Flug in durchschnittlich 1500 Metern Höhe hatten wir bislang eine Außentempe= ratur von 20 bis 22 Grad. Als wir aber in Wadi Halfa heruntergingen, glaubten wir, in einen Backofen zu kommen. Auf dem Boden wurden 40 Grad gemessen! Wir wollten nur tanken. Aber so schnell war die Tan= kerei nicht abzumachen. Das Shell=Benzin, das einzige, was auf der ganzen Strecke zu haben war, gab es nur in Blechkanistern zu vier Gallonen, das sind ungefähr achtzehn Liter. Es dauerte eine ganze Zeit, bis eine Ju 52 damit aufgetankt hatte.

Unser nächstes Ziel war Khartum, die Hauptstadt des Sudan. Hier sollten wir — wenn wir den Ratschlägen unserer Freunde Folge leisten wollten — Geschenkartikel kaufen. Und ich muß sagen — wir haben nicht nur präch= tige Elfenbeinschnitzereien gekauft, sondern auch mächtig gehandelt. Da der Betrieb der Handwerker ja auf der Straße aufgebaut war, konnten wir allein schon bei einem Rundgang viele neue Eindrücke gewinnen. Es wurde ge= schnitzt, gedrechselt und verkauft. Es war eine fremde Welt, die sich uns laut und schreiend offenbarte, und doch gar nicht so leicht zu fassen und zu verstehen war. Ich kaufte mir zwei aus Elfenbein geschnitzte Elefanten, meine Frau verschiedenfarbene Lederkissen mit Gold= und Silberstickereien. Übrigens bot ich beim Einkauf in den meisten Fällen rund die Hälfte von dem, was verlangt wurde. Ich hatte mir sagen lassen, daß der eigentliche Preis bei der Hälfte des Geforderten läge und das übrige zum Herunter= handeln einkalkuliert sei. Jeder Käufer und Verkäufer hier handelte und feilschte. Beim Abschluß des Kaufes hatte man den Eindruck, daß beide Teile zufrieden waren.

Wir wohnten in Khartum in einem englischen Hotel mit ausgezeichneten Etablissements und schwarzem Bedienungspersonal. Ich rufe mir heute immer wieder zu gern ins Gedächtnis zurück, daß das vor rund dreißig Jahren war. Was ist nach dieser langen Zeit auch dort inzwischen geschehen? Von Khartum aus flogen wir wieder über die Sahara. Ungefähr siebenhun= dert Kilometer südlich, am Zusammenfluß des Weißen und des Blauen Nil, liegt Malakal. Dort wollten wir zwischenlanden. Als wir Funkverbindung aufnahmen, wurde uns mitgeteilt, daß wir, wenn wir noch genügend Brenn= stoff an Bord hätten, nicht landen sollten, da in Malakal Gelb= und Schwarz= wasserfieber ausgebrochen sei. Wir hatten bei sehr starkem Rückenwind den bisherigen Weg verhältnismäßig schnell zurückgelegt. Bis nach Juba waren es noch sechshundert Kilometer. So blieben wir also oben und flo= gen weiter.

Über der „Grünen Hölle"

Nachdem wir bis jetzt Kurs nach Süden hatten, zogen wir von Malakal in südwestlicher Richtung auf den Sud zu. Bald lag diese „Grüne Hölle", wie das riesige Überschwemmungsgebiet des Nil hier im Volksmund heißt, in einer Breite von fünfhundert Kilometern unter uns. Den Nil konnten wir kaum als Flußlauf unterscheiden. Wir erkannten nur eine riesige grüne Fläche mit großen Wasserflecken, in denen Bambusbäume standen. Hier war ein Paradies für Nilpferde, Krokodile und eine Unzahl von Vogelarten. Um vor allem die Vögel besser beobachten zu können, gingen wir tief her= unter. Auch über der „Grünen Hölle" lag eine brütende Hitze. Wir sichte= ten eine Unmenge von Störchen, die von Europa gekommen waren, um den Winter hier zu verbringen. Große Schwärme von weißen Wasservögeln flogen vor uns weg oder tauchten unter Wasser. Was es für Vögel waren, konnten wir nicht ausmachen.

Ich ging wieder auf fünfzehnhundert Meter und nahm Kurs auf Juba, ein win= ziges Negerdorf, bei dem es einen kleinen Flugplatz geben sollte. Auf Grund von Berichten, die mir von der Heimat her vorlagen, sollte kurz vor Juba ein ungefähr neunhundert Meter hoher Kraterkegel emporragen. Nach die= sem Berg hielt ich Ausschau. Wir hätten ihn nach meinen Berechnungen eigentlich schon sehen müssen. Aber wir konnten ihn nicht ausmachen. Eine Bodenorientierung über dem Sumpf war so gut wie ausgeschlossen. Mein Funker bekam also Anweisung zu versuchen, mit Juba in Verbindung zu kommen. Schon in Deutschland hätte man uns gewarnt, die Neger seien nicht in der Lage, „das Tempo 30 oder 40 zu geben". Außerdem sollten sie den internationalen Funkkodex nur sehr schlecht beherrschen. Unser Fun= ker hatte bald Gelegenheit, sich von der Richtigkeit dieser Behauptung zu überzeugen.

Die Funkverbindung mit Juba hatten wir zwar bald, aber die dringend an= geforderte Peilung bekamen wir nicht. Jedoch mußten wir unbedingt eine Peilung haben. Ich wußte nicht, ob ein Seitenwind uns abgetrieben hatte. Bei der Entfernung von rund sechshundert Kilometern zwischen Malakal und Juba konnte das eine spürbare Abweichung bedeuten — vielleicht bis zu fünfzig Kilometer! Der Negerfunker konnte uns nicht helfen. Er wurde dann von uns aufgefordert, einen längeren Text zu geben. Wir wollten selbst mit unserem Peiler die Funkstation anpeilen. Das Ergebnis zeigte uns, daß wir genau auf der Grundlinie waren. Wir konnten ohne Korrektur weiterfliegen. Langsam ging der Brennstoff zu Ende. Ich suchte immer noch den Bergkegel, der vor Juba liegen sollte.

Inzwischen war es recht diesig geworden, die Fernsicht wurde knapp — der Dunst nahm sie uns mehr und mehr. Für eine gute halbe Stunde würde der Brennstoff noch reichen — unter uns immer noch Sumpf! Langsam begann ich es zu bereuen, daß ich trotz Fiebergefahr nicht doch in Malakal gelandet war, um zu tanken. Nach weiteren zehn Minuten hatte ich plötzlich den langersehnten Berg vor mir. Der Flugplatz sollte nach den Angaben unserer Kameraden unmittelbar hinter dem Kegel am Nil liegen. Ein Dorf mit vier= zig bis fünfzig Hütten hatte ich bald ausgemacht. Als ich bis dicht über den Nil herunterging, sah ich eine Dampferanlegestelle. Nochmals über das Dorf hinwegfliegend, gewahrte ich einen Windsack. Hier mußte der Flug= platz sein, den ich dann auch in dem freigelegten Gelände erkannte. Ich nahm Gas weg und landete. Wir hatten noch für ungefähr zehn Flugminuten Sprit. Das war gerade noch einmal gutgegangen! Wie wir später erfuhren, hatten wir an diesem Tage starken Gegenwind, der zum Glück gerade vor der Maschine lag, so daß wir wenigstens nicht abgedrängt wurden. In dieser Gegend hatte auch eine der Maschinen, die vor uns geflogen waren, not= landen müssen.

Vorläufig waren wir noch allein auf dem Platz. Erst nach zehn Minuten kam ein Auto an, ein verbotenes Ding — aber es fuhr und brachte etliche Neger und sogar einen Weißen mit. Der Weiße stellte sich mit einer Ansprache in tadellosem Deutsch vor — er sprach einen Dialekt, der dem meinen ähnelte. Als ich fragte, woher er sei, antwortete er: „Aus Salzburg!" Er war Ange=stellter der englischen Imperial Airways und nannte sich Direktor des Flug=hafens und Direktor der Dampfschiffahrtsgesellschaft. Zunächst besorgte er uns Brennstoff. Auch hier selbstverständlich das langweilige Spiel mit den Vier=Gallonen=Kanistern. Bei der Menge von 2400 Litern, die wir brauch=ten, dauerte es Stunden. Ich holte meine Schmalfilmkamera — für die ich mit zwölfhundert Metern Schmalfilm ausgerüstet war — hervor und machte Aufnahmen. Motive und Anregungen gab es hier genug.

Mir fiel der herrliche Wuchs der tief blauschwarz gefärbten Männer und Frauen auf, die im Durchschnitt zwischen 1,80 und 1,90 Meter groß waren. Sie trugen nur einen kurzen, im Saum mit Blei beschwerten Lendenschurz. Auf meine Frage erklärte der Salzburger mir, daß dies nur ein Schutz der empfindlichen Körperteile gegen das scharfe Elefantengras sei, das schilf=artig über zwei Meter hoch steht.

Jagd auf Wasserböcke — ohne mich!

Nachdem wir mit Tanken fertig waren und die Maschine am Boden ver=ankert hatten, lud uns der Salzburger in seine Unterkunft ein. Er hatte sich zwei Baracken aufrichten lassen: eine Wirtschafts= und eine Schlafbaracke. Letztere stellte er uns zur Verfügung. Sie war aus afrikanischem Holz gebaut und in drei verhältnismäßig kleine Räume aufgeteilt, deren Wände aus Bin=sen geflochten waren, aber doch so dicht, daß keine Moskitos hindurch=schlüpfen konnten. Das einzige, was wir hier im afrikanischen Busch an europäischer Zivilisation entdecken konnten, waren die Betten, in denen wir dann auch tadellos geschlafen haben.

Unser Salzburger lebte ohne Frau in dieser Einöde, aber er hatte etwa vier=zig Neger in seinen Diensten. Da wir nirgends besser als hier in diesem Flecken des südlichen Sudangebietes das unberührte Afrika kennenlernen konnten, beschlossen wir, den nächsten Tag noch hier zu bleiben. Die Küche war sehr gut. Es gab Antilopenfleisch und aus den Lieferungen, die mit den Dampfschiffen kamen, Gemüse, Wein und Bier. Der Salzburger war ein prächtiger Gesellschafter. Er wollte mich unbedingt dazu bewegen, einen Wasserbock zu schießen. Ich sagte ihm jedoch, daß ich das Wild lieber lebend in der Natur sähe und es nicht gern abschösse. Ich sei zwar ein guter Schütze, ginge aber trotzdem lieber mit der Angelrute auf die Jagd. Ein Ingenieur, der von der Versicherungsgesellschaft hierher geschickt worden war, um die Motoren aus den notgelandeten Maschinen auszubauen, zu zerlegen und von den Negern abtransportieren zu lassen, war gern bereit, sich am nächsten Tag der Jagd anzuschließen. Er war schon einige Male vorher mitgegangen.

Wir gingen dann bald schlafen. Da Juba in unmittelbarer Nähe des Äquators liegt, war es bereits um 18 Uhr dunkel und wegen der Tag- und Nachtgleiche ebenso gegen 6 Uhr wieder hell.

Die Nacht im afrikanischen Busch ist noch in meiner Erinnerung lebendig. Durch die dünnen Binsenmatten drang jeder Ton der Wildnis an unser Ohr. Löwen brüllten, Schakale heulten, und ununterbrochen trommelte es. Wir vermuteten, daß die Neger Tänze veranstalteten. Als wir später unseren Gastgeber nach der Ursache des Lärms fragten, sagte er uns, daß eine Herde von Elefanten in die Siedlung eingefallen sei. Die Neger waren deshalb mit Trommeln ausgerückt, um durch Krach und Geschrei die Tiere zu verscheuchen. Diese hätten sonst in kürzester Zeit ihre paar Felder, die sie sich mit Mais und Hirse bebauten, kurz und klein getrampelt.

Am nächsten Morgen wurden zwei Autos hergerichtet. Sie hatten beide ein stabiles Dach, das auf Pfosten ruhte. Obendrauf hockte ein Neger, der die Orientierung übernahm, die sonst bei dem über mannshohen Gras schlecht möglich war. Wir waren kaum ein Stück vom Flugplatz entfernt, da sahen wir schon die Spuren der nächtlichen Besucher. Überall hatten sie ihre Fußeindrücke hinterlassen. Die etwa drei Meter hohen Dornbuschbäume, die es in riesigen Mengen hier gab, waren alle angefressen und geknickt. Auf diesen Bäumen waren viele geschlossene Vogelnester. Aus einem war ein Vogel ausgeflogen. Wir untersuchten es und fanden junge blau-weiß-rote Junge. Meine Frau nahm eines auf die Hand, es konnte noch nicht fliegen. Die Fahrt durch den Busch war für uns alle natürlich ein einmaliges Erlebnis, bei dem die Überraschungen nicht enden wollten. Aus einer Lichtung fahrend, kamen wir an den Nil — als plötzlich vor uns ein Rudel von ungefähr fünfzig Wasserböcken an einer Pfütze stand. Es waren schöne, stramme Tiere mit prächtigem Geweih, die über einen Meter hoch waren und wie gedrechselt erschienen. Als sie die Wagen sahen, stutzten sie. Der Ingenieur hatte auch schon die Flinte hoch und schoß. Im Augenblick war das Rudel verschwunden. Der Ingenieur behauptete, getroffen zu haben, aber wir fanden nichts. Es knallte noch einige Male. Dann stieg unser Landsmann auf das Dach seines Wagens, von wo aus er den Lauf eines Bockes verfolgte. Noch einmal krachte es, dann war ein stattliches Tier zur Strecke gebracht. Die Neger ließen es ausbluten und warfen es auf den Wagen.

Kurze Zeit später standen wir vor einem weißen Flußbett, es war über und über mit einer feinen weißen Sandschicht überzogen. Wir entdeckten, daß ein Junge im Sand nach Wasser scharrte, um es dann mit der hohlen Hand in eine gehärtete Kürbisschale laufen zu lassen. Auf diese schwierige Art besorgten die Neger sich in dieser Jahreszeit, in der der Fluß ausgelaufen war, von dem Wasser, das in kleinen Rinnsalen unter dem Sand weiterfloß.

Auf der gegenüberliegenden Seite des Flußlaufes stand ein kleines Dorf aus acht bis zehn Hütten. Als die Bewohner die beiden Kraftwagen erblickten, stimmten sie ein furchtbares Geschrei an. Sie brüllten zusammen — Männlein und Weiblein. Dann verschwand der männliche Teil der Bevölkerung mit Windeseile, während die Frauen unaufhörlich schreiend über den Flußlauf herüberkamen und abwehrende Gebärden machten. Der Salzburger wußte mir das eigenartige Benehmen dieser Leute zu erklären: Die Bewohner des Dörfchens hielten uns für Engländer und glaubten, wir wollten Steuern einziehen. Dieses Steuereinziehen allerdings ging auf eine recht merkwürdige Art und Weise vor sich. Grundsätzlich war jeder Sudanneger den Engländern gegenüber zum Steuerzahlen verpflichtet. Aber die Steuern konnte er nicht zahlen, weil er ganz einfach kein Geld hatte, und Geld hatte er keins, weil er es eben in der Wüste nicht gebrauchte. Er hätte gar nichts damit anfangen können. Da er aber Steuern zahlen mußte, so wurde er zur Zwangsarbeit geholt. Jedes Jahr wurden alle Männer für mehrere Wochen eingezogen, um auf dem Flughafen oder am Dampfersteg am Nil zu arbeiten. Pro Tag bekamen sie dafür zwei Piaster, von denen nur einer ausbezahlt wurde, der andere diente zur Tilgung der Steuerschuld. In damaliger Zeit war ein Piaster so viel wie zwölf Pfennige.

Wir schickten sofort einen unserer Schwarzen hinüber. Er erklärte den Negerfrauen, wir seien keine Engländer, vielmehr Deutsche, die nicht daran dächten, ihnen die Männer wegzunehmen, sondern sich lediglich das Dorf besehen wollten. Wiederum stießen die Weiber einen Schrei aus, der aber diesmal den Männern galt. Er sollte ihnen zu verstehen geben, daß sie wieder hervorkommen konnten. Im Nu waren sie dann auch wieder da. Sie stierten uns alle an, aber wirklich zutraulich waren nur die Kinder, die sehr bald auf meine Frau zukamen. Erst als sie die Perlen, die sie geschenkt bekamen, ihren Vätern und Müttern gezeigt hatten, ließen auch diese ihre Scheu fallen und kamen auf uns zu. Durch das trockene Flußbett marschierten wir in das Dorf. Wir sahen uns die Hütten an. Sie waren überaus ärmlich und mit Ausnahme einer Bastmatratze ohne Ausstattung. Interessant war, daß auf mein Befragen der Neger zu verstehen gab, sie sei nur für ihn, Frau und Kinder schliefen nebenan auf der Erde. Hier in Afrika war der Mann wirklich der Herr über die Frau, nur in dem Sinne, daß sie seine Sklavin war. Sie war ihm völlig untertan, machte alle Arbeiten und hatte die Sorge für die Kinder, während der Mann zur Jagd ging.

Aber den eigenartigsten Eindruck machten auf uns doch die Frauen. Sie qualmten den Tabak aus ungefähr 75 Zentimeter langen Pfeifen — der Stiel bestand aus einem Binsenrohr. Das Anzünden mußte jemand anders besorgen. Alle rauchten sie und trugen dabei ihre Säuglinge, die sie auch fast alle hatten, auf dem Rücken. Schrie nun so ein Kleines, weil es Hunger hatte, dann zog die Mutter es ganz einfach am Beinchen nach vorn, bis es vor der Brust lag. Die vielen Fliegen auf ihrer Brust und im Gesicht des Säuglings störten sie nicht im geringsten. Ließ das Baby den Kopf hängen — ein Zeichen, daß es satt und müde war — dann wurde es auf dieselbe Art wieder auf den Rücken zurückgeschoben. Die Kinder, die schon laufen konnten, hatten kleine Glöckchen um die Fußgelenke gebunden — sie waren dann leichter zu finden, wenn sie sich im Busch verirrt hatten. Sogar Hühner gab es hier, aber sie sahen recht dürr und ausgehungert aus. Wir kauften dann einige kleine Schnitzereien, die uns die Neger anboten.

Auf unserer weiteren Fahrt sahen wir viele Antilopen und auch Giraffen. Diese Langhälse hätte ich zu gern im Film festgehalten. Wir fuhren also hinter ihnen her. Zwischendurch hielten wir immer wieder an, damit ich Aufnahmen machen konnte. Nach ungefähr zehn Minuten stoppte unser Gastgeber die Fahrt. Er sagte uns, daß man unter gar keinen Umständen eine Giraffe länger als zehn Minuten verfolgen sollte, da die empfindlichen Tiere sehr leicht einem Herzschlag erlägen.

Löwen — sonst häufige Bewohner dieser Wildnis — bekamen wir nicht zu Gesicht — wohl hin und wieder einen Affen, den ich leider nicht im Bild festhalten konnte, weil er zu schnell verschwand. Mit Elefanten wollte der Salzburger anscheinend nicht viel zu tun haben. Ich fragte ihn immer wieder, wo denn die Herde geblieben sei, die in der Nacht in die Felder der Eingeborenen am Flugpatz hatte einbrechen wollen. Er meinte, die lägen jetzt sicherlich irgendwo im Nilsumpf. Erst in der Nacht würden sie weitermarschieren. Aus seinen Worten entnahm ich, daß er wohl recht üble Erfahrungen gemacht haben mußte, denn er betonte, es sei nicht ratsam, an eine Herde heranzugehen, die Junge bei sich habe. Eine solche Herde greife Fahrzeuge sehr gern an, und dann bleibe nicht viel übrig. Bestimmt würden auch wir noch Bekanntschaft mit Elefanten machen. Löwen hielt er für wesentlich ungefährlicher als eine Elefantenherde. — Nachdem wir wieder zurückgefahren waren und noch eine Nacht in Juba verbracht hatten, ging es am nächsten Morgen weiter.

Südlich des Äquators

Wir starteten in Richtung Dodoma. Unterwegs sollten wir — wie der Salzburger uns vorausgesagt hatte — noch Gelegenheit haben, mit einer Elefantenherde Bekanntschaft zu machen, wenn auch nur aus der Luft. Eigentlich sahen wir zuerst nichts anderes, als eine große Staubwolke in weiter Ferne. Näherkommend machte ich etwa sechzig Elefanten aus, darunter eine größere Anzahl von Jungtieren. Als ich bis auf fünfzig Meter herunterging, bewegten sie ungestüm ihre großen Ohren. Die Köpfe dem Riesenvogel entgegengestreckt, stellten sich einzelne auf die Hinterbeine, sie schleuderten die Rüssel hoch und machten auf uns den Eindruck furchtbarer Erregung. Wahrscheinlich trompeteten sie wild durcheinander, aber das konnten wir ja nicht hören. Indem ich sie mehrere Male umkreiste, machte ich meine Aufnahmen, zu denen ich am Vortage nicht gekommen war.

In Kisumo am Viktoriasee landeten wir nur, um zu tanken. Hundert Kilometer südlich von Khartum hatte der große Busch begonnen, und er war auf einer Wegstrecke von zweitausend Kilometern immer unter uns geblieben, nur selten von Ansiedlungen unterbrochen. So weit das Auge reichte, nichts als hohes Schilfgras und kleine Dornbuschbäume. Südlich des Äquators wurde das Bild schlagartig anders. Wir sahen große Kaffeeplantagen und Ansiedlungen, die schon an ihrer Ausdehnung erkennen ließen, daß hier das Land fruchtbarer war. Die Landschaft wurde reizvoll unterbrochen durch eigenartige Seen, die sich in erloschenen Kratern gebildet hatten.

Über Dodoma, einer Stadt im Herzen des Gebietes des ehemaligen Deutsch-Ostafrika, gerieten wir in ein Trockengewitter. Es blitzte und donnerte, und es gab heftige Wirbelstürme, die die Maschine sehr stark schaukeln ließen — aber es kam nicht zum Regnen. Allerdings sind diese Trockengewitter Vorboten der Regenperiode. Ich setzte zur Landung an, kam auf den Boden und war schon zur Hälfte ausgerollt, als die Maschine plötzlich einen sehr starken Schlag bekam. Eine Bö hob das Flugzeug fast zehn Meter über den Erdboden empor. Ich konnte gerade noch soviel Gas geben, um wieder Fahrt zu bekommen, damit mir die Maschine nicht wie ein Sack herunterfiel und zerschellte. So gelang es mir, den Aufprall beim Wiederaufsetzen wenigstens einigermaßen zu dämpfen, obwohl er immer noch hart genug war. Als ich kurz vor einer kleinen Blechbaracke ausgerollt war, die die Funk= station beherbergte, sah ich einen ungefähr zwanzig Jahre alten Weißen, der einen zahmen Affen auf der Schulter trug. Er stellte sich als der Direktor des Flughafens vor und bat mich um das Bordbuch. Da es Samstag war, wollten wir am Abend nur noch tanken, um den Sonntag über in Dodoma Rast zu machen und neue Eindrücke zu sammeln.

Inder und indische Geschäfte in Afrika

Als wir in die Stadt kamen, trauten wir unseren Augen nicht. Indische Geschäfte in typisch indischer Aufmachung und in ihnen Inder als Kauf= leute. Auf den Straßen liefen bestimmt so viele Kinder von Indern umher wie von Negern. Außerdem waren wir angenehm berührt, als wir sahen, daß die Menschen hier alle gut gekleidet waren. Auf dem Marktplatz wurde feilgeboten, was man sich nur irgendwie vorstellen kann, von alten Nägeln und verrosteten Wagenfedern angefangen bis zu tatsächlich wertvollen Gegenständen.

Wir wohnten im Hotel „Afrika". Das hört sich mächtig an — aber der ver= pflichtende Namen wurde in keiner Weise dem gerecht, was wir hier erleb= ten. Wir hatten nach dem günstigen Eindruck, den die Stadt zunächst auf uns gemacht hatte, mehr erwartet. Die Frau eines deutschen Plantagen= besitzers, der nach dem Weltkrieg enteignet wurde, führte das sogenannte Hotel. Es war ursprünglich nur ein kleines Wohnhaus, bestehend aus Küche, Speiseraum und Stallung. Die früheren Ziegenställe waren als Unterkünfte für Gäste hergerichtet. Die Besitzerin machte keinen guten Eindruck, sie war recht schmutzig. Sie führte uns über den Hof und öffnete eine Stalltür. Auf dem Lehmboden des sogenannten Zimmers stand in einer Ecke neben den Bettgestellen eine Persilkiste, die mit Karbolineum bepinselt war — ein Nachttopf war auch vorhanden. Dieser erbärmliche Eindruck war durch nichts mehr zu überbieten als durch Tausende von Kakerlaken, die wir über den Boden huschen sahen. Meine Frau gab einen entsetzten Laut von sich, zumal die afrikanischen Vettern unserer „Russen" — wie wir die Kakerlaken in der Heimat nannten — um ein Erhebliches größer waren als bei uns — sie erreichten die Ausmaße von Hirschkäfern! Aber unsere Wirtin ließ sich nicht erschüttern, sie meinte, die Biester wären vollkommen ungefährlich. Wir sollten den Rand des Moskitonetzes nur fest nach innen stecken, dann könnte uns gar nichts passieren.

Ein anderes Hotel gab es nicht — wir mußten bleiben. Besonders peinlich war uns der Gedanke, daß es sich um eine Landsmännin handelte, die hier — der sprichwörtlich gewordenen deutschen Reinlichkeit zum Trotz — mit einem derartig unsauberen Etablissement ihrer alten Heimat wenig Ehre machte. Essen mußten wir nun auch noch, denn wir hatten großen Hunger. Es gab nur Antilopenfleisch. Ich bestellte — aber meine Frau war mißtrauisch geworden. Sie ging in die Küche um nachzusehen, wie es sich damit verhielte. Als sie zurückkam, war sie bleich, sie wollte nichts mehr essen. Auf meine Frage gab sie mir zur Antwort, daß unzählige Fliegen auf dem rohen Fleisch herumkrabbelten, das zum Teil schon mit Würmern übersät war. Wir bestellten das Essen ab, bezahlten es aber trotzdem. Wir baten um Eier. Als wir die Rechnung beglichen, stellten wir fest, daß die Preise einem erstklassigen Hotel Ehre gemacht hätten.

„Löwen auf dem Flugplatz"

Als unsere Wirtin hörte, daß wir entgegen unserem ursprünglichen Entschluß bereits am nächsten Morgen starten wollten, sagte sie zu uns, daß in dieser frühen Zeit noch die Löwen auf dem Flugplatz wären. Wir hatten aber nur den Eindruck, daß die freundliche Dame uns noch einige Stunden länger behalten wollte, um uns noch eine Kleinigkeit ausnehmen zu können. Ich ließ den Kommandanten des Platzes bitten, die Station Mibika, ein kleines Negerdorf, besetzen zu lassen, Mibika liegt dreizehnhundert Kilometer von Dodoma entfernt und bereits auf rhodesischem Gebiet.
Da wir um 6 Uhr morgens starten wollten, mußte auch unsere Wirtin schon früh auf sein. Sie wollte uns nämlich in dem Vehikel, das sie Wagen nannte, nach dem Flugplatz fahren. Sie machte sich also mit dem Ankurbeln zu schaffen, aber es wollte nicht klappen — bis ich meinen Maschinisten Zintl damit beauftragte. Tatsächlich sprang der Motor auch sofort an. Wir konnten uns nach all dem Vorangegangenen wiederum des Eindrucks nicht erwehren, daß eine gewisse Absicht vorlag, uns zu weiterem Aufenthalt zu veranlassen.
Auf dem Flugplatz deckten wir die Maschinen ab und ließen die Motoren warm laufen. Es war heller Tag geworden. Gekommen war außer uns noch niemand. Auch der Direktor des Platzes nicht, obwohl er verständigt war. Wir warteten noch eine Weile und entschlossen uns dann zu starten — selbst wenn er sich verspätet hätte, würden wir immer noch durch Funk Verbindung mit ihm aufnehmen können. Wir flogen bereits eine Stunde, ohne daß

wir nach vorn oder nach hinten Verbindung bekommen hatten. Zudem kamen wir über eine geschlossene Hochnebeldecke. In der Nacht waren hier schon Niederschläge heruntergegangen, es hatte sich ein Bodennebel gebildet, der jede Bodensicht unmöglich machte.

Wir flogen eine weitere Stunde und mußten bereits bis auf fünfhundert Kilometer an Mibika heran sein. Die Hochnebeldecke unter uns war nach wie vor geschlossen. Vor uns war der Himmel auch vollkommen überzogen, so daß wir annehmen mußten, in einer Regenzone zu sein. Wir flogen in fünfzehnhundert Metern Höhe. Durch ein kleines Wolkenloch konnte ich für einen Augenblick den Erdboden erkennen. Ich sah einen weißen Kreis. Da Flugplätze mit diesem Zeichen gekennzeichnet wurden, mußte ich annehmen, daß hier eine Landemöglichkeit sei. Aber ich entschloß mich — wir hatten immer noch keine Funkverbindung, weder mit Dodoma noch mit Mibika noch mit Mibaya — meinen Kurs weiterzufliegen in Richtung Mibika. Nach einer weiteren halben Stunde kam ich in bergiges Gelände, in unseren Karten waren aber die Höhen der Bodenerhebungen nicht angegeben. Die Wolkendecken, die obere wie die untere, waren vollkommen zu, so daß ich gezwungen war, blind zu fliegen. Ich war in einem der berühmten und berüchtigten Tropenregen, der hier einmal im Jahre, und zwar im Januar, herunterkommt.

Aber selbst in dreieinhalbtausend Metern Höhe schien mir die Sache nicht geheuer. Ich mußte nach wie vor damit rechnen, einen Berg zu rammen. Außerdem hatte ich immer noch keine Funkverbindung mit dem Zielhafen und infolgedessen auch keine Kenntnis von dem Wetter dort. Ich beschloß, das Wolkenloch, das ich vor dreißig Minuten gesehen hatte, zu suchen. Also — um genau 180 Grad kehrt. Nach einer halben Stunde waren wir wieder über dem Wolkenloch, es mußte dasselbe sein — ich erkannte auch sofort den Kreis, obwohl auf meiner Karte hier kein Flugplatz eingezeichnet war. Gas weg und herunter, kaum dreißig Meter über Grund kam ich aus dem Nebel heraus. Die kleinen Bodenerhebungen rechts und links steckten mit ihren Spitzen noch in der Nebeldecke. Der Platz war nur vierhundert Meter im Quadrat groß, der Boden durch den Regen recht weich, aber trotzdem ging die Landung glatt.

Ein Neger nahm uns sofort in Empfang. Kurze Zeit später kamen zwei junge Engländer im Alter von 20 bis 23 Jahren, von denen sich der eine — wie konnte es anders sein — wieder als Flughafendirektor vorstellte. Ich fragte ihn, was dies für eine Ortschaft sei. Es war Mibaya, das südlichste Dorf im ehemals deutsch=ostafrikanischen Gebiet. Von hier aus war es nur noch ein Sprung nach Rhodesien.

Die jungen Leute machten uns darauf aufmerksam, daß es in der Nacht wohl sehr viel Regen und starken Sturm mit heftigen Böen geben würde. Wir täten gut daran, wenn wir die Maschine fest verankerten, „sonst fliegt Ihnen der Vogel weg!" Nach einer Stunde waren wir mit den Arbeiten fertig. Gerade wollten wir gehen, um in der kleinen Baracke, die uns der Engländer als Quartier angeboten hatte, Wohnung zu nehmen, als ich sah, daß das linke Federbein, das Fahrgestellbein, langsam absackte, und es dauerte nicht lange, da lag die Tragfläche auf dem Rad. Die Gummidichtungsringe, die den Ölschaum im Federbein abdichteten, mußten durch die pralle Hitze, der die Maschine ausgesetzt war, Schaden erlitten haben, so daß der Ölschaum ausgelaufen war. Eine schöne Bescherung! Ich fragte Zintl sofort, ob wir ein Ersatzbein mithätten. Er begann sogleich, in den Ersatzteilen herum= zukramen, die wir für Johannesburg in Mengen an Bord hatten. Er fand auch ein Federbein. Aber hydraulische Hebevorrichtungen hatten wir nicht, der „Flughafendirektor" ebenfalls nicht. Aber er konnte mit einem guten Rat dienen, er machte uns einen ehemaligen deutschen Schmied in der Ort= schaft namhaft.

Unser Landsmann war hocherfreut, uns zu sehen, nur hydraulische Hebel hatte er keine. Es waren aber noch zwei alte Wagenwinden vorhanden, wie die Bauern sie für ihre Karren gebrauchen. Diese stellte er uns natürlich gern zur Verfügung. Wir bekamen auch Holz, mit dem wir die Tragflächen unterbauen, sowie einen alten Autoreifen, mit dem wir die Fläche abpolstern konnten. Da wir immer nur fünfzehn Zentimeter hochzuwinden vermoch= ten, die Maschine aber mindestens um vierzig Zentimeter höher setzen mußten, gab man uns noch einige Benzinfässer, mit denen wir die gewon= nene Höhe unterbauen konnten, um den Heber neu anzusetzen. Alles lief glatt ab — bis auf das Zerschneiden des Hartholzes. Für ein zehn Zentimeter dickes Brett gebrauchten wir bei einem guten deutschen Fuchsschwanz fast eine halbe Stunde. Doch auch das schafften wir mit vereinten Kräften. Nach gut zwei Stunden war das neue Federbein eingesetzt — wir konnten wieder abbocken. Die Sache hätte ein großer Zeitverlust sein können, wenn erst Ersatzteile aus Johannesburg hätten beschafft werden müssen.

Weiterflug bei strömendem Regen

In der Nacht kam dann tatsächlich ein sehr starker Sturm auf, begleitet von Mengen von Regen. Als wir am nächsten Morgen um sechs Uhr zum Start bereit waren, wollte unser englischer Freund uns nicht fortlassen, er be=

153

hauptete, daß wir bei solchem Regen nicht fliegen könnten. Ich beruhigte ihn und sagte ihm, daß wir dann eben blind fliegen würden. Mir fehle nichts, als die Meldung über das Wetter auf dem Zielflughafen. Unser Ziel sollte Salisbury, die Hauptstadt Rhodesiens, sein. Die Wettermeldungen, die wir einholten, besagten: Tropenregen von Mibaya bis Salisbury – das ist eine Strecke von rund tausend Kilometern – eine solche Breite also umfaßte der Tropenregen. Was in unserer Zone im Laufe eines ganzen Jahres an Niederschlägen herunterkommt, fällt dort in der kurzen Zeit eines Monats.

Der Engländer kannte die Strecke ganz genau, er bezeichnete mir auch die Bodenerhebungen, so daß keine Rammgefahr für uns bestand. Wir flogen recht zuversichtlich in die Waschküche hinein. Es goß in Strömen. Von Zeit zu Zeit fingen die Motoren an zu spucken, weil sie bei dem starken Regen hin und wieder Wasser in die Ansaugrohre bekamen. In 3500 Metern Höhe erreichten wir nach vier Stunden im Blindflug Salisbury. Über der Stadt ebenfalls Regen und Wolken in zweihundert Metern Höhe.

Ich ließ mich heranpeilen. Der Platz machte einen europäischen Eindruck: In den Hallen standen Maschinen, und es gab auch Abfertigungsgebäude. Als wir an das Abstellfeld gerollt waren, kamen auch schon ein Zöllner und ein Flugpolizist, der mein Bordbuch verlangte. Er interessierte sich sofort für die vom Flughafenleiter in Mibaya eingetragene Startzeit, die er mit der Landezeit, die er notierte, verglich. Er wollte wissen, ob ich wirklich nur vier Stunden von Mibaya bis Salisbury gebraucht habe. Ich konnte das nur bejahen. Darauf rechnete er wie folgt: „Die Strecke ist 1300 Kilometer lang, die Ju 52 macht etwa 220 Stundenkilometer – es ist unmöglich, daß Sie auf dem vorgeschriebenen Weg schon hier sein können. Sagen Sie mir doch bitte, wie Sie geflogen sind. Sind Sie etwa direkt geflogen, auf der verbotenen Strecke?" Das konnte ich nun leider nicht verneinen. Wir waren tatsächlich auf dieser direkten Strecke geflogen.

Weltkriegsereignisse retteten mich vor Strafe

Mir wurde bedeutet, daß man es zwar bedaure, aber ich müsse dem Polizei= präsidium gemeldet werden. Meine Frau konnte mit meiner Besatzung in die Stadt gehen. Ich durfte den Flugplatz nicht verlassen, bis nach zwei Stunden ein Polizeiwagen erschien und mich zum Präsidium brachte, das – welch unangenehme Nachbarschaft – mit dem Gefängnis in einem Ge= bäude untergebracht war. In einem Zimmer erwartete mich ein Offizier, der sich als Kapitän vorstellte (der Name ist mir entfallen). „Hat Sie der Flug=

hafenleiter von Mibaya nicht darauf aufmerksam gemacht, daß Sie den direkten Weg nicht fliegen dürfen? Wir haben einen Umweg vorgesehen, der über mehrere andere Flughäfen führt, auf denen im Notfall eine Zwischenlandung vorgenommen werden kann. Der Weg, den Sie gewählt haben, führt über große Sumpfgebiete, in denen die Schlafkrankheit zu Hause ist. Hier haben schon mehrfach Maschinen notlanden müssen. Uns bleibt dann die Aufgabe, Expeditionen auszusenden, die ebenfalls großen Gefahren ausgesetzt sind. Das wollen wir im Interesse beider Teile vermeiden. Wir wollen niemanden Schwierigkeiten machen — aber diese Maßnahmen sind gerechtfertigt."

Ich mußte zugeben, daß man mir in Mibaya zwar gesagt habe, daß ich nicht den direkten Weg fliegen solle. Da aber bei der kürzeren Strecke die Gefahr für mich geringer war, hätte ich mich doch entschlossen, sie zu fliegen. Man hätte mir unter den gegebenen Umständen in Mibaya vielleicht die Starterlaubnis nicht geben sollen. Den dreihundert Kilometer weiteren Umweg zu wählen, hätte bedeutet, über eine, sogar fast anderthalb Stunden länger blind zu fliegen. Im Falle einer Notlandung wäre ich so oder so verloren gewesen, denn in dem gebirgigen Gelände wäre ich bei dem starken Tropenregen und einer Wolkendecke, die fast am Boden lag, unweigerlich in einen Berg hineingerannt.

Der Kapitän erkannte meine Gründe teilweise an. Jedoch müßte er mich nach den bestehenden Vorschriften bestrafen. „Na ja", meinte ich, „das ist nun nicht mehr zu ändern." Geld hatte ich genügend bei mir. Ich erwartete also, daß er mir die Höhe der Summe nannte. Statt dessen richtete er die Frage an mich, ob ich schon im Weltkrieg Flieger gewesen sei. Als ich das bejahte, wollte er wissen, an welcher Front. Er erkundigte sich nach Daten und Orten — es ging hin und her. Wir waren an derselben Front gewesen. Als die Rede auf die Typen der Maschinen kam, die wir damals geflogen hatten, stellte es sich heraus, daß er Spads gehabt hatte. Ich sagte ihm, daß ich sechs davon abgeschossen habe. Nach einem betretenen Schweigen aber kam unser freundschaftliches Gespräch wieder in Fluß. Plötzlich erhob sich mein Gegenüber: „Darf ich Sie bitten, mit mir zu kommen?" Wir spazierten durch das Gefängnis. „Sollte er dich hier etwa einsperren wollen?" ging es mir durch den Kopf. Aber wir gingen an den Zellen vorbei und in den Gefängnishof. Dort stand ein wunderbarer Ford V 8. Der Kapitän bat mich, Platz zu nehmen. Die Tore des Gefängnisses wurden geöffnet, wir fuhren Richtung Stadt. Unterwegs meinte mein Begleiter: „Herr Baur, ich werde Sie nicht bestrafen — wir beide sind doch Frontsoldaten. Ich möchte Sie aber bitten, Ihren Kameraden zu sagen, daß sie sich an die Bestimmungen halten

müssen, die zu ihrer und unserer Sicherheit dienen." Das versprach ich ihm.
Vor einem großen Hotel hielten wir. Meine Frau war hier bereits abgestie=
gen, hatte sich erfrischt und wartete auf mich. Mit einem herzlichen Hände=
schütteln verabschiedeten wir uns voneinander.

Die letzten tausend Kilometer

Salisbury machte beinahe einen amerikanischen Eindruck. Am nächsten
Morgen starteten wir bei aufklarendem Wetter nach Johannesburg — es
war noch rund tausend Kilometer von Salisbury entfernt. Schon von weitem
erkannten wir Johannesburg an den typischen riesigen Schutthalden, die sich
in Ost=West=Richtung bis über dreißig Kilometer vor die Stadt schoben und
aus zerstampftem Granitgestein bestanden — Überbleibsel der Goldgewin=
nung. Nachdem wir die Hauptstadt Pretoria — eine reine Gartenstadt —
überflogen hatten, landeten wir nach vier Flugstunden in Johannesburg auf
einem schönen großen Platz, der sich mit einem europäischen wohl mes=
sen konnte.
Vor den Abfertigungshallen kamen über hundert Menschen auf uns zu.
Als sie uns mit Blumensträußen und Begrüßungsworten empfingen, waren
wir verdutzt. Auf der ganzen Strecke hatte ich mich nicht als der Pilot von
Hitler zu erkennen gegeben. Nachdem ich mit kurzen Worten gedankt hatte,
erlaubte ich mir, die Leute nach ihrer Informationsquelle zu befragen. Es
stellte sich heraus, daß Reichsaußenminister von Ribbentrop den deutschen
Gesandten von meiner Ankunft in Kenntnis gesetzt hatte mit der ausdrück=
lichen Bitte, mir einen netten Empfang zu bereiten. Wie ich später erfuhr,
war Hitler es, der Ribbentrop damit beauftragt hatte.
Nach der Übergabe der Maschine erboten sich viele Deutsche, uns aufzu=
nehmen. Da waren die Vertreter großer deutscher Firmen wie AEG, Siemens,
IG=Farben, auch deutsche Ingenieure, die in den Goldbergwerken beschäf=
tigt waren. Da wir niemanden den Vorrang geben wollten, einigten wir
uns, im Hotel Wohnung zu nehmen und unsere Landsleute während der
neun Tage, die uns bis zur Abfahrt des Schiffes verblieben, reihum zu
besuchen.
Am zweiten Tage unseres Aufenthaltes sprach ich vor der deutschen Kolonie
und erzählte von Deutschland. Es waren ungefähr fünfhundert Menschen
erschienen. Kurz vor Schluß der Veranstaltung kam der Kapitän des Schul=
schiffes der deutschen Kriegsmarine „Schleswig=Holstein" mit einigen Offi=
zieren und Mannschaften auf mich zu. Sie erzählten mir, daß sie für den

nächsten Tag zur Besichtigung eines Goldbergwerkes eingeladen worden seien. Sie würden sich freuen, wenn ich mitmachte. Ich sagte zu. Um 9 Uhr fuhren wir in zwei Abschnitten auf zweitausend Meter Tiefe. Ein deutscher Ingenieur hatte es übernommen, uns zu führen und Erklärungen zu geben. Trotz der Frischluft, die nach unten gepumpt wurde, herrschte eine Hitze von ungefähr fünfzig Grad. Halbnackte Neger bohrten und brachten die Sprengladungen an, mit denen das Granitgestein losgebrochen wurde. Alles in allem ein Betrieb wie in jedem anderen Bergwerk. Wir waren froh, als wir der Hitze entronnen waren. Über Tage, im Quetschwerk, wurde das Gestein zu Staub zermahlen, es kam in der Goldwäscherei in riesige Pfannen, die gewonnene Goldmenge wanderte in kleine Schmelzöfen — und das Resultat all dieser mühseligen Arbeit waren dann Barren, mit einem Gewicht von ungefähr fünfzig Kilogramm, nicht ganz so groß wie Ziegelsteine. Diese Barren waren mir gut bekannt. In meiner Lufthansazeit hatten wir oft genug Goldbarren von der Schweiz nach Wien oder von England nach Deutschland transportieren müssen.

Ein Matrose brachte die Engländer in Verlegenheit

In einem Raum waren die Goldbarren aufgestapelt. Der Engländer, der uns begleitete, schien sich seiner Sache sicher, als er demjenigen einen dieser Barren versprach, der ihn mit den Fingern nur einer Hand aufheben könnte. Wir versuchten es alle — die Matrosen natürlich mit ganz besonderem Vergnügen. Da ich immer recht kräftig war, machte ich mich auch daran, aber wie bei allen anderen ohne Erfolg. Nur mit der Kraft der Finger war der glatte Barren nicht zu halten.
Ein Matrose griff als einer der letzten zu. Zu dem einen Meter neunzig großen Mann gehörten Riesenfäuste. Und tatsächlich — er packte einen Goldbarren und trug ihn umher. Dabei schrie er unentwegt: „Das Ding gehört uns, das Ding gehört uns!" Der englische Direktor wurde bleich. Der Kapitän von der „Schleswig-Holstein" wies seinen Matrosen an, den Barren wieder hinzulegen. Wir wollten hier niemand in Verlegenheit bringen. Der Engländer war heilfroh, als das Gold wieder an Ort und Stelle lag. Er meinte, es seien schon unendlich viele Menschen hier gewesen, mit denen er dasselbe Experiment gemacht habe, aber niemand habe bis jetzt einen Barren heben können.
Beim Essen fragten wir, wieviel Gold hier gewonnen würde. Es waren zu dieser Zeit im Jahre für rund sechshundert Millionen Deutsche Reichsmark.

Zutrauliche Löwen im Krüger=Park

Unsere deutschen Landsleute rieten eindringlich zu einem Besuch des Krüger=Parks. Er war ein Naturschutzgebiet, ungefähr von der Größe Bayerns. Was es in Afrika noch an Wild und Getier gab, wurde hier in freier Wildbahn gehalten. Kein lebendes Wesen wurde abgeschossen. Der Vertreter der Siemens=Werke, Herr Vogel, hatte es übernommen, uns mit zwei Wagen hinauszufahren. Die Autostraßen bis zu dem dreihundert Kilometer entfernt liegenden Park waren ausgezeichnet. Wir kamen in den Abendstunden an.

Im Naturschutzgebiet gab es in gewissen Abständen Camps, die aus einer Anzahl Negerhütten bestanden, bis zu zwanzig an der Zahl, und die, mit gußeisernen Bettstellen ausgerüstet, Gelegenheit zur Übernachtung boten. In einem kleinen Restaurationsbetrieb konnte man zusätzlich etwas an Speisen und Getränken kaufen. Im allgemeinen jedoch wurde vorausgesetzt, daß man sich für die Reise verproviantierte. Hier wie unterwegs wurde im Freien abgekocht.

Nachdem wir die Nacht in einem der kleinen Bungalows zugebracht hatten, zogen wir in aller Frühe los. Wir fragten den Wirt, wie wir am ehesten Löwen zu Gesicht bekommen könnten — dies war zunächst mein größter Wunsch. „Die werden Sie bald sehen", meinte er, „heute habe ich das Gebrüll in westlicher Richtung gehört. Ich schätze, daß Sie nach zehn Minuten Fahrt die ersten treffen werden, aber nach höchstens zwanzig Minuten können Sie sie bestimmt filmen. Die Tiere sind ziemlich harmlos, weil sie hier genug Nahrung finden. Nur wenn sie gereizt werden, könnten sie angreifen. Aber eigentlich ist bis jetzt noch nichts passiert."

Wir fuhren los. Neben Sträuchern, die wie unsere Haselnußsträucher aussahen, gab es nur noch hohes Gras und dazwischen große, graue Findelsteine. Auf einmal tauchte ungefähr vierzig Meter vor uns ein Löwe auf, ein prächtiges Tier — riesengroß, wie ich noch keines gesehen hatte. Er lag im Gras und schien zu schlafen. Unsere Fahrzeuge hielten an — ich begann zu filmen. Der Löwe rührte sich nicht, auch nicht, als ich zu schreien anfing. Ich bat meinen Gastgeber, mit der Hupe Lärm zu machen, damit das Tier sich bewege. Wenn ich zu Hause einen so regungslosen Löwen im Film vorführen würde, so würde man sicherlich den Löwen für einen ausgestopften und mich für einen Angeber halten. Aber auch das anhaltende Hupen störte den Herren der Wüste nicht. Ich sprang aus dem Wagen, um näher heranzugehen — aber da hörte ich meine Frau laut schreien: „Hans, schnell, komm!" Ich drehte mich um und sah — eine Löwin mit zwei Jungen, ungefähr fünf

Meter hinter unserem Wagen. Ein paar Sätze, und ich war wieder im Wagen. Die Löwin nahm überhaupt keine Notiz von uns. In anderthalb Metern Entfernung ging sie an uns vorbei. Hinterher trotteten die beiden Jungen — putzig und niedlich. Als sie bei ihrem Gefährten ankam, wendete er ihr den Kopf zu. Dann stand er auf und marschierte mit seiner Familie los — ein wunderbares Bild. Sie kamen direkt auf uns zu und nahmen durch die Lücke, die unsere beiden, im Abstand von drei Metern hintereinander stehenden Fahrzeuge bildeten, zu viert ihren Weg, als sei das die selbstverständlichste Sache von der Welt. Meine Kamera schnurrte, bis sie in den Büschen verschwunden waren.

Ich bat Herrn Vogel, doch noch ein Stückchen nachzufahren. Die Löwin bekamen wir nicht mehr zu Gesicht. Aber der Löwe lief ungefähr zweihundert Meter von uns auf einen Hügel zu. Dort lagen bereits zwei Artgenossen, denen er sich zugesellte. Zu dritt schauten sie ins Tal hinab, uns schenkten sie keine Beachtung. Sie hatten ihr Frühstück bereits hinter sich und waren nun satt und zufrieden. Später entdeckten wir Überreste ihrer Mahlzeit — sie hatten sich an Gnus gütlich getan, die es hier im Krüger=Park in überaus großen Mengen gab. — Meine Aufnahmen waren übrigens ganz ausgezeichnet geworden.

Wir sahen noch viele Tiere: Zebras, gestreifte Hirsche, Antilopen und afrikanische Füchse. Die Affen machten mir beim Filmen die meisten Schwierigkeiten. Zwischen den Affenbrotbäumen hielten sie sich zu Hunderten auf. Aber immer, wenn ich die Kamera hob, stimmten sie ein furchtbares Geschrei an — wahrscheinlich vermuteten sie, ich wolle schießen — und sausten weg.

Der Besuch dieses Parkes machte einen sehr starken Eindruck auf mich. Die Südafrikanische Union hat sich hier ein unvergängliches Denkmal gesetzt. Alle, die es sahen, waren sich in dieser Meinung vollkommen einig. — In der Nacht fuhren wir nach Johannesburg zurück.

Im „Blau=Weißen" nach Kapstadt

Johannesburg liegt auf einem Hochplateau, achtzehnhundert Meter über dem Meeresspiegel. Zu den Schiffen im fünfzehnhundert Kilometer entfernten Kapstadt fuhr ein blau=weißer Luxuszug. Er durchbrauste die Strecke, zum großen Teil riesige Obstplantagen, in 26 Stunden. Selbstverständlich gab es in diesem Zuge, der nur erste Klasse führte, alle erdenklichen Bequemlichkeiten. Der Abschied, den uns die deutsche Kolonie in Johannes=

burg bereitete, war herzlich. In allen Orten, in die wir hinfort kamen, wur=
den wir überaus freundlich empfangen. Die Menschen waren bemüht, uns
in der kurzen, uns zur Verfügung stehenden Zeit, möglichst viel von der
Besonderheit ihrer Heimat sehen zu lassen.

Kapstadt zeigte sich uns im Morgenlicht, in dem wir es erreichten, in seiner
ganzen Pracht und Schönheit: im Hintergrund der Tafelberg, mit Villen
übersät, vor uns das Hafenbecken, eingeschlossen von hohen Bergen und
somit geschützt gegen Wind, Unwetter und Meeresströmungen. Unser Schiff,
die „Ubena" von der Wörmann=Linie, lag bereits im Hafen. Es fuhr in drei
Monaten die Route Hamburg, Mittelmeer, Rotes Meer und um ganz Afrika
herum wieder nach Hamburg.

Nach Kapstadt legten wir zum ersten Mal vor der Lüderitzbucht an. Da sie
eine Sand= und Steinwüste war, ging das Schiff einen knappen Kilometer
vor der Küste vor Anker. Wir wurden mit Booten an Land gebracht. Auch
hier wurden wir bereits erwartet. Unsere Landsleute schleppten riesige Pa=
kete mit Langusten herbei, die der Besitzer einer Konservenfabrik uns zum
Geschenk machen wollte.

Da das Schiff einen Tag Aufenthalt hatte, luden sie uns auch gleich zu einer
Fahrt in die Diamantenfelder ein. Die ganze Gegend war ein einziges ödes
Wüstengelände, bestehend aus Wanderdünen, aus denen hier und da schwar=
zes Basaltgestein hervorragte. Die wenigen Häuser, die es gab, standen alle
auf solchen Felsen. Man sagte uns, daß die Erde für die Blumenstöcke, die
die Fenster zierten, fünfhundert Kilometer weit hergeholt werden mußte.
Die Wohnungen mußten von Zeit zu Zeit immer wieder von dem Dünen=
sand freigeschaufelt werden. Kein Baum, kein Strauch, nicht einmal ein
Grashalm waren weit und breit zu sehen! Seit vier Jahren war kein Tropfen
Regen gefallen. Die Menschen waren in Ernährung und Ausrüstung auf die
Schiffe angewiesen, die regelmäßig vorbeikamen und alles, was zum Leben
gebraucht wurde, mitbrachten.

Ich erkundigte mich, wozu die Strickleitern dienen sollten, die bei unserem
Ausflug mitgenommen wurden. „Sie werden unter die Räder des Fahrzeugs
gelegt", war die Antwort, „falls wir im Sande stecken bleiben!"

„Aussteigen und Bücken verboten!"

Auf unserer Fahrt in die Dünenfelder gab es keinen Steg und keine Straße.
Lediglich Karbidtonnen und leere Benzinfässer wiesen den Weg. Hin und
wieder sahen wir Schilder, auf denen in drei Sprachen — englisch, burisch

n Äquator in Kisumo

Mit meiner Frau und Funker Lecy in Johannisburg vor der Einfahrt in die Goldminen

Hitler mit Chamberlain und Ribbentrop in Bad Godesberg 22./23. September 1938

und deutsch – zu lesen stand: Aussteigen und Bücken verboten! Auf mein Befragen wurde mir erklärt, daß unter dem Sand Diamanten in Mengen lägen, die aber bei dem durch einen ständigen Wind verursachten Wandern der Dünen freigelegt werden könnten. Natürlich war das Mitnehmen verboten, obwohl die Steine hier nicht hoch im Kurs standen. Aber sie waren Eigentum der Gesellschaft, die das alleinige Recht auf Ausbeutung hatte. In dieser trostlosen Einöde stand ein Barackenlager. Es war jedoch leer. Ich erfuhr, daß die Engländer einen Teil der deutschen Diamantenminen geschlossen hatten, nicht weil es in dieser Gegend nicht mehr genügend Diamanten gegeben hätte, sondern weil für den Weltmarkt nur ein ganz bestimmtes Quantum gebraucht werden kann, wenn die hohen Preise gehalten werden sollen. Die paar Hügel, die es hier gab, erwiesen sich als durchgesiebte Sandhaufen. Einige Pferderaufen sprangen ins Blickfeld. Sie enthielten Heu. Die Tiere würden in der eintönigen Wüstenei auch kein Hälmchen finden können.

Walfängerbasis für das südliche Eismeer

Unser nächstes Ziel war die Walfischbai. Schon beim Einfahren sah ich zehn oder zwölf kleine Walfangboote. Von hier aus liefen die Walfangflotten in das südliche Eismeer aus. Auch die einspurige Bahn nach Südwestafrika, nach Windhuk, begann hier. Eine ganze Anzahl deutscher Schüler verließ das Schiff – die Ferien waren zu Ende. Sie waren zu Hause in Kapstadt oder Johannesburg gewesen und mußten jetzt wieder in die deutsche Schule nach Windhuk. Wir luden Erz und Sisalhanf.
Gegen 6 Uhr morgens hörte ich starkes Klatschen auf dem Wasser, es mußte in unmittelbarer Nähe sein. Bei einem Blick durch das Bullauge sah ich neben dem Schiff Haifische von fünf bis sechs Metern Länge. Sie spielten miteinander und sprangen hoch aus dem Wasser. Als ich meinen Filmapparat klar hatte, ertönte die Schiffssirene – die Arbeit begann, wie der Blitz waren die Haie verschwunden. Auf der Fahrt konnten wir später noch oft Haie beobachten, wie sie in gleicher Fahrt mit dem Schiff zogen.
In Lobito – Portugiesisch=Afrika – einem äußerst fruchtbaren Landstreifen, unternahmen wir einen kleinen Urwaldausflug. In einer Palminfabrik sahen wir, wie die Palmkerne enthaart und ausgekocht wurden. Das gewonnene Fett ging zur Weiterverarbeitung nach Europa. An Kap Verde vorbei fuhren wir nach Las Palmaș. Auf den Kanarischen Inseln wurde ich von dem Vertreter der Deutschen Lufthansa, Herrn Kapitän Bertram, in Empfang

genommen. Er ließ uns einen Blick tun in dieses paradiesische Land, das das ganze Jahr hindurch mit der geringen Abweichung von ungefähr vier Grad gleichmäßiges Klima hat. Das warme Meer und warme ozeanische Luft= massen umspülen unentwegt die herrlichen Inseln.

Die Fahrt durch die Biskaya nach Southampton war sehr stürmisch. Wir hatten Windstärke elf! Über Antwerpen kamen wir mit Frühlingsstürmen und miserablem Wetter in Bremen an. Eine Besatzung von mir war gekom= men, um uns nach Berlin zu fliegen. Hitler umarmte mich, als er mich wieder= sah. Meinen Film ließ ich fertigstellen und führte ihn auch Hitler vor, der davon begeistert war. Er hatte zwei Stunden Laufzeit, und ich muß sagen, er war mir recht gut gelungen. Wie versprochen, war ich genau nach zwei Monaten wieder in Berlin. Aber Afrika blieb mir ein unvergeßliches Erlebnis!

Hitler Gast des Königs von Italien

Als Hitler vom König von Italien zu einem offiziellen Staatsbesuch einge= laden wurde, waren die Voraussetzungen zum Fliegen meteorologisch nicht besonders günstig. So entschloß er sich, mit dem Sonderzug nach Italien zu fahren. Wir flogen mit drei Condor=Maschinen nach. Ich nahm in Rom in meinem alten Hotel „Massimi Daceglio" Wohnung. Hier hatte ich als Kapitän der Deutschen Lufthansa Hunderte von Malen übernachtet, und mit dem Besitzer, Herrn Direktor Kiesel, einem ehemaligen Münchener, verband mich schon seit Jahren ein freundschaftliches Verhältnis. Sofort nach meiner Ankunft meldete ich mich bei Hitler im Quirinal, wo man ihm eine Zimmerflucht zur Verfügung gestellt hatte. Nach der Begrüßung sagte Hitler mir: „Stellen Sie sich vor, mein lieber Baur, als Mann des Motors wurde ich am Bahnhof (den man eigens für ihn gebaut und über und über mit Blumen ausgeschmückt hatte) von vorsintflutlichen Sauriern — er meinte Pferde — abgeholt. Ebenso brachte man mich in einer vorsintflutlichen Staatskarosse ins Quirinal. Als ich dieses Fuhrwerk vor mir stehen sah, glaubte ich, in den Staub sinken zu müssen. Aber was will man machen, das ist nun einmal königliche Tradition, und ich mußte mich fügen, aber begeistert war ich nicht." Der Empfang, den man Hitler bereitet hatte, war überwältigend und hatte sicherlich eine schöne Summe gekostet. Bei der Truppenparade am nächsten Tage unterhielt Hitler sich sehr viel mit Musso= lini, den König beachtete er nur soviel, wie unbedingt nötig war. Er brachte auch häufiger zum Ausdruck, daß er in ihm nur einen Bremsklotz sehe, der Mussolini an der Ausführung seiner Pläne hindere. — Der Aufmarsch der faschistischen Organisationen ließ erkennen, daß zweifellos ein gewisser Fortschritt erzielt worden war.

Als Flieger interessierten mich insbesondere die Vorführungen der italienischen Luftwaffe. In Furbara waren große Tribünen aufgebaut worden, auf denen Platz fand, was Rang und Namen hatte. Vor den Zuschauern lag das offene Meer. Die Schauflüge, und zwar Vorführungen im Geschwaderflug, waren zweifellos außerordentlich gut. Nachdem Bomben auf kleinere Erdziele treffsicher zu Fall kamen, war die Reihe an den schweren Bombern. Sie warfen in markierte Städte. Auch diese Würfe lagen gut. Zuletzt wurden zwei Frachtschiffe, die vor uns lagen, bombardiert. Beide Schiffe sanken nach dem Bombenwurf. Böse Zungen behaupteten allerdings, die Schiffe wären nicht durch die aus der Luft geworfenen Bomben versenkt worden, sondern durch von der Erde aus gelenkte Sprengungen. Ich habe nicht erfahren können, ob die bösen Zungen recht hatten. Insgesamt waren die Vorführungen der Luftwaffe sehr eindrucksvoll.

In den Abendstunden sahen wir im Forum Mussolini eine Freilichtaufführung der Oper „Aida". Auch diese Veranstaltung, an der Hunderte von Schauspielern, unter ihnen hervorragende Sänger und Sängerinnen teilnahmen, beeindruckte uns sehr stark.

Hitler zerrt die Königin durch den Saal

An einem Nachmittag wurde ein großes Festessen gegeben. Im Vorsaal wartete ich zusammen mit zweihundert anderen geladenen Gästen auf die Ankunft des Königs, der Königin und Hitlers. Eine große Flügeltür öffnete sich, und ein Sprecher kündigte an, daß Ihre Majestät, die Königin von Italien und der Reichskanzler Adolf Hitler erscheinen würden. Hitler führte die Königin, ein hübsche, große und stattliche Erscheinung, am Arm. Als die Königin den Saal betrat, verneigten sich die Italiener sich sehr tief — ein großer Teil fiel sogar auf die Knie. In dem kleinen Durchgang, durch den Hitler die Königin führte, faßten einige den Rocksaum der Königin, um ihn zu küssen. Als Hitler dies bemerkte, lief er blaurot an. Er zerrte die Königin förmlich vorwärts, um mit ihr möglichst schnell durch den langen Gang zu kommen. Wir dachten bei seinem Anblick, der Schlag würde ihn treffen. Aber er brachte die Königin bis in den Saal, in dem das Festessen eingenommen werden sollte.

Als ich am Abend wieder mit Hitler zusammenkam, erzählte ich ihm von unseren Befürchtungen, daß der Schlag ihn hätte treffen können. „Baur",

meinte er, „das war eine entsetzliche Stunde. Für mich waren diese Hof=
schranzen=Zeremonien schrecklich. Ich werde zu solchen Dingen nie eine Be=
ziehung bekommen. Als ich sah, wie das italienische Volk sich zu Boden
warf, erschien mir das so entwürdigend, daß ich mir einfach nicht anders
zu helfen wußte, als möglichst schnell davonzukommen." Hitler haßte alles,
was mit diesen kriecherischen Zeremonien zu tun hatte.

In Neapel zeigte Mussolini seine Flotte. Hitler war stark beeindruckt. Be=
sonders imponierend waren die Vorführungen von achtzig bis neunzig
U=Booten, sie verschwanden und tauchten wieder auf mit einer überein=
stimmenden Exaktheit, die geradezu verblüffte. Anschließend zeigten Pan=
zer, was sie im scharfen Beschuß leisten konnten. Sie machten auf Hitler
keinen allzu starken Eindruck.

Am Abend zeigten Abordnungen aus allen italienischen Provinzen in Trach=
ten ihre Nationaltänze. Hitler ärgerte sich immer wieder darüber, daß
Mussolini vom König so ganz in den Hintergrund gestellt wurde. Er holte
ihn mehrfach unauffällig, als wenn er sich Fragen beantworten lassen wollte,
zu sich nach vorn an die Seite der königlichen Familie.

Antipathie gegen den Kronprinzen

Hitlers Ablehnung gegen die königliche Familie galt, wie ich feststellen
konnte, auch dem Sohn Umberto. Der Kronprinz wurde im Sommer 1938
mit seiner Gemahlin zu einem Besuch in der Reichskanzlei erwartet. Hitler
beauftragte mich, das hohe Paar nach Mailand zurückzufliegen. Wir starte=
ten bei wunderbarem Wetter in Berlin und flogen bis nach Mailand durch.
Beim Überfliegen der Alpen informierte ich meine Gäste über unseren je=
weiligen Stand, gab Erläuterungen zu der mir innig vertrauten Bergwelt und
nannte die Namen der Berge und Täler. In Taliedo bei Mailand landeten
wir nach einem herrlichen Flug. Beim Abschied sprachen der Kronprinz und
seine Gemahlin mir in herzlichen Worten ihren Dank aus. Der Kronprinz
versprach mir sein Bild, das auch wenige Wochen später durch die italie=
nische Botschaft in Berlin überreicht wurde. Es war in einem silbernen
Rahmen und trug seine Widmung, den Dank für den Flug und die Unter=
schrift des Kronprinzen.

Nach meiner Rückkehr meldete ich Hitler, daß ich seine Gäste wohlbehalten
nach Mailand gebracht hatte. Hitler meinte, daß er die arme Frau sehr be=
dauere, sie hätte unter ihrem Gemahl sehr zu leiden. Die Ehe scheine alles
andere als glücklich zu sein.

Die „Deutschland" wird beschossen

Nach dem Wiedererstehen der deutschen Wehrmacht waren wir recht häufig bei Krupp in Essen. Hitler ließ sich dort informieren und sah sich die neuen Waffen an. Anschließend ging es dann in den meisten Fällen ins Hotel Dreesen nach Godesberg. An dem Abend, den ich hier schildere, hatte Dree= sen für die Gäste Hitlers einen großen Rheinsalm zubereiten lassen, der uns vorher lebend gezeigt worden war. Er wog nicht weniger als fünf= zig Pfund.

Wir freuten uns alle auf das delikate Essen und hatten bereits die Stuhl= lehne in der Hand, um beim Erscheinen Hitlers Platz zu nehmen, als der Marineadjutant, Herr von Puttkamer, ans Telefon gerufen wurde. Auf Hit= lers Anweisung wollten wir seine Rückkehr abwarten, um uns dann gemein= sam zu Tisch zu setzen. Puttkamer erschien bald wieder, um Hitler zu mel= den, daß der Admiral Raeder den Führer sprechen möchte. Uns kam das schon verdächtig vor, da Hitler in den wenigsten Fällen ans Telefon gerufen wurde. Als er nach zehn Minuten zurückkam, rannte er auf mich zu: „Baur, wann können wir frühestens nach Berlin starten?" Ich sah auf die Uhr — 20 Uhr. Meine Antwort: „Um 21 Uhr." „Gut! Dann sofort alles los! Es geht sofort nach Berlin!"

Ich konnte noch in Erfahrung bringen, daß die von den Russen offenkundig unterstützten Rotspanier den Kreuzer „Deutschland" bombardiert hatten. Eine Anzahl Matrosen war dabei getötet worden. Um 21 Uhr starteten wir hungrig und unter Zurücklassung des Salms nach Berlin, wo wir um 23 Uhr landeten. Um 23 Uhr 30 kam ich in die Führerwohnung. Hitler saß im Pförtnerraum. Er wartete auf die ersten Zeitungen, die ihm schon um diese Zeit zugestellt wurden, ehe sie am Morgen erschienen.

In dem Augenblick, da ich hereinkam, hatte er gerade das erste Blatt in der Hand. Als er mich sah, sagte er: „Aha, Baur, schon da?" „Jawohl — ich habe mächtigen Hunger und möchte etwas zu essen haben!" „Gehen Sie nur in den Speiseraum, ich komme gleich nach!" Kurz darauf kam Hitler dann auch in den Speisesaal. Er sagte zu mir: „Die Russen haben die ‚Deutschland' bombardiert. Jetzt heißt es schnellstens handeln, damit solche Ausfälle sich nicht wiederholen. Sie sehen, Baur, wie wichtig es ist, daß ich Sie dauernd bei mir habe. Man kann nie voraussehen, was kommt. Dadurch, daß wir so schnell in Berlin waren, ist bereits alles entschieden und läuft seinen Gang. Welch ein Zeitverlust wäre es gewesen, wenn ich im Sonderzug nach Berlin zurückgemußt hätte!" Bei unserer Ankunft hatte Raeder Hitler be= reits mit dem notwendigen Kartenmaterial erwartet und ihm genauestens

Bericht gegeben. Er informierte ihn auch über den Standort der deutschen Schiffe, die an den deutschen Unternehmungen beim spanischen Bürgerkrieg beteiligt waren. Hitler befahl, als Gegenmaßnahme die rotspanische Stadt Almeria zu beschießen.

Er äußerte die Ansicht, daß es unsinnig sei, hier erst diplomatische Maßnahmen einzuleiten. Hier helfe nur entschlossenes Handeln. Das der Stadt am nächsten liegende Schiff bekam den Befehl, am kommenden Morgen die Beschießung durchzuführen. Hitler war überzeugt, daß er nach den Gesprächen mit der Marineleitung richtig gehandelt habe. Wenige Tage später sagte er mir, daß die Auslandspresse sich zu dem deutschen Gegenschlag verhältnismäßig ruhig verhalten habe. Es habe ihm auch niemand ernsthaft das Recht zu dieser Maßnahme streitig machen können.

Hitler empfängt Kardinal Innitzer

Am 12. März 1938 wurden den Zeitungsverkäufern der Frühausgaben die Blätter fast aus der Hand gerissen. Die Ereignisse in Österreich bewegten das ganze deutsche Volk. Ich ließ für den Flug neun Ju 52 klar machen. An Bord der Maschinen befanden sich Hitlers ständige Begleitung und seine Mitarbeiter — außerdem noch eine Anzahl von Männern, die Hitler für Aufgaben in Österreich mit hinzugezogen hatte. Um 8 Uhr 10 starteten wir in Berlin — gegen 10 Uhr 30 kamen wir in München an. Hitler fuhr mit einer Wagenkolonne weiter. Ich flog nach Wien und meldete mich im Hotel „Imperial", wo Hitler schon am 14. März Wohnung genommen hatte.

In den frühen Morgenstunden des nächsten Tages wurde Kardinal Innitzer bei Hitler gemeldet. Vor dem Hotel stauten sich riesige Menschenmassen. In einem Wagen fuhr der Kardinal mit seiner Begleitung vor. Hitler wohnte im ersten Stock. Wir standen auf dem Flur, um zu sehen, wie Hitler den Kardinal empfangen würde. Hitler kam Innitzer bereits in der Tür entgegen. Er machte eine tiefe Verbeugung, wie ich sie bei ihm sonst nie gesehen habe. Auch der Kardinal war äußerst liebenswürdig und zuvorkommend. Der Abschied nach Abschluß der Besprechung war ebenfalls betont herzlich.

Hitler war über das Ergebnis dieser Unterredung sehr zufrieden, er äußerte sich, daß es gelungen sei zu erreichen, daß in Österreich Friede mit der Kirche herrsche. Hitler hatte dem Kardinal einige Zusicherungen gegeben, die wohl als ausreichend angesehen wurden. So war zwar Hitlers Erscheinen in Österreich der Kirche nicht direkt erwünscht, aber es wurde auch nicht ausdrücklich abgelehnt. Am Nachmittag fanden große Kundgebungen im Burggarten statt. Die Begeisterung der Bevölkerung war geradezu unbeschreiblich. Ich habe so etwas vorher und auch nachher nicht gesehen. Nachdem Hitler noch Besprechungen mit Persönlichkeiten hatte, die in Österreich führende Stellungen übernehmen sollten, flogen wir nach Berlin zurück.

Chamberlain in Godesberg

Mit der Tschechenkrise trieben die Ereignisse einem Höhepunkt entgegen, der uns alle erregte. Wir fühlten, daß hier wirklich alles auf des Messers Schneide stand. Wir flogen nach Godesberg, wo die Besprechungen zwischen dem englischen Ministerpräsidenten und Hitler stattfinden sollten.
Im Hotel Dreesen befand sich im Erdgeschoß, neben den Empfangsräumen, ein kleiner Nebenraum, der durch die Glastür von außen zu übersehen war. Hier trafen Chamberlain und Hitler zusammen. Wir standen als Beobachter draußen und konnten wie Zuschauer eines Stummfilms aus Mimik, Gesten und Handlungen erraten, was drinnen gespielt wurde. Nach der gegenseitigen Begrüßung folgten wie üblich die Besprechungen. Dann sahen wir, wie sehr viel Kartenmaterial auf den Tisch kam und mit diesem Zeitpunkt die bisher normal geführte Unterhaltung äußerst lebhaft wurde, ja es war sogar zu erkennen, daß Chamberlain mit den Vorschlägen Hitlers durchaus nicht einverstanden war. Aber Hitler redete ununterbrochen auf den englischen Staatsmann ein. Er deutete immer wieder auf die Karte und sprach sehr impulsiv — wir brauchten ihn gar nicht zu hören, wir konnten uns nach unseren Erfahrungen vorstellen, was in dem kleinen Zimmer vor sich ging. Wir befürchteten ernsthaft, daß die Besprechungen, schon in ihrem Anfang gestört, kein günstiges Ergebnis zeitigen würden.
Am nächsten Tage erschien Chamberlain nicht. Er ließ Hitler wissen, daß er leicht erkrankt sei. Hitler bot dem englischen Premier sofort seinen Leibarzt, Dr. Morell, an. Man dankte, lehnte jedoch ab. Am Nachmittag kam er bereits wieder vom Petersberg, wo er Wohnung genommen hatte, herunter. Die Besprechungen wurden fortgesetzt. Es kam dann doch noch zu der bekannten Einigung. Hitler war darüber sehr zufrieden und glücklich.
In dieser Zeit äußerte er immer wieder seine Bewunderung für die kluge Politik der Engländer. Die Unterredung mit Chamberlain gab ihm erneut Auftrieb in der Verfolgung seines Planes, England und Italien zu Freunden zu gewinnen. Wiederholt meinte er: „Wenn wir zu einem Bündnisverhältnis

mit den Engländern und Italienern kommen, dann können wir unser Reich einrichten, wie wir wollen." Bei jeder Gelegenheit brachte er englischen Besuchern gegenüber zum Ausdruck, daß, wenn man ihm in Europa nur freie Hand lassen würde, er die weltpolitische Stellung der Engländer in keiner Form und in keinem Falle schmälern wollte. Sein Flottenabkommen, viele Gespräche mit führenden englischen Persönlichkeiten und eine Reihe anderer Versuche durch Mittelsmänner dienten zweifellos diesem Ziel. Nach seinen Worten war es nicht sein Ehrgeiz, die stärkste Flotte der Welt zu haben, sondern er wollte nur so viele Schiffe bauen, als er für die Verteidigung des Landes und der Kolonien — die er von England in Kürze zurückzuerhalten hoffte — brauchen würde. Auch bei Tischgesprächen wies Hitler sehr oft darauf hin, daß die Engländer nach seiner Auffassung in ihrer weltpolitischen Arbeit vorbildlich seien. Das Freundschaftsverhältnis mit England geisterte immer wieder durch seine Gedanken und Worte, und es besteht wohl kaum ein Grund zu bezweifeln, daß es ihm damit ernst war.

Erst viel später hat Hitler diesen seinen Wunsch begraben. Es ist heute natürlich müßig festzustellen, daß vermutlich einiges anders gekommen wäre, wenn ein gutes Verhältnis zustande gekommen wäre. Tatsache scheint zu sein, daß bei zwei nach Weltmacht strebenden Mächten die egoistischen Interessen sich so überschneiden, daß ein Einiggehen so gut wie unmöglich ist. Erleben wir doch heute in der Welt tagtäglich das Gleiche in höchstkonzentrierter Form!

Morell spritzte den tschechoslowakischen Präsidenten Hacha

Schon bald nach der Besetzung Österreichs äußerte Hitler die Ansicht, daß der Keil, mit dem die Tschechei sich jetzt in das Reichsgebiet vorschiebe, in irgendeiner Form beseitigt werden müsse. Er glaubte dabei die Tatsache ausnutzen zu können, daß Tschechen und Slowaken sich spinnefeind waren. Nachdem sich die Slowakei unter Tiso als selbständig erklärt hatte, meldete sich der Präsident der tschechoslowakischen Republik im Frühjahr 1939 zum Besuch in Berlin an. Hacha, ein kleines, bescheidenes Männchen, machte bei seiner Ankunft einen sehr aufgeregten Eindruck — wahrscheinlich wußte er, daß die Verhandlungen nicht einfach sein würden. Professor Morell erzählte mir auch später, daß sie sofort dramatisch begannen. Gegenüber der rücksichtslos ausgesprochenen Forderung Hitlers, die Tschechei dem „Reich" einzuverleiben, leistete Hacha energisch Widerstand, er wollte unter keinen Umständen sein Einverständnis dazu geben. Als er aber einsah, daß es zu

einem Blutvergießen kommen würde, bei dem Hitler sein Ziel ohnehin er=
reichen würde, gab der Präsident schließlich schweren Herzens seine Zu=
stimmung. Dann brach er völlig in sich zusammen.

Morell gab Hacha mehrere Spritzen, um ihn am Leben zu erhalten. Er
äußerte, er habe gewisse ernste Bedenken gehabt. Als die Spritzen wirksam
wurden, erholte der Präsident sich doch wieder soweit, daß er die Reichs=
kanzlei verlassen konnte. Der Vertrag war abgeschlossen.

Deutsche Truppen schon an der Grenze

Als Hacha die deutsche Reichskanzlei verließ, standen die deutschen Trup=
pen schon an der Grenze. Hitler ließ sie marschieren. Er setzte sich in seinen
Sonderzug, um mit seinen Truppen in Prag zu sein, möglichst noch vor
Hacha. Ich bekam Befehl, nach Prag zu fliegen und dort zur Verfügung zu
stehen. Als ich mit einer Anzahl Ju 52 — unter anderen flog auch der da=
malige Reichsinnenminister Dr. Frick mit mir — in Prag ankam, war Hitler
schon auf dem Hradschin. Er erklärte uns hier die „geschichtliche Rolle",
die der Hradschin in der Vergangenheit des deutschen Reiches gespielt habe.
Diese Rolle solle nun neu übernommen und fortgesetzt werden.
Die Tschechen hatten das Gebäude zum größten Teil geräumt. Es waren
nur noch einige Möbelstücke vorhanden. Auch das Personal war nicht mehr
da. Es wurde nur notdürftig Küche gemacht und der große Speisesaal pro=
visorisch hergerichtet. Nach Ausrufung des Staates Böhmen und Mähren
als Protektorat des Großdeutschen Reiches flog Hitler nach Berlin zurück.

Hitler auf Helgoland

Die Deutsche Arbeitsfront hatte bekanntlich zwei 26 000=Tonnen=Schiffe
bauen lassen, die für Urlaubsfahrten eingesetzt werden sollten. Robert Ley
war Hitler einige Male angegangen, mit einem der beiden Schiffe eine Fahrt
mitzumachen. Hitler sagte zu, an einer Zwei=Tage=Fahrt teilzunehmen. Wir
flogen nach Bremerhaven und gingen an Bord des Flaggschiffes der so=
genannten KdF=Flotte „Robert Ley". Es waren bereits tausend Personen an
Bord des Schiffes, das zu seiner Jungfernfahrt ausfuhr. Hitler besichtigte
zunächst die Inneneinrichtung mit mehreren großen Speisesälen, Sportsälen,
Theatersaal, Tanzsaal, Kino, Bibliothek, Schwimmbädern und einem großen
Promenadedeck.

Während der Fahrt in die Nordsee begleiteten uns zwei Zerstörer, die un=
unterbrochen vor= und zurückflitzten. Es war ein sehr schönes und immer
wieder interessantes Bild, wenn die schnellen Schiffe in hoher Fahrt an uns
vorbeifegten. Ungefähr auf der halben Strecke nach Helgoland wurde über
Lautsprecher bekanntgegeben, daß sich uns ein U=Boot nähere. Die Passa=
giere wurden aufgefordert, Ausschau zu halten, ob sie das Periskop aus=
machen könnten. Aber erst als das Boot bereits bis auf zweihundert Meter
an den „Robert Ley" herangekommen war, konnte man in der bewegten
See den feinen, weißen Schaumstreifen erkennen. Dieser Streifen kam bis
auf vierzig Meter an das Schiff heran. Erst dann tauchte das U=Boot plötz=
lich auf. Die Luken wurden geöffnet, ein Teil der Besatzung sprang heraus
und grüßte. Wie der Blitz verschwanden sie wieder, die Luken schlossen
sich — das Boot tauchte weg.

In Helgoland gingen wir an Land. Hitler interessierte sich besonders für die
Neubauten innerhalb der Befestigungsanlagen. Es wurde zu dieser Zeit an
großen unterirdischen Anlagen für schwere Geschütze gebaut.

Als wir nach Hamburg zurückgekehrt waren, fragte der Münchener Gau=
leiter mich nach meinem Flugziel. Ich hatte Hitler nach Berlin zu bringen
und am nächsten Tage wichtige Angelegenheiten in München zu erledigen.
Wagner schlug vor, einen Teil der Passagiere aus München nach dort zu
fliegen. Hitler gab seine Zustimmung. Die Münchener fuhren also mit dem
Zug nach Berlin, von wo aus ich die sechzehn, die die Maschine aufnehmen
konnte, nach München brachte. Das Wetter war „durchwachsen" mit Regen
und Wind — aber ich habe alle heil und wohlbehalten in ihrer Vaterstadt
abgeliefert.

In der zurückschauenden Betrachtung erscheint mir die bis hierher geschil=
derte Zeit meines Lebens als die schönste. Ich hatte teilhaben dürfen am
Beginn und dem Aufbau der Fliegerei. Mit uns — den wenigen Fliegern,
die wir im Anfang dabei waren — war alles gewachsen. Aus den unsicheren
„Kisten", in denen wir uns dennoch wie Könige vorkamen, waren Maschi=
nen geworden, die sich stolz und sicher in die Luft erhoben — Meisterwerke
der Technik, Zeugnisse menschlichen Erfindergeistes. Als Verkehrsflieger
hatten wir mitgeholfen, eine wichtige Erfindung in den Dienst der Mensch=
heit zu stellen.

Meine Kameraden flogen jetzt auf allen Strecken, die Länder und Erdteile
miteinander verbanden. Die Deutsche Lufthansa hatte sich in Deutschland,
in Europa und in der Welt einen Namen gemacht. Wir durften zusammen
mit den Erfindern und Technikern stolz auf das gemeinsame Werk sein.

Der fliegerische Aufschwung in den vergangenen beiden Jahrzehnten — vom Ausgang des ersten Weltkrieges bis 1939 — war geradezu enorm. Die wechselnden politischen Verhältnisse interessierten uns weniger, obwohl auch wir glaubten, daß Deutschland sich in einem Aufbau ohnegleichen befände. Wir flogen weiter, ich an meinem Platz, meine Kameraden auf ihren Routen oder aber als Einflieger für deutsche Werke. Und doch vollzog sich beinahe unmerklich in der Fliegerei ein Wandel, als sie in den Dienst der Aufrüstung gestellt wurde. Es ging nicht mehr in erster Linie um eine möglichst schnelle und bequeme Beförderung von Passagieren, sondern um den Transport von Bomben, um die Herstellung von „Fliegenden Festungen" mit noch mehr Waffen und noch mehr und immer größeren und in ihrer Wirkung verheerenderen Bomben. Wir aber waren Piloten und keine Politiker. Wir überschauten die Dinge vielleicht nicht in ihrer ganzen Tragweite. Und so flogen wir weiter, als das Fliegen — mit dem Ausbruch des zweiten Weltkrieges — längst einen anderen Sinn bekommen hatte.

Zwischen Stalingrad und den Pyrenäen —
ohne Flugzeug im Bunker der Reichskanzlei

Mit Ribbentrop nach Moskau

Ich hatte mich an Überraschungen gewöhnt. Als ich aber auf den Obersalz=
berg bestellt wurde und Hitler mir dort sagte: „Baur, Sie müssen in den
nächsten Tagen mit Ribbentrop nach Moskau fliegen", da war das doch ein
Auftrag, der auch mich in einige Aufregung versetzte.

Es war vorgesehen, daß ich mit 35 Mann nach der russischen Metropole
fliegen sollte. In jeder der für diesen Zweck bereitgestellten Focke=Wulf=
Condor=Maschinen konnten 18 bis 20 Personen aufgenommen werden. Am
Spätnachmittag des 21. August 1939 flog ich zum Flugplatz bei Reichenhall=
Ainring. Ribbentrop war mit seinem Gefolge auf seinem Landsitz bei Fuschl.
Kurze Zeit nach meiner Ankunft kam er dann auch mit seinem Stab und
zwei Lastkraftwagen voll Koffern und Gepäck. Wir verstauten alles, und die
Maschinen waren schwer beladen. Das hatte zur Folge, daß ich nur mit
äußerster Anstrengung aus diesem kleinen Flugplatz herauskam. In Kö=
nigsberg wurde übernachtet und am nächsten Morgen sollte es weitergehen.
Wir waren schon früh an unseren Maschinen, um alles herzurichten. Die
Russen hatten den Flugweg genau vorgeschrieben, und zu unserer Über=
raschung ging es nicht auf direktem Wege nach Moskau. Wir umflogen
Polen und nahmen Kurs über Dünaburg, Welikije Luki nach Moskau. Zur
vorgesehenen Zeit verließen wir den ostpreußischen Flughafen und waren
nach einer Flugzeit von 4 Stunden und 15 Minuten über dem „Äreo=Port"
der Stadt an der Moskwa. Als wir den Flugplatz noch umkreisten und ich
hinuntersah, dachte ich, Donnerwetter, was ist denn hier los. Ich sah Dut=
zende von sowjetischen und Hakenkreuzfahnen im Winde flattern, außer=
dem erkannte ich eine stattliche Ehrenkompanie und einen Musikzug mit
blinkenden Instrumenten.

Als wir nach der Landung zum Abstellplatz gerollt waren, verließ Reichs=
außenminister von Ribbentrop als erster die Maschine. Er wurde vom
Außenminister der Sowjetunion, Molotow, herzlich begrüßt. Der Musikzug
intonierte die Nationalhymnen, und Ribbentrop schritt mit erhobenem Arm
die Front der Ehrenformation ab. Die Herren bestiegen dann die bereitge=
stellten Fahrzeuge zur Fahrt in die Stadt. Ribbentrop wohnte beim deut=
schen Botschafter von der Schulenburg, seine Begleitung wurde in Hotels
untergebracht.

Ich blieb selbstverständlich auf dem Flugplatz. Dort waren unsere Maschinen
inzwischen vielbestaunter Mittelpunkt geworden. Die Focke=Wulf Condor
war in der ganzen Welt durch ihre Non=stop=Flüge von Berlin nach New
York und zurück und nach Ostasien bekanntgeworden. Die Maschinen

machten auch in ihrer äußeren Erscheinung einen sehr guten Eindruck, in ihrer aerodynamischen Formgebung waren sie vollkommen und zweifellos gehörten sie zu den schönsten Maschinen, die es damals auf der Erde gab. Das russische Fachpersonal machte auch aus seiner Bewunderung keinen Hehl. Mein Maschinist holte sich den Werkmeister des Flughafens heran und bat ihn, uns Leute zur Verfügung zu stellen, um die Maschinen für den nächsten Tag startklar zu machen. Der Werkmeister sprach verhältnismäßig gut deutsch, er war früher als Bordmaschinist auf der Strecke Königsberg–Moskau eingesetzt gewesen. Er brachte sofort das notwendige Personal heran, und die Arbeit begann.

Die Hauben wurden abgedeckt und die Motoren gewaschen. Eine Frau kam in die Kabine, um dort Ordnung zu schaffen. Wir hatten für die Polster kleine Staubsauger an Bord, die an die Batterie angeschlossen werden konn=ten. Der Maschinist zeigte der Frau solch einen Staubsauger, aber diese wußte mit dem Ding nichts anzufangen. Erklärungen in deutscher Sprache nützten natürlich nichts. So warf mein Maschinist wie ein gewiegter Staub=saugervertreter Asche auf den Boden und sog sie mit dem Apparat wieder auf – das zündete, und die Frau strahlte über das ganze Gesicht.

Es ist gar nicht so einfach, Proviant los zu werden

Wie immer, so hatten wir von unserem Reiseproviant etliches übrigbehal=ten: Brötchen, Kekse und Schokolade, alles hübsch verpackt. Mein Maschi=nist Zintl wollte nun der Reinemachfrau und den Monteuren etwas zu essen anbieten. Überall, wo wir bis jetzt gelandet waren, wurden wir unsere appe=titlichen Gaben reißend los. Diesmal kam aber Zintl zu mir und sagte: „Herr Baur, die Frau und auch die Monteure wollen unsere Brötchen nicht!" Der Werkmeister, dem ich klarmachte, daß wir am nächsten Tag neuen Proviant fassen würden und daß wir Brötchen und Schokolade abgeben wollten, lächelte nur und sagte: „Danke, wir haben zu essen!" Auf meinen Einwand, daß es sich gar nicht darum handle, ob sie hier zu essen hätten oder nicht, sondern nur darum, daß wir die Brote nicht verderben lassen wollten und daß er wahrscheinlich nur seine Genehmigung zu geben brauche, erklärte der Werkmeister nur: „Das sei leider verboten und er könne daran nichts ändern!" Wir haben dann Brötchen, Schokolade und Keks wieder in den netten Korb gepackt und in der Halle auf eine Werkbank gestellt. Den leeren Korb haben wir uns dann am nächsten Morgen wiedergeholt. So kamen unsere Sachen doch noch an den Mann.

Mit Stehleitern, wie sie Maurer und Anstreicher benutzen, und schwarzen Kästen bewaffnet, rückten plötzlich ungefähr 15 Männer auf die Maschinen an. Sie waren alle ziemlich schlecht gekleidet, und die Kästen, die sie mit sich führten, entpuppten sich als Fotoapparate. Einer der Fünfzehn fragte mich, ob es gestattet sei zu fotografieren. Selbstverständlich! Das besorgten sie emsig und von allen Seiten. „Kann die Maschine am Schwanz nicht hoch= gebockt werden?" „Selbstverständlich!" Das geschah, und wieder wurden von allen Seiten Aufnahmen gemacht. Der Chef der Fotografen sah dann durch die geöffnete Tür in die Kabine und entdeckte dort die hübsche Pantry, unseren Geschirrspül- und Kühlkasten, in dem alles unterge= bracht war, was wir während der Reise gebrauchten. Ebenso schaute er in den hinteren Raum mit den mit grünem Brokatstoff überzogenen Sesseln und Tischchen. Er meinte: „Hier darf man wohl nicht hinein?" „Selbstver= ständlich dürfen Sie, wenn Sie mit Ihren großen Kästen Platz finden!" Emsiges Fotografieren in der Maschine, wobei der Deutschsprechende auch einen Blick in den Führerstand warf. „Das ist wohl Ihr Heiligtum? Aber da kann man sicherlich nicht fotografieren?" „Selbstverständlich können Sie auch dort Aufnahmen machen. Die Maschine ist längst nach vielen Ländern verkauft worden und heute kein Geheimnis mehr!" Er sah mich erstaunt an und mühte sich dann ab, seinen schweren Kasten im vorderen Führersitz in Stellung zu bringen. Höchst zufrieden zog dann der ganze Haufen unter wiederholten Dankesbezeigungen ab.

Wir hatten abgemacht, daß nur Liehr, der Flugkapitän der Begleitmaschine, und ich in die Stadt fahren sollten. Wir würden bei Herrn Oberst Köstring, dem damaligen Militärattaché, wohnen. Die übrigen Männer wollten in der Maschine bleiben. Dort konnten sie verpflegt werden, für Unterhaltung durch Radio war auch gesorgt, und sie konnten gleichzeitig die Maschinen bewachen, denn wir hatten doch gewisse Bedenken. Als wir losfahren woll= ten, kam ein Zivilist auf uns zu und erklärte mir in gutem Deutsch, er sei von der GPU (den Namen MWD legte sich diese Organisation erst gute zwei Jahre später zu) und damit beauftragt, für die Bewachung der beiden Maschinen Sorge zu tragen. Ich dankte, sagte ihm aber, daß wir selbst bei unseren „Vögeln" wachen wollten, er könnte also ruhig wieder nach Hause gehen. Der Mann von der GPU berief sich aber auf den Auftrag seiner Re= gierung, nach dem er uns eine Halle, die geräumt worden war, zur Ver= fügung zu stellen hatte. Die Halle sollte vor meinen Augen verschlossen und mir der Schlüssel übergeben werden. Die Bewachung übernahm dann das Kommando der GPU, das schon mit unserem Zivilisten angerückt war. Wir waren Gäste der russischen Regierung und es war schwer, dieses Angebot abzuschlagen. Ich nahm also an, die Maschinen wurden in die Halle geschoben und nachdem alles dicht gemacht worden war, konnten wir in die Stadt fahren.

Ein Herr von der Botschaft war nach dem offiziellen Empfang zurückgeblieben, um jedem von uns zweihundert Rubel auszuzahlen, damit wir notfalls etwas Geld in der Tasche hätten. Ich sagte ihm, daß ich den Auftrag hätte, mit Trinkgeldern nicht kleinlich zu sein, daß ich hier die Verantwortung für die Maschinen trüge und daß ich sicherlich mit diesem Geld nicht auskommen würde. Ich erfuhr dann, daß in Rußland das Trinkgeld „abgeschafft" worden sei und daß ich bestimmt keine Gelegenheit bekommen werde, Trinkgelder an den Mann zu bringen. Es wurde mir aber gesagt, daß uns selbstverständlich im Bedarfsfalle weiteres Geld zur Verfügung stünde. Wir fuhren also in die Stadt.

Liehr und ich kamen zu Herrn von Köstring, die übrigen Besatzungsmitglieder in das Hotel „National", ein bekanntes Intourist=Hotel. Wir wurden herzlich empfangen. Herr von Köstring bat mich, nicht mit deutschen Augen herumzusehen, manche Reparatur sei nicht ausgeführt, und es sei beispielsweise für die Ausbesserung eines Lichtschalters keine Arbeitskraft zu bekommen. Erst später ist mir die Berechtigung dieses Hinweises klar geworden.

Nachdem wir uns gewaschen und umgezogen hatten, wurde das Essen serviert. Wir fanden, daß alles recht europäisch aussehe. Herr Köstring, der uns im Speiseraum erwartet hatte, sagte mir dann: „Herr Baur, Sie werden lachen, aber es ist wirklich so. Alles was Sie hier sehen, mit Ausnahme des Kaviars, ist nicht von hier. Wenn wir Gäste bekommen, so wie Sie, die vorher angemeldet wurden, dann schicken wir Telegramme an unsere diplomatischen Vertretungen in Polen und Schweden. Aus Warschau bekommen wir Fleisch, Mehl und alle Rohprodukte, aus Stockholm lassen wir uns all die netten Dinge kommen, die Sie hier sehen. Hier ist alles viel zu teuer, wir kommen bei der genannten Handlungsweise wesentlich billiger davon."

Ich erinnerte mich dann auch eines Vorfalles, den ich einmal in Königsberg erlebt hatte. Der Flugkapitän Hoffmann, der zu dieser Zeit die Strecke Königsberg—Moskau beflog, war mit der aus Moskau kommenden Maschine gelandet, als er nach einer Weisung des Flugleiters Krüger sofort wieder nach Moskau zurückfliegen sollte, weil etliche Passagiere und sehr viel Post vorhanden und die russische Maschine an diesem Tage nicht flugklar war. Hoffmann erklärte, er könnte nicht sofort zurück, weil er nichts zu essen hätte. Es fuhr dann sofort ein Taxi los und in Königsberg wurde erst ein=

gekauft. Auf meine erstaunte Frage, wieso er in Moskau kein Essen bekäme, antwortete mir Krüger, daß er es schon bekommen könnte, daß dies aber viel zu teuer wäre, so daß es auch von der Deutschen Lufthansa nicht bezahlt werden könnte. Die mitgenommenen Lebensmittel wurden drüben den russischen Familien ausgehändigt, bei denen die Besatzungsmitglieder wohnten, und diese bereiteten dann das Essen zu.

Selbstverständlich wollten wir uns auch die Stadt ansehen. Wir bekamen eine Baltendeutsche aus der deutschen Botschaft als Dolmetscherin und Begleiterin mit. In einem Auto der russischen Regierung fuhren wir los. Als wir das Gebäude verließen, machte unsere Begleiterin uns auf die „Drei-Buchstaben-Männer" (die Polizei: GPU) aufmerksam. Sie erläuterte uns, was jetzt geschehen würde: „An der Häuserecke ist ein kleines Kästchen angebracht und in diesem befindet sich ein Telefonapparat. Gleich wird dieses Kästchen geöffnet werden, der Posten meldet seiner Dienststelle, daß der Wagen mit der und der Nummer losgefahren ist, die Richtung wird angegeben, dazu die Personenzahl und, wenn die Insassen bekannt sind, auch die Namen." Außerdem — so erklärte uns die Baltendeutsche weiter — werden wir eine Begleitung bekommen, die in 50 bis 100 Meter Entfernung hinter uns bleiben wird, um zu sehen, was wir in Moskau machen.

Wir wurden noch einmal darauf aufmerksam gemacht, daß fotografieren verboten wäre. Aber darüber hatten wir ja schon auf dem Flugplatz einen längeren Disput gehabt, als Zintl mir den Filmapparat und die Leica herausgeben wollte. Unser Begleiter von der Botschaft sah das: „Um Gottes willen, Herr Baur, nur nicht fotografieren!" Ich sagte, daß ich dies hier auf dem Flugplatz ja auch gar nicht vorhätte, aber in der Stadt würde doch wohl niemand etwas dagegen haben können. Ich habe dann meine Geräte aber doch wieder zurückgegeben, als ich erfuhr, daß ich dadurch möglicherweise schwere Verwicklungen heraufbeschwören könnte. Wir beruhigten unsere Begleiterin: wir würden nicht fotografieren.

Nachdem wir uns den Kreml angesehen hatten, fuhren wir auf eine Höhe, von der wir einen wunderbaren Blick auf Moskau hatten. In der deutschen Botschaft, in die wir nach unserer Fahrt kreuz und quer durch Moskau zurückkehrten, blieben wir noch bis lange nach Mitternacht. Gegen halb ein Uhr wurde Hitlers Leibfotograf, Heinrich Hoffmann, in den Kreml geholt. Er sollte die abschließenden Szenen im Kreml, das Gespräch zwischen Stalin und Ribbentrop im Bild festhalten. Hoffmann äußerte sich später sehr begeistert über den Empfang. In den frühen Morgenstunden fuhren wir zum Flugplatz, um die Maschinen startklar zu machen und in einem ausgiebigen Probeflug genauestens zu kontrollieren.

Unser Geld sind wir nicht losgeworden!

In Moskau hatten wir keinerlei Gelegenheit etwas zu kaufen. Die Mit=
glieder der Besatzungen gaben mir deshalb ihr Geld zurück. Ich hätte es nun
aber doch noch gern an den Mann gebracht, denn bisher hatte ich lediglich
zweimal zwanzig Rubel als Trinkgeld loswerden können. Auf der Fahrt
zum Flughafen bat ich unsere Begleiterin von der deutschen Botschaft, sie
möchte doch dem Fahrer, der den ganzen Tag und die halbe Nacht gefah=
ren hatte, zweihundert Rubel geben. Sie war davon überzeugt, daß er das
Geld nicht nehmen würde. Ich erwiderte aber, er sähe nicht so aus und bat
sie, es zu versuchen. Sie reichte dem Fahrer das Geld nach vorn. Aber da
begann ein fürchterliches Donnerwetter. Mit den Händen fuchtelnd schimpfte
der Russe los. Die Dolmetscherin erklärte mir, was er sagte: Ob das der
Dank dafür sei, daß er uns in der Nacht noch gefahren hätte, ob wir ihn
dafür ins Zuchthaus bringen wollten, wo wir doch genau wissen müßten,
daß es Trinkgelder hier nicht gäbe und die Annahme bestraft würde. Wir
nahmen unser Geld zurück, und der Fahrer beruhigte sich wieder.
Einen letzten Versuch unternahm ich auf dem Flugplatz. Ich wollte dem
Werkmeister, der uns mit seinem Personal wirklich zuvorkommend betreut
hatte, zweitausend Rubel für seine Monteurkasse geben. Aber auch der
Werkmeister lehnte dankend ab. Wir gaben das Geld an die Botschaft zurück.
Bald nachdem unsere Maschinen startklar waren, erschien auch von Ribben=
trop mit Molotow, der den Reichsaußenminister herzlich verabschiedete.
Kurz nach dem Start hatten wir Funkverbindung mit Berlin. Wir erhielten
Anweisung, nicht nach dem Obersalzberg zu fliegen, wo Hitler sich zu jener
Zeit aufhielt, sondern nach Berlin, wohin Hitler sofort zurückkehren würde.
Wir hatten eine kurze Zwischenlandung in Königsberg und waren schnell
in Berlin, wo Ribbentrop bald darauf empfangen wurde.

Hitlers neues Bild von Stalin

In den kommenden Tagen und Wochen war ich häufig Zeuge, wenn bei
Tisch das Ergebnis der Moskauer Verhandlungen besprochen wurde. Es
waren immer wieder neue Gäste, mit denen dieses aktuelle Thema durch=
exerziert wurde. Hitler war sehr zufrieden mit dem Ergebnis von Moskau
und brachte dies auch mehrfach zum Ausdruck. Vielen Gästen war die
Wandlung Hitlers, die sich auch in seinen Ansichten über Stalin äußerte,
unverständlich. So sagte Hitler einmal, der Lebenslauf Stalins ähnele dem

seinen. Auch Stalin sei aus den untersten Schichten des Volkes hervor=
gegangen und er (Hitler) selbst wisse am besten, was es heiße, sich vom
unbekannten Mann bis zum Staatsführer emporzuarbeiten. Einer der An=
wesenden sagte: „Aber mein Führer, Sie dürfen sich doch nicht mit Stalin
vergleichen, Stalin ist doch ein Bankräuber gewesen!" Hitler wies diesen
Einwurf brüsk zurück: „Wenn Stalin einen Bankraub gemacht hat, dann
nicht für seine eigene Tasche, sondern um seine Partei, seine Bewegung zu
retten. Das kann man nicht als Bankraub ansehen oder bewerten!" Auch
die großen Druckereien, so unter anderem der große Eher=Verlag in Mün=
chen, bekamen die Anweisung, sämtliches antikommunistische Schriftmate=
rial einzustampfen. Ich weiß, die Männer des Eher=Verlages konnten diese
Wandlung nicht begreifen, und es gab vielfach nur Kopfschütteln.

Der Krieg beginnt!

Die Verhandlungen mit Polen zeitigten nicht das gewünschte Ergebnis, die
Lage spitzte sich erheblich zu, und es kam zum Kriege. Meines Erachtens
entschloß sich Hitler erst zum Kriege, als er glaubte annehmen zu können,
daß England und Frankreich nicht eingreifen würden. Ich entsinne mich
noch genau des Morgens, an dem die Kriegserklärung übergeben worden
war. Hitler und Ribbentrop waren mit einigen Herren im Rauchzimmer ver=
sammelt. Hitler sagte: „Ich kann mir nicht denken, daß die Engländer und
die Franzosen den Polen unter die Arme greifen werden. Ribbentrop, Sie
werden sehen, die bluffen nur, und es kommt nicht zum Kriege mit ihnen."
Ribbentrop war anderer Meinung und brachte dies auch zum Ausdruck,
indem er darauf hinwies, daß es nach den vorhandenen Unterlagen doch so
aussähe, als ob es ernst werden würde und daß es sowohl die Engländer
als auch die Franzosen dieses Mal auf einen Krieg ankommen lassen wür=
den. Hitler war nicht zu überzeugen. Und als dann später die Kriegserklä=
rungen doch überreicht wurden, tröstete er sich mit dem Gedanken, daß
dieser Krieg auf lange Sicht doch wohl unvermeidlich gewesen und es dann
schon besser wäre, wenn er jetzt begänne, weil er dann noch Gelegenheit
hätte, seine Pläne in bezug auf den Ausbau Deutschlands zu verwirklichen.
Er äußerte wiederholt die Überzeugung, daß der Krieg nicht länger als zwei
Jahre dauern würde. Speer wies er an, die durch den Krieg notwendig wer=
denden Fabrikbauten für die Industrie nicht auf lange Sicht zu planen, son=
dern so, daß sie lediglich für zwei, höchstens aber für vier Jahre ihrem
Zweck dienen könnten.

Der unselige Krieg hatte begonnen. Und auch für uns begann ein neuer Alltag — der Alltag des Krieges mit seinen ungewöhnlichen Anforderungen. Wir flogen mit Hitler nach Krössinsee, der Ordensburg in Pommern, wo wir auch in unmittelbarer Nähe einen Flugplatz hatten. Flüge an die Front und kurze Zeit später schon Verlegung ins oberschlesische Gebiet, in den Raum von Oppeln. Bei unseren Flügen von hier aus in das polnische Gebiet hatten wir sehr häufig mit unserer Ju 52 auf ganz gewöhnlichen Wiesen landen müssen. Für unseren Jagdschutz — wir flogen gewöhnlich im Schutz von sechs Jägern — waren diese Landungen Probleme. Es gab Tage, an denen wir nur mit zwei oder sogar einem Jäger zurückflogen, die anderen waren mit zerbrochenem Fahrgestell liegengeblieben. Die Wiesen waren einfach kein Landeplatz für unsere schnellen Jäger. Wir sagten damals im Scherz, „wenn das so weitergeht, dann können wir uns ausrechnen, wenn wir keine Jäger mehr haben!"

Als die deutschen Truppen vor Warschau standen, hatten wir uns mit unserer Ju zirka dreißig Kilometer vor Warschau auf ein Stoppelfeld gesetzt und warteten auf Hitler, der mit dem Wagen kommen sollte. Die rund fünftausend Geschütze, die um Warschau in Stellung gebracht worden waren, hatten mit der Beschießung begonnen. Hitler wollte sich die Wirkung dieser Beschießung, die Warschau zur schnellen Kapitulation zwingen sollte, aus der Luft ansehen. Bald nachdem er mit seinem Stabe gekommen war, wurde der Befehl zum Start gegeben.

Die Meldung von Fritsch's Tod

Die Motoren liefen bereits, ich stieg als letzter in die Maschine, da raste ein Krad heran. Ein Offizier sprang ab und bat mich, es ihm zu ermöglichen, daß er Hitler eine Meldung machen könne. Auf seine dringliche Bitte benachrichtigte ich Generalfeldmarschall Keitel, daß ein Oberstleutnant „unbedingt den Führer sprechen" wolle. Keitel kam sofort zurück und bat Hitler, er möge die Meldung doch persönlich entgegennehmen. Ich stand dabei, wie der Oberstleutnant sagte, er habe den traurigen Auftrag zu melden, daß soeben der Generaloberst Fritsch gefallen sei. Der Generaloberst sei mit einer Kompanie gegen die polnischen Stellungen vorgegangen, und dabei habe ihm ein Geschoß aus einer MG=Garbe die Schlagader eines Oberschenkels zerschossen. Der Generaloberst Fritsch sei am Orte seiner Verwundung verblutet. Hitler äußerte kurz sein Bedauern, wandte sich dann an mich und gab den neuerlichen Befehl zum Start nach Warschau.

Mit unserem Jagdschutz setzten wir uns über die Front um Warschau. Aus zweitausend Metern Höhe sahen wir das Feuer unserer Geschütze und die Zerstörungen, die in den Vorstädten angerichtet wurden. Nach einem Flug von dreißig Minuten kehrten wir zurück, und bereits kurze Zeit später wurde die Kapitulation von Warschau angeboten. Es dauerte dann nur noch wenige Tage, bis Polen in seiner Gesamtheit kapitulierte.

In Warschau sollte eine große Truppenparade stattfinden. Wir landeten auf dem Flugplatz von Warschau. Eine große Anzahl von Offizieren war zum Empfang gekommen, in Befehlswagen fanden Besprechungen statt. Riesige Kartenmengen waren hin= und hergeschleppt worden, als nach ungefähr einer Stunde Hitler zur Fahrt in die Stadt, zur Parade, startete. In der Zwi= schenzeit blieb ich mit meiner Besatzung auf dem Flughafen. In einer Feld= küche dampfte der Eintopf, der später ausgegeben werden sollte. Das Essen wurde für rund hundert Personen vorbereitet. In einer Halle des Platzes, die geräumt worden war, wurden die Tische gedeckt. Gegen 15 Uhr bat ich den Küchenchef, uns doch schon etwas zu essen zu geben, da es nach der Rückkehr Hitlers für uns wahrscheinlich sehr schnell gehen müßte und wir dann keine Zeit mehr hätten.

Wir aßen dann auch. Bei dieser Gelegenheit sah ich, daß der Platzkomman= dant, ein Major, die Tische weiß decken ließ und daß er sogar — wer weiß woher — Blumen beschafft hatte. Es sah also alles recht geschmückt aus. Ich kannte die Eigenart Hitlers, seine Einfachheit in bezug auf die persön= liche Lebensführung gerade in der Zeit des Krieges zu betonen. Dem Major teilte ich meine Bedenken mit, ich sagte ihm, daß er wahrscheinlich mit sei= nen Vorbereitungen keinen Dank ernten würde. Der Major meinte, es wäre doch unmöglich, Hitler an einem ungedeckten Tisch sitzen zu lassen. Und so blieb es bei seiner Anordnung.

Gegen 16 Uhr kam die riesige Autokolonne auf dem Flugplatz an. In der Halle — im hinteren Teil standen Pferde in den früheren Reparaturboxen — war alles auf das beste hergerichtet. Hitler sah die gedeckten Tische und fragte Keitel, wer das angeordnet habe, ob jetzt Krieg wäre oder ob hier ein Staatsessen anberaumt sei. Keitel wußte von nichts und ließ den Komman= danten rufen, der auch dem Generalfeldmarschall gegenüber die Auffassung vertrat, daß man Hitler nicht an einem ungedeckten Tisch essen lassen könne. Hitler fragte mich: „Baur, sind die Maschinen startbereit?" „Jawohl" — und so flogen wir zurück nach Berlin. Keitel und die übrigen Herren haben furchtbar geschimpft, vermutlich hatten sie großen Hunger. Aber es gab erst nach einigen Stunden in Berlin zu essen. So ging für uns der Polen= feldzug zu Ende.

Am 28. September 1939 ging es zum zweiten Mal nach Moskau. Wir flogen wiederum mit zwei Condor=Maschinen. Diesmal wohnten wir alle im Hotel „National". Zu Ehren Ribbentrops, der an diesem Abend übrigens auch in der Stalinloge saß, wurde in der Moskauer Oper das Pracht= und Prunk= stück „Sterbender Schwan" gezeigt. Wie immer bei solchen Anlässen hatten die Russen ihre besten Kräfte aufgeboten. Der Abend blieb uns allen in starker Erinnerung. Ungewohnt war uns nur das Publikum. Die Damen trugen Kleider, die aussahen als ob sie aus vergangenen Zeiten stamm= ten und schon häufig umgearbeitet waren. Noch ungewöhnlicher für unsere Begriffe waren jedoch die Männer. Sie saßen da, als wären sie gerade von der Arbeit gekommen. Krawatten und Damenhüte sahen wir eigentlich gar nicht. Damals gab es solche Dinge nur auf Bezugschein. Die Russen hatten dringendere Aufgaben vor, als den Ausbau ihrer Textilindustrie. In späte= ren Jahren — in der Gefangenschaft — konnte ich feststellen, daß die Sekre= tärinnen der MWD=Offiziere gute Kleider und auch schon Hüte trugen. Aber so weit war es im Herbst 1939 noch nicht.

An jenem Abend verließ Ribbentrop die Oper schon frühzeitig, um mit Sta= lin zu abschließenden Besprechungen zusammenzutreffen. Auch hier war Hoffmann wieder dabei, um Aufnahmen zu machen. Wir blieben in jener Nacht im Hotel. Nachdem wir schon unsere Zimmer aufgesucht hatten, fiel mir ein, daß ich mit meinem Maschinisten Zintl noch etwas zu besprechen hatte. Als ich mein Zimmer verließ, bemerkte ich, daß vor jeder unserer Türen ein Männlein oder Weiblein hockte. Sie hatten für uns die Nacht= wache übernommen, wahrscheinlich damit uns nichts passierte — aber ein Fremder konnte auch nicht mit uns sprechen. Diese etwas aufdringliche Für= sorge gefiel uns nicht sonderlich. Am nächsten Morgen nahmen wir im Hotel das Frühstück ein und fuhren dann zum Flughafen. Molotow brachte Rib= bentrop auch dieses Mal ans Flugzeug.

Wie beim letzten Flug nach Moskau, so war auch jetzt in vielen Gesprächen der Moskauer Vertrag Gegenstand ausgiebiger Debatten. Hitler sagte unter anderem, daß uns der Brotkorb schon wesentlich höher hängen würde, wenn es nicht zu diesem Handels= und Friedensvertrag gekommen wäre. Zudem hoffte er auf irgendeine Rückwirkung bei den Engländern.

Ribbentrop und Hoffmann mußten auch von ihren persönlichen Erlebnissen in Moskau erzählen. Der Reichsaußenminister war zuerst der Auffassung, daß Stalin, der mit jedem anstieß, sein Glas nur mit Wasser nachgefüllt hätte, bis er dann doch feststellen konnte, daß wirklich immer wieder Wodka eingeschenkt wurde. Es war damals wohl nicht das erste und auch nicht das letzte Mal, daß die Russen, gleich welchen Namens, trinkgewaltig auftraten. Fotograf Hoffmann war nach der Schilderung Ribbentrops der einzige, der richtig mithielt (er war an ein größeres Quantum Alkohol gewöhnt), und Stalin hatte ihm mehrmals zugeprostet mit der Bemerkung: „Deutsches Fotografenarbeiter, mach gute Bilder für Deinen Führer, prost!" Hoffmann trank und war nicht umzubringen. Stalin imponierte das. Wir alle hatten damals den Eindruck, daß Hitler den Vertragsabschluß sehr begrüßte.

Das Attentat im Bürgerbräukeller

Am 8. November 1939 flogen wir zu den traditionellen Feiern zum 9. November nach München. Kurz nach der Landung wurde ich von Hitler gefragt, ob es möglich wäre, am 10. November vormittags um 10 Uhr wieder in Berlin zu sein. Es sei eine dringende Besprechung anberaumt, die sich nicht verschieben lasse. Da im November mit einfallendem Nebel zu rechnen war, konnte ich die Garantie nicht übernehmen. Ich mußte, wenn auch mit geringer Wahrscheinlichkeit, immerhin damit rechnen, daß sich der Start um einige Stunden verschieben könnte. Hitler entschloß sich deshalb, mit dem Zuge nach Berlin zurückzufahren. Da er zu der damaligen Zeit noch keinen Sonderzug hatte, sondern nur einen Waggon, der an den fahrplanmäßigen Zug gehängt wurde, mußte er vor Schluß der Veranstaltung aufbrechen. Hitler hatte den Saal noch keine Stunde verlassen, als die Bombe losging.

Wie immer sprach Hitler von der Stelle aus, von der er am 9. November 1923 den Schuß abgegeben hatte. Auf diese Tatsache und auf den Zeitplan, der üblicherweise auch eingehalten wurde, hatte der Attentäter seinen Plan aufgebaut. Der Bürgerbräukeller stürzte zusammen, es gab Tote. Hitler wurde noch auf der Fahrt nach Berlin von dem Unglück verständigt. Sofort eingeleitete polizeiliche Untersuchungsmaßnahmen brachten zunächst kein Ergebnis.

Ich war dann dabei, als Himmler seinen ersten Bericht erstattete. In Konstanz war ein Mann festgenommen worden, der über den Grenzzaun klettern wollte. Diesen Sprung in die Schweiz hatte ein Grenzposten verhindert, indem er den Mann an den Beinen wieder zurückzog. Der Festgenommene gab seinen Namen mit Elser an und behauptete, Schlosser und Mechaniker zu sein. In seiner Tasche fand man ein Stück Bronze, das mit der Legierung der Bronzestücke, die man im Bürgerbräukeller gefunden hatte, identisch war. Elser gab an, daß er lediglich aus persönlichen Gründen in die Schweiz hätte flüchten wollen. Mit der Sache in München hätte er nichts zu tun. Dieser mutmaßliche Täter hatte eine Schwester in München, bei der er auch unter dem Namen Elser wohnhaft war. Eine Haussuchung ergab zunächst nichts Sensationelles. An der Wand hing eine Schwarzwälder Uhr, die nicht ging. Auf die Frage des Kriminalbeamten, warum die Uhr nicht ginge, hatte die Schwester geantwortet, daß ihr Bruder sie schon lange hätte reparieren wollen, aber er hätte sie nicht in Gang bringen können. Es wurde festgestellt, daß im Uhrwerk einige Rädchen fehlten. Unter den nach der Explosion aufgesammelten Einzelteilchen der „Höllenmaschine" befanden sich Rädchen aus dieser Uhr. Unter der Last dieses Beweismaterials war der Täter geständig geworden. Seiner Schwester gegenüber hatte Elser geäußert, er würde bald in die Schweiz gehen und dort viel Geld verdienen. Weiter wurde festgestellt, daß der Geldgeber ein Franzose war.

Der Krieg im Osten hatte schon begonnen, als Himmler eines Tages erschien, um einen Film vorführen zu lassen, der das Untersuchungsergebnis zeigte. Hitler lehnte es ab, an der Vorführung teilzunehmen, da er, wie er sich wörtlich ausdrückte, „dieses Schwein nicht sehen wolle". Himmler lud auch mich zu der Vorführung ein. Ich ging mit. Aus der Darstellung ergab sich folgendes Bild. Elser hatte behauptet, er hätte die „Höllenmaschine" allein entwickelt und hergestellt. Da man selbstverständlich gerade über diesen Punkt Gewißheit haben wollte, um den eventuellen Kreis der Mittäter ausfindig zu machen, wurde Elser veranlaßt, mit dem ihm zur Verfügung gestellten Material sein Werk zu wiederholen. Er machte zuerst die Zeichnungen und baute dann genau denselben Apparat, wie er ihn im Bürgerbräukeller eingemauert hatte.

Im Film wurden auch die Vernehmungen gezeigt. Elser haßte nach seinen Aussagen Hitler, er war der Meinung, daß er beseitigt werden müßte und entschloß sich deshalb, das Attentat durchzuführen. Er wußte, daß Hitler nur sehr schwer beizukommen war. In der Veranstaltung am 9. November, die sich an einem bekannten Ort und zu einer bekannten Zeit abwickeln würde, sah er eine geeignete Gelegenheit. Durch einen Notausgang fand er auch ohne große Schwierigkeiten Zugang, da der Bürgerbräukeller in keiner Weise besonders abgesichert war. Schon Wochen vorher begann Elser mit seinem Werk. Ihm war bekannt, von welchem Platz aus Hitler sprechen würde. Genau an dieser Stelle baute er seine Bombe ein. Er nahm die Holztäfelung ab und brach mit einem Meißel Ziegelsteine heraus. Nach getaner Arbeit fegte er alles fein säuberlich zusammen, steckte Ziegelstücke und Mörtel in die Tasche, setzte die Holztäfelung an die alte Stelle und ver=

schwand, um am nächsten Tage weiterzuarbeiten. Einen Tag vor der Veranstaltung, am 8. November, war er dann so weit, daß er die Bombe einstellen und einmauern konnte. Dann setzte er die Holztäfelung wieder ein. Von außen war nichts zu erkennen. Selbstverständlich war der Saal auch dieses Mal vor der Veranstaltung untersucht worden, aber es wurde nichts gefunden. Elser sollte dann vor den Volksgerichtshof gestellt werden, aber Hitler untersagte dies, er wurde in aller Stille und ohne Aufsehen beseitigt.

König Boris erprobt unsere Condor

Noch im November 1939 bekam ich den Auftrag, König Boris von Bulgarien in Sofia abzuholen. Dort landete ich mit der „Führer-Condor" auf dem normalen Verkehrsflugplatz. Unser Flug wurde geheimgehalten. Auch ich war nicht nur in Schmidt umgetauft worden, sondern ich bekam auch einen Paß auf diesen Namen ausgestellt. Getreu der Anweisung des Auswärtigen Amtes stellte ich mich also dem deutschen Luftattaché, Herrn Oberst Schönbeck, als „Schmidt" vor. Der sah mich an und sagte: „Nein, Schmidt heißen Sie nicht. Ich kenne Sie, weiß im Augenblick aber nicht, wo ich Sie unterbringen soll." Aber ich blieb bei Schmidt. Oberst Schönbeck behauptete immer noch, daß er mich von früher her kenne und daß der Name Schmidt gar nicht zu seiner Erinnerung passe. „Nein — Flugkapitän Schmidt von der Deutschen Lufthansa!" Inzwischen hatte mein Maschinist Zintl irgend etwas an der Maschine entdeckt, was er mir zeigen wollte. „Herr Baur, würden Sie selbst einmal nachsehen?" Da zündete es bei Schönbeck: „Aha! Daß Sie nicht Schmidt hießen, das wußte ich, aber nun weiß ich, wie Sie wirklich heißen: Baur!" Ich klärte ihn über den Zweck meines Kommens auf und bat ihn, wie befohlen, die Sache nicht publik zu machen. Es sollte niemand wissen, daß König Boris zu Hitler geflogen wurde.

Nach meiner telefonischen Meldung bei der deutschen Botschaft wurde mir von dort mitgeteilt, ich solle noch etwas warten, ich bekäme Nachricht. Kurze Zeit später erhielt ich Weisung, den Platz zu verlassen und nach dem Militärflughafen zu fliegen. Dort sollte die Maschine bis zum nächsten Morgen untergestellt werden. Als ich startend Vollgas gab, merkte ich, daß da, wo ich den Start angesetzt hatte, der Boden außerordentlich weich war. Es hatte vorher stark geregnet. Trotzdem ich weiter Vollgas gab, wurde die Maschine immer langsamer und blieb schließlich im Dreck stecken. Ich kannte den Platz nicht, niemand hatte mich auf seine Tücken aufmerksam gemacht. Ich war in ein Sumpfloch geraten, das mich so ohne weiteres nicht mehr frei gab.

Wir versuchten zuerst auf Bohlen, die wir unterbauten, vorwärtszukommen. Das half nichts. Dann rückten fünfzig Soldaten an, die mit Spaten und Bohlen eine Bahn schafften, auf der wir in mühseliger, stundenlanger Arbeit die Maschine mit einem Traktor langsam herauszogen. Es wurde Nacht, und wir waren nur wenige Meter vorwärtsgekommen. Nach Mitternacht setzte Frost ein und der Boden gefror – das war unser Glück!

Im Morgengrauen flog ich zum Militärflugplatz. Um 8 Uhr erschien König Boris mit seinem Bruder und einem General der bulgarischen Luftwaffe. Auf dem Platz ruhte aller Betrieb. Die Soldaten hatten Befehl, in ihren Unterkünften zu bleiben. Der riesige Platz lag menschenleer da. König Boris war in Zivil. Er erkannte mich sofort wieder – ich hatte ihn im Jahre 1924 einmal von Zürich nach Wien geflogen. Der König freute sich auf den Flug, erkundigte sich sofort nach der Wetterlage und allen möglichen anderen Dingen. Es ist bekannt, daß König Boris stark an technischen Fragen interessiert war und daß er auf Fahrten, bei denen er die Eisenbahn benutzte, häufig auf der Lokomotive anzutreffen war, die er selbst bediente.

Die Wetterlage war an diesem Tage nicht ungünstig. Wir flogen von Sofia in Richtung Berchtesgaden. Der König wünschte, während des Fluges neben mir zu sitzen, so machten wir nach dem Start sofort den Maschinistensitz neben mir für ihn frei. Vom Fliegen hatte unser königlicher Gast noch keine Ahnung. Ich bat ihn, die Hände an das Steuer zu legen und mit den Beinen in die Seitensteueranlage zu gehen. Er sollte dann „mitfliegen", mit der Zeit bekomme er schon heraus, wie die Maschine auf Böen reagiere und wie die Böen wieder ausgeglichen würden. König Boris machte mit großer Begeisterung mit. Als wir in eine ruhige Zone kamen, überließ ich ihm das Alleinsteuern. Ging die Maschine jedoch leicht auf den Kopf oder wurde sie zu sehr angezogen, korrigierte ich. Der König merkte sofort, daß unsere Condor außerordentlich fein auf den leisesten Druck reagierte. Es genügten wenige Millimeter bei Steuerausschlägen, und die Maschine folgte sofort. König Boris war davon besonders überrascht.

Bis zum Ziel des Fluges – Ainring bei Reichenhall – war er ein sehr gelehriger Schüler, der beim Abschied von mir schon seine Freude auf den Rückflug zum Ausdruck brachte. Boris wurde von Hitler empfangen, verbrachte die Nacht in Schloß Klesheim bei Salzburg, und am nächsten Morgen flog ich ihn nach Sofia zurück. Auf dem Rückflug bewirtete ihn unsere freundliche und nette Stewardeß, Fräulein Diem, aus Augsburg. Nach der Landung bedankte sich der König und äußerte begeistert, daß wir in der kommenden Zeit sicherlich noch häufig zusammen fliegen würden. Im Verlaufe des Krieges habe ich ihn dann auch noch viele Male geflogen.

Göring — nach Ladenschluß

Im Dezember 1939 flogen wir in das Saargebiet, und Hitler fuhr von dort aus an die verschiedenen Frontabschnitte, um Truppenteile zu besuchen. Der Feldzug im Westen hatte noch nicht begonnen, in den Stellungen war es, bis auf geringe Ausnahmen, ruhig. In der Weihnachtszeit wurden vom Hausintendanten Kannenberg für die Leibstandarte und für alle, die in Hit= lers Umgebung arbeiteten, Pakete gepackt. Sie enthielten Weihnachtsstol= len, Branntwein, Süßigkeiten und Tabakwaren. Hitler gab gern, und er sah es gern, wenn man sich über seine Geschenke freute. Er sagte mir einmal, wie wenig schön es für ihn wäre, die Geschenke nicht persönlich aussuchen zu können. In jedem Jahre mache Kannenberg alles fertig — goldene Uhren, Kettchen, Anhänger und Ringe. Er würde gern einmal wieder an den Aus= lagen der Geschäfte vorbeigehen und das aussuchen, was er schenken wolle. Ich sagte ihm, er solle es doch so machen wie Göring, der sich in irgend= einem Geschäft nach Ladenschluß anmelden ließ, dort in Ruhe aussuchte und die Dinge bestellte, die ihm gefielen. Hitler meinte darauf, daß er für diese Art des Aussuchens auch nichts übrig hätte.

Sorgen um ein Hauptquartier

Nach den weihnachtlichen Frontbesuchen ging es zurück nach Berlin. Vor Beginn der Auseinandersetzungen im Westen wurde im Taunus auf dem Ziegenberg von der Organisation Todt ein Hauptquartier gebaut. Reichs= minister Todt hatte Hitler die Pläne der Blockhausanlage vorgelegt, war dabei aber auf ziemliche Ablehnung gestoßen. Hitler sah sich die Baupläne und Fotografien, die die Innenausstattung zeigten, an und sagte dann: „Sie haben dieses Feldquartier, das es doch sein sollte, mit Schnitzereien und Kunstschlosserarbeiten ausstatten lassen, Sie haben es mit dicken Teppichen belegt. Glauben Sie vielleicht, daß ich dieses Quartier beziehen werde?" Hitler kam es vor allem auf die Meinung der Menschen an, wie seine wei= teren Worte zeigten: „Es werden Tausende von deutschen Bürgern später einmal durch diese Anlage pilgern, und keiner von ihnen wird Verständnis dafür haben, daß ich in einem solchen Luxusblockhaus gewohnt habe!" Todt verteidigte seine Ansicht und brachte zum Ausdruck, daß das Staatsober= haupt und der Reichskanzler doch zweifellos auch gewisse Repräsentations= pflichten hätte und daß für diese, nicht übertriebene Ausstattung sicherlich jeder Verständnis aufbringen würde. Hitler blieb bei seiner strikten Ableh=

nung: „Machen Sie auf Ihrem Ziegenberg was Sie wollen. Ich ziehe nicht hin!" Niemand widersprach. Es begann eine fieberhafte Suche nach einem neuen Platz. Dieser wurde dann nach rastlosem Bemühen in der Eifel gefunden. Das Hauptquartier, das dann den trutzigen Namen „Felsennest" bekam, wurde in den Berg hineingegraben. Laufstege verbanden die Unterkünfte der Anlage miteinander, weil man bei starkem Regen sonst im Schlamm umgekommen wäre.

Bei Beginn des Westfeldzuges wurde das Felsennest von Hitler bezogen. In 12 Kilometer Entfernung, bei Euskirchen, wurde der Flugplatz eingerichtet. Aber noch wurde er nicht gebraucht, vorher standen erst einige andere Dinge auf dem Plan.

In der Reichskanzlei herrschte Hochbetrieb. Im Wintergarten fanden viele Besprechungen statt. Offiziere von Heer und Marine kamen und gingen. Wir waren nicht unterrichtet, was vor sich ging, aber daß etwas Besonderes und zwar etwas ganz Besonderes geplant wurde, das war uns klar. Endgültige Klarheit bekamen wir erst, als uns mitgeteilt wurde, daß das Unternehmen Norwegen begonnen hatte. In diesen Tagen gingen alle Gespräche um General Dietl, um die Schwierigkeiten seiner Versorgung. Bei diesen Fahrten verloren wir eine Anzahl von Schiffen. Und es war ein allgemeines Aufatmen, als das Unternehmen Norwegen als geglückt angesehen werden konnte. Hitler war stolz auf die durch soldatischen Wagemut gekennzeichnete Leistung der Truppe unter General Dietl. Er war überzeugt, daß dieser gewagte Handstreich als eine Tat von Männern in die Geschichte eingehen würde. Besonders erfreut war er, als er positiv durch unseren Nachrichtendienst in Erfahrung bringen konnte, daß er den Engländern 24 Stunden vorgegriffen hatte.

Als Gebietskommissar wurde der Essener Gauleiter Terboven eingesetzt. Ich sollte ihn mit seinem Stab nach Oslo bringen. Das Wetter war am Tage des Fluges besonders ungünstig. Aber am meisten machte mir doch die Landung zu schaffen. Der Flugplatz von Oslo ist ein reines Felsenplateau, eingehauen in Granitstein. Weit und breit kein Grashalm, nur Felsen und nochmal Felsen. Der Platz liegt auf einem Berg, im Hintergrund die ansteigende Stadt. Es war ungeheuer schwierig, mit einer großen viermotorigen Maschine von Norden her einzuschweben. Und das Schlimmste: zum Landen war nur eine Gasse von ungefähr hundert Metern freigelassen. Rechts und links Flugzeuge und Trümmer von Flugzeugen. Das geringste Abweichen von dieser Landespur hätte vollkommenen Bruch zur Folge gehabt. Ich konnte die Maschine nach der Landung auf der Linie halten, aber ich war doch froh, als wir heil und wohlbehalten standen. In der Nacht blieb ich mit Terboven in einem Hotel. Am nächsten Morgen, nach dem Rückflug, meldete ich Hitler, daß der Platz große Schwierigkeiten habe und für einen normalen Flugbetrieb der Luftwaffe nur sehr schlecht geeignet sei.

Seltsamer Beginn des Westfeldzuges

Eines Tages bekam ich den Befehl, in den Abendstunden mit drei Condor-Maschinen nach Hamburg zu fliegen. Hitler käme mit dem Nachtzug an. Der Flug sollte geheimgehalten werden. In Hamburg hätte ich dafür zu sorgen, daß die notwendige Anzahl von Schwimmwesten an Bord käme. Um 6 Uhr des nächsten Tages mußte alles startklar sein. Unter großen Schwierigkeiten beschaffte ich auf dem Hamburger Flughafen fünfzig Schwimmwesten. Der Platzkommandant war davon in Kenntnis gesetzt worden, daß alles streng geheim zu behandeln wäre. Intern nahmen wir an, daß Hitler wohl nach Oslo fliegen wollte, um Norwegen zu besuchen. Ich wohnte in Fuhlsbüttel in einem kleinen Hotel. Morgens gegen 4 Uhr 30, ich saß gerade beim Frühstück, meldete sich telefonisch der damalige Luftwaffenadjutant Herr von Below: „Augenblick, der Führer kommt selbst ans Telefon!" Hitler erkundigte sich, ob alles vorbereitet, die Schwimmwesten an Bord und der Start möglich wäre. Alles wurde von mir selbstverständlich bejaht. Es war an sich nicht üblich, daß man sich so erkundigte. Wenn gewisse Vorbereitungen notwendig waren, wurde vorausgesetzt, daß alles so geschah, wie es angeordnet war.

Aber die Aufklärung für diese ungewöhnliche Nachfrage ergab sich bald. Hitler erklärte mir am Telefon: „Also Baur, ich weiß, daß Sie zuverlässig sind. Sie haben alles bestens vorbereitet. Aber es hat sich doch einiges geändert. Kommen Sie sofort zu mir!" „Wohin?" war meine Gegenfrage. „Ins Felsennest. Fliegen Sie nach Euskirchen, dort ist der Flugplatz! Heute morgen ist nämlich der Krieg im Westen losgegangen. Wir haben Sie lediglich aus Tarnungsgründen, um den feindlichen Nachrichtendienst irrezuführen, nach Hamburg geschickt. Kommen Sie sofort! Ich brauche Sie hier dringend!" Ich war schnell in Euskirchen und meldete mich.

Im Westen ging alles sehr rasch. Für mich gab es weniger Arbeit, für meine Störche dafür um so mehr. Hitlers militärische Adjutanten wurden mit Störchen zu den Kommandostellen geflogen und brachten die neuesten Meldungen von dort sofort ins Hauptquartier. Bei Schwierigkeiten wurde die Auffassung Hitlers über die Lage durch Offiziere, die in einem Storch in das Frontgebiet flogen, dem verantwortlichen militärischen Führer überbracht.

Wir ziehen wieder um!

Schon nach wenigen Tagen flog Hitler in französisches Gebiet. Wir landeten auf den verschiedensten Plätzen. Hitler hatte Besprechungen mit den Füh= rern der Heeresgruppen und Armeen. Bei diesen Flügen blieb die Eifel im= mer unser Ausgangspunkt. Als die deutschen Armeen über Belgien, Hol= land und Nordfrankreich hinaus in das Innere Frankreichs vorgestoßen waren, befahl Hitler, schnellstens eine neue Anlage ausfindig zu machen, die das Hauptquartier aufnehmen konnte. Ich wurde mit Oberst Schmundt, dem Chefadjutanten der Wehrmacht, in die Ardennen geschickt. Wir lande= ten auf einer Wiese und fuhren von dort in die Gegend von Rocroy. Das Hauptquartier sollte möglichst in einem unauffälligen kleinen Bauerndorf untergebracht werden.

In Rocroy fanden wir eine kleine Siedlung von ungefähr zehn Bauernhäu= sern, die geeignet erschien. Das Dörfchen stand am Rande des Ardennen= waldes. Sein kleiner Kirchturm wurde abgetragen und „beiseite gestellt", weil er nach Beendigung der Kampfhandlungen wieder aufgebaut werden sollte. Die ganze Anlage wurde von der Organisation Todt in wenigen Ta= gen aufgebaut. Für Hitler wurde ein ungefähr drei Meter tiefer Beton= unterstand geschaffen. Der größte Teil der Zivilbevölkerung war in das Landesinnere geflüchtet, der verbleibende Rest wurde im Umkreis von rund 25 Kilometer ausgewiesen. Das Hauptquartier wurde sofort bezogen. Die Flugzeugbesatzungen nahmen Wohnung in einer kleinen Ortschaft in un= mittelbarer Nähe des Flugplatzes, der schon auf französischem Gebiet lag, während das Hauptquartier noch in Belgien war. Wir hatten bis dorthin knapp fünf Kilometer.

Auf unserem feldmäßigen Flugplatz setzte sofort wieder reger Flugbetrieb ein. Wir hatten keine Zelte zur Verfügung und bauten deshalb unsere „Boxen" in den Wald. Die Maschinen wurden in den Wald gezogen und mit Tarnnetzen abgedeckt. Aber wir haben nicht einen Luftangriff erlebt. Organisation Todt und Reichsarbeitsdienst erstellten — ebenfalls im Wald — Funkstation, Materiallager und Aufenthaltsräume. Von hier aus flogen wir in viele Städte, so nach Reims, Charleville und Lille. In Lille waren wir so= fort nach der Einnahme. An den Kämpfen um die Stadt hatte der damalige Oberbefehlshaber der 6. Armee, von Reichenau, persönlich teilgenommen, und der Kommandeur der 253. Infanteriedivision, der General Kühne, war für kurze Zeit in Gefangenschaft geraten.

Die von Hitler beabsichtigte Wirkung wurde erzielt. Es machte auf die Sol= daten und die französische Zivilbevölkerung Eindruck, daß er so unmittel=

bar nach dem Abschluß des Kampfgeschehens erschien. Hitler aß aus Feld=
küchen, lediglich das Konservenfleisch mußte vorher entfernt werden, weil
er kein Fleisch aß. Seit jenem Vorfall in Warschau habe ich nicht mehr er=
lebt, daß ihm ein Feldküchenessen im Kasino oder an besonders geschmück=
ten Tischen angeboten wurde.

In Charleville besuchten wir auch das Jagdgeschwader des damals erfolg=
reichsten deutschen Jagdfliegers Galland. Hitler zeichnete ihn persönlich
aus. Auf diesen Flügen begleitete uns Göring. In Charleville fragte Göring
den Koch, der an seiner Feldküche stand, was er von Beruf sei. Dieser hatte
nun aber gerade kein Handwerk, das ihn für seine jetzige Tätigkeit prä=
destinierte — er war Schmied! Göring wurde furchtbar wütend und ließ sich
den zuständigen Chef kommen. Er fuhr ihn an: „Bei Ihnen werden wohl
Schlosser und Schmiede Küchenchefs, und Metzger und Konditoren sind
Monteure. Schlosser schulen Sie um zu Köchen und Köche zu Schlossern!"
Es gab noch viel Wirbel, der mit diesem Vorfall nicht abgeschlossen war.

Heß fühlt sich in seinem Amt nicht wohl

Vom damaligen „Stellvertreter des Führers" und Reichsminister Heß war
wenig zu hören. Aber wenige Tage, nachdem wir im neuen Hauptquartier
waren, kam er mit seinem Flugkapitän Doldi in einer Ju 52 angeflogen. Ich
stand mit einem kleinen Wagen bereit, um in die Anlage zu fahren. Heß
wollte nicht warten, bis ein größerer Wagen kommen würde, setzte sich neben
mich und ließ sich zu Hitler bringen, der gerade einen Spaziergang machte.
Heß und Hitler gingen sofort in das Schulhaus, wo sie die Dinge besprachen,
die Heß vorzutragen hatte. Das eigentliche Anliegen von Heß schien aber
zu sein, Hitler um einige Tage Urlaub zu bitten, um die Front besuchen zu
können. Hitler gab aber keine Einwilligung, weil er, wie er sagte, in der
Heimat einen Mann brauche, auf den er sich hundertprozentig müßte ver=
lassen können. Heß dürfte ihm nicht verloren gehen, er bestände darauf,
daß Heß am nächsten Morgen wieder nach München zurückflöge.
Heß ließ den Kopf hängen, als ich ihn am nächsten Morgen zum Flugplatz
brachte. „Sehen Sie, Baur, so geht es mir. Ich wäre jetzt viel lieber Kom=
panieführer als Reichsminister. Im Krieg gehört der Mann an die Front
und nicht in die Kanzlei. Wenn ich an das denke, was ich jetzt zu tun habe,
diese endlosen Parteistreitigkeiten, in die ich dauernd schlichtend und ord=
nend eingreifen muß . . . Das ist eine Aufgabe, die ich mir im Frieden noch
gefallen lasse, aber im Kriege . . ." Ich konnte ihm auch nur erwidern, daß

Hitler ihn sicherlich nicht verlieren wolle, da er ihn noch für große Auf=
gaben brauche. Heß besichtigte noch eingehend unsere Anlage — es stan=
den zur Zeit rund vierzig Maschinen auf dem Platze — setzte sich ans
Steuer seiner Ju 52 und flog nach München zurück.

Im Morgengrauen nach Paris

Als die Kriegswelle an Paris vorbeigezogen war, wünschte Hitler auch die
französische Metropole zu sehen. An dem festgesetzten Morgen lag unser
Flugplatz völlig im Nebel. Ich mußte blind herausstarten. Wir landeten schon
um 5 Uhr früh im Pariser Flughafen Le Bourget. Hitler wollte noch vor Beginn
des Tagesablaufes der Pariser Bevölkerung seinen Besuch hinter sich haben.
Ich nahm an der Rundfahrt, die sofort nach der Landung begann, teil. Einige
Arbeiter strebten im erwachenden Tag den Wohnungen zu, die Straßen=
kehrer fingen ihren Dienst an, vor den Häusern tauchten die ersten Portiers
auf. Hin und wieder wurde Hitler erkannt.
Vom Flugplatz ging es über die Champs d'Elysées zum Denkmal des un=
bekannten Soldaten. Hitler entbot dem Mahnmal seinen Gruß und besich=
tigte dann eingehend den Arc de Triomphe. Wir fuhren noch zum Louvre,
zum Trocadero, zum Eiffelturm, zur Oper und abschließend zum Invaliden=
dom. Hier besuchte Hitler das Grab Napoleons. Nach einer guten Stunde
— also gegen 6 Uhr — waren wir wieder auf dem Flugplatz. Der Start ver=
zögerte sich etwas, weil aus dem Schwanzrad die Luft entwichen war. Der
Pneu mußte erst vulkanisiert werden. Hitler unterhielt sich in der Zwischen=
zeit mit einer Anzahl Franzosen, im wesentlichen Arbeiter und Monteure
vom Flugplatz. Es wurde viel gelacht.
Bis jetzt war in diesem Kriege noch alles so gelaufen, wie es geplant war.
Und als Frankreich Deutschland die Kapitulation anbot, da grub Hitler in
der damaligen Situation vielen Zweiflern das Wasser ab, die dann später
und endgültig doch Recht behielten. Im Augenblick trübten nur die Italiener
Hitlers Freude. Mussolini hatte kurz vor Beendigung der Kampfhandlungen
im Westen noch in das Geschehen eingegriffen. Nun wollten die Italiener
Tunis von den Franzosen. Die Franzosen wollten aber lieber weiterkämpfen,
als Tunis abgeben. Hitler erhob damals bei Mussolini energisch Einspruch.
Von den militärischen Erfolgen der Italiener hielt er nicht allzuviel. Er sagte,
sie hätten erst eingegriffen, als sie merkten, daß es schon zu Ende ging, in
Savoyen hätten sie von den Franzosen Prügel bezogen, und jetzt wollten
sie unsinnige Forderungen stellen.

Nach Hitlers Auffassung sollten „Schmach und Schande von Versailles" ausgetilgt werden. Er hatte sich dafür einen ganz besonderen Plan zurecht= gelegt. Die Franzosen hatten im Walde von Compiègne den Eisenbahnwag= gon aufgestellt, in dem 1918 Deutschlands Kapitulation unterzeichnet wor= den war. Nach Hitlers Wunsch sollten auch die Franzosen in diesem Wagen die deutschen Bedingungen entgegennehmen. Wir landeten in Compiègne auf dem Flugplatz. Dort standen noch die Gerippe der französischen Jagd= flugzeuge, die unsere Jäger in Brand geschossen hatten. Als Hitler aus dem „Wald von Compiègne" zurückkam, erklärte er uns, daß die „Ehre Deutsch= lands mit diesem historischen Akt wieder hergestellt" sei.

Neue Maschine bereitet uns großen Kummer

Wir blieben nicht mehr lange in Frankreich. Für kurze Zeit bezogen wir das neue Hauptquartier im Schwarzwald in der Nähe von Freudenstadt, um dann wieder in Berlin Wohnung zu beziehen. Zunächst waren wir damit beschäftigt, unsere neuen Maschinen zu übernehmen. Wir bekamen die mit vier Maschinengewehren ausgerüstete Condor. Von den MGs feuerten zwei nach unten und zwei nach oben, vorwärts und rückwärts. Dieser Typ wurde auch bei der Luftwaffe eingeführt, er diente vor allem zur Seeauf= klärung, zur Erkundung von Geleitzügen. Diese prächtige Maschine war bis zu 15 Stunden in der Luft, sie flog von Bordeaux aus tausend Kilometer in den Atlantik nach Westen, um ganz England herum und landete dann in Norwegen. Ich hatte bis zum Schluß des Krieges dreizehn solcher Condor= Maschinen.

Sie hatten im Gegensatz zu dem im zivilen Luftdienst eingesetzten Typ stär= kere Motoren, und zwar vier zu je 1000 PS. In der Innenausstattung glichen sie den alten, lediglich unter dem Sitz Hitlers befand sich eine Absprung= platte. Er konnte im Falle der Gefahr einen roten Griff ziehen, hierdurch hätte sich die Absprungplatte gelöst, und unter ihm wäre ein ungefähr einen Quadratmeter großes Loch zum Ausspringen freigeworden. Die Fall= schirme waren in den Sitzen angebracht und von außen nicht sichtbar, an gekennzeichneten Schlaufen konnten die Gurte herausgezogen werden. Die Fallschirme konnten je nach dem Gewicht des Passagiers ausgewechselt werden. Die normale Belastung ging bis zu achtzig Kilogramm, wir hatten aber Fluggäste mit weit über hundert Kilogramm Gewicht, da halfen nur größere Schirme, wenn die Fallgeschwindigkeit nicht zu groß und der Auf= prall am Boden nicht zu stark werden sollte.

Mit der ersten Maschine hatten wir Kummer. Ich hatte sie von ihrem Her=
stellungsort Bremen nach Berlin geflogen, es waren noch einige Versuchs=
flüge notwendig, um die Funkanlage zu erproben. Ich wollte gerade hinein=
klettern, als die Condor mit dem Fahrgestell einknickte und auf dem Bauche
lag. Leichenblaß kam der Maschinist Zintl zum Vorschein. Er hatte die An=
ordnung der Hebel für das Abbremsen der Räder und für das Einfahren des
Fahrgestells noch von unserer alten Condor im „Griff gehabt" und diesmal
den falschen erwischt, weil sie jetzt in der Anordnung genau entgegen=
gesetzt lagen. Zum Glück stand niemand unter dem Flugzeug, so daß kein
Menschenleben zu beklagen war. Da Hitler in den kommenden Tagen schon
mit der neuen Maschine fliegen wollte, mußte ich ihm den Vorfall melden,
denn die Reparatur würde einige Zeit in Anspruch nehmen. Er ergriff Partei
für den Maschinisten — der Fehler lag nach seiner Auffassung beim Werk.

Kritischer Flug nach Vichy

Mit Laval, dem Ministerpräsidenten der Vichy=Regierung, wurden verschie=
dentlich Besprechungen notwendig. Ich flog mehrere Male nach Dijon, nahm
dort den Ministerpräsidenten auf und brachte ihn zum Obersalzberg. Die
Besprechungen dauerten einen Tag. Dann flog ich Herrn Laval wieder nach
Dijon, von dort aus fuhr er mit dem Zug nach Vichy. Eines Tages — ich
eile damit den Ereignissen etwas voraus — sollte auch der restliche Teil
von Frankreich besetzt werden. Ich erhielt Befehl, mich auf dem Obersalz=
berg zu melden, flog von dort nach Dijon und brachte den Ministerpräsiden=
ten Laval zu Adolf Hitler und am nächsten Morgen zurück, diesmal aber
nicht nach Dijon, sondern direkt nach Vichy. Ribbentrop hatte mir gesagt,
daß mich bei der Zwischenlandung in Dijon eine Jagdstaffel erwartete. In
Vichy sollte ich Obacht geben, daß ich nicht festgehalten würde. Als ich in
Dijon landete, war die Jagdstaffel noch nicht da, sie kam eine halbe Stunde
später.
Zum Glück hatte Vichy Bodennebel gemeldet, so daß Laval noch keinen
Verdacht hegen konnte, denn unser Mißtrauen sollte ihm ja verborgen blei=
ben. Als der Jagdschutz da war, besprach ich mit dem Staffelführer alle Ein=
zelheiten. Die Jäger sollten während unseres Landemanövers in Vichy den
Platz umkreisen. Ich würde die Motoren nicht abstellen. Wenn der Minister=
präsident und sein Gefolge die Maschine verlassen hätten, wollte ich sofort
wieder starten. Sollte sich irgendeine kritische Situation ergeben, so würde
unser MG=Schütze Leuchtsignale schießen.

Kurz vor Mittag kam die Meldung, daß sich der Nebel in Vichy verzogen hätte, wir konnten starten. Auf dem Flugplatz Vichy stand eine Ehrenkompanie zur Begrüßung des Ministerpräsidenten. Laval fragte mich, ob ich nicht noch kurze Zeit bleiben wolle, er möchte mich gern zum Mittagessen einladen. Ich wies auf meinen Befehl hin, nach dem ich sofort nach Berchtesgaden zurückfliegen müsse. Laval bedankte sich für den Flug, und ich startete wieder weg. Die Jäger begleiteten uns bis zur Demarkationslinie und flogen dann wieder zu ihren Feldflugplätzen.

Flüge mit König Boris und Reichsverweser Horthy

Die deutschen Bomberverbände waren über Belgrad erschienen, der Feldzug gegen Jugoslawien hatte begonnen. Von Wiener Neustadt führt eine einspurige Bahn weg, die Aspang=Bahn. Sie geht durchs Gebirge und windet sich häufig durch Tunnels. Etwa fünfundzwanzig Kilometer von Wiener Neustadt stand während der Zeit der Auseinandersetzung mit Jugoslawien der Sonderzug Adolf Hitlers. Ständig war eine Lokomotive unter Dampf, die den Zug im Falle eines Luftangriffes in einen Tunnel ziehen konnte. Das Gelände dort war so bergig, daß es mir unmöglich war, in unmittelbarer Nähe einen Flugplatz zu finden. Wir blieben also in Wiener Neustadt. Um die Verbindung zwischen uns und dem Hauptquartier bei Mönichkirchen — so hieß der nächste Ort — herzustellen, setzte ich Störche ein. Hitler war während der ganzen Zeit in diesem Sonderzug. Er feierte dort auch seinen Geburtstag.

Unmittelbar vor Beendigung des Feldzuges wurde ich nach Sofia geschickt, um König Boris zu holen. Der König, der fast immer in Zivil geflogen war, hatte diesmal Uniform angelegt. Wir landeten bereits um 9 Uhr früh in Wiener Neustadt. Von dort aus fuhr König Boris mit dem Wagen zu Hitler. Er war bester Laune und sagte mir, daß wir bereits am Nachmittag nach Sofia zurückfliegen würden. Ich antwortete ihm: „Majestät, der äußerste Termin für den Rückflug ist 17 Uhr. Später dürfen wir nicht starten. Es besteht sonst die Gefahr, daß wir von Ihrer eigenen Flak abgeschossen werden. Eine Benachrichtigung Ihrer Flakdienststellen von hier aus ist unmöglich. Es könnte geschehen, daß wir mit einfliegenden Engländern verwechselt würden. Hitler hat mir den strikten Befehl gegeben, keinesfalls mit Ihnen in der Nacht zu fliegen."

König Boris wollte also bis um 17 Uhr wieder zurück sein. Aber er kam nicht. Um 17 Uhr 30 gab ich den Befehl, die Maschinen wieder in die Halle

zu schieben. Dreißig Minuten später kam seine Majestät mit Gefolge ange=
fahren. Der Fahrer, der den König zum Platz brachte, hatte auf dem Ge=
lände eine Mücke ins Auge bekommen. Boris bemühte sich persönlich, den
Störenfried zu beseitigen. Als das gelungen war, kam er auf mich zu: „Ja,
Baur, wo sind die Maschinen?! Wir wollen doch nach Sofia fliegen!" Ich
verwies auf das, was ich am Morgen gesagt hatte und auf meine Befehle.
Wir würden gegen 20 Uhr über Sofia sein, und dann war es bereits stock=
dunkel. Der König sagte mir, daß es äußerst dringend wäre, er wollte den
bulgarischen Rundfunk noch am selben Abend davon in Kenntnis setzen,
daß Hitler ihm Mazedonien versprochen hätte. Auch müßte der Minister=
präsident, der mit bei Hitler gewesen war, sofort den Ministerrat einbe=
rufen, damit dieser zu dem äußerst wichtigen Ereignis Stellung nehmen
könnte, daß Bulgarien nicht nur Mazedonien, sondern auch der dem Mittel=
meer zugewandte Hafen Burgos geschenkt werden sollte.
Ich blieb bei meiner Ablehnung, da es mir nicht erlaubt war, zusammen mit
dem König ein derartiges Wagnis einzugehen, wie es ein nächtlicher Flug
nach Sofia unter den gegebenen Umständen gewesen wäre. Möglich erschien
es mir, den Ministerpräsidenten und das übrige Gefolge nach Sofia zu flie=
gen. Im Gespräch erfuhr ich dann den wirklichen Grund der Verzögerung.
Auf der Fahrt vom Hauptquartier nach Wiener Neustadt hatte der König
das Schloß einer Großtante entdeckt. Da er dort einen Teil seiner Jugend
verbracht hatte, wollte er sich umschauen, „wie es heute" dort aussähe.
Und dabei war es später geworden. Da Boris dann endgültig auf den Rückflug
noch am selben Abend verzichtete, machte ich ihm den Vorschlag, doch
wieder zu seiner Großtante zurückzukehren, worauf er mir antwortete: „Das
Schloß hat meine Großtante doch schon längst verklopft, und es ist niemand
mehr da, den ich kenne."
Der Chef des Protokolls, Herr von Dörnberg, gab darauf den Hinweis, daß
für den Fall einer Übernachtung im Wiener Hotel „Imperial" alles vor=
bereitet wäre. Der König war einverstanden. Die Fahrzeugkolonne fuhr
nach Wien, wo ich am nächsten Morgen auch mit meinen Maschinen in
Aspern bereitstehen sollte. Ich erkundigte mich nach dem Start. König Boris
setzte diesen auf 9 Uhr fest. Ich sollte aber nicht so früh in Aspern sein,
weil er nicht wünschte, daß bekannt würde, daß er in Wien wäre. Ich han=
delte wie befohlen. Am nächsten Morgen um 8 Uhr 30 liefen die Motoren.
Wir wollten gerade nach Aspern starten, als ich ans Telefon gerufen wurde.
Man teilte mir aus dem Hotel „Imperial" mit, daß der Start verschoben
wäre. Seine Majestät ließe bitten, daß ich um 11 Uhr 30 auf dem Flugplatz
Aspern lande. Pünktlich war ich da — und diesmal war auch der König pünkt=

196

lich. Er entschuldigte sich. Es wäre so prächtig gewesen und Herr von Dörn=
berg hätte alles so hervorragend arrangiert und so wäre es ein rechtes Fest
geworden. Aber es gäbe auch Grund genug zum Feiern. Die Bulgaren wür=
den Nachsicht mit ihm haben, wenn sie erst heute Nachmittag erführen, was
er ihnen mitzuteilen hätte. Der „immer angebundene König", wie er selbst
sich ausdrückte, hatte sich in Wien jedenfalls recht wohl gefühlt. Er war
— auch nach seinen Worten — einmal wieder „Mensch gewesen, wie ein
normaler Bürger!"
Der Flug nach Sofia und zurück ging glatt. Ich fuhr sofort zu Hitler, um
ihm zu berichten. Als ich ihm von der Freude des Königs erzählte und aber
auch erwähnte, daß er an Stelle des Hafens Burgos lieber Saloniki gesehen
hätte, schmunzelte Hitler und sagte: „Ja, Saloniki, aber den haben wir für
uns vorgesehen. Wenn der Krieg vorüber ist, brauchen wir einen Hafen
am Mittelmeer. Triest, der frühere Hafen der österreichisch=ungarischen
Monarchie, befindet sich in italienischen Händen. Wir sind mit den Italienern
befreundet, und wir möchten jeden Zwiespalt mit Mussolini vermeiden. Ich
habe also vor, nach dem Kriege Saloniki zu einem neutralen Hafen zu
machen, der dann auch uns zugute kommt."
Auch der ungarische Reichsverweser Horthy nahm in diesen Tagen die
„Landzuteilung" in Empfang. Adolf Hitler versprach ihm das Banat, die
Karpatho=Ukraine und einen Teil von Galizien. Ich flog ihn von Budapest
nach Wiener Neustadt und wieder zurück. Nach dem Rückflug ließ mir der
Reichsverweser einen am Halse zu tragenden Orden, das Comptur=Kreuz,
überreichen.
Auch König Boris ließ mir durch das Auswärtige Amt einen hohen Orden
— ebenfalls am Halse zu tragen — überreichen. Zu diesem bulgarischen Or=
den — dem zweiten übrigens — bekam ich später noch als persönliches Ge=
schenk des Königs eine goldene Krawattennadel und Manschettenknöpfe,
beides mit den königlichen Insignien, mit Rubinen und Brillanten besetzt.
Auch unsere kleine Stewardeß, die den König auf seinen Flügen mit uns
betreut hatte, bekam ein sehr schönes goldenes Fliegerabzeichen, ebenfalls
mit Edelsteinen besetzt. Ich habe die Orden immer bei mir geführt, sie aber
nur getragen, wenn ich den König oder den Reichsverweser flog. König Bo=
ris sah sich die glitzernden Dinger eines Tages noch einmal an und meinte,
daß sie mir sehr gut stünden.
Diese großzügige Landverteilung brachte selbstverständlich nicht nur eitel
Freude und Wonne. So erzählte uns Hitler — wir waren inzwischen wieder
nach Berlin zurückgekehrt — einmal beim Mittagstisch, daß eine Abordnung
der Karpatho=Ukrainer bei ihm gewesen wäre. Ich habe das Gespräch noch

sehr gut in Erinnerung, weil das Schicksal dieser Menschen, die Aussichts=
losigkeit ihres Kampfes, der abhängig war von politischen Spielen, bei de=
nen sie nicht mitspielen durften, mich damals sehr stark beeindruckt, ja
erschüttert hat. Die Menschen aus der Karpatho=Ukraine hatten Hitler ge=
beten, doch unter allen Umständen zu verhindern, daß sie in den ungari=
schen Staatenverband aufgenommen würden. Es wären keinerlei Bande vor=
handen, die sie mit Ungarn verknüpften. Im Gegenteil sähen alle Karpatho=
Ukrainer diese Eingliederung als ein nationales Unglück an.

Hitler mußte innerlich diesen Standpunkt billigen. Und ich glaube auch, daß
er selbst sehr genau wußte, daß viel von dem deutschen Ansehen in der
Ukraine durch seine Maßnahme zerschlagen wurde. Aber er erklärte uns
damals, er hätte die Delegation abweisen müssen und ihr auch die Bitte, in
den deutschen Staat eingegliedert zu werden, nicht erfüllen können. Er
hätte ihr sagen müssen, daß nach der Beendigung des Krieges Kongreß=
Polen wieder der selbständige Staat Polen werden würde. Polen würde wie=
der eine eigene Regierung haben. Deutschland würde nur den „Warthegau"
für sich beanspruchen und das Gebiet des früheren Korridors, der Ostpreu=
ßen vom übrigen Reichsgebiet trennte. Eine Aufnahme der Karpatho=
Ukraine in den deutschen Staatenverband würde bedeuten, daß man wieder
einen neuen Korridor schaffe. Bei einer möglichen Auseinandersetzung mit
dem Osten wäre die Karpatho=Ukraine dann sowieso verlorenes Gebiet.

Er sagte noch, daß die Menschen, die mit Tränen in den Augen vor ihm
standen, ihm in ihrem Leid sehr nahe gingen, aber er könne sein dem
Reichsverweser Horthy gegebenes Wort nicht rückgängig machen. Mir hat
sich später — als Hitlers Pläne mit der Ukraine völlig anders waren — oft
der Gedanke aufgedrängt, daß Hitler, wenn er damals schon an eine be=
waffnete Auseinandersetzung mit dem Osten in so naher Zukunft gerechnet
hätte, doch sicherlich in dem hier geschilderten Falle eine andere Entschei=
dung getroffen hätte, eine Entscheidung, die sich hätte einordnen lassen in
das, was ein gutes Jahr später uns alle überraschte.

Kapitänleutnant Prien und seine Besatzung

In den Alltagsbetrieb der Reichskanzlei brachte Kapitän von Puttkammer
Leben mit der Meldung, daß ein deutsches U=Boot am 13. Oktober 1939 in
Scapa Flow eingelaufen wäre und zwei Panzerkreuzer versenkt hätte. Die
weiteren Meldungen bestätigten die ersten Nachrichten. Nach zwei Tagen
wurde mitgeteilt, daß das U=Boot unter der Führung von Kapitänleutnant

Prien in den Nachmittagsstunden in Wilhelmshaven einlaufen würde. Ich machte Hitler den Vorschlag, mit unseren beiden großen Condor=Maschi= nen die gesamte Besatzung von Wilhelmshaven nach Berlin zu fliegen, wo er sie dann persönlich begrüßen könne. Hitler war einverstanden, ich star= tete sofort und landete kurz vor dem Einlaufen des U=Bootes in Wilhelms= haven. Wir blieben auf dem Flugplatz und warteten dort auf die Besatzung. Sie kam auch auf direktem Wege zu den Maschinen: in ölverschmierter Kleidung und mit grimmigen Bärten. Die Marineleitung aber wollte die Männer so nicht nach Berlin fliegen lassen. Man mußte sich erst rasieren, die Uniformen wurden gewechselt. Prien machte auf mich einen prächtigen Eindruck: er war klein, aber sehr lebendig und lebhaft beim Schildern seiner Erlebnisse.

Ich verteilte die Männer der Besatzung — fast dreißig an der Zahl — die jetzt so völlig anders aussahen, auf die beiden Maschinen. Der Kapitän= leutnant saß neben mir auf dem Maschinistensitz. Ein Fotograf von Hoff= mann machte während des Fluges sehr nette Aufnahmen von uns. Es war angeordnet, daß wir in Kiel noch einmal übernachteten, um am nächsten Morgen in Berlin einzutreffen. Auf dem Tempelhofer Feld sollte um 10 Uhr 30 ein offizieller Empfang stattfinden. Wir starteten in Kiel so, daß wir pünktlich auf dem Tempelhofer Flugplatz landeten. Die Männer — alle in neuen Uniformen — machten einen sehr guten Eindruck. Zum Emp= fang waren Vertreter der Reichsregierung und der Stadt Berlin gekommen. Es ging sehr bald weiter zur Reichskanzlei, wo Hitler jeden Mann herzlich begrüßte. Die Mannschaft wurde noch von Goebbels und der Stadt Berlin eingeladen. Von offiziellen Stellen und der Bevölkerung wurden sie mit Geschenken und Ehrungen überhäuft. Sie blieb eine Woche in Berlin. Als sie zu ihrem U=Boot zurückgebracht wurde, zu neuen Fahrten und ent= sagungsreichem Leben, mochten alle von der schließlichen Aussichtslosig= keit ihres heldenhaften Kampfes noch nichts geahnt haben.

Molotow in Berlin

Im November 1940 ließ Hitler mich zu sich kommen. Er eröffnete mir, daß ich noch einmal nach Moskau fliegen sollte. Außenminister Molotow hatte sich zu einem offiziellen Besuch in Deutschland angemeldet. Hitler hatte durch die deutsche Botschaft in Moskau mitteilen lassen, daß er seine Ma= schinen zur Verfügung stelle, um dem sowjetischen Außenminister die Reisezeit zu verkürzen und angenehmer zu machen. Wenige Tage später lag die Antwort Molotows vor: „Dankend abgelehnt!" Molotow gedachte mit 265 Delegationsmitgliedern nach Berlin zu reisen, und die ließen sich wohl doch nicht alle in Flugzeugen unterbringen. Wie unser Nachrichten= dienst später in Erfahrung brachte, hatte diese Unzahl von Delegationsmit= gliedern nicht nur den — offiziell auch bekanntgegebenen — Auftrag, Indu= striebetriebe zu besichtigen, in denen Maschinen und Motoren hergestellt wurden, die als Gegenleistungen für Rußlands Lieferungen nach Moskau gehen sollten, sondern es ging darum, sich einen Überblick über das deutsche Industriepotential zu verschaffen.

Molotow traf also mit dem Zuge in Berlin ein. Als er in der Reichskanzlei ankam, war ich gerade im Vorraum. Der sowjetische Außenminister hatte drei Kriminalbeamte bei sich, die im Vorraum blieben. Während der Be= sprechung zwischen Hitler und Molotow nahmen unsere Polizeibeamten sich der drei Russen an. Sie boten ihnen Kaffee und andere Getränke an. Die Russen aber hatten nur ein stereotypes Lächeln und Ablehnung. Allem An= schein nach hatten sie strenge Anweisung, unter gar keinen Umständen irgend etwas anzunehmen. Nach unseren Erfahrungen in Moskau war das nicht weiter verwunderlich. Molotow wohnte am 12., 13. und 14. Novem= ber im Gästehaus Hitlers. Da die Engländer gerade Bomben auf Berlin warfen, bekam er auch den richtigen Eindruck vom „modernen Krieg" mit. Als der sowjetische Außenminister Berlin wieder verließ, hatte ich ihn nur das eine Mal gesehen. Wie gänzlich falsch Hitler Molotow einschätzte, ging aus Äußerungen hervor, die er bei Tisch machte. Nach seinen Worten war „Molotow kein Mann von Format, sondern ein Kanzleibeamter".

Geheimnisvolle Flugzeugabstürze

In Norwegen gab es einige geheimnisvolle Flugzeugabstürze. Es mußte sich um Sabotagefälle handeln! Bei den meisten Maschinen, die verunglückten, wurde nach einer Explosion der Schwanz weggerissen. Es wurde festgestellt, daß die Engländer ihre Hand im Spiele und eine höchst sinnige Vorrichtung entwickelt hatten.

Es handelte sich um ein gummiknüppelähnliches Instrument, das mir dann auch zu Instruktionszwecken für meine Besatzungen zugestellt wurde. Ein elastischer Gummischlauch war mit Sprengstoff gefüllt und außerdem war eine einpolige Taschenlampenbatterie eingebaut. Ein besonderer Mechanis= mus ließ sich auf Höhe einstellen. Wurde die eingestellte Höhe erreicht, so löste ein Kontakt die Sprengwirkung aus. Eine normale Taschenlampen=

batterie hat eine Lagerfähigkeit von ungefähr einem Jahr. So lange also konnte der „Gummiknüppel" an irgendeiner unauffälligen Stelle im Flugzeug lagern. Kam die Maschine in dieser Zeit auf diese besagte Höhe, dann war es um sie geschehen. Die Sprengkörper brauchten nur durch eine der vielen Klappen, die es an einem Flugzeug gibt, eingeworfen zu werden. Es war also keinerlei große Vorarbeit notwendig. Ich machte alle Besatzungen mit diesem „idealen Flugzeugzerstörungsmittel" vertraut, und selbstverständlich verschärften wir unsere Vorsichtsmaßnahmen.

Franco wollte nicht so wie Hitler

Hitler unterrichtete mich davon, daß er eine größere Reise mit der Bahn unternehmen würde. Er wollte sich mit General Franco an der französisch=spanischen Grenze treffen. (Es kam zu der Zusammenkunft zwischen Hitler und Franco am 23. Oktober 1940 in Hendaye, bei der Hitler forderte, daß Spanien den Durchmarsch deutscher Truppen nach Gibraltar gestatten sollte.) An Hand von Unterlagen, die mir noch ausgehändigt würden, sollte ich mit drei Condor=Maschinen folgen. Die Etappen der Bahnreise müßten auch von mir eingehalten werden, damit Hitler unterwegs über mich verfügen könnte. So flog ich also zunächst nach Bordeaux. Hier lagen wir zwei Tage. Über eine besondere Nachrichtenstelle der Wehrmacht wurde ich weiter informiert. So bekam ich den Auftrag, in Bordeaux auf den Reichsaußenminister von Ribbentrop zu warten. Er kam morgens gegen 8 Uhr an. Die Wetterlage auf der Strecke nach Le Tours, das wir anfliegen sollten, war ungewöhnlich schlecht. Bordeaux hatte zwar noch gutes Wetter, aber über ganz Frankreich lag eine Schlechtwetterfront, die überall starken Regen und Bodennebel oder eine Wolkenhöhe von dreißig bis fünfzig Metern mit sich brachte. Ich machte den Reichsaußenminister darauf aufmerksam, daß ich Le Tours nicht kenne und daß bei der ungünstigen Wetterlage der Flug für mich besonders schwierig wäre und ich die Verantwortung nicht übernehmen könnte — ich hielte die Rammgefahr für zu groß. Ribbentrop war furchtbar aufgeregt. Ich erfuhr bei dieser Gelegenheit, daß Hitler seine Besprechungen mit Franco schon erfolglos beendet hatte und bereits mit der Bahn auf dem Wege nach Le Tours war, um dort mit Marschall Pétain zusammenzutreffen. Der Reichsaußenminister sollte bei dieser Besprechung unbedingt zugegen sein.

Was blieb mir übrig? Ich mußte den Start und den Flug versuchen. Zwei Drittel der Strecke flogen wir blind, ohne Erdsicht. Als wir die Funkstation

Le Tours bekamen, ließ ich mich heranpeilen. Die Funkstation gab herauf: „Landung nur auf eigene Gefahr und Verantwortung!" Als ich durch die Wolken brach, sah ich, daß ich nur wenige Meter über einer Flugzeughalle war — sofort senkte ich die Maschine unter die Höhe der Halle, machte kehrt und setzte zur Landung an. Sie ging glatt — Glück gehabt!

Ribbentrop fuhr mit dem Wagen sogleich zum Landsitz von Marschall Pétain. Ich bekam Befehl, auf belgischem Gebiet zu landen und dort auf weitere Befehle zu warten. Hitler fuhr aber direkt nach Italien weiter zu Mussolini. Erst in Berlin hörte ich Hitler über sein Zusammentreffen mit Franco und Pétain erzählen. Es lag auf der Hand, daß Hitler damals mit dem Gedanken spielte, Franco zu einer Einwilligung für eine deutsche Aktion in Gibraltar zu überreden. Er war an die französisch=spanische Grenze gefahren, um Franco die Sache schmackhaft zu machen. Franco wußte, wie wichtig Gibraltar und die Beherrschung der Meerenge für die in Afrika kämpfenden deutschen Soldaten war. Hitler versprach ihm selbstverständlich, Gibraltar an Spanien zurückzugeben und wies darauf hin, daß die Spanier dann „ein für allemal die Engländer loswären". Aber Franco wurde für Hitler eine riesengroße Enttäuschung. Der spanische Staatschef blieb abweisend. Hitlers Kommentar: „Franco ist zweifellos ein undankbarer Geselle. Er hat die Manieren eines Feldwebels!"

Im Gegensatz dazu sprach Hitler von Pétain immer mit großer Hochachtung. Nach seinem Besuch äußerte er wiederholt, daß er alles vermieden hätte, vor dem Marschall als Sieger zu erscheinen.

Heß macht in Augsburg Probeflüge

Ich war in Wien und ging in den Abendstunden auf dem Kärntnerring spazieren, als ich plötzlich angerufen wurde. Vor einem der typischen Wiener Cafés saß Flugkapitän Stör, Chefpilot und Einflieger bei Messerschmitt. Ich nahm bei ihm Platz und erfuhr, daß er auf der Reise nach Tokio war, um den Japanern Messerschmitt=Maschinen vorzuführen. Aber Stör hatte noch ein besonderes Anliegen. Er erzählte mir, daß Heß häufiger nach Augsburg käme, um dort Probeflüge mit der Me 210 zu machen. Das war eine neue zweimotorige Maschine, die zu dieser Zeit an der Front noch nicht zum Einsatz gekommen war.

Es war allgemein bekannt, daß Hitler nicht wünschte, daß Heß allein flog, er sollte immer einen „ausgewachsenen" Flugkapitän bei sich haben. Aber die ganze Sache war so vor sich gegangen: Heß erschien eines Tages bei

Messerschmitt und erklärte ihm, daß er ein Flugzeug von ihm haben müßte und zwar die neueste Maschine, die er zur Verfügung stellen könnte. Er hätte einen Auftrag, über den er nicht sprechen dürfte. Es sei aber alles so auszuführen, wie er es anordne. Messerschmitt, dem das Verbot sehr wohl bekannt war, widersprach nicht, da es sich ja auf der anderen Seite um den „Stellvertreter des Führers" handelte und man nicht wissen konnte, ob er nicht doch einen besonderen Auftrag hätte.

Stör sagte: „Wir vom Messerschmitt=Werk sind nur von einer Sorge er= füllt, daß bei den Probeflügen nichts passieren möge. Die neue Maschine ist sehr schnell und erfordert ein sehr hohes fliegerisches Können. Ob Heß ihr gewachsen ist, können wir vom Erdboden aus nicht feststellen." Ich erfuhr noch, daß Heß auch etliche Umbauten vornehmen ließ. Er ließ sich alles so einbauen, daß er sogar die Funkpeilanlage selbst bedienen konnte. Ich hatte nur ein Kopfschütteln für diese komische Fliegerei. Da ich Heß aber recht gern mochte, schwieg ich und erzählte niemandem etwas von den Vorgängen in Augsburg. Es erschien mir daher auch nicht sensationell, als mir der Funker der Heß=Maschine, Mortsiepen, berichtete, daß Heß neuer= dings großes Interesse für die Funkpeilung zeige. Er ließ sich bei jedem Flug die Peilungen vorführen und machte schon nach kurzer Zeit Standort= und Eigenpeilungen selbst. Mortsiepen war mit seinem Schüler zufrieden, um so mehr, als die meisten Fluggäste sich für die Steuerung und alle möglichen anderen Dinge interessierten, nicht aber für die Funkerei, die ihnen mehr als eine Art von Zauberei erschien, mit der sie doch nicht fertig würden und die sie doch nicht verstünden.

Viele Wochen später traf ich Heß in der Wohnung Hitlers. Er kam sofort auf mich zu und nahm mich auf die Seite: „Baur, ich muß eine Karte der Sperrgebiete haben!" Ich hatte für den eigenen Bedarf eine Sperrgebiets= karte, die ich unmöglich aus der Hand geben konnte. Ich mußte jeden Tag Maschinen auf den Weg schicken und vor jedem Flug sollte in die Karte Einblick genommen werden, damit nicht die eigene Flak auf uns schoß. Auch auf die Tatsache, daß die Karte „Geheime Reichssache" sei, die ich nicht aus der Hand geben dürfe, machte ich Heß aufmerksam. Später war mir klar, daß Heß dieses Hilfsmittel dringend brauchte, wenn er nicht von unserer Flak abgeschossen werden wollte. In der Sperrgebietskarte waren die Gebiete eingezeichnet, die von deutschen Flugzeugen überhaupt nicht oder aber nur in bestimmten, vorgeschriebenen Höhen überflogen werden durften. Es war nicht möglich, sich einmal für immer zu informieren, da die Sperrgebiete häufig wechselten. In Kriegszeiten war es auch für deutsche Flugzeuge nicht so einfach, über deutschem Gebiet zu fliegen.

Heß wollte nichts davon wissen, daß ich ihn damit tröstete, daß Doldi, sein Flugkapitän, vor dem geplanten Flug nach Amsterdam, den er mir gegen= über erwähnte, ja in jedem Falle Einblick in die Karte nähme. Er wollte eine eigene haben. Da blieb nur der Staatssekretär Milch. Und zu dem ging ich, um für Heß eine Sperrgebietskarte zu besorgen. Milch: „Ja, irgendwo hört schließlich das Mißtrauen auf. Heß ist der Stellvertreter des Führers, hier ist die Karte." Gegen Quittung wurde sie ausgegeben. Heß unterschrieb eine andere Quittung, die an Milch zurückging. Und der Augsburg Kummer bereitende Probeflieger und eifrige Funkschüler wußte jetzt auch, wie man aus Deutschland herausfliegen konnte. Daß er es tun würde, ahnten wir allerdings nicht.

„Der kann doch nur verrückt gewesen sein . . .!"

Zwei Tage später flogen wir nach München. Hitler ging auf seinen Berg, und ich fuhr zu meiner Familie nach dem Pilsensee. Es war prächtiges Wet= ter, und ich dachte an Fischfang. Aber schon am Sonntagmorgen um 8 Uhr schrillte das Telefon: Hitler wünschte schnellstens nach Berlin zu fliegen! Donnerwetter, dachte ich, was ist denn da schon wieder los! So schnell nach Berlin zurück, wo Hitler doch über den Sonntag auf dem Obersalzberg blei= ben wollte. Aber es half nichts.

Wir flogen bei herrlichem Wetter nach Berlin. Zwischen 12 Uhr 30 und 13 Uhr ging ich wie gewöhnlich zum Essen in die Wohnung Hitlers. Vom Rauchzimmer, dem Zimmer vor dem Speisesaal, konnte man in den Garten der Reichskanzlei sehen. Dort standen Hitler und Göring. Sie gestikulier= ten heftig und sprachen eindringlich aufeinander ein. Ich dachte: da stimmt was nicht, mal rausgehen und hören, was es gibt. Langsamen Schrittes ging ich durch den Speisesaal und durch den Wintergarten nach draußen. Und dann hörte ich Hitler: „Der kann doch nur verrückt gewesen sein, sonst hätte er mir doch so etwas nicht antun können. Er ist mir in den Rücken gefallen — ein normaler Mensch kann das nicht tun!" Ich war nur noch wenige Meter von Hitler entfernt, als er mich sah und ansprach: „Was sagen Sie dazu, Baur?" Bis dahin wußte ich noch nichts, erfuhr dann aber, daß Heß weggeflogen sei, angeblich nach England. Von Göring hörte ich Einzelheiten, soweit sie bis dahin bekannt waren. Heß hatte seinen Adju= tanten Pintsch von seinem Vorhaben unterrichtet. Dieser hatte den Auf= trag, nach Ablauf von fünf Stunden, vom Start in Augsburg an, Hitler von dem Vorhaben seines Stellvertreters durch Übergabe eines Briefes, den Heß vor seinem Abflug geschrieben hatte, zu informieren. Hitler wußte also, als er den plötzlichen Flug nach Berlin anordnete, was Heß plante, aber er wußte nicht, ob sein Vorhaben gelungen war. In dieser Ungewißheit blieb er einige Zeit. Göring hatte auch nur feststellen können, daß Heß am Spätnachmittag in Augsburg gestartet und daß seine Maschine von der deutschen Luftüberwachung bis in den Raum von Amsterdam verfolgt worden war.

Es wurde vermutet, daß sich Heß längere Zeit über der Nordsee hätte auf= halten müssen, da die damals schon recht zahlreich auftretenden Jäger ihm den Einflug sehr schwer machten. Eine große Chance wurde Heß in den Ge= sprächen nicht eingeräumt — man rechnete stark mit der Möglichkeit, daß er über der Nordsee abgeschossen worden und ertrunken wäre.

Selbstverständlich wurde der englische Nachrichtendienst immer wieder mit Spannung erwartet, da im Falle des Gelingens angenommen wurde, daß die offiziellen Stellen drüben mit einer Bekanntmachung, die für sie in jedem Falle propagandistisch auszuwerten war, nicht allzu lange auf sich warten lassen würden. Im Äther war es zwar nicht stumm, aber von Heß war — wenigstens vorerst — nichts zu hören. Beim Mittagessen in der Reichskanz= lei gab es auch nur dieses eine Thema. Etliche waren sich darin einig, daß Heß mit seinem fliegerischen Handstreich wirklich nichts anderes hätte er= reichen wollen, als in letzter Minute die verhängnisvolle und Reaktion auf Reaktion auslösende Ausweitung des Krieges zu verhindern. Aber er hätte einmal die Möglichkeiten überschätzt, die ihm persönlich gegeben, und zum anderen übersehen, wie stark die Dinge schon im Fluß waren. Heß hatte gute Verbindungen gerade in England, und sicherlich glaubte er im Ge= spräch, das er suchte, Männer zu finden, die gleich ihm der Auffassung waren, daß es eine kriegerische Auseinandersetzung zwischen Deutschland und England nicht geben dürfte. In der damaligen Zeit jedoch mußte sein Plan phantastisch erscheinen. Bestimmt war Heß auch der Auffassung, daß Hitler ihm seine Eigenmächtigkeit vergeben würde, wenn ihm in England ein Erfolg beschieden war.

Aber die Wirklichkeit sah anders aus. Unser Nachrichtendienst meldete uns, daß man drüben zuerst angenommen hätte, Heß wäre dem Dritten Reich entflohen, doch hätte es sich bald herausgestellt, „daß Heß nach wie vor ein fanatischer Nazi sei". Er habe nur versuchen wollen, einigen Männern in England den Kopf zu verdrehen. Es sei das beste, wenn man Heß in das erstbeste Flugzeug packe und über Deutschland wieder abwerfe.

Der Heß=Flug hatte auch in Deutschland die Gemüter in Verwirrung ge= bracht. Es gab Auseinandersetzungen, und es gab viele, die sich mit dem kurzen Text der amtlichen Verlautbarung nicht zufrieden gaben und selbst nach den Hintergründen forschten. Aber ein größeres Ereignis hielt bald das ganze deutsche Volk in Atem: Die bewaffnete Auseinandersetzung mit dem Osten begann!

Wir richten uns in Rastenburg ein

Kurz nachdem die deutschen Truppen die Grenzen im Osten überschritten hatten, flogen wir mit Hitler nach Rastenburg in Ostpreußen. Hier war eine große Anlage entstanden, die drei Jahre lang das „Führerhauptquar= tier" beherbergen sollte. Unter den großen und massiven Bunkern gab es je einen für Hitler, Göring und Bormann. Die Bunker, die aus der Erde herausragten, hatten eine vier Meter dicke Betondecke, so daß bei Bomben= angriffen kaum eine Gefahr bestand. Zu solchen Angriffen ist es aber nie gekommen, wenn ich von einigen russischen Bomben — es waren drei, wenn ich mich recht erinnere — absehe, die bei einem Angriff innerhalb der An= lage niederfielen, aber auch nur in den äußeren, den Sicherungsgürtel, ohne jedoch Schaden anzurichten. Für den Stab und die Wachmannschaften stan= den kleinere Betonbunker und Holzbaracken zur Verfügung.

Das Ganze lag in einem Waldstück und war ausgezeichnet getarnt. Nur wenn man beispielsweise mit einem Storch in fünfzig Meter Höhe über die Anlage geflogen wäre, hätte man durch das Grün der Bäume einen Schim= mer der Barackenanlage sehen können. Aber auch das wäre, wie gesagt, nur ein Schimmer gewesen, da die Dächer mit Bäumen bepflanzt und die Wände mit Moos bedeckt waren.

Der Rastenburger Flughafen war zu Beginn des Krieges mit Rußland für die schweren Condor=Maschinen ungeeignet. Wir konnten zwar landen, aber ein Start mit voller Maschine aus diesem Platz heraus bot nicht die notwendige Sicherheit, so daß wir die Condor=Maschinen zunächst auf dem 35 Kilometer entfernt liegenden Flugplatz Gerdauen abstellen mußten. Im ersten halben Jahr — bis zum Abschluß der Arbeiten in Rastenburg — rich= teten wir einen Zubringerdienst mit der Ju 52 ein. Da später auf dem Flug= platz Rastenburg für meine Besatzungen nur beschränkt Raum vorhanden war, wohnte ein großer Teil von uns in der Stadt. Ich fuhr in den frühen Mor= genstunden im Wagen zum Flugplatz, mittags zur Anlage, am Nachmittag noch einmal zum Flugplatz und gegen 17 oder 18 Uhr wieder zum Haupt= quartier, wo ich bis zur Beendigung der Lagebesprechung gegen 1 oder 2 Uhr nachts blieb.

Die deutschen Truppen drangen im ersten Ansturm weit in den russischen Raum ein. Hitler hatte Besprechungen mit Heeresgruppenchefs, zu denen wir flogen. Die militärischen Lagebesprechungen fanden unter normalen Verhältnissen einmal gegen 12 Uhr mittags und zum zweiten Mal in der Nacht gegen o Uhr statt. Ich wurde zu diesen Besprechungen nur zugezogen, wenn es sich als notwendig erwies, daß der Führer einer Heeresgruppe oder in besonderen Fällen auch der Führer einer Armee nach Rastenburg geflogen werden sollte. Hitler fragte mich dann gewöhnlich: „Wie lange fliegen Sie nach dort, und wann können Sie frühestens wieder zurück sein?" — So habe ich im Laufe des Krieges in unzähligen Fällen Feldmarschälle und Generaloberste zu Hitler geflogen und wieder an die Front zurückgebracht. Am meisten wurde wohl Generalfeldmarschall von Kluge zu Beratungen herangezogen. Häufig wurden auch die Feldmarschälle von Manstein, Kleist und Küchler ins Hauptquartier gerufen.

Pech bei einem Flug mit Mussolini

Hitler hatte Mussolini eingeladen, mit ihm Brest=Litowsk zu besuchen. Der „Duce" sollte sich vor allem von der Wirkung der deutschen 60=cm=Mörser überzeugen. Zum Flug nach Brest=Litowsk waren mehrere Ju 52 bereitgestellt worden. Kurz nach dem Start mit Hitler und Mussolini merkte ich, daß der Mittelmotor stark Öl verlor. Die vordere Verglasung wurde bald fast völlig blind, und langsam überzog ein Ölfilm die ganze Maschine. Ich war eine Zeitlang unschlüssig, ob ich umkehren oder weiterfliegen sollte. Schließlich drosselte ich den Mittelmotor und flog nach Brest weiter, da die Strecke doch recht kurz war. Auf dem Zielhafen wurden Hitler und Mussolini sofort von einer Anzahl höherer Offiziere in Anspruch genommen, so daß sie sich nicht weiter um die Maschine bekümmern konnten. Nur Brückner, der persönliche Adjutant Hitlers, sagte mir beim Verlassen der Maschine: „Baur, was war denn eigentlich los? Die Aussicht wurde trüber und trüber, und dann haben wir kaum noch etwas gesehen!" Ich nannte ihm die vermutliche Ursache. Unsere Maschine sah von außen wirklich aus wie eine Ölsardine. Aber bis zum Rückflug würde alles wieder in Ordnung sein. Zur Begrüßung war auch der Sohn Mussolinis erschienen, der als Fliegeroffizier Dienst tat. Nach einem kleinen Imbiß setzte sich die Wagenkolonne in Bewegung, um nach Brest hineinzufahren. Hitler zeigte den neuen deutschen 60=cm=Mörser, der bei der Beschießung von Brest=Litowsk eingesetzt worden war. Hitler schilderte die Wirkung der starken Waffe, die besonders für die

Besatzung furchtbare Folgen hatte, da für sie die Beschießung vollkommen überraschend gekommen war. Nach der Schilderung Hitlers war ein Groß=teil von ihnen schon in den Baracken getötet worden, weil der bei den Ein=schlägen entstandene Luftdruck ihnen die Lungen zerrissen hatte. Mussolini besichtigte auch eingehend die Wirkung der Geschosse in den eigentlichen Befestigungsanlagen.

In der Zwischenzeit forschte Zintl, unser Maschinist, nach der Ursache des Ölverlustes. Es war kein Rohr der Ölleitung gebrochen, wie wir vermutet hatten, sondern die Dichtung einer Ölpumpe war herausgedrückt worden und ließ das Öl ausfließen. Bald war die Dichtung erneuert und damit der Schaden behoben. Die Maschine wurde abgewaschen — unsere brave Ju sah also wieder ganz normal aus, als unsere Passagiere zurückkamen. Mussolini wünschte auch Göring zu besuchen. Wir setzten ihn auf einem kleinen Flugplatz in der Gegend von Spitzingsee ab, wo Göring ihn in Empfang nahm. Der italienische Regierungschef fuhr von dort aus im Son=derzug in seine Heimat zurück. Aber er kam schon bald wieder!

Mussolini war eher auf dem Paradefeld als seine Truppen

Bei Uman war eine große Schlacht geschlagen, es waren über hunderttau=send Gefangene gemacht worden. An diesen Kämpfen waren auch italie=nische Truppen beteiligt, die Mussolini nun nach Abschluß der Kämpfe be=sichtigen wollte. Er fuhr in einem Sonderzug nach Grosny in Polen. Hier war ein Tunnel ausgebaut worden, in dem der Sonderzug vor Flieger=angriffen Deckung finden sollte. Wir flogen mit drei Condor=Maschinen nach Grosny. Mussolini sah das große viermotorige Flugzeug zum ersten Mal. Er war begeistert und ließ sich alle möglichen Einzelheiten erklären. Hitler gegenüber äußerte er den Wunsch, eine Strecke — allerdings in mei=nem Beisein — selbst zu fliegen. Wir starteten bei wunderbarem Wetter von Grosny aus über Winniza nach Uman. Zintl ließ Landeklappen und Fahrgestell einfahren und verzog sich nach hinten, um für Mussolini Platz zu machen. Wir waren auf Kurs. Das Halten des Kurses besorgte die auto=matische Kreiselsteuerung. Mussolini hatte also lediglich das Höhen= und Tiefensteuer, sowie das Querruder, die sogenannten Verwindungen, zu be=dienen. Da das Wetter äußerst ruhig war, gab es nur eine ganz geringe Steuertätigkeit. Mussolini führte kurze Steuerbewegungen aus und er=kannte sofort, wie schnell die Condor reagierte. Er war ehrlich erstaunt und gab sich mit diesem kurzen Versuch zufrieden.

...ler am Grabe Napoleons   *Hitler vor der Oper in Paris*

Baur mit Mussolini in der viermotorigen Sondermaschine

Kapitänleutnant Prien und seine Besatzung in Wilhelmshaven vor dem Flug nach Berlin

Auf dem Flugplatz Winn

Die rund tausend Kilometer nach Uman flogen wir in dreieinhalb Stunden. Am Ziel standen bereits die Fahrzeuge, die Hitler und Mussolini an den Ort bringen sollten, wo die Truppen Aufstellung nahmen. Wie man mir später erzählte, standen die deutschen Truppen wie befohlen bereit — die italienischen Verbände jedoch fehlten. Sie waren nach einem starken Regen= guß mit ihren Fahrzeugen im Schlamm stecken geblieben. Mussolini war das äußerst peinlich, und er lief aufgeregt hin und her — aber es war nichts zu ändern, man mußte eben warten, bis auch die italienischen Einheiten angekommen waren.

Vom Flughafen fuhr dann wieder eine Wagenkolonne, der ich mich an= schloß, mit Hitler und Mussolini zu einer nur wenige Kilometer entfernten Kiesgrube, in der Tausende von russischen Kriegsgefangenen untergebracht waren. Hitler hatte angeordnet, daß die Ukrainer unter ihnen sofort ent= lassen werden sollten. Auf unserem Wege zur Kiesgrube trafen wir schon viele Zivilisten, vor allem Frauen, die mit kleinen Panjewagen unterwegs waren, um ihre Angehörigen, vor allem ihre Männer, abzuholen. Natürlich gab sich der weitaus größte Teil der Gefangenen als Ukrainer aus. Und viele von ihnen trieben sich dann zwischen den Fronten herum und wurden später dort von unseren Truppen wieder eingefangen. Ein Teil von ihnen hat sicherlich auch die russische Front wieder erreicht. Hitler ließ sich einen Arzt kommen, der ebenfalls unter den Gefangenen war. Mit ihm unterhielt er sich eine Zeitlang. In einigen Baracken in der Kiesgrube waren die nur notdürftig verbundenen Verwundeten untergebracht.

Mussolini: nicht fotogen!

In der Zwischenzeit hatten sich auf dem Flugplatz viele Soldaten angesam= melt, die Hitler begrüßten. Wir flogen bei schönstem Wetter nach Grosny zurück. Mussolini saß wieder neben mir. Der Flug machte ihm Spaß. Ich machte meine Leica und meinen kleinen Filmapparat klar und bat Musso= lini, mir zu gestatten, während des Fluges einige Aufnahmen von ihm machen zu dürfen. Nach einigen Farbaufnahmen mit der Leica filmte ich. Ich ließ die ersten sechs Meter ablaufen, aber Mussolini saß da wie ein „Ölgötze", steif und mit hochgerecktem Kopf rührte er sich nicht. Ich be= kam nur Bilder ohne Leben, typisch mit dem vorgestreckten Kinn, aber ich wollte doch etwas ganz anderes. Ich ließ den Film weiter ablaufen. Musso= lini schaute wild drein, aber er rührte sich nicht. Dann mußte es ihm wohl doch zu lange dauern. Er bewegte sich aber immer noch nicht, sondern schielte nur in die Richtung, in der er die Kamera wußte. Und so war es dann später auch zu sehen — der Film gab nicht mehr her als die übliche Positur.

Als wir wieder in Rastenburg waren, fragte Hitler mich, was Mussolini über die Condor gesagt hätte. Ich schilderte ihm die Begeisterung des Italieners. Hitler erwiderte, daß er Mussolini gern ein solches Flugzeug schenken würde. Es erschien ihm nur zu unsicher, er befürchtete, daß Mussolini mit der Maschine nicht fertig würde, da sie gegenüber der Ju 52 in der Handhabung etliche Schwierigkeiten aufwies.

Zur Abwechslung — Fischfang

In unmittelbarer Nähe von Rastenburg lagen zwei Masurenseen: der Mauersee und der Dobensee. Nun bin ich ein leidenschaftlicher Fischer und verständlicherweise suchte ich nach einer Möglichkeit zum Fischen. Diese fand sich auch bald. Der Bürgermeister von Rosengarten verwies mich an einen Fischer, der mir ein Boot zur Verfügung stellen würde. Das Boot bekam ich und auch die Erlaubnis zum Fischen. In dem Fischerhaus war ein Telefon, so daß ich immer zu erreichen war. In besonderen Fällen sollte ein Storch bestimmte Leuchtsignale abschießen, die mich ans Telefon riefen. Wenn ich eilig abberufen wurde, konnte der Storch auch auf der Wiese neben dem See landen und mich mitnehmen. Schon nach meinen ersten erfolgreichen Fischzügen wurde mir ein Probeschwimmwagen zugewiesen. Ich ließ mir ein „Standbrett" vorn auf den Wagen bauen und war nun völlig unabhängig.

Schon bald hatte ich heraus, wo die meisten Hechte, Barsche und Zander standen. Die Möwen zeigten mir den Weg. Sie fanden ihre Beute unter den in Todesangst aus dem Wasser hochspringenden Elritzen oder Oklai, wie sie hier genannt werden, wenn die großen Fische unter den Schwärmen der kleinen aufräumten. Mit dem Schwimmwagen war ich dann schnell an Ort und Stelle, und eigenartigerweise gingen vor allem die Barsche eher auf den Blinker los als auf die kleinen Oklais. Offiziere und Männer meiner Besatzungen waren an dem Erfolg meiner „Fischausflüge" sehr interessiert. Sie gaben einige Gramm ihrer Butterration, ich lieferte den Fisch — manchmal zwanzig Pfund — und unser verhältnismäßig eintöniges Kasinoessen war auf diese, für mich so angenehme Art wesentlich abwechslungsreicher geworden. So hatte ein jeder von uns seine Freude und seinen nicht unerheblichen Vorteil.

Es war Herbst geworden. Unsere Truppen waren unaufhaltsam nach Ruß=
land eingedrungen. Immer noch war es gelungen, den Widerstand zu bre=
chen. Sicherlich gab es kleine Anzeichen, daß nicht mehr alles so zügig ging,
daß der ungeheure Raum Kräfte fraß. Aber die Erfolge überwogen noch —
der Rausch hielt an. Unsere Panzerkräfte standen unmittelbar vor Moskau.
In Riesenkolonnen zogen immer wieder neue Scharen von Gefangenen
von der russischen Front weg. Hitler war fest überzeugt, daß der Krieg in
Rußland schon gewonnen sei, daß die Regierungsumbildung und die dann
folgende Kapitulation nur noch eine Frage der Zeit sein werde.
Und dann setzte nach einem sehr nassen Herbst jener Winter von 1941
auf 1942 ein. Ein Winter, wie er auch in Rußland nur alle hundert Jahre
einmal vorkommt. Eine ungeheure Kältewelle legte sich lähmend auf alles
Leben an den Fronten, die sich in Riesenbögen durch den weiten russischen
Raum zogen. Die Soldaten litten furchtbar. Aber auch das Material war
diesen Anforderungen nicht gewachsen. Das Öl gefror, die Batterien in
den Fahrzeugen gaben keinen Strom mehr her. Panzer, Kraftfahrzeuge und
Zugmaschinen blieben stehen und gingen zu einem großen Teil verloren.
Geschütze und Maschinengewehre wurden unbrauchbar, weil die Rück=
läufe in der Kälte von über vierzig Grad einfroren oder das Öl sich in Eis
und steifes Fett verwandelte und die Schlösser bewegungslos machte.
Das Übelste aber war zweifellos, daß die Versorgung nicht mehr sicherge=
stellt werden konnte. Ich kann mich noch erinnern, wie der Staatssekretär,
Herr Ganzenmüller, fast täglich Vortrag hielt und mitteilte, wieviel Züge
an dem betreffenden Tag „durchgekommen" waren. Es war errechnet wor=
den, daß es jeden Tag rund 65 Züge sein müßten, wenn die Versorgung der
kämpfenden Truppe einigermaßen sichergestellt sein sollte. Und wir hör=
ten dann oft, daß es nur 25 oder gar nur 20 waren. Vor den anderen unbe=
weglichen Waggonschlangen standen Lokomotiven, bei denen die Rohre
geplatzt oder die insgesamt eingefroren waren. Es wurde viel versucht —
der schreckliche Zustand, in dem die kämpfende Truppe sich befand, blieb.
Die Soldaten standen bei fünfzig Grad Kälte in Schneestellungen mit der
Bekleidung, die sie im Sommer getragen hatten. In der Heimat wurde Be=
kleidung gesammelt. Aber es war zu spät. Es gab Frontteile, bei denen die
Sachen erst zu Ostern eintrafen. Der Oberbefehlshaber des Heeres, Gene=
raloberst Brauchitsch, wurde verantwortlich gemacht und abgesetzt.
Auch bei der starken Kälte unternahmen wir mehrere große Flüge in das
Innere Rußlands. In unserem Maschinenpark hatten wir auch Heinkel=Flug=

zeuge vom Typ He 111. Sie waren für sechs Fluggäste ausgebaut und mit 360 Kilometer Reisegeschwindigkeit für damalige Begriffe recht schnell. In dem strengen Winter hatten sie allerdings einen erheblichen Nachteil: sie waren nur sehr wenig zu beheizen, und von der gewonnenen Wärme zog ein großer Teil sofort durch die offenen MG=Stände — oben und unten — wieder ab.

Bei einem Flug nach Mariopol am Asowschen Meer waren außer Hitler noch Generalmajor Schmundt, sein Diener und ein Arzt an Bord. Nach dem Start in Rastenburg machten wir eine Zwischenlandung in Kiew. Von dort aus sollte in einem Telefongespräch dem zuständigen Heeresgruppenchef un= sere Ankunft vorausgemeldet werden. Hitler war ungefähr 45 Minuten in der Flugabfertigung. Als er zurückkam, erklärte er mir: „Baur, in Ihrer Maschine ist es saumäßig kalt — ich habe Füße wie Eiszapfen." Hitler war in keiner Weise der Kälte entsprechend angezogen. Ich erbot mich, ihm ein Paar Fliegerstiefel zu besorgen. Er lehnte ab, weil diese „ihm nicht zustän= den!" In Mariopol wurde Hitler von Generalfeldmarschall Leeb und dem Kommandeur der Leibstandarte, Sepp Dietrich, in Empfang genommen. In ihrer Begleitung fuhr er sofort weiter nach Taganrog, wo es erhebliche Schwierigkeiten gab.

Ich blieb mit meinen Besatzungen in Mariopol, wo mehrere Kampfflug= staffeln lagen. Hier besorgte ich Hitler Pelzstiefel. Der Oberzahlmeister der Staffel verlangte eine von Hitler unterschriebene Quittung, die dieser auch gab. Feldmarschall Leeb wollte Einspruch erheben, aber Hitler hatte die Si= tuation wohl erkannt und gemerkt, daß es nur um seine Unterschrift ging. Ich war später noch oft in Mariopol — die Quittung hing im Kasino unter Glas an einem Ehrenplatz.

Wenn Hitler mit hohen Persönlichkeiten flog, duldete er nie, daß alle in einer Maschine untergebracht wurden. Er wollte die Möglichkeit ausschal= ten, daß durch einen immer möglichen Absturz mehrere Menschen des Führungsstabes ums Leben kamen. An dem Spätnachmittag, an dem wir von Mariopol zurückfliegen wollten, kam der Befehl, daß es nicht nach Rastenburg, sondern zunächst nach Poltawa gehen sollte. Die langsame Gepäckmaschine war schon unterwegs. Als wir in der Luft waren, ver= suchte ich, sie noch funkentelegrafisch zu erreichen, aber die Entfernung war schon zu groß.

Nach der vorher angeführten Verordnung war auch dieses Mal der mit uns fliegende Generalfeldmarschall von Reichenau in die Begleitmaschine ein= gewiesen worden. Als wir in Poltawa landeten — es war stark neblig —, waren wir allein. Von Reichenau fehlte. Die Begleitmaschine war mit uns

gestartet, aber wir hatten sie unterwegs aus der Sicht verloren. Hitler war=
tete und wurde sehr nervös, als er das Ergebnis des Funkverkehrs zur
Kenntnis nahm: Der Pilot unserer zweiten He 111 hatte Poltawa längst
überflogen und stand dicht vor den russischen Linien. Wir haben ihn mit
eineinhalb Stunden Verspätung dann doch noch nach Poltawa gebracht.
Der Generalfeldmarschall hatte sein Quartier in einem alten, brüchigen
Schloß, in dem auch Hitler übernachtete. Ich meldete ihm, daß die Gepäck=
maschine in Rastenburg wäre und ich ihm nur Nachtzeug anbieten könnte.
Er lehnte ab und bat sich einen Rasierapparat und eine Klinge aus. Hitler
hatte an diesem Abend noch lange Besprechungen mit von Reichenau, so
daß wir sehr spät ins Bett kamen. Aber die Wanzen sorgten dafür, daß wir
auch dann nicht zum Schlafen kamen.
In Notfällen sprangen wir mit unseren Flugzeugen ein, wenn dringend et=
was zu transportieren war. So hatte Guderian das Führerhauptquartier ge=
beten, ihm zu helfen. Viele seiner Panzerfahrer und Fahrer anderer Fahr=
zeuge, die zu dieser Zeit noch nicht beheizt waren, hatten sich die Füße er=
froren. Ich stellte einige Condor=Maschinen ab, die sofort nach Minsk flo=
gen. Eine große Filzstiefelfabrik hatte dort seit einiger Zeit wieder die Pro=
duktion aufgenommen. In kürzester Frist wurden mehrere tausend Paar
Filzstiefel nach Orel geflogen. Das Wetter war in diesen Tagen sehr stür=
misch. Eine Maschine stürzte kurz vor der Landung in Orel ab. Wir be=
klagten zwei Tote und zwei Schwerverletzte. Die beiden Schwerverletzten
haben wir vierzehn Tage später nach Königsberg fliegen können.

„Ritterkreuz zum Kriegsverdienstkreuz zu verdienen!"

Im Hauptquartier gab es eine Speisebaracke, in der sich gleichzeitig die
Küche befand. In zwei kleineren Räumen aßen Offiziere, in einem anderen
Raum befand sich ein Tisch für vierzehn Personen, an einem kleineren Tisch
konnten im Bedarfsfalle Adjutanten Platz nehmen. Wenn ich in der Anlage
war, aß ich hier regelmäßig mittags und abends.
Selbstverständlich wurden auch hier viele Dinge besprochen. Im Mittel=
punkt standen natürlicherweise fast immer aktuelle Fragen. An einem
Abend — auch Himmler war zugegen — wurde über die Läuseplage gespro=
chen. Hitler sagte, daß er aus dem ersten Weltkrieg sehr wohl wüßte, wie
die Läuse die Soldaten plagten, und er versprach demjenigen das Ritter=
kreuz zum Kriegsverdienstkreuz, der ein wirksames Mittel gegen Läuse
erfände. Himmler brachte die bekannte Tatsache zur Sprache, daß alle Sol=

daten, die mit Pferden zusammen waren und unter Satteldecken schliefen, keine oder sehr wenig Läuse hatten. Also: frischer Pferdeschweiß vertreibt Läuse!

In der Tischrunde saß Professor Morell, der Arzt Hitlers. Morell war nicht nur Arzt, sondern auch Chemiker und hatte selbst mehrere chemische Fabriken. Er übernahm an diesem Abend den Auftrag und begann mit seinen Versuchen. Schon nach kurzer Zeit meldete er, daß es ihm gelungen sei, den Pferdeschweiß künstlich nachzubilden. Er verwendete dazu billige Abfallprodukte, die leicht zu beschaffen waren. Versuche sollten ergeben haben, daß das Pulver wirksam wäre. So wurde mit der Produktion begonnen. Bei der Truppe war das Zeug wegen des furchtbaren Gestankes nicht beliebt, auch gingen die Meinungen über die Wirksamkeit weit auseinander. Morell machte noch einen Versuch, sein Läusepulver im Geruch angenehmer zu machen. Er kaufte in Paris größere Parfümmengen auf — aber soviel Parfüm, wie er gebraucht hätte, konnte er wohl nicht beschaffen, es blieb also bei dem Gestank und bei der Problematik. Morell bekam dann später das Ritterkreuz zum Kriegsverdienstkreuz. Ob für das Läusepulver oder für andere Dinge, das entzieht sich meiner Kenntnis.

Mögliche Ursache des Absturzes von Dr. Todt

Der Reichsminister Dr. Todt, ein gern gesehener Gast, war bei allen gleichermaßen beliebt. Er war deshalb so sympathisch, weil er trotz seines großen Könnens immer bescheiden blieb. An dem Tage vor seinem Tode hatte er Hitler sehr lange Vortrag gehalten. Ich war in den späten Abendstunden mit ihm zusammen. Er sagte mir, daß er am nächsten Morgen schon früh nach Berlin zurückwollte und daß er möglicherweise Speer mitnehmen sollte, der ebenfalls bei Hitler war.

Am nächsten Morgen fuhr ich wie gewöhnlich gegen 8 Uhr 30 zum Flugplatz. Schon von weitem sah ich eine schwarze Rauchwolke in der Nähe des Platzes und kurz darauf sahen wir ungefähr fünfzig Meter vor der Platzgrenze eine brennende Heinkel. Ich erfuhr, daß es die Maschine von Dr. Todt war.

Die Heinkel hatte 3400 Liter Benzin getankt — ein Ende des heftigen Brandes war also vorerst nicht zu erwarten. Ich ließ lange Stangen holen, um mit ihnen die Leichen herausheben zu lassen, ehe sie endgültig verschmort waren. Eine Anzahl Feuerlöscher richteten ihre Strahlen gegen das Feuer und drängten auch die Hitze etwas zurück. Mit den Stangen gelang es, die

Leichen herauszuziehen. Dr. Todt lag mit dem Kopf nach unten, eine Schul=
ter berührte die Erde, und ein Schulterstück, das Dr. Todt auswies, war noch
einwandfrei zu erkennen. Ich brachte in Erfahrung, daß Speer nicht mit=
geflogen war. Außer Todt und drei Mann Besatzung befanden sich noch
zwei Urlauber in der Maschine — sie waren alle verbrannt.

Selbstverständlich wurden auch von mir sofort genaue Ermittlungen auf=
genommen, um die Ursache des Absturzes festzustellen. Die Wetterlage
an diesem Tage war sehr schlecht: ein sehr starker Sturm, 200 bis 300
Meter Wolkenhöhe und zeitweilig Schneefall. Der Flugpolizist hatte die
Startzeit gerade notiert, als er — genau nach drei Minuten — feststellte, daß
die Maschine zurückkehrte. Das war ungewöhnlich — und was den Mann
besonders verwunderte, war die Tatsache, daß der Pilot bereits wieder zur
Landung ansetzte, das Fahrgestell war ausgefahren. Gerade stellte er
Überlegungen darüber an, daß bei dem starken Rückenwind eine Landung
noch innerhalb des Platzes unmöglich klappen könnte, weil die verbleibende
Bahn einfach zu klein war, als er plötzlich — die Heinkel war hundert Me=
ter von der Platzgrenze entfernt — eine blaue Stichflamme sah. Diese Stich=
flamme schoß riesengroß aus dem Rumpf der Maschine — sie wurde auch
von Leuten auf dem benachbarten Gut gesehen. Nun war in der Heinkel
der gesamte Treibstoff in den Flächen untergebracht, eine Benzinexplosion
konnte also nicht die Ursache sein, denn die Stichflamme war einwandfrei
aus dem Rumpf hervorgeschossen.

Es fiel uns schwer, einen Sabotagefall anzunehmen. Wir hatten einwand=
freies Bedienungspersonal zur Stelle und außerdem war Dr. Todt außer=
ordentlich beliebt. Ein Außenstehender konnte es auch kaum gewesen sein,
da die Wachen stark und zuverlässig waren. Wir standen vor einem Rätsel.
Es kam dann eine Kommission vom Reichsluftfahrtministerium. Alle auf=
gefundenen Einzelteile wurden genau untersucht — Ergebnis ebenfalls gleich
Null — die Ursache blieb unbekannt. Ganz zuletzt wurden die Laufakten
der Maschine überprüft. Ein jedes Flugzeug hat seine Papiere, in denen
alles genau verzeichnet wird: Motorenwechsel, Reparaturen und selbstver=
ständlich auch die Kontrollen. Und da ergab sich folgendes Bild: Die Ma=
schine des Reichsministers Dr. Todt war „in große Kontrolle gegangen",
sie wurde in alle Einzelteile zerlegt, überprüft, und schadhafte Teile wurden
ausgewechselt. Dr. Todt hatte man aus Paris für vierzehn Tage, die die
Kontrolle in Anspruch nehmen würde, eine andere Heinkel aus einem Luft=
waffenverband zur Verfügung gestellt. Dieser Verband war im Frontein=
satz und alle seine Flugzeuge trugen den sogenannten Flugzeugzerstörer.
Das waren kleine Kästchen mit rund einem Kilogramm Dynamit gefüllt,

daran eine Schnur mit einem kleinen Ring. Das Ganze war unmittelbar unter dem Führersitz angebracht. Im Notfalle konnte das Flugzeug durch einen Zug an der Schnur in die Luft gejagt werden. Ein eingebauter Zeit= zünder befristete das Manöver auf drei Minuten. Dieser Flugzeugzerstörer ist dem Minister zweifellos zum Verhängnis geworden. Dr. Todt pflegte fast immer vorn beim Flugzeugführer, an seiner rechten Seite, also auf dem Platz des Funker=Maschinisten, zu sitzen. Kurz vor dem Start an diesem Tage ging er durch die kleine Kabine zum Führersitz. Die= ser Durchgang war sehr schmal. Dr. Todt trug eine Pelzkombination und mußte sich durchzwängen. Er hockte sich hin und wartete, bis der Funker= Maschinist nach dem Start den Platz freimachen würde. Er befand sich also noch im Durchgang, war aber bei dem Durchzwängen möglicherweise mit einer der Schnallen seiner Pelzstiefel an dem Ring hängen geblieben — und hatte damit den zerstörenden Mechanismus in Gang gebracht. Das Ab= brennen des Verzögerungsaktes verursachte Brandgeruch — das ist Alarm in jedem Flugzeug. Es wurde dann versucht, in möglichst kurzer Zeit den Kabelbrand oder die Brandursache zu entdecken. So wird auch die Besatzung der Heinkel, mit der Dr. Todt flog, gesucht und gefunden haben. Zu ihrem Schrecken mußte sie feststellen, daß der Flugzeugzerstörer ausgelöst war. Das Flugzeug mußte ungefähr zwei Minuten in der Luft gewesen sein, als der Flugzeugführer Klarheit hatte. Es begann ein Spiel mit dem Tode, es ging um Sekunden. Das Fahrgestell wurde ausgefahren. Es war keine Zeit zu verlieren, die Landung mußte trotz des starken Rückenwindes versucht werden. Die Maschine kam noch zur Platzgrenze — der Kampf um die Se= kunden war verloren — der Zerstörer explodierte, das Flugzeug überschlug sich in ungefähr dreißig Meter Höhe, schlug dann auf und brannte aus. Hitler, dem ich über den Unfall genauestens Bericht erstatten mußte, emp= fand den Verlust sehr stark.

Bekanntschaft mit russischen Verschickungsmethoden

Die Fronten rückten wieder weiter nach Osten vor. Wir lagen in Rasten= burg schon tausend Kilometer hinter der Front. Eine Verlegung des Haupt= quartiers wurde notwendig. In einem schmalen Waldstreifen, fünfzehn Kilometer nördlich von Winniza in der Ukraine, war der geeignete Platz ge= funden worden. Der Ausbau des Hauptquartiers, in unmittelbarer Nähe des Bug, ging sehr schnell vor sich. Neben den üblichen Baracken wurden zwei Bunker gebaut, einer für Hitler und seinen engeren Stab und der andere für die übrigen Mitarbeiter. Sie waren im wesentlichen als Schutz bei eventuellen Bombenangriffen gedacht. Allerdings haben russische Flugzeuge uns hier nie angegriffen, es wurden lediglich einige Male durchfliegende Verbände gemeldet. Für uns war in der Nähe von Winniza ein Flugplatz angelegt worden. Ich wohnte mit meinen Besatzungen in neuen Siedlungshäusern am Stadtrand.

Unsere verantwortlichen Bauleiter erzählten uns später, daß sie beim Aufbau der Baracken etliche Schwierigkeiten gehabt hätten. Zu diesem Vorhaben war auch russische Zivilbevölkerung herangezogen worden. Als die Zivilisten merkten, daß hier ein Hauptquartier erstellt wurde, waren sie ängstlich. Niemand konnte sich diese Angst erklären, doch war die Ursache bald gefunden. Ein Jahr vorher hatten russische Zivilisten — gar nicht weit von dieser Stelle — ein Hauptquartier für den russischen Feldmarschall Timotschenko ausgebaut. Alle Männer, die hier beschäftigt gewesen waren, verschwanden eines Tages — wohin, das haben ihre Angehörigen nie erfahren. Die Bevölkerung befürchtete nun gleiche Maßnahmen von deutscher Seite. Es bedurfte großer Überredungskunst, um ihnen klar zu machen, daß sie nach Abschluß der Arbeiten nicht verschleppt werden würden. Planmäßig wurde die Anlage dann fertig und im Frühjahr 1942 bezogen. Wir hatten sehr viel Sonne, die Wetterlage war stabil. Rundherum war alles ruhig und unser Verhältnis zur Zivilbevölkerung recht gut. Das Hauptquartier war nicht eingezäunt, sondern lag völlig offen. Erst viel später — als 70 Kilometer entfernt in der Gegend von Berditschew Partisanen auftauchten — wurden besondere Vorkehrungen notwendig. Es wurden mehrere Flak=Vierlinge eingebaut und die Wachen verstärkt. Eine Flakbatterie übernahm die Sicherung gegen Luftangriffe. Wir flogen von Winniza an die verschiedensten Stellen der russischen Front, so unter anderem in die Gegend von Stalino und Saporoshe, nach Dnjepopetrowsk, ans Schwarze Meer, nach Nikolajew, Cerson und nach Mariopol am Asowschen Meer.

Wölfe auf dem Flugplatz

An einem Morgen — es war noch sehr früh — rollte ich zum Startplatz. Plötzlich sah ich auf dem Gelände des Flugplatzes zwei Wölfe. Ich rollte dicht heran. Sie ließen sich zunächst durch mich nicht stören. Unser Funker verständigte Hitler, der sie sich auch noch ansehen konnte. Erst nach einiger Zeit liefen die beiden Tiere quer über den Platz in die anliegenden Wälder. Neben anderem bleibt mir mit dem Namen Winniza für immer verbunden

der Begriff: Nudeln! Aus dem Weizen der Ukraine lassen sie sich wahr=
scheinlich besonders gut herstellen. Jedenfalls bekamen wir sie sehr häufig.
Auch legten die Hühner in der Ukraine fleißig Eier. Nudeln und Eier waren
in der damaligen Zeit für uns etwas, von dem wir uns oft wegsehnten.

In Winniza war der größte Schlachthof, den ich je in meinem Leben ge=
sehen habe. Über tausend Russen schlachteten und verarbeiteten dort täg=
lich bis zu fünfhundert Stück Großvieh. Hin und wieder besichtigten Gäste
diese moderne Anlage. Der Leiter des Schlachthofes war ein Schlächter=
meister aus Nürnberg, von dem wir einige Male zu Weißwürsten oder Nürn=
berger Bratwürsten eingeladen wurden. Unangenehm bei diesen angeneh=
men Einladungen war nur der Geruch, der immer über dem Schlachthof lag.
Man hatte ihn noch stundenlang nachher in der Nase.

Hitler hatte Befehl gegeben, daß hohe Persönlichkeiten nicht mit dem Zuge,
sondern nur mit dem Flugzeug befördert werden sollten. Wir hatten also
regen Flugverkehr auf unserem Flughafen. In den Regenzeiten weichte der
Boden so stark auf, daß wir die Maschinen, die nicht in den Hallen unter=
gebracht werden konnten, auf Roste stellen mußten, damit sie nicht im Bo=
den versackten. Später wurde an anderer Stelle ein besserer Platz ausfindig
gemacht und der alte nur noch als Notflughafen benutzt.

In der näheren und weiteren Umgebung waren noch andere Gefechtsstände
und Quartiere aufgeschlagen. So lag Göring ungefähr zwanzig Kilometer
von Winniza entfernt, während Himmler sich rund fünfzig Kilometer da=
von niedergelassen hatte. Auch Ribbentrop war in die Ukraine gezogen.

In meiner Freizeit fuhr ich mit dem Schwimmwagen zum Bug, um dort zu
fischen. Für die Russen war der schwimmende Wagen zunächst ein viel=
bestauntes Wunder. Aber weitaus mehr noch interessierte sie meine Art zu
angeln. Bei meiner Beschäftigung mit den modernsten Wurfangeln hatte ich
immer sehr viele Zuschauer. Neben den neuartigen Spulen imponierten ihnen
meine Angelschnüre aus durchsichtigem Werkstoff von IG=Farben: dünn
wie Zwirnsfaden, fest und stark und im Wasser kaum sichtbar. In der Nähe
meiner Angelstelle war ein großer Steinbruch, in dem mehrere hundert Rus=
sen Steine für Straßenschotter brachen. Viele ließen die Arbeit liegen, kamen
ans Ufer und sahen zu, wie ich die Wurfangeln fünfzig und sechzig Meter
weit ins Wasser warf, sie wieder hereinholte und etliche Barsche und Hechte
einheimste.

Hitler erzählte ich auch von der Freude, die mir mein Sport in den wenigen
Stunden, die für derartige Dinge blieben, machte. Er hatte wenig Verständ=
nis für die Sportfischerei, ließ sie aber noch gelten im Gegensatz zur Jagd.
Für Sonntagsjäger nämlich brachte er keinerlei Sympathie auf. Er anerkannte

die Jagd nur dort, wo sie zur Erhaltung des Wildbestandes oder aber zur Versorgung der Zivilbevölkerung mit Wildpret notwendig war. Alle anderen Jagden lehnte er strikt ab.

Hitler hatte für Wilddiebe Verständnis

Anerkennend äußerte sich Hitler jedoch, wenn er von Jagden hörte, bei denen es auf einen Zweikampf zwischen Mensch und Tier ankam. So sah er recht gern die Filme, die ihm befreundete Maharadschas zukommen lie= ßen. Hier machten ihm auch Bilder nichts aus, auf denen Menschen zer= rissen wurden.
Unter den Jägern unserer Zonen ließ er den Wilddieb gelten. Er sei der= jenige, der wenigstens etwas riskiere: einige Jahre Freiheitsentzug, wenn er erwischt wurde. Hitler hat dann auch während des Krieges so ziemlich alle Wilderer aus den Gefängnissen entlassen und sie in den Einheiten Dirle= wangers zusammengefaßt. Allerdings waren hier nach einiger Zeit nicht mehr die Wilderer in der Überzahl, sondern Dirlewanger führte den bekannt und divisionsstark gewordenen Bewährungsverband.
Ich weiß noch, wie Hitler bei der Erörterung dieses Problems dem Münche= ner Gaujägermeister Müller sagte: „Wir wollen mal sehen, wer besser kämpft, der Sonntagsjäger oder der Wilddieb!" Der gute alte Müller war immer ent= setzt, wenn Hitler bei Tisch seine Ansichten über die Jagd zum besten gab. Wenn in den Herbstmonaten in den Wochenschauen Bilder von den großen Jagden gezeigt wurden — Reichsjägermeister Hermann Göring fehlte dabei natürlich nicht — äußerte sich Hitler in den meisten Fällen: Furchtbare Fleischbeschau! Er bedeckte die Augen und ließ sich Bescheid sagen, wenn die Bilder abgerollt waren, dann erst sah er wieder auf die Leinwand.

War Hitler Tierliebhaber?

In diesem Zusammenhang mag ein kleines Erlebnis aus dem Jahre 1933 interessieren. In den Morgenstunden des 20. April dieses Jahres kam der damalige Gauleiter Hofer aus Innsbruck zu mir in die Wohnung. Ich sollte ihm bei der Überbringung eines Geburtstagsgeschenkes behilflich sein. Ich fragte ihn, was er denn Außergewöhnliches habe. Hofer: „Wir haben einen der schönsten Steinadler gefangen. Es gibt in Tirol nur noch ganz wenige Exemplare dieses prächtigen Vogels!" Meinen Ausruf „Du Unglücksrabe!"

219

konnte er sich zunächst nicht erklären. Ich erzählte ihm dann: In den Felsen der Hohen Göll, die dem Obersalzberg gegenüberliegen, hatte sich ein prächtiges Steinadlerpaar eingenistet. Oft kreiste es stundenlang über dem Obersalzberg. Hitler hatte seine Freude daran, es zu beobachten und äußerte wiederholt seine Begeisterung über den ruhigen und majestätischen Flug der großen Vögel. Eines Tages kamen die Adler nicht mehr. Ein alter Jäger hatte einen der Adler abgeschossen, ihn ausstopfen lassen und als Geschenk zum Obersalzberg gebracht. Hitler sagte dem Jäger, daß er hoffe, daß dies der letzte Adler sei, den er geschossen habe.

In Erinnerung an dieses Ereignis meinte ich zu Hofer, daß er wohl in keinem Falle Dank erwarten könnte. Hofer hatte das Tier nun aber da und wollte es loswerden. Ich zog also mit ihm in die Reichskanzlei, den Adler nahmen wir mit. Es war das schönste Tier, das ich je gesehen habe: majestätisch, wunderbar im Gefieder, mit großen Augen und starkem Schnabel. Es stand in einem schmiedeeisernen Käfig. Hitler sah sich das Tier an und bewunderte es. Aber dann sagte er: „Na ja, er lebt noch. Hofer, dieses Tier gehört nicht in die Reichskanzlei, es gehört in die Freiheit, und Sie, Baur, werden mit Hofer nach Innsbruck fliegen. Das Tier soll wieder da ausgesetzt werden, wo es gefangen wurde." Hofer berichtete, daß dem Adler beim Fangen eine Klaue beschädigt wurde. Der Direktor des Berliner Zoologischen Gartens wurde gerufen, aber er empfahl, das Tier nicht auszusetzen, da es sich wahrscheinlich mit nur einer Klaue nicht werde ernähren können. Der Steinadler zog dann als Geschenk Hitlers in den Berliner Zoo ein.

Antonescu hat sehr gefroren

Ende des Winters 1941 auf 1942 — Hitler war auf dem Berghof — hatte ich Befehl, Antonescu nach dem Obersalzberg zu holen. Als wir in Bukarest starteten, zeigte das Thermometer minus zwanzig Grad. Ich hatte die Motoren vorwärmen und heißes Wasser in die Heizung eingießen lassen. Es hätte alles klar sein müssen, nachdem auch der Probeflug von zehn Minuten glatt verlaufen war. Antonescu kam mit seinem Stabe und seiner Frau, die ihn immer zum Flugplatz begleitete.

Die Wetterlage war nicht günstig. Die Karpaten waren völlig eingenebelt. Eine Viertelstunde nach dem Start mußte ich feststellen, daß die Heizung nicht mehr funktionierte. In der Höhe hatten wir minus 28 Grad. Wie wir später feststellten, war eine kleine, eingefrorene Stelle in der Leitung die Ursache zu einem Rohrbruch gewesen. Selbstverständlich wurde es nun in der Condor sehr schnell kalt, und in der Kabine sank die Temperatur auf minus zehn, fünfzehn, ja sogar auf minus zwanzig Grad. Der kleine und zart gebaute Antonescu fror gewaltig. Zum Glück hatten wir ein gutes Dutzend Decken mit. Meine Besatzung packte ihn bis über den Kopf darin ein, nur die Nase schaute noch aus dem Bündel heraus. An den Fenstern setzte innen sehr starker Rauhreif an, so daß jede Sicht nach außen unmöglich wurde. Aus der Kabine war eine Eishöhle geworden. Ich zog auf über viertausend Meter Höhe hinauf, um über die Wolken zu kommen und die Karpaten überfliegen zu können. Bis nach Berchtesgaden dauerte es dreieinhalb Stunden. Antonescu erklärte nach dem Flug, heute sei es weniger schön, ohne Sicht und furchtbar kalt gewesen. Ich erklärte ihm die Ursache und versprach ihm einen besseren Rückflug.

In Bukarest lud er mich zum Abendessen ein und überreichte mir den Orden der Krone von Rumänien — trotz des „frostigen Fluges"! Wenn wir von Bukarest zurückflogen, standen auf Veranlassung Antonescus für die Besatzung immer einige Körbe oder Kistchen bereit: Lebensmittel, Tabak und Alkohol, die wir gern in Empfang nahmen.

Hitlers Meinung über den ungarischen Bundesgenossen

In Winniza erreichte uns die Nachricht, daß der Sohn Horthys, der im Osten als Flieger eingesetzt war, tödlich abgestürzt sei. Noch im Laufe desselben Tages meldete Ribbentrop, er habe in Erfahrung gebracht, daß die Gattin des Toten als Krankenschwester in einem Lazarett in Berditschew tätig sei. Ribbentrop fuhr in den siebzig Kilometer entfernten Ort, sprach Frau Horthy auch im Auftrage Hitlers das Beileid aus und überbrachte ihr die Einladung Hitlers, ihn in seinem Hauptquartier zu besuchen.

In den Spätnachmittagsstunden kam Frau Horthy in der Tracht einer ungarischen Krankenschwester im Hauptquartier an. Hitler bot ihr sein Flugzeug an, damit sie nach Budapest zu den Beisetzungsfeierlichkeiten fliegen könnte. Frau Horthy nahm an, so ging's am nächsten Tage in die ungarische Hauptstadt. Begleitet wurde sie vom Botschafter Hewel, der auch beauftragt war, den Kranz Hitlers niederzulegen.

Wir blieben drei Tage in Budapest und wohnten als Gäste der Regierung im Gellert=Hotel. Budapest hatte bis dahin vom Kriege nicht viel mitbekommen. Das Leben war noch recht unbekümmert. Ich wurde mit meinen Männern von der ungarischen Luftwaffe zu einem Essen in einem Speiselokal auf der Margareten=Insel eingeladen. Wir sahen dort kaum Uniformen, fast nur Zivilisten. Es gab zu essen und zu trinken wie im Frieden. Karten — wie das in Deutschland längst üblich war — waren unbekannt. Ein Oberst, der zu unserer Betreuung von der Regierung eingesetzt war, sagte mir, ich möchte doch Hitler bitten, daß er den Ungarn mehr Jäger zur Verfügung stelle, damit sie aktiver in den Kampf eingreifen könnten. Sie hätten zu wenig Jagdflugzeuge, um dem Gegner wirksam gegenübertreten zu können. Nach meiner Rückkehr nach Winniza brachte ich Hitler diesen Wunsch der Ungarn zur Kenntnis. Seine Antwort: „Das könnte den Herren Ungarn so passen. Sie würden in den Jagdeinsitzern nicht gegen den Feind, sondern spazieren fliegen. Das Benzin ist knapp, und ich brauche Flugzeugführer, die angreifen und nicht solche, die spazieren fliegen. Was die Ungarn bis jetzt auf fliegerischem Gebiet geleistet haben, ist mehr als dürftig. Wenn ich schon Flugzeuge vergebe, dann eher an die Kroaten, die bewiesen haben, daß sie angreifen. Mit den Ungarn haben wir bis jetzt ein Fiasko erlebt. An der Front halten sie nicht stand. Jetzt haben wir sie im Hinterland bei Partisanenkämpfen eingesetzt. Aber auch da haben sie sich als Nullen erwiesen. Nein, nein — wir behalten unsere Maschinen."

Die Urteile Hitlers über seine Bundesgenossen waren häufig sehr hart. Eine unumstrittene Ausnahme machten die Finnen. Sie und ihren Marschall Mannerheim schätzte er sehr hoch ein, und von ihnen sprach er immer nur mit der größten Hochachtung.

Soldaten transportieren Lebensmittel

Koch, Gebietskommissar der Ukraine, erschien eines Tages bei Hitler. Er hatte nicht genügend Waggons, um die vielen Lebensmittel, die aus der Ukraine kamen, nach Deutschland abtransportieren zu können. Koch wollte nun von den Ukrainern Pakete packen lassen, die mehrere Kilo schwer sein und Mehl, Fette und andere Lebensmittel enthalten sollten. Er wollte diese Pakete „Führerpakete" nennen. Auf diese Weise sollten viele hunderttausend Kilogramm Lebensmittel in die Heimat kommen, ohne daß sie zusätzlichen Transportraum in Anspruch nahmen. Hitler war einverstanden, und die Aktion lief an.

Es war ursprünglich nur an einen Abfluß von Lebensmitteln aus den Abfertigungsstellen in der Ukraine gedacht. Selbstverständlich sprach es sich aber an der ganzen Ostfront herum, daß es „Führerpakete" gäbe. Und genau so selbstverständlich mußten sie dann an allen Urlauberabfertigungsstellen der Ostfront ausgegeben werden. Zur Beförderung der Lebensmittel

in den Nord= und Mittelabschnitt mußte — weil diese Gebiete ernährungs=
mäßig keinen Überschuß hatten — nun auch Transportraum bereitgestellt
werden. So wurde es doch eine zusätzliche Belastung.
Von jenem Besuche Kochs sind mir noch einige Zahlen im Gedächtnis ge=
blieben: In der Ukraine wurden 15 Millionen Tonnen Getreide geerntet,
12 Millionen Tonnen davon wurden in das Reichsgebiet gebracht, und rund
3 Millionen Tonnen blieben für die Versorgung der Bevölkerung und als
Saatgut zurück. Von dem ins Reichsgebiet gebrachten Getreide mußten
große Mengen an Frankreich, Italien, Norwegen und Finnland abgegeben
werden. Koch hoffte damals, durch Erweiterung der Anbauflächen auf 20
Millionen Tonnen im nächsten Jahr zu kommen.

Stalin verleugnet russische Kriegsgefangene

Seit Beginn des Krieges mit Rußland waren deutsche Stellen mit den Schutz=
mächten in Verhandlung, um den Austausch der Kriegsgefangenenpost mit
der Sowjetunion sicherzustellen. Es waren schon viele Monate vergangen,
aber die Verhandlungen hatten noch immer zu keinem Ergebnis geführt. In
diese Situation hatte Stalin jetzt — so erklärte Hitler beim Mittagstisch —
eine Antwort gegeben. Sie war unfaßbar und doch so typisch russisch: „Es
gibt keine russischen Kriegsgefangenen! Der russische Soldat kämpft bis zu
seinem Tode. Sollte er in Kriegsgefangenschaft geraten, dann schlösse er sich
damit automatisch aus der russischen Volksgemeinschaft aus! Einen Post=
verkehr nur für Deutsche einzurichten, daran haben wir kein Interesse."
Die Unmassen russischer Kriegsgefangener in Deutschland — darunter Sta=
lins eigener Sohn — waren nicht zu leugnen. Trotzdem diese Antwort.
Zweifellos waren deutsche Stellen — entgegen anderen Behauptungen —
immer daran interessiert, die Postverbindung der eigenen Kriegsgefangenen
mit der Heimat herzustellen. Nicht so Stalin. Erst viel später haben wir fest=
stellen können, daß auch in diesem Verhalten System lag.
Ich war erschüttert, als ich eines Morgens die Meldung erhielt, daß mein
Kamerad Schnäbele, der als Flugkapitän bei mir tätig war, schwerverwundet
in einem Lazarett liege. Flugkapitän Schnäbele, der in der Gegend von Ber=
ditschew untergebracht war, fuhr von dort aus in ein volksdeutsches Dorf.
Es war schon dunkel geworden als er zurückkehrte, und zur Hauptstraße
führten nur Feldwege. Schnäbele, der befürchtete, sich nicht zurechtzufinden,
bat den Bauern, ihm einen Lotsen bis zur Hauptstraße mitzugeben. Der
Bauer schickte seine beiden Töchter mit, die auch im Wagen Platz nahmen.

Ungefähr zwei Kilometer vom Dorf entfernt führte der Weg über einen Bach. Die Brücke war durch einen Baumstamm versperrt. Schnäbele und der Fahrer stiegen aus, um das Hindernis zu beseitigen — da knallten die Schüsse der Partisanen. Der Fahrer war sofort tot, Schnäbele brach schwer= verwundet zusammen. Eins der Mädchen wurde im Wagen tödlich getrof= fen, das andere rannte schreiend zurück. Eine sofort alarmierte Kompanie konnte nichts mehr ausrichten. Die Leichen und der Schwerverwundete waren nackt, die Partisanen hatten ihnen sogar die Kleidung geraubt, das Auto war an Ort und Stelle verbrannt. Schnäbele starb am nächsten Mor= gen. Himmler erzählte mir später, daß man den Partisanenführer, der den Überfall leitete, gefaßt habe. Er trug die Ausweise Schnäbeles bei sich.

Unbewaffnet gegen einen Russen

Hitler blieb im Sommer 1942 in der Ukraine. In dieser Zeit flog ich den Generalfeldmarschall von Kluge wohl zehnmal nach Winniza und wieder zurück nach Smolensk. Wenn ich von Hitler den Befehl bekam, den General= feldmarschall zu holen, pflegte er zu sagen: „Baur, holen Sie mir den ‚klu= gen Hans' aus Smolensk!"
Die 6. Armee war bis nach Stalingrad vorgestoßen — deutsche Truppen waren im Kaukasus — eine Gebirgsjägereinheit hatte auf dem Elbrus die deutsche Flagge gehißt. Im Hauptquartier war noch alles voller Zuversicht, als General Jodl mir eines Tages sagte: „Baur, wir werden in Kürze in Tiflis sein! Hitler hat mir den Auftrag gegeben, mit Ihnen nach Tiflis zu fliegen, um von dort aus mit den zuständigen Chefs die weiteren Operationen zu besprechen." Ich freute mich selbstverständlich auf diesen schönen Auftrag — aber es sollte anders kommen.
Drohend zog das Unheil von Stalingrad herauf. Wir zogen wieder zurück zur Wolfsschanze bei Rastenburg. Wir hatten den Befehl, mit einigen Ma= schinen Verwundete zurückzubringen. In den meisten Fällen flogen wir mit viermotorigen Maschinen. Professor Brandt, der Begleitarzt Hitlers, hatte die Lazarette zuvor telefonisch oder telegrafisch angewiesen, fünfzig, sechzig oder auch achtzig Verwundete vorzubereiten. Es waren Schwerverwundete, denen die schnelle Überführung in deutsche Lazarette das Leben retten konnte: häufig Kehlkopf=, Lungen= und Augenverletzte. In jeder Maschine kam eine Krankenschwester mit. Auf dem Hinflug luden wir Decken, die in den Frontlazaretten knapp waren, und Medikamente ein. Wir hatten in Rastenburg ein Lager von vielen tausend Decken.

Sehr deutlich erinnere ich mich an einen Flug nach Nikolajew. Die Verwundeten waren bereits auf dem Flugplatz, als wir landeten. Wir tankten, brachten die Verwundeten unter und rollten dann wieder zum Start, wo der Flugpolizist die Starterlaubnis gab. Gerade hatte ich ihn noch gesehen, dann gewahrte ich statt seiner nur noch eine Dreckfontäne. Gleichzeitig stellte ich fest, daß auf meine Maschine geschossen wurde. Es waren Russen über dem Flugplatz, denen die große viermotorige Condor — die Maschine Hitlers D=2600 — eine fette Beute zu sein schien. Sofort gab ich Vollgas und startete. Als ich die nötige Höhe hatte, machte ich kehrt und flog auf einen Russen zu. Ich muß noch bemerken, daß meine Maschine völlig unbewaffnet war und außerdem hatte ich 26 Verwundete an Bord. Der Russe sah mich kommen und stellte wohl fest, daß ich sehr schnell war. Er zog es vor, sich auf nichts einzulassen. Blitzschnell drehte er ab und verschwand in den Wolken. Auf dem Platz unter mir sah ich niemand mehr. Wir hatten Glück, in unseren Flächen waren nur einige Löcher.

Die Schwester und der Arzt hatten an Bord alle Hände voll zu tun, um die Schwerverwundeten zu versorgen, die wir nach Königsberg flogen, von wo sie in deutsche Lazarette weitergeleitet wurden. Wegen der Lungenverletzten durften wir nur ganz bestimmte Höhen nehmen. Im Laufe der Jahre brachten wir auf diese Weise Tausende von Verwundeten in die Heimat. Auch bei anderen Flügen — beispielsweise wenn ich einen Heeresgruppenführer wieder an die Front brachte — nahm ich auf dem Rückweg immer Verwundete oder, wenn diese nicht da waren, Urlauber mit nach Deutschland. Ich suchte immer möglichst Frontsoldaten aus.

Einer dieser Frontsoldaten stattete mir seinen Dank in der Gefangenschaft ab. In Krasnogorsk sprach mich ein ehemaliger Oberleutnant an: „Herr General, Sie haben mir damals einen großen Gefallen getan. Ich bin zur Zeit hier in der Schneiderei beschäftigt, ich möchte Ihnen ebenfalls eine Gefälligkeit erweisen. Brauchen Sie nicht irgendein Bekleidungsstück, das ich Ihnen anfertigen könnte?" Ich wußte natürlich nicht, was ich damals getan haben sollte. Er erklärte mir, daß er in Pleskau gewesen sei, als ich den Generalfeldmarschall Küchler nach dorthin gebracht hatte. Der Oberleutnant war im Kessel von Demjansk gewesen und von dort in Urlaub geschickt worden. Unter den vielen, die mitwollten, hatte ich ihn, den — wie er sagte — Schmutzigsten ausgesucht und mitgenommen. In unserem Kasino hatten wir ihn bewirtet und dafür gesorgt, daß er mit einem Nachtkurierzug wegkam. Dadurch hatte er 48 Stunden gewonnen. Und jetzt wollte er sich also erkenntlich zeigen. Er hat mir eine sehr schöne Mütze gemacht, die ich bis zum Ende der Gefangenschaft getragen habe.

In Jugoslawien wurde die Tätigkeit der Partisanen immer umfassender, das Land immer unsicherer. Ich hatte den Auftrag, den Poglavnik in Agram ab= zuholen. Als ich auf dem Flugplatz landen wollte, mußte ich feststellen, daß auch hier schon die Partisanen saßen. In der Nähe von Agram war ein klei= ner deutscher Feldflughafen, dort bin ich dann gelandet. Die Deutschen konnten sich nur in größeren Verbänden in die Umgebung des Platzes wagen. Überall saßen Partisanen. Ich war noch nicht lange auf dem Feldflugplatz, als auch schon der Poglavnik erschien. Er war von einer größeren Anzahl Fahrzeugen begleitet, die alle Maschinengewehre aufgebaut hatten. Auf dem Rückflug von Rastenburg nach Agram machte ich in Wien Zwischen= landung, um sechs Jäger aufzunehmen, die uns ins jugoslawische Gebiet geleiteten. Da es bereits Abend war, als wir in Agram ankamen, mußte ich den Abflug auf den nächsten Morgen verschieben. Der Poglavnik lud mich ein, bei ihm Quartier zu nehmen. Auf der Fahrt in die Stadt fuhren vor und hinter uns je zwei Lastwagen, auf denen MGs postiert waren. In der Wohnung des damaligen Staatschefs aßen wir zu Abend. Zu der Reihe mei= ner Balkanauszeichnungen gesellte sich an jenem Tag ein hoher kroatischer Halsorden. Zwischen Rastenburg und Agram bin ich dann noch oft hin= und hergeflogen.

Göring vergaß, daß November und Dezember Nebelmonate sind

Es war kein Geheimnis mehr, daß Stalingrad für uns verloren war, daß sich in der zerschossenen und zertrümmerten Stadt ein Drama vollzog, das in der deutschen Geschichte keine Parallele findet. Hitler hatte sich in die Idee verrannt, „die russische Ölschlagader" abschneiden zu müssen: die Wolga, auf der 30 Millionen Tonnen Fracht befördert wurden. Er gab den Befehl, daß die 6. Armee Stalingrad halten sollte, bis Entsatz heran sei. Über Stalin= grad zogen sich die Wolken zusammen, in denen sich der unheimliche Schlag vorbereitete, den wir nie verwunden haben, das Drama von Stalingrad. Das heranrückende Unheil lag schwer über allen Deutschen, die Welt blickte vol= ler Spannung auf die Entscheidung, die sich am Ufer der Wolga anbahnte, im Kampf um die tiefen Schluchten, die durch die Stadt verlaufen, in der sich Stalin seinen Namen machte. Zwischen den Trümmern der Traktoren= werke, im eisigen Sturm der Steppe verbluteten deutsche Divisionen, deutsche Soldaten.

Auch im Hauptquartier war die Stimmung sehr niedergeschlagen. Hitler sagte einmal, daß er sich ausführlich mit Göring darüber unterhalten habe, ob es möglich sei, die Truppen in Stalingrad aus der Luft zu versorgen. Dabei hätten täglich zweihundert Tonnen Material transportiert werden müssen; Göring hielt dies für möglich und gab eine entsprechende Zusage. Dabei wurde offensichtlich übersehen, daß in den Monaten November und Dezember der Nebel ein entscheidendes Wort mitspricht. In der dichten Folge, in der die Maschinen einfliegen mußten, kam es häufig zu Zusammenstößen in der Luft. Aber der Nebel hatte noch einen weiteren Nachteil: Es kam oft vor, daß Maschinen auf Feindflughäfen landeten. Es stellte sich heraus, daß die Russen durch Verrat in den Besitz verschiedener Rufzeichen gekommen waren. Der Funker der deutschen Maschine rief, da der Nebel einen Einflug in freier Sicht unmöglich machte, die Bodenstation. Eine russische Peilstation antwortete ihm — er flog in einen russischen Hafen. Im Nebel erkannte der Pilot nicht, wo er landete. Erst wenn er zum Abstellplatz rollte, stellte sich das Dilemma heraus — und dann war es in den allermeisten Fällen zu spät. Auch wir stellten einige Maschinen für diese Versorgungsflüge nach Stalin= grad zur Verfügung. Eine kehrte nicht zurück. Zirka 70 Tonnen wurden dann tatsächlich nur geschafft.

Rätselraten um ein Zeitungsbild

Die letzten Meldungen aus Stalingrad warfen auch Hitler um. Wir alle hat= ten den Eindruck, daß dies auch äußerlich zum ersten Male sichtbar wurde. Das letzte Telegramm des Feldmarschalls Paulus habe ich noch ungefähr so im Kopf: „Der Keller, in dem ich mich mit meinem Gefechtsstand und noch weiteren sieben Generalen befinde, ist völlig unterminiert. Stalingrad ist nicht mehr zu halten. Es lebe Deutschland! Es lebe der Führer!"
Viele Wochen später sahen wir in englischen Zeitschriften Fotos von der Kapitulation Stalingrads. Unter anderem waren da auch Bilder, die Paulus bei Vernehmungen durch die Russen darstellen sollten. Die Aufnahmen müssen ausgesprochen schlecht gewesen sein, denn die Bilder in den Zei= tungen waren sehr undeutlich. Ich weiß noch, daß Hitler immer wieder ver= suchte, mit einem Vergrößerungsglas herauszufinden, ob die dargestellte Person tatsächlich Paulus war. Er schüttelte dann den Kopf und meinte, daß es sich um eine fingierte Aufnahme handele. Auch Jodl glaubte nicht an ihre Echtheit. Nach seinen Worten hatte Paulus ihm bei seinem letzten Besuch im Hauptquartier gesagt, daß er Gift und in jedem Falle auch seine Pistole bei sich habe, „ein deutscher Feldmarschall begibt sich nicht in Gefangenschaft!"

Nach einiger Zeit erfuhren wir dann die Wahrheit. Die Bilder waren zwar in der Reproduktion schlecht, aber sie waren echt. Es wurde sogar bekannt, daß Paulus über die Kapitulationsverhandlungen hinaus noch andere Gespräche mit den Russen geführt hatte, die letzten Endes der Anfang zu der Gründung des „Nationalkomitees" waren, dem Paulus wenigstens — das kann mit Fug und Recht gesagt werden — seinen Rang, seinen Namen und sein Wohlwollen schenkte, wenn er auch nicht wie Seydlitz und andere zu den „Aktiven" gehörte, da er nach seinen Worten ja „Privatmann" sein wollte.

Hitler wird mißtrauisch

Nach dem Zusammenbruch von Stalingrad und der Front um den Kaukasus kam es zwischen den Generalen des Oberkommandos der Wehrmacht und Hitler zu heftigen Auseinandersetzungen. Stundenlange Besprechungen brachten kein Ergebnis. Der Generalstabschef, Generaloberst Halder, zog die Konsequenzen und nahm seinen Abschied. General Zeizler, sein Nachfolger, blieb bis zum 20. Juli 1944. Hitler ordnete an, daß in Zukunft bei allen Besprechungen, in denen die Lage erörtert wurde, der Wortlaut der Unterhaltung im Stenogramm festgehalten werden sollte. Diese Aufgabe wurde von dem Stenografendienst, der Mitte September 1942 ins Leben gerufen worden war, mit einem Stab von Schreibkräften übernommen. Hitler wollte jede Unstimmigkeit darüber, was gesagt worden war, ausschalten. Darüber hinaus sollten die Stenogramme der Nachwelt als Rechenschaftsberichte erhalten bleiben und späteren Geschichtsschreibern als Unterlage dienen. Aber die Verbitterung Hitlers hatte noch eine andere Folge: er wurde mißtrauisch und zog sich völlig zurück. Auch am gemeinsamen Mittagstisch nahm er nicht mehr teil, da er das Gefühl hatte, daß man die dort geführten Gespräche gegen ihn auswerten könne, zumal er sehr frei zu reden pflegte. Er nahm von diesem Zeitpunkt an seine Mahlzeiten für sich allein in seinem Bunker ein. Nur wenn außergewöhnliche Gäste kamen, bat er diese zu sich zu Tisch. In den Vormittagsstunden sah man Hitler gewöhnlich eine halbe Stunde mit seinem Hund in den Anlagen spazieren gehen. Dieser Hund — die Blonde genannt — war sein treuester Gefährte. Er war einer der schönsten Hunde, die ich je gesehen habe. Er war klug und verstand die Worte seines Herrn. Hitler widmete diesem Tier manche Stunde. — Seine Zurückgezogenheit schaffte natürlich den ganz wenigen, die noch ständig mit ihm zusammen waren, einen immer stärkeren Einfluß, der im entscheidenden Falle — wie es dann auch so war — unheilvoll werden konnte.

Wann entschloß Hitler sich zum Angriff auf Rußland?

Die Tragödie von Stalingrad — war sie Anfang oder Ende, Ursache oder Wirkung — brachte eine Erschütterung von unerhörtem Ausmaß mit sich, nicht nur für Hitler, der eine Armee verloren hatte, sondern auch für das deutsche Volk, das nach den glorreichen, triumphalen Siegeszügen ein Stalin= grad niemals für möglich gehalten hatte. Wie konnte das geschehen? Wie konnte es dazu kommen? War ein einzelner Mensch vielleicht doch nicht in der Lage, alles zu überblicken, und mußte er sich deshalb in seinen Aktio= nen auf Menschen verlassen, die versagen konnten, eben weil sie auch nur Menschen waren? — Gerade in solch verhängnisvollen Zeiten erhob sich in bezug auf den Rußlandfeldzug immer wieder neu die Frage — und sie wurde in den verschiedensten Variationen diskutiert — wann Hitler sich dazu ent= schlossen habe. Ich erlebte es auch, daß diese Frage Hitler direkt gestellt wurde. Aber nur einmal hörte ich Hitler darauf eine direkte Antwort geben. Ein Gauleiter hatte ihn besucht. Nachdem Hitler seinem Gast die Lagekarte er= läutert und ihm auch genaue Erklärungen über den Verlauf der Stellungen gegeben hatte, fragte der Gauleiter: „Wann haben Sie sich eigentlich zum Angriff auf Rußland entschlossen?" Hitlers Antwort: „Vier Wochen vor Kriegsbeginn (Beginn der bewaffneten Auseinandersetzung) mit Rußland."

Ein Entschluß, der nach dem Zusammenbruch Kummer brachte

In der Gefangenschaft — und wie ich mir später erzählen ließ, nicht nur in der russischen — waren diejenigen, die den „Vogel" unterm Arm hatten, besonders übel dran. Viele verloren sogar ihr Leben. Sie wurden einfach deshalb an die Wand gestellt, weil sie die Blutgruppenbezeichnung hatten. Und doch ist es eigentlich nur dem Zeitmangel zuzuschreiben, daß nicht die gesamte deutsche Wehrmacht diese Tätowierung trug.
An einem Gespräch nach Tisch waren außer Hitler beteiligt Himmler, Keitel, Jodl und Morell. Morell wies darauf hin, daß in der Zeit zunehmenden Autoverkehrs, zunehmender Unfälle und gerade auch im Kriege es zweifel= los von Vorteil sein würde, wenn jeder Mensch unauffällig eine Blut= gruppentätowierung trüge. Morell schlug vor, jedem Kind zusammen mit der Impfung, die ja im ersten Lebensjahr erfolgte, auch die Kennzeichnung der Blutgruppe einzuritzen. Es sei dann in jedem Falle möglich, schnell mit einer Blutübertragung zu helfen, ohne daß die Blutgruppe erst noch fest= gestellt werden müsse. Hitler äußerte sich positiv. Himmler griff den Plan

auf und ließ bereits wenige Wochen später bei der SS die Blutgruppe unter den Arm tätowieren. Auch Keitel akzeptierte den Vorschlag, aber bei der Wehrmacht kam man über vorbereitende Maßnahmen nicht hinaus.

Es war für mich immer wieder eine Erinnerung an dieses Gespräch, wenn ich in den Jahren der Gefangenschaft erleben mußte, daß Kameraden mit erhobenen Armen vor den Kommissionen der Russen standen und sogar Schwerkranke wieder von den Transportlisten gestrichen wurden — nur weil sie aufgrund eines Befehls die Blutgruppe unter dem Arm trugen, die möglicherweise die ganze deutsche Wehrmacht hätte tragen können. Ich wußte auch, daß viele Männer die Blutgruppe trugen, die mit der SS nicht das geringste zu tun hatten, beispielsweise die Umsiedler aus der Kriegszeit.

Mit Porsche entlang der russischen Front

Professor Porsche, der durch den von ihm konstruierten Volkswagen berühmt geworden ist, wurde häufiger von Hitler ins Hauptquartier bestellt, wo er mit ihm insbesondere Probleme der Panzerwaffe besprach. Bei einem dieser Besuche äußerte Porsche den Wunsch, in einem Flugzeug entlang der Ostfront zu fliegen, um im Gespräch mit Panzerführern Mängel und Schwierigkeiten, die sich herausgestellt hatten, kennenzulernen. Hitler stellte dem Professor seine eigene Maschine zur Verfügung — und ich flog ihn.

In acht Tagen kamen wir von Leningrad bis weit in den Süden der Ukraine. Mit uns waren etliche Mitarbeiter von Porsche und Offiziere der Panzerwaffe unterwegs. Von den einzelnen Flughäfen fuhr Porsche zu den im Einsatz befindlichen Panzerverbänden. Rein äußerlich ein kleiner und bescheiden wirkender Mann, machte er überall einen hervorragenden Eindruck. In den Gesprächen konnte er viel wertvolles Material sammeln, das für die weiteren Konstruktionsarbeiten an neuen Panzertypen sehr wichtig war. Etliche Wochen später bat er mich in sein Berliner Büro und machte mir zur Erinnerung an unseren Flug ein Geschenk: ein großes Bild des Malers Klaus Bergen, das Smolensk zeigte, den Dnjepr und darüber unsere Condor.

Hätten die Russen gewußt, daß Hitler auf dem Platz war!

Mit dem Zusammenbruch von Stalingrad wurde die Situation für die gesamte Südfront äußerst bedrohlich. Zeitweilig bestand die Gefahr, daß der ganze Abschnitt der Heeresgruppe Süd aufgerollt wurde.

In einer Nacht wurde nach Ansicht Hitlers eine Lagebesprechung mit Manstein in Saporoshe notwendig. Wir flogen um 2 Uhr früh weg und kamen um 6 Uhr in Saporoshe an. Hier war ein erhebliches Durcheinander. Ein Flughafen lag im Süden, der andere im Osten der Stadt. Ich landete auf dem größeren Platz im Osten. Die Besprechungen dauerten länger, und ich wohnte in einem Barackenlager. Als ich am dritten Tag morgens zum Frühstück ging, hörte ich, daß der Russe von Dnjepopetrowsk her durchgebrochen sei. Die Hauptstraße, auf der die Russen vorstießen, führte in ihrem Verlauf nach Saporoshe hinein und unmittelbar an dem Flughafen vorbei, auf dem wir standen. Es sollten ungefähr zwanzig Panzer sein, die auf uns zu rollten. Flugzeuge, die zur Bekämpfung der vorprellenden Kampfwagen eingesetzt wurden, kehrten unverrichteter Dinge zurück. Das Wetter war zu schlecht, die Wolkendecke lag unter fünfzig Meter. Nur einzelne Störche brachten das Ergebnis ihrer Beobachtungen: die Russen kamen näher. Die letzte Meldung lautete, daß sie voraussichtlich in zwei Stunden bei uns sein würden. Zwischen ihnen und uns war vorerst nichts, was sie aufhalten konnte. Ich nahm einen Wagen und fuhr in die Stadt, wo Hitler noch bei Manstein war. Ich meldete ihm die Lage und bat ihn zu gestatten, daß wir zunächst nach dem im Süden der Stadt gelegenen Platz fliegen. Hitler meinte, das wäre nicht nötig, da er bald kommen würde. Ich fuhr zurück. Der Platz war inzwischen in Verteidigungszustand versetzt worden. Allzu vertrauenerweckend war die Sachlage jedoch nicht, da weder panzerbrechende Waffen noch Artillerie zur Verfügung standen. Die Russen kamen dann auch angerollt. Am Ostteil des Platzes wurden sie gesichtet, es waren 22 Panzer. Da traf Hitler ein. Unsere drei Condor=Maschinen, die schon warmgelaufen waren, starteten aus dem Platz heraus. Zwei Giganten, sechsmotorige Flugzeuge, schwebten ein – sie brachten, wie wir später erfuhren, Pak=Geschütze. Wir ließen uns berichten, wie die Geschichte ausgelaufen war. Die russischen Panzer hatten zum allgemeinen Erstaunen am Rande des Platzes Halt gemacht. Sie griffen den Platz nicht an, sondern gingen in einer naheliegenden Kolchose in Stellung. Sie hatten keinen Sprit mehr! Sicherlich hätten sie sich auf dem Flugplatz genügend Sprit holen können. Die Besatzungen stiegen später aus und ließen ihre Kampfwagen stehen. Ob sie auch so gehandelt hätten, wenn sie gewußt hätten, daß Hitler auf dem Platz war?! Beim Anblick der Hunderte von Flugzeugen dachten die Russen sicherlich: hier wird starker Widerstand zu erwarten sein. Als Hitler wenige Stunden nach unserer Rückkehr diese Meldung bekam, sagte er nur: „Dusel gehabt!" Die Front kam zum Stehen. Die deutschen Truppen bezogen am Dnjepr Stellung. Für wie lange?

General Hube waren die Brillanten verliehen worden. Hitler selbst übergab ihm die Auszeichnung. Anschließend wurde bis über Mitternacht hinaus gefeiert. Hube rief seinen Piloten, der in Ainring war, an und bat darum, daß seine Maschine um 4 Uhr in der Frühe startklar wäre. Er wollte nach Breslau und dann nach Berlin. Der General war mit mehreren Herren — unter ihnen auch Botschafter Hewel — pünktlich am Startplatz. Der Pilot — ein Offizier der Luftwaffe — rollte die Maschine zum Startplatz, an der Startbahn waren die Lichter aufgestellt. Das Flugzeug startete in westlicher Richtung, aber man sah es nach Verlassen des Platzes nach links abdrehen und direkt in die Berge hineinfliegen, die hier nur eineinhalb Kilometer entfernt sind. Vermutlich hat der Flugzeugführer dann aus dem Schwarz der Nacht höher gelegene erleuchtete Almhütten erkannt und sofort nach rechts abgedreht. Aber es war bereits zu spät, bei dieser Wendung kam eine Tragfläche mit der Erde in Berührung — die Maschine zerschellte. Alle In= sassen bis auf einen wurden auf der Stelle getötet. Botschafter Hewel, der Überlebende, erlitt schwere Prellungen, die ihn für etliche Wochen ans Krankenbett fesselten.

Wie konnte das passieren, wie konnte der Pilot so vom Kurs abkommen? Nach meiner Auffassung gab es nur zwei Erklärungen. Die erste: Jedes Flugzeug hat beim Start einen gewissen Linksdrall und zwar durch den Widerstand der Propeller. Erst wenn die Maschine auf Reisegeschwindig= keit kommt, wird dieser Widerstand ausgeglichen, die Maschine fliegt gerade= aus. Der Flugzeugführer hatte beim Start die Richtung durch die Startlam= pen, dann war er im Dunkel der Nacht. Er sah vor sich keinen Anhaltspunkt, nachdem er die Maschine in Richtung halten konnte. Er hat wahrscheinlich zu spät bemerkt, daß er anstatt in nordwestlicher in südwestlicher Richtung geflogen war. Als er sich korrigieren wollte, war das Unglück schon ge= schehen.

Die zweite Erklärung: Der eingebaute Kurskreisel, der die Drehung der Maschine anzeigt, muß mindestens drei Minuten laufen, ehe er die volle Tourenzahl erreicht und richtig anzeigt. Möglicherweise waren noch keine drei Minuten vergangen, als der Flugzeugführer zum Start ansetzte. Der Kurskreisel oder Wendeanzeiger, wie er auch genannt wird, zeigt eine nor= male Linksdrehung mit einem Zeigerausschlag von zwei bis drei Millimeter an. Ist die Tourenzahl des Kreisels geringer, sind es nur ein bis eineinhalb Millimeter. Es ist aber auch möglich, daß der Pilot, der aus der hellerleuchteten Kabine in den Führerstand ging und unmittelbar darauf startete, noch so geblendet war, daß die Augen sich noch nicht an das Dunkel gewöhnt hatten und er den geringeren Ausschlag nicht genau bemerkte. Dieses Unglück hätte vermieden werden können, wenn Dinge, die sonst selbstverständlich sind, beachtet worden wären. Es ist aber auch menschlich zu verstehen, daß gerade junge Flugzeugführer, wenn sie hohe Gäste an Bord haben, nervös werden und solche einfachsten und grundlegendsten Dinge übersehen.

Schildbürgerstreich gegen die Mücken

Die Mücken verschonten auch das Hauptquartier in Rastenburg nicht. Die Wachmannschaften trugen Mückenschleier, wie sie auch an die Truppe aus= gegeben wurden. Das Sumpfgebiet, das die Anlage umgab, war die ideale Brutstätte für die Mücken, die in immer neuen, blutgierigen Schwärmen anrückten. In unmittelbarer Nähe von Hitlers Unterkunft gab es auch eine Anzahl Pfützen. In ihnen lebten eine Menge Frösche, die abends und in den Nächten ein mächtiges Konzert anstimmten. Eines Tages blieb es stumm. Es dauerte einige Zeit, bis Hitler das Gequake der Frösche vermißte, und er ließ nachfragen, was da los sei.

Es wurde ihm gemeldet, daß man der Mückenplage zu Leibe gegangen sei. In die Tümpel waren einige hundert Liter Petroleum geschüttet worden, und das hatten auch die Frösche nicht überstanden — sie waren eingegangen, das Konzert war zu Ende. Sicherlich waren auch viele, viele Mückenlarven mit vernichtet worden, aber viele, viele Mücken waren geblieben, ihr Nach= schub war unheimlich. Hitler machte gehörigen Lärm: „Hat man solche Idioten schon gesehen? Die Frösche haben sie uns beseitigt, die Mücken sind geblieben! Die Frösche fangen uns doch täglich Tausende von Mücken weg!" — Die mit Petroleum verseuchten Pfützen wurden in mühseliger Arbeit wieder gesäubert, frisches Wasser eingefüllt, und es wurden — wie= der Frösche eingesetzt!

In Finnland gab es Schwierigkeiten. Hitler wollte mit Mannerheim sprechen. Ich flog den Marschall von Helsinki nach Rastenburg. Hier hatte er mit Hitler und später auch mit Göring längere Aussprachen. Hitler, der Manner= heim zum ersten Mal sah, wurde von der soldatischen Erscheinung des Marschalls sehr stark angesprochen. Aber in ihrem Erfolg blieben die Be= sprechungen doch wohl weit hinter den Erwartungen zurück. Ich flog Man= nerheim nach Helsinki zurück. Beim Abschied verlieh er mir als Aner= kennung für den schönen Flug einen Halsorden: „Die weiße Rose" — er sah recht hübsch aus.

Hitler hatte den Reichsminister von Neurath in besonderem Auftrag nach Rom geschickt. Ich bekam den Auftrag, eine Maschine in die italienische Hauptstadt zu schicken, um den Reichsminister abholen zu lassen. Das von mir ausgewählte Flugzeug tankte bei einer Zwischenlandung in München. Hier erreichte den Flugzeugführer ein Telegramm, in dem ihm mitgeteilt wurde, daß von Neurath erst am folgenden Tage von Rom zurückflöge. Seine Maschine sollte in München bleiben. Der Minister käme mit einer schnellen Heinkel der Luftwaffe von Rom nach München. Unser Pilot machte also die Maschine startklar für den nächsten Tag — und ging in ein Kino. Lediglich der Funker und der Maschinist blieben auf dem Flugplatz Mün=chen=Riem.

In Abänderung des telegrafisch übermittelten Planes kam von Neurath dann doch noch in den Abendstunden in München an. Der Flugkapitän wurde vergeblich gesucht — man fand ihn nicht. Der Minister wollte aber sofort weiter. Von der Luftwaffe wurde ihm dann ein Feldwebel namhaft gemacht, der unsere Maschine mit der dazugehörigen Besatzung — aber ohne den Flugkapitän — nach Rastenburg fliegen sollte. Um 20 Uhr wurde gestartet. Es gab an diesem Abend viele Gewitter — so auch an der Weichsel und in der Nähe von Warschau. Die Maschine mit dem Reichsminister an Bord stieß auf solch ein von Westen nach Osten ziehendes Gewitter. Der Feld=webel versuchte zuerst, das Gewitter zu durchfliegen, aber dann hatte er doch nicht den Mut, weil er von Neurath an Bord hatte — er flog am Ge=witter entlang. Inzwischen war es dunkel geworden, das Wetter machte eine Funkverbindung unmöglich. Wir standen zuerst von Rastenburg aus mit der Maschine in Verbindung, verloren sie dann aber. All unser Warten war vergeblich. Wir warteten auch noch, als wir uns ausrechnen konnten, daß das Flugzeug keinen Brennstoff mehr haben konnte. Das war gegen 24 Uhr. Auch Hitler hatte große Sorge.

Gegen 1 Uhr nachts kam dann eine Meldung aus einer kleinen polnischen Grenzstation: Die Maschine ist notgelandet, völlig zertrümmert, Neurath unverletzt! Sofort auf den Weg geschickte Fahrzeuge brachten den Reichs-minister gegen 4 Uhr morgens ins Hauptquartier. Von Neurath erzählte mir dann die Einzelheiten.

Am folgenden Morgen flog ich mit einem Fieseler-Storch zur Unfallstelle. Der Feldwebel berichtete mir nochmals über den Verlauf des Fluges. Er traf das Gewitter kurz vor Warschau an und flog an der Wetterwand entlang, bis er keinen Brennstoff mehr hatte. Es herrschte bereits völlige Dunkel=

heit, der Boden war nicht mehr zu erkennen. Der Feldwebel entdeckte einen kleinen See, der auch in dieser Nacht noch geringe Lichtreflexe von sich gab. Unmittelbar neben dem See fand er eine Stelle, die ihm zur Landung geeignet erschien. Und vielleicht wäre auch noch alles glatt gegangen, wenn nicht gleich hinter dieser Stelle Sumpf begonnen hätte. Das Flugzeug nahm einige Birkenbäumchen mit und blieb dann stecken, das Fahrgestell zerbrach, die Flächen waren stark beschädigt. Beim Aussteigen sanken die Insassen sofort ein, aber sie konnten noch festes Land erreichen. Irgendwo in der Nähe gab es ein Telefon, so konnten wir benachrichtigt werden. Die ganze Sache hätte leicht schlimmer auslaufen können, denn hundert Meter hinter der Landestelle begann ein ungefähr fünfzig Meter hoher Bergrücken. Ich habe den Feldwebel dann belehrt, wie man Gewitter durchfliegt. Gewitterfronten erreichen im allgemeinen eine Tiefe von höchstens fünfzehn bis zwanzig Kilometern. Er hätte sich eine etwas leichtere Stelle suchen müssen, und da er den Verlauf des Gewitters ja sah, um neunzig Grad drehen und direkt hineinfliegen müssen. Die fünfzehn Kilometer wären schnell überwunden gewesen, er hätte dann sogenanntes Rückseitenwetter gehabt und wäre sehr schnell in Rastenburg gewesen. Wie er es gemacht hatte, so sollte man auf gar keinen Fall fliegen. Hitler gab dann den strikten Befehl, daß in Zukunft derartige Flüge in keinem Falle mehr von mir unbekannten Piloten durchgeführt werden sollten.

Besuch in Lappland

Jodl sollte Dietl in Rovaniemi aufsuchen. Ich flog ihn. In Reval ließen wir uns bei einer Zwischenlandung die Einreisegenehmigung geben. Der Weg bis Helsinki wurde uns dabei genau vorgeschrieben. Wir überflogen die Stadt nur, landeten nicht, unser Flug ging weiter über Wälder und Seen nach Micheli in der Nähe von Wiborg. Die Stellungen der Russen und Finnen waren nicht weit. Ich stellte fest — auch das war unser Auftrag — daß der Platz für Landungen mit der Condor geeignet war. Bis zu General Dietl nach Rovaniemi hatten wir noch einige hundert Kilometer zu fliegen. Der Militärflughafen dort war in Granitstein eingehauen. Jodl und ich wurden von Dietl freundlich empfangen. Wir wohnten in einem modernen Hotel, das in Friedenszeiten viele Engländer beherbergt hatte, die zum Lachsfang nach dort gekommen waren. General Dietl bewohnte ein kleines Finnenhaus, das ihm der dortige Landrat zum Geschenk gemacht hatte. Es war sehr nett eingerichtet, in dem großen Aufenthaltsraum lagen Bärenfelle von

Tieren, die der General selbst geschossen hatte. An den Wänden ringsum hingen die verschiedensten Gewehre und Angeln. Dietl war Soldat, Jäger und Fischer.

In einer Holzbaracke, die als Kasino ausgebaut worden war, aßen wir zu Abend. Lottas, eine finnische Mädchenorganisation, die während des Krieges weit über die Grenzen Finnlands hinaus bekannt wurde, bedienten. Nach dem Essen gab Dietl die Raucherlaubnis mit dem Kommando „Feuer frei!". Im selben Augenblick wurde ein furchtbarer Lärm mit einer Holzraspel vollführt. Der General klärte uns, die wir wohl etwas erschrocken um uns blickten, auf: Der Offizier des Tagesdienstes hatte bei diesem Kommando die Holzraspel zu bedienen. Geschah das nicht, so mußte er eine Strafe in die Kasinokasse zahlen. Im Stabe Dietl herrschte eine prächtige Stimmung, die uns stark beeindruckte.

In jener Nacht — es war gerade Tag= und Nachtgleiche — bat ich den General Dietl, mir eine Angel zu leihen. Ich hätte in meinem Leben zu gern einmal einen Lachs gefangen. Dietl sagte mir: „Baur, Sie können bis Mitternacht fischen, aber dann beißen die Fische nicht mehr an. Es beginnt dann erst wieder um 3 oder ½4 Uhr." Ich blieb bis 1 Uhr draußen und stellte fest, daß Dietl recht hatte. Bis 24 Uhr bissen die Fische an, dann war Ruhe. Ich ging ins Kasino zurück und zeigte meine Beute: fünf Hechte. Dietl war über diesen schönen Erfolg in so kurzer Zeit erstaunt.

Ich hatte in Rovaniemi noch Gelegenheit, meinen Beobachter aus dem ersten Weltkrieg anzurufen. Er lag an der Eismeerstraße. Der General von Hengl war überrascht, meine Stimme am Fernsprecher zu hören. Er lud mich ein, zu ihm herauszukommen. Leider konnte ich ihn nicht besuchen, da wir am nächsten Tage bereits wieder zurückflogen. Ich hatte viel Neues gesehen, als wir über Helsinki wieder nach Rastenburg zurückkehrten.

„Wollen wir hören, was der Führer sagt!"

König Boris sollte ins Hauptquartier kommen. Als ich mit ihm in Rastenburg landete, sagte er: „Wollen wir hören, was der Führer sagt!" Der König sprach immer von „unserem Führer". Als ich ihn am nächsten Tage wieder nach Sofia gebracht hatte, blieb ich wie gewöhnlich über Nacht in der deutschen Botschaft. Am Morgen kam ich zur Flugleitung der Deutschen Lufthansa, deren Leiter, Herr Dr. Haas, mich immer sehr nett in seiner Familie aufnahm. Das Büro der Lufthansa war nur eine Minute vom königlichen Schloß entfernt.

An jenem Morgen hatte ich den Start auf 11 Uhr festgesetzt, ich war aller=
dings nicht an diese Zeit gebunden, da mir für den Rückflug nach Ostpreu=
ßen kein Termin gesetzt worden war. Kurz bevor ich gehen wollte, kam
ein Diener des Königs und bat mich ins Schloß. Als ich dort ankam, wurde
ich sofort vom König empfangen. Er wollte mir die Stadt zeigen und mich
auch seiner Familie vorstellen. Da ich ja, wie gesagt, an keine Zeit gebunden
war, sagte ich gerne zu.

Der König setzte sich ans Steuer seines zweihundertpferdigen Mercedes,
den Hitler ihm geschenkt hatte, ich mußte an seiner Rechten, der Fahrer
hinter uns Platz nehmen. Die Tore des königlichen Schlosses öffneten sich,
wir fuhren in die Stadt hinaus. Während einer halbstündigen Rundfahrt
erwies sich der König als liebenswürdiger Fremdenführer. Er wußte recht
gut Bescheid. Mehrere Male hieß es: „Hier wohnt ein deutscher Professor,
hier wohnt ein deutscher Kunstmaler", oder ähnlich. Die Bevölkerung grüßte
ihren König freundlich, wie ich — aus meiner Perspektive — überhaupt den
Eindruck hatte, daß er beim Volke beliebt war.

Wenn wir über die Berge geflogen waren, die er übrigens sehr gut kannte,
hatte er mir mehrere Male bestimmte Stellen gezeigt, die er aufsuchte, wenn
der Betrieb in Sofia ihm zuviel wurde. Er hauste dann in einer Hütte bei
einem Schafhirten, teilte mit diesem das kärgliche Essen und machte lange
Streifzüge durch die Berge.

Eine schöne Autostraße führte zum Wohnsitz des Königs. Das Schloß, ein
kleiner Bau, lag in einem riesigen Park. Als wir ankamen, standen die Kö=
nigin und die beiden Kinder, ein neunjähriger Junge und ein elfjähriges
Mädchen, bereits im Garten des Schlosses. Der König stellte mich der Kö=
nigin, einer Tochter Emanuels von Italien, vor. Die große, schlanke, deutsch=
sprechende Dame machte auf mich einen starken Eindruck. Der König zeigte
mir das Innere des Schlosses, auch die ganze Ahnengalerie. Als wir wieder
im Park waren, sagte er: „So, und jetzt muß ich Ihnen auch mein Spielzeug
zeigen!" Wir kamen an einen ganz kleinen Bahnhof, der gerade von dem
Jungen geöffnet wurde, heraus kam eine genau nachgebildete deutsche
Schnellzuglokomotive. Sie hatte eine Länge von 1,20 Meter, eine Höhe von
ungefähr 40 Zentimetern, lief auf Schienen mit einer Spurweite von 22 Zenti=
metern und wurde elektrisch angetrieben. Selbstverständlich waren auch die
notwendigen Personen= und Güterwagen vorhanden. Die Anlage konnte
von einem zentralen Punkt aus über eine Strecke von rund einem Kilometer
gesteuert werden. Ein prächtiges Spielzeug, an dem — wie ich glaube — Kö=
nig Boris noch mehr Spaß hatte als sein Sohn, denn die Technik war ja
sein größtes Steckenpferd.

Die Königin wollte nicht fliegen

Bei einem Spaziergang durch die herrlichen Obstgärten — es lagen viele Früchte am Boden — bemerkte ich der Königin gegenüber, daß es sehr schade sei, daß hier das Obst am Boden liege, während es in Deutschland so sehr knapp sei. Eines der Steckenpferde des Königs waren seine Treibhäuser, die ein alter deutscher Gärtner in seiner Obhut hatte. König Boris hätte mich gern in der Nacht dabehalten, um mir die „Königin Viktoria" zu zeigen, die blühen sollte. Sie blüht bekanntlich nach Mitternacht auf und ist dann ver= blüht. Ein wunderbarer Anblick, das kurze Aufblühen dieser einzigartigen Pflanze. Es gab fleischfressende Pflanzen und viele andere exotische Ge= wächse, die in unseren Breitengraden zu den ausgesprochenen Seltenheiten gehören und nur in botanischen Gärten zu sehen sind.

Bei diesem Rundgang brachte der König einen Wunsch vor — er hätte gern mit seiner Familie einen Rundflug über Sofia gemacht. Ich schlug der Maje= stät diesen Wunsch selbstverständlich nicht ab und erbot mich, ihn und seine Familie zu fliegen. Aber die Königin, die unser Gespräch mithörte, wehrte sofort ab: „Nein, nein! Ich steige in kein Flugzeug, und ich kann es auch nicht verantworten, daß der Junge, der einmal Nachfolger des Königs sein soll, mitfliegt. Ich würde mich zu Tode ängstigen, wenn der Rundflug gemacht würde!" Die Kinder bettelten, sie wollten zu gern fliegen und die Maschine einmal sehen, die ihren Vater schon so häufig abgeholt hatte. König Boris überredete seine Gemahlin, so daß sie wenigstens in eine Be= sichtigung einwilligte. Der König nahm mich auf die Seite: „Wir werden es schon fertigbekommen, daß der Rundflug doch noch gemacht wird. Nur müssen Sie etwas mitreden. Aber ich bin überzeugt, daß meine Frau, wenn sie das schöne Flugzeug sieht, ihre Meinung ändern wird."

Wir fuhren zum Flugplatz. Ich erklärte der königlichen Familie die Ma= schine in all ihren Einzelheiten. Der Königin sagte ich, daß ich schon meh= rere Millionen Flugkilometer hinter mich gebracht habe, daß sie sich mir ruhig anvertrauen könne. Der König unterstützte redegewandt meine Be= mühungen. Aber seine Gattin wurde wieder ängstlich — wir flogen nicht. Der König gab sich resigniert geschlagen, obwohl er und seine Kinder bren= nend gern den Rundflug gemacht hätten.

Die Motoren liefen schon, wir wollten starten — da kam ein Lieferwagen und brachte eine ganze Anzahl von Körben mit Zwetschgen, Äpfeln und Birnen. Die Königin übergab sie mir mit dem Bemerken, daß das Obst für die Besatzung und für deutsche Kinder sei. Ich solle ihnen sagen, es sei ein Geschenk der Königin von Bulgarien.

Warum wurden die Düsenjäger nicht gebaut?

Im September 1943 wurden Adolf Hitler in Insterburg die neuesten Mo=
delle der deutschen Flugzeugindustrie vorgeführt. Es war so ziemlich alles
erschienen, was damals auf diesem Gebiete Rang und Namen hatte: unter
anderen Göring, Milch, Körner, Professor Messerschmitt und Professor
Tank von Focke=Wulf. Zuerst flogen Raketenjäger, denen die zwei Typen
der Düsenjäger und Düsenbomber folgten. Nach einer abschließenden De=
monstration des Rotterdam=Gerätes, mit dem Aufnahmen durch den Nebel
hindurch möglich waren, wendete ich mein ganzes Interesse wieder den
ebenfalls gezeigten Maschinen von Junkers zu. Es waren dies die Ju 390
mit sechs Motoren zu je 1800 PS und die Ju 290 mit vier Motoren, eben=
falls zu je 1800 PS. Für meinen Bedarf besonders geeignet erschien mir die
Ju 290. Ich war gerade in der Maschine und sah sie mir genau an, als Hitler
den Kopf durch die Tür steckte. Ich rief ihn an und bat ihn hereinzukom=
men. Hitler erkannte sofort den Vorteil dieses „Pullmanwagens", mit dem
wir ohne Schwierigkeiten bis zu fünfzig Personen durch die Gegend fliegen
konnten. Die Maschine war außerdem mit zehn überschweren Maschinen=
gewehren ausgezeichnet bewaffnet.

Auf dem Platz war in der Zwischenzeit Hitler wahrscheinlich vermißt worden.
Göring, auf der Suche nach ihm, guckte plötzlich in die Ju 290, in der wir
uns befanden. Hitler rief ihn herein und sagte ihm, daß ich gern eine solche
Maschine für unseren Betrieb hätte. Göring erwiderte, daß diese Maschine
schon für einen Sonderauftrag vorgesehen wäre, aber ich sollte bald eine
bekommen. Tatsächlich erhielt ich auch später drei Flugzeuge dieses Typs.
In jenem Augenblick aber hatte Göring andere Sorgen. Er setzte Hitler da=
von in Kenntnis, daß Messerschmitt soeben bestätigt habe, daß er bis zu
dem angenommenen Beginn der Invasion — Frühjahr 1944 — tausend Dü=
senjäger des vorgeführten Modells bauen könne. Göring erklärte weiter,
daß das Material für den Zellenbau verfügbar wäre. Lediglich für den Bau
der Abgasturbinen sei Nickel notwendig, und hier liege die große Schwie=
rigkeit. Erst vor kurzem sei die Verteilung der Rohstoffe auf die Produktion
der Wehrmachtsteile vorgenommen worden, und es läge nur in der Macht
Hitlers, das Nickel in der benötigten Menge freizumachen. Als Hitler die
Ju verließ, standen Messerschmitt und Milch draußen. Er fragte Messer=
schmitt, ob es ihm möglich sei, bis zum Februar 1944 die verlangten tau=
send Düsenjäger zu bauen. Messerschmitt bejahte mit der Einschränkung,
wenn ihm die notwendige Menge Nickel zur Verfügung stehe. Hitler ant=
wortete: „Ich werde dafür sorgen, daß Sie das erforderliche Material be=

kommen, der Jäger ist enorm wichtig. Sehen Sie zu, daß Sie es schaffen!" Milch stand in unmittelbarer Nähe und hörte jedes Wort dieses Gesprä= ches mit.

Es kam der Januar, es kam der Februar, es wurde März — aber die Düsen= jäger waren nicht da. Unsere Jäger gerieten in eine immer furchtbarere Lage. Die Männer, die gegen täglich stärker werdende feindliche Verbände anfliegen sollten, flogen noch die alten Jagdflugzeuge — die Düsenjäger blie= ben aus. Niemand von uns konnte sich das erklären. Es wurde selbstver= ständlich viel gemunkelt. Es hieß auch, daß es im Luftfahrtministerium „nicht stimme". Einige Monate später wurde Milch seines Amtes enthoben. Aber warum die Jäger nicht kamen, das blieb auch für uns ungeklärt.

Als die Invasion begann — Juni 1944 — da gab es viele Einzelteile, die nach wie vor gebaut wurden, aber Düsenjäger stiegen auch dann noch nicht in nennenswerter Anzahl auf. Unsere Flieger in ihren Motorflugzeugen wa= ren rettungslos unterlegen. Auch gegenüber den nach Deutschland ein= fliegenden Verbänden — es waren manchmal pro Tag drei= bis viertausend Maschinen — war unsere Luftabwehr machtlos. Ruhig und sachlich den= kende Experten waren der Ansicht, daß es den wesentlich schnelleren Dü= senjägern gelungen wäre, mindestens zehn Prozent der täglich einfliegenden Flugzeuge abzuschießen. Zweifellos hätte dann die Situation in der Luft erheblich anders ausgesehen. Hiermit soll nicht gesagt werden, daß diese Dinge allein von kriegsentscheidender Bedeutung gewesen wären, sie sol= len nur wiedergegeben werden, weil sie in das Bild der immer sichtbarer werdenden Katastrophe gehören.

Mit brennendem Rad in Micheli gelandet

Hitler wollte Mannerheim zu seinem 70. Geburtstag persönlich gratulieren. Vor unserem Flug nach Finnland machte ich wie üblich den Probeflug. Schon beim Start stellte ich fest, daß die Maschine nach links ausbrechen wollte. Zum Startplatz zurückgerollt, forderte ich meinen Maschinisten und den Werkmeister auf, die Bremsen der beiden linken Räder zu überprüfen. Hier mußte irgend etwas nicht stimmen. Die Kontrolle ergab dann auch, daß die Bremsen angezogen waren. Sie wurden gelöst — wir starteten. Wieder machte sich der starke Linksdrall bemerkbar. Wir flogen von Rastenburg in Richtung Reval. Hier riefen wir Helsinki, da uns die Finnen eine Jäger= begleitung bis nach Micheli zugesagt hatten. Schon auf dem Flug über die Ostsee wurde das Wetter sehr schlecht. Wir nahmen die finnischen Jäger auf. In dem einsetzenden starken Regen flog ich fünfzig Meter über Grund. Hinter Helsinki wurde die Wetterlage so miserabel, daß ich nur noch in Baumhöhe weiterfliegen konnte.

Von den begleitenden Jägern war uns noch einer treu geblieben, die anderen hatten uns im Dunst verloren. Durch den starken Regen begannen die Wal= dungen zu dampfen, zwischen der Erde und den niedrigen Wolken war nur noch schwache Sicht. Den einen, uns noch verbliebenen Jäger versuchte ich wiederholt durch Zeichen zu bitten, uns fernzubleiben, da in den Wolken, in die wir immer wieder eintauchten, Rammgefahr bestand. Nicht mehr lange, und wir hatten auch ihn verloren. Die Sicht zum Boden war völlig weg. Als ich in Micheli landete, mußte ich wiederum feststellen, daß die Maschine nach links wollte. Beim Aufsetzen war ich noch ungefähr siebenhundert Meter vom Abstellplatz entfernt, wo der finnische Staatspräsident Ryti, Marschall Mannerheim und eine Ehrenkompanie warteten. Als ich vorrollte, sah ich, daß etliche Monteure aufgeregt auf die Halle zurannten und auf unsere Maschine zeigten. Bald bemerkte ich Rauch, der mich vermuten ließ, daß unter der Condor etwas brannte. Hitler verließ das Flugzeug, begrüßte den Staatspräsidenten, den Marschall und schritt die Front der Ehrenkom= panie ab, ohne von dem Brand unter der Maschine Notiz zu nehmen. Die Monteure kamen mit Feuerlöschgeräten angerannt. Als Hitler mit den Herren in die bereitstehenden Wagen stieg, war das Feuer bereits gelöscht. Ein Rad hatte gebrannt. Die Flammen fanden Nahrung im Öl der Öldruck= bremsen. Wir stellten fest, daß wir vom Landeplatz bis zur Halle wieder mit angezogenen Bremsen gerollt waren. Hierbei hatten sich die Brems= backen heißgelaufen und entzündet. Die eigentliche Ursache war ein kleines Ventil: In der Bremse gab es ein Rückschlagventil, nicht größer als das Ventil am Luftreifen eines Autorades. Über diesem Ventil war eine Schutz- kappe aufgesetzt, um es vor äußeren Einwirkungen zu schützen. Diese aus Aluminium hergestellte Schutzkappe hatte oben einen kleinen Spalt. Einem Monteur war bei der Arbeit vermutlich die Zange ausgerutscht und hatte den kleinen Schlitz zugedrückt. Das Rückschlagventil saß fest, die Bremse mußte blockieren.

Aber wir hatten noch großes Glück gehabt. Wenn bereits in Rastenburg ein derartig langer Weg zum Start hätte zurückgelegt werden müssen, so wäre schon dort möglicherweise das Rad in Brand geraten. Ahnungslos hätte ich das Fahrgestell eingefahren, das brennende Rad hätte dann unmittelbar unter der Motorhaube gelegen — in bedrohlicher Nähe gab es viele tausend Liter Benzin und genügend Frischluft war auch vorhanden: das große Rad hätte weiterbrennen können — eine Explosion, die zweifellos die linke Tragfläche abgerissen hätte, wäre unvermeidlich gewesen. Wir haben uns später gesichert, ich ließ Bronzekappen einbauen, die nicht so empfindlich gegen Druck sind, wie die Aluminiumkappen. An diesem Tage — wir waren nur mit der einen Condor=Maschine unterwegs — bauten wir lediglich die Bremse vor dem Rückflug nach Rastenburg aus.

Als wir später in der Wochenschau unsere Landung in Micheli im Bild sahen, erkannten wir deutlich, daß wir mit bereits brennendem Rad auf dem Abstellplatz ausrollten. Hitler fragte mich dann doch noch, wie das eigentlich gewesen sei. Ich habe ihm nur gesagt, daß ein Radbrand vorgekommen sei. Die Ursache verschwieg ich ihm, um ihn nicht mißtrauisch zu machen.

Dietl in den Alpen abgestürzt!

Im Kriege gab es viele Wetterstellen. Die Voraussagen der „Wetterdokto=ren" waren nicht in jedem Falle so präzise, wie sie hätten sein sollen. Viele der neuen und kurz ausgebildeten Wetterdoktoren gaben sogenannte „Gummiprognosen", aus denen man sich das heraussuchen konnte, was man haben wollte. Da unsere Flüge oft unter ungewöhnlichen Umständen statt=fanden, vielfach über weite Strecken führten und häufig umdisponiert wur=den, nicht zuletzt auch aus den vorher angeführten Gründen, bat ich um einen eigenen Wetterdoktor, der mich auf allen Flügen begleitete, sich die Wetterkarten vorlegen ließ und uns die Wetterprognose gab.

Ein Oberleutnant der Luftwaffe, der Dietl zum Obersalzberg geflogen hatte und den General dann nach Graz fliegen sollte, wandte sich an unseren Wetterdoktor mit der Bitte um Rat, da er als ausgesprochener Flachland=flieger das Gebirge überhaupt nicht kannte und starke Bedenken hatte, Ge=neral Dietl auf dem direkten Weg Salzburg=Graz zu fliegen. Es war an diesem Tage ein Wetter, das wir als „durchwachsen" bezeichneten — auf der ganzen Wegstrecke ziemlich starke Schauer, zwischendurch Auflocke=rung, die auch Bodensicht zuließ. Unser Wetterdoktor riet dem Piloten, nicht auf direktem und kürzestem Wege zu fliegen, sondern längs der Al=pen bis Wien — dort kehrt und in südlicher Richtung wieder an den Alpen entlang — den Flug nach Graz störe dann nur ein kleiner „Buckel".

Als General Dietl zum Abflug eintraf, schlug der Wetter„macher" auch ihm vor, den Umweg zu fliegen. Der General kam auch gut und glatt nach Graz, wo er eine Anzahl Besprechungen hatte, und von wo aus er am näch=sten Tage nach Finnland weiterfliegen wollte. An diesem Tage lag die un=tere Höhe der geschlossenen Wolkendecke bei sechshundert Metern und die obere bei 1800 bis 2000 Metern. Die Wetterwarte in Graz hatte dem Piloten vorgeschlagen, nicht über das Gebirge zu fliegen, sondern zuerst nach Osten zu gehen, um über der Ebene nach Wien zu kommen. Als Dietl dies hörte, sagte er: „Unter keinen Umständen fliegen wir auch heute wieder über der Ebene. Die Wolken sind immerhin sechshundert Meter über Grund. Ich kenne die Gegend genau und bin froh, daß ich endlich wieder in meinen Bergen bin, ich will sie einmal wieder von oben sehen, in Finnland bin ich nur im Flachland. Wir fliegen von Graz aus über dem Tal, das nach Judenburg geht, von dort hängen wir uns an die Semmeringbahn, die über Mürzuschlag und den Semmering hinweg nach Wien führt."

Der Flugzeugführer flog, wie Dietl es wünschte. Der General selbst hatte die Führung übernommen. Sie flogen Richtung Judenburg und kamen auch an die Semmeringbahn. Von Mürzuschlag nach dem Semmering zu steigt das Gelände sehr schnell an. Sie mußten sehr tief fliegen, vor ihnen türmten sich die Berge auf. Gipfel und Bergrücken verschwanden immer stärker im dichter werdenden Nebel und in den Wolken. Die Ju 52 war bereits über einige Bergrücken hinweggekommen. Der Pilot wagte noch einen weiteren Sprung — die Wolken erfaßten die Maschine. Mit einer Kurve nach rückwärts versuchte der Pilot zu entkommen, aber schon blieb er mit der Tragfläche in den Bäumen hängen. Das Flugzeug zerschellte, Passagiere und Besatzung waren tot.

Hitler fragte mich, warum der Pilot nicht durch die Wolken hindurch nach oben gegangen sei. Ich antwortete, daß ich zweifellos, nachdem Dietl seinen besonderen Wunsch geäußert hatte, nach dem Start in Graz in östlicher Richtung geflogen wäre, wo es keine Hindernisse gegeben hätte. Dann wäre ich durch die Wolken gezogen und über diesen, deren obere Grenze an jenem Tage bei 1800 bis 2000 Metern lag, in Richtung Hohe Tauern, vorbei am Großglockner und am Großvenediger geflogen. Alles, was über 2000 Meter hoch ist, wäre für uns sichtbar gewesen. Dietl hätte sich an seinen Bergen freuen können, und wir wären sicher geflogen. Hitler wollte noch wissen, ob es am Semmering nicht noch möglich gewesen sei durchzuziehen. Ich mußte ihm antworten, daß dies allerdings sehr schwer sei für einen Piloten, der sich in der Gegend nicht auskennt. Man muß rechts und links aufpassen, daß man nicht anstößt. Man weiß nicht, ob man im Blindflug ein Tal oder einen Berg vor sich hat, auch kann man wegen des dauernden Beobachtungszwanges keine Karte zur Hand nehmen. Die einzige Möglichkeit für den Piloten wäre die Umkehr gewesen. Im breiten Tal von Judenburg hätte er über die Wolken kommen können, da dort in der Ost=West=Richtung keine nennenswerten Hindernisse sind.

Im Feuer deutscher Flak

In den Märztagen 1944 hatte ich König Boris nach Sofia zurückgeflogen. Ich war auf dem Wege von der bulgarischen Hauptstadt nach München. In der Gegend von Belgrad wurden wir aufgefordert zwischenzulanden, da grö=ßere amerikanische Verbände mit starkem Jagdschutz eingeflogen waren. Diese Warnmeldungen waren berechtigt, da bereits mehrere im normalen Streckenverkehr nach Belgrad eingesetzte Flugzeuge der Deutschen Luft=hansa abgeschossen worden waren. Wir hatten keine Passagiere an Bord, und so entschloß ich mich, nicht herunterzugehen, sondern oben zu bleiben. Nur meinen MG=Schützen forderte ich auf, gut aufzupassen. Belgrad und Graz baten wir durch Funk, uns von Zeit zu Zeit den Standort der feind=lichen Maschinen zu melden.

Bis Graz flogen wir, ohne die amerikanischen Flugzeuge zu Gesicht bekom=men zu haben. Allerdings hatten wir zehn Minuten vor Graz einen Funk=spruch erhalten, der uns mitteilte, daß größere Verbände Udine passiert hatten und in Richtung Graz flogen. Bis Graz war die Wetterlage wolken=los, mit dem Beginn der Alpen fanden wir eine geschlossene Wolkendecke zwischen 4000 und 5500 Metern Höhe. Ich war 3800 Meter hoch. Graz war eben passiert, als über uns plötzlich Amerikaner aufkreuzten. Es waren einige hundert Maschinen, von Jägern begleitet. Der Verband war ungefähr 1500 Meter über mir. Die Grazer Flak schoß sofort. Ich änderte den Kurs in nordwestliche Richtung.

Über mir warfen die Flugzeuge Bomben auf Graz. Die vielen Jäger hatten uns noch nicht gesehen, aber das konnte jeden Augenblick geschehen. Ich hielt mich dicht über der unteren Wolkengrenze und versuchte, ungeschoren zu entwischen. Nach Eisenberg kam ich über die Eisenhütten von Leoben. Hier empfing uns starkes Flakfeuer. Die Schüsse lagen gut — auf gleicher Höhe und immer rund fünfzig Meter vor mir. Die Propeller durchschnitten die kleinen unangenehmen Wölkchen. Maschinist Zintl sollte Erkennungs=signale geben. Er steckte die Patrone in die Leuchtpistole, das ging schon verdächtig schwer, das Schießen klappte dann überhaupt nicht. Wie sich später herausstellte, waren die Patronen mit einem ziemlich dick aufge=tragenen Lack überzogen. Der farblose·Lack scheuerte sich an der Pistolen=wandung ab, setzte sich fest und blockierte den Verschluß. Auf die Er=kennungssignale mußten wir also verzichten.

Die Flak schoß heftig und gut — Salve auf Salve. Aus der Kanzel rief der MG=Schütze: „Donnerwetter, die schießen gut!" Die Glaswand der Kanzel war bereits zertrümmert, die Tragflächen hatten eine Anzahl von Treffern

erhalten und aus einem Tank lief das Benzin aus. Was sollte ich machen? — Vollgas geben, um möglichst bald aus dem Bereich des Flakfeuers zu kommen. Als der Funker sah, daß wir kein Erkennungssignal schießen konnten, gab er „PAN" nach München, das ist einem SOS=Ruf gleich. Er meldete noch, daß wir im Bereich von Leoben unter schwerstem Beschuß deutscher Flak lägen. In München herrschte Aufregung. Für uns wurde es nach fünf Minuten ruhiger, wir waren zwar nicht unbeschädigt, aber doch noch heil und aktionsfähig durchgekommen. In München wurde zwei Tage an der Maschine gearbeitet, dann standen wir wieder zur Verfügung. Hitler sprach mich nach einigen Wochen auf diesen Vorfall hin an. Er fragte, ob ich mich nicht über den Kommandeur der Flak beschwert habe. Ich schil= derte ihm die Besonderheiten der Lage über Leoben und sagte ihm, daß wir bei viertausend Metern Höhe in der Silhouette völlig gleich waren mit den Amerikanern, zumal wir kein Erkennungssignal schießen konnten. Ich fügte hinzu, man könne den Flakschützen von Leoben nur ein Lob aussprechen für die gute Arbeit — ihr Feuer würde in einem Verband bestimmt Erfolg gehabt haben. Hätten sie uns abgeschossen, dann wären ihnen die Trüm= mer unserer Maschine später sicherlich Grund zu großer Betrübnis gewor= den — erstens war es die „Führermaschine", und zweitens hatten wir nichts an Bord als einige Körbe Spinat aus den Markthallen von Sofia.
Die Sache mit den Leuchtpatronen und den Pistolen, aus denen sie abge= schossen werden sollten, haben wir noch genauer untersucht. Wir haben in unseren Maschinen doppelläufige Pistolen einbauen lassen, um im Ernst= falle einen Ersatz zu haben und Erkennungssignal geben zu können.

In Italien beginnt das Ende!

Zwei Wochen vor der Verhaftung Mussolinis flog Hitler noch einmal nach Treviso. Mit Hitler waren Generalfeldmarschall Keitel und General Jodl. Mussolini empfing die Deutschen. Bei ihm war nur sein Stab. Sie fuhren in einem Sonderzug zum Besprechungsort und waren am Nachmittag gegen 16 Uhr bereits zurück. Die italienische Bevölkerung hielt sich sehr stark im Hintergrund, man brauchte nicht lange zu vergleichen, um einen erheb= lichen Stimmungsumschwung festzustellen. Es war alles unfrei, kalt und frostig geworden. Hitler tat, als nehme er das alles gar nicht zur Kenntnis und verabschiedete sich betont herzlich von Mussolini.
Schon beim Start machte mein rechter Außenmotor nicht mehr richtig mit. Das Wetter über dem Brenner war schlechter geworden — wir zogen es

vor, über Udine, entlang der Karawanken nach Wiener Neustadt und Wien zu fliegen und von hier aus nach Salzburg. Kurz nach dem Start setzte der vierte Motor völlig aus, ich flog mit drei Motoren weiter. Das Alpengebiet verschwand in Wolken und Gewittern. In Salzburg hörte ich, daß die Italiener im Sonderzug immer wieder versucht hatten, Hitler von den ihn begleitenden Offizieren zu trennen. Diese Dinge sahen wir natürlich in völlig neuem Licht, als wir später von der Verhaftung Mussolinis erfuhren. Jodl war besonders aufgebracht und erregt, weil die italienischen Generalstabsoffiziere bei diesen Besprechungen noch Verpflichtungen übernommen hatten, an deren Einhaltung sie gar nicht dachten — wahrscheinlich hatten sie bereits ihre Pläne zum Separatfrieden schon fertig.

Hitler ging das Schicksal seines „Freundes Mussolini" sehr nahe. Er leitete sofort alle Maßnahmen zur Befreiung des italienischen Diktators ein. Skorzeny, der Organisator der Befreiung, berichtete mir persönlich über den Verlauf der Aktion. Mit einem Fieseler Storch landete er auf dem Berg, auf dem Mussolini festgehalten wurde. Die übrigen Mannschaften landeten in Segelflugzeugen der Luftwaffe. Einige Maschinen schwebten über das kleine zur Verfügung stehende Gelände hinaus und zerschellten in den Felsen. Der Handstreich, der in nüchterner Beurteilung wenig Aussicht auf Erfolg hatte, gelang. Aber Mussolini war ein gebrochener Mann. Als er zu uns ins Hauptquartier kam, war er kaum wiederzuerkennen. Er war sehr stark abgemagert und krank. Hitler gab Mussolini zu Professor Morell in Behandlung. Dieser behielt ihn auch dann noch in Behandlung, als Mussolini schon längst wieder in Italien — in der Nähe von Mailand — war. Der Professor gab täglich telefonische Anweisung an die italienischen Ärzte, bis man ihm sagte, man bedürfe seiner Hilfe nicht mehr, der Patient sei wieder vollkommen gesund.

Das Ende von König Boris

Auch in Bulgarien begannen sich Dinge abzuzeichnen, die auf ein wenig gutes Ende hindeuteten. Vierzehn Tage vor seinem Tode holte ich König Boris noch einmal nach Rastenburg. Auf dem Rückflug nach Sofia hatten wir herrliches Wetter. Der König war inzwischen begeisterter Flieger geworden und zeigte sich beglückt von diesem Erlebnis. Und doch vermochte diese Freude seine Niedergeschlagenheit nicht mehr zu übertönen. Der König, der alles auf die Karte Hitler gesetzt hatte, konnte nicht länger übersehen, daß diese Karte nicht gestochen hatte.

Zwei Tage später wurde Hitler durch die deutsche Gesandtschaft in Sofia mitgeteilt, daß der König schwer erkrankt sei — Angina pectoris. Hitler ließ mich sofort rufen und sagte mir, daß ich Professor Morell nach Sofia fliegen solle. Es müsse nur noch die Antwort unserer diplomatischen Vertretung abgewartet werden, die beauftragt war, dem König das deutsche Angebot zu übermitteln. Die Antwort kam am nächsten Tage. Ich brauchte nicht zu fliegen. Der König ließ danken, aber „er habe genügend Ärzte zur Verfügung, die um die Wiederherstellung seiner Gesundheit besorgt" seien. Wenige Tage später war König Boris ein toter Mann. Wir brachten durch unseren Nachrichtendienst in Erfahrung, daß der König nicht an Angina pectoris gestorben war, sondern an Gift, das man ihm in den Kaffee getan hatte. Rettung war nicht mehr möglich.

V 2 kann das Blatt nicht mehr wenden!

Ende Mai 1944 sollte die V 2 eingesetzt werden. Wir flogen nach Reims, Hitler fuhr mit dem Wagen zu einer Basis an der Küste, um sich den Abschuß der V=2=Geschosse anzusehen. Als wir am nächsten Mittag zurückflogen, teilte er mir seine Beobachtungen und Gedanken mit. Er war sehr stark beeindruckt — aber noch mehr beschäftigte ihn die Reaktion in England. Möglichst bald wollte er Ergebnisse haben. Aber die Engländer hüllten sich in Stillschweigen, und die eingesetzten Beobachtungsflugzeuge kehrten unverrichteter Dinge heim. Es wurden zweisitzige Düsenbomber auf den Weg geschickt. Sie flogen unbewaffnet, führten aber Kameras mit. Mit ihrer hohen Geschwindigkeit waren sie jedem englischen Jäger überlegen, ihre Waffenlosigkeit war also kaum eine Gefahr. Sie führten ihre Beobachtungsaufgabe durch, aber sie flogen in Höhen von sieben= bis achttausend Metern. Ihre Aufnahmen brachten nicht viel.

Dann zerschlug die Invasion alle Hoffnungen, England lähmen zu können. Die ersten Kampfhandlungen an der Küste der Straße von Calais begruben letzte Erwartungen, und mit ihnen sanken auch die Abschußbasen der V 2 dahin.

Während der Zeit meiner Gefangenschaft las ich einmal eine Abhandlung russischen Ursprungs über die V 2. Ich habe das Berichtete noch ungefähr so im Gedächtnis: Die erste V 2 schlug in London ein. Im Herzen der Stadt wurde die Hauptgasleitung getroffen. Der Trichter hatte die enorme Tiefe von rund acht Metern, was bezüglich der Wirkung des hochrasanten Sprengstoffes zur Folge hatte, daß die Kraft im wesentlichen nach oben

verpuffte. Sicherlich wurden in der Nähe der Einschlagstelle Häuser zer=
stört oder beschädigt. Aber es soll auch vorgekommen sein, daß Menschen,
die sich ungefähr 150 Meter von der Einschlagstelle entfernt befanden, mit
dem Schrecken davonkamen. Immerhin war die Wirkung so stark, daß –
nach der Auffassung des russischen Berichterstatters – der Beschuß für die
Engländer sehr, sehr unangenehm geworden wäre, wenn er ein Jahr früher
eingesetzt hätte. Ein Großteil der Londoner hätte zweifellos die Stadt ver=
lassen müssen, da bei den Geschossen, die mit einer Geschwindigkeit von
fünftausend Kilometern in der Stunde und aus einer Höhe von siebzig bis
achtzig Kilometern kamen, eine Vorwarnung wie bei einem Fliegerangriff
nicht möglich war.

Ich hörte in vielen Gesprächen immer wieder, daß Hitler den Beginn des
Beschusses so lange hinausgezögert habe, weil er erst einen genügenden
Vorrat von Geschossen haben wollte. Ich erinnere mich noch gut, welch
starken Eindruck die erste Vorführung dieser Aggregate auf uns machte.
Kurz nach Beendigung des Feldzuges im Westen (1940) flogen wir nach
Peenemünde. Auf dem Versuchsgelände brachte man uns hinter einer vier
Meter dicken Betonwand unter. Gar nicht weit von uns stand ein schnecken=
artiges Gebilde, das die Aufgabe hatte, den damals verwendeten flüssigen
Sauerstoff und flüssigen Wasserstoff in ein bestimmtes Mischungsverhält=
nis zu bringen. Hinter der Abschußstelle befand sich ein riesiges Loch, das
ungefähr zwanzig Meter tief war. Ich weiß nicht mehr, was mich mehr be=
eindruckte, der ohrenbetäubende Lärm beim Abschuß des Aggregates oder
die mächtige weiße Wolke, die in das Riesenloch schoß und die telegrafen=
stangengroßen Baumstämme, mit denen dieses Loch ausgefüllt war, wie
Streichhölzer durch die Gegend blies. Es wurden rund fünfhunderttausend
Pferdestärken erzeugt – eine unvorstellbare Kraftleistung, die nur richtig
verständlich wird – in ihrer damaligen Bedeutung –, wenn man in Gedan=
ken noch einmal umschaltet auf die technischen Möglichkeiten der zurück=
liegenden Zeit – eben 1940.

Die verantwortlichen Männer glaubten damals, daß sie in einem Jahr das
einsatzfähige Geschoß liefern könnten. Aber die Versuche nahmen doch
längere Zeit in Anspruch. Die Probegeschosse gerieten aus ihrer Flugbahn,
ohne daß man die genaue Ursache wußte. Es stellte sich dann heraus, daß
bei Entleeren der Tanks in den Geschossen während des Fluges Schlinger=
bewegungen entstanden, die die Abweichungen hervorriefen. Es wurden
Schotten eingebaut, und nach langen Versuchen war die V=Waffe dann
geboren. Die Verantwortlichen waren sich darüber im klaren, daß eine neue
Entwicklung in der Kriegführung eingeleitet wurde, daß dies der erste

Schritt war zu Flugkörpern, die über Kontinente hinweg dirigiert werden könnten. Diplom=Ingenieur Braun wurde nach Abschluß der ersten Arbeiten ins Hauptquartier geladen und von Hitler zum Professor ernannt.

Antonescu befürchtet Sabotage

Mitte Juli holte ich den Marschall Antonescu noch einmal nach Rastenburg. Es war sein letzter Flug zu Hitler — er fand mit großem Gefolge statt. Ich hatte Befehl, zu einer bestimmten Stunde in Rastenburg zu sein und machte, um die richtige Zeit abzupassen, in Krakau eine Zwischenlandung, die mir auch aus einem anderen Grunde sympathisch war: während des Fluges von Bukarest nach Krakau hatte ein Motor ausgesetzt. Beim Start in Kra= kau war dann wieder alles klar.

Am Nachmittag desselben Tages noch sollte Antonescu wieder nach Ru= mänien zurückgeflogen werden. Der Marschall machte einen sehr nieder= geschlagenen Eindruck, Hitler hatte ihm sicherlich keine großen Verspre= chungen mehr machen können. Kurz nach dem Start riß ein Gasgestänge. Ich war gezwungen, den Motor Vollgas laufen zu lassen oder aber ihn ab= zustellen. Da ich mich weder für das eine noch für das andere entscheiden konnte, entschloß ich mich — wir waren erst wenige Minuten in der Luft — zur Umkehr. Antonescu wurde sehr nervös, er wollte nicht wahrhaben, daß dem Bruch des Gasgestänges keine Absicht zugrunde läge. Er glaubte an Sabotage. Ich ließ sofort eine andere Maschine bereitstellen, doch bevor diese warmgelaufen war, hatten die Monteure den Schaden wieder be= hoben. Wir konnten also doch noch mit der „Führermaschine" starten, das Gasgestänge war wieder in Ordnung, der Flug verlief ohne Zwischenfälle glatt und ruhig.

Als wir nach vier Stunden in Bukarest landeten, war dort ein wesentlich größeres Aufgebot erschienen, als es sonst üblich war. Generale und Offi= ziere bestürmten den Marschall sofort nach seiner Ankunft mit Fragen. Man konnte ohne Mühe und Kombinationsgabe erkennen, daß die Antworten, die Antonescu gab, niemanden befriedigten. Alle machten enttäuschte Ge= sichter. Antonescu konnte ihnen wohl nicht mehr sagen, als das, was in= zwischen jeder wußte — an den Sieg glaubte niemand mehr. Der Flughafen= kommandant von Bukarest sagte mir, daß sich die Sabotagefälle häuften und daß die Stimmung stark gegen Deutschland wäre. Vierzehn Tage spä= ter hatten die Russen Rumänien besetzt und damit war auch dieses Kapitel endgültig vorbei.

Attentatsversuch auf das Führerflugzeug mit Hitler

Bereits am 13. März 1943 wurde auf das Führerflugzeug ein Attentatsver=
such unternommen, der mir erst lange nach dem Krieg bekannt wurde.
Offiziere, die der Widerstandsbewegung gegen Hitler angehörten, unter ih=
nen Fabian von Schlabrendorff, hatten den Entschluß gefaßt, Hitler zu be=
seitigen. Um die politischen Nachteile eines Attentates zu vermeiden, sollte
ein Flugzeugunglück vorgetäuscht werden. Infolge der scharfen Kontroll=
und Wachbestimmungen war es aber unmöglich, an die Maschinen heran=
zukommen.

Die Widerständler fanden in General Henning von Tresckow, dem Ia im
Stabe der Heeresgruppe Mitte (Generalfeldmarschall von Kluge), den Mann
innerhalb des Feldheeres, der die Voraussetzungen für ein Gelingen des At=
tentates schaffen wollte.

Tresckow suchte nach einem Grund, der Hitler, nachdem alle Vorbereitun=
gen getroffen waren, veranlaßte, sein Hauptquartier in Rastenburg (Ost=
preußen) zu verlassen und das Hauptquartier der Heeresgruppe Mitte in
der Nähe von Smolensk aufzusuchen. Hier kam Tresckow seine langjährige
Bekanntschaft mit Hitlers Chefadjutanten, General Schmundt, zustatten. Er
versuchte, diesen davon zu überzeugen, daß Hitler Generalfeldmarschall
von Kluge besuchen müsse, um mit ihm die militärische Lage zu besprechen.
Tresckow und Schlabrendorff wollten bei dieser Gelegenheit eine selbstge=
fertigte Bombe in das Flugzeug des Führers schmuggeln.

Zur Herstellung der Bombe hatte man englischen Sprengstoff von starker
Sprengkraft gewählt. Ein kleiner Zünder, einstellbar auf verschiedene Zeiten,
war vorhanden. Durch einfachen Druck auf den Hals eines kleinen Fläsch=
chens wurde eine ätzende Flüssigkeit freigegeben. Diese wiederum zerfraß
einen Draht, der einen mit einer Feder gehaltenen Schlagbolzen auf ein
Zündhütchen schnellen ließ und so die Zündung auslöste. Mehrere Erpro=
bungen mit diesem Sprengstoff waren dem Attentatsversuch vorausgegan=
gen.

Nachdem der Besuch im Hauptquartier der Heeresgruppe Mitte schon ein=
mal angekündigt und dann wieder abgesagt worden war, starteten wir am
13. März 1943 von mehreren Jagdflugzeugen begleitet mit zwei viermotori=
gen Condormaschinen zur Lagebesprechung nach Smolensk. – Hitler und
von Kluge führten längere Unterredungen. Anschließend fand ein gemein=
sames Mittagessen statt. Im Verlauf dieses Essens richtete General von
Tresckow die Frage an Oberst Brandt, dem Begleitarzt des Führers, ob er
bereit sei, ein kleines Paket mit zwei Flaschen Kognak, das an General Stieff

im Oberkommando des Heeres addressiert sei, auf dem Rückflug mitzuneh=
men. Tresckow wußte, daß Brandt zur näheren Umgebung Hitlers gehörte
und deshalb in dessen Flugzeug fliegen würde. Oberst Brandt, ahnungslos,
sagte sofort zu. Nach dem Essen brachen alle Beteiligten zum Flugplatz auf,
um den Rückflug nach Rastenburg anzutreten.

Das angebliche Kognakpaket war von Fabian von Schlabrendorff gepackt
worden, der es auch zum Flugplatz brachte. Als Hitler das Flugzeug bestieg,
betätigte er den Zünder der Bombe und übergab dann auf ein Zeichen Tres=
ckows das Paket dem Obersten Brandt, der es mit in die Maschine nahm.
Die Zündung war auf die Dauer von einer halben Stunde berechnet.

Ich kann mich an diesen Flug noch sehr genau erinnern, da Tresckow sich vor
dem Abflug zeitweilig unmöglich nervös benahm und dann wieder seltsam
traurig und geistesabwesend dreinschaute, so daß ich mir Gedanken dar=
über machte, was wohl mit ihm los sein könne. Ich kannte ihn ja schon von
früher her und konnte mir sein Benehmen nicht erklären. Heute ist es mir
völlig klar. Zwanzig Offiziere eine halbe Stunde später in den Tod zu schik=
ken, ließ sein Gewissen nicht zur Ruhe kommen.

Zwei Stunden später landeten wir wieder in Rastenburg. Unter einem mi=
litärischen Vorwand flog Schlabrendorff am nächsten Morgen mit dem regel=
mäßigen Kurierflugzeug ins Führerhauptquartier, um den Sprengstoff
schnellstens sicherzustellen. Oberst Brandt hatte glücklicherweise das Paket
noch nicht an General Stieff ausgehändigt, so daß er es gegen ein anderes
Paket, diesmal mit echtem Kognak, austauschen konnte.

Schlabrendorff entschärfte die Bombe und nahm den Zünder heraus. Eine
Untersuchung desselben ergab, daß die Flüssigkeit, wie vorgesehen, den
Draht zerfressen hatte, der Schlagbolzen auf das Zündhütchen aufgeschlagen
war, dieses sich aber nicht entzündet hatte. Welch eine Fügung des Schick=
sals!

20. Juli — zunächst beim Zahnarzt

Viele Wochen vor dem 20. Juli bekam ich vom Chef des Reichssicherheits=
dienstes Anweisung, unsere Maschinen unter verschärfte Bewachung zu
stellen und die Kontrollen so sorgfältig wie nur möglich durchzuführen. Die
Gerüchte verdichteten sich, daß auf Hitler ein Attentat geplant sei. Es wur=
den auch hin und wieder fingierte Sabotageakte an den Maschinen durch=
geführt, um festzustellen, ob Bewachung und Kontrolle sorgfältig genug
waren. In einem Falle wurde eine fingierte Fehlerquelle nicht entdeckt.
Am 20. Juli 1944 war ich beim Zahnarzt und zwar in der Zahnstation, die

zum Hauptquartier Himmlers gehörte. Ich wurde ans Telefon gerufen: „So=
fort zurückkommen und den Flugkapitän Doldi mitbringen!" Dieser sollte
den Reichsführer SS nach Berlin fliegen. Doldi hatte gerade eine Einsprit=
zung bekommen, ein Zahn sollte gezogen werden. Die Einspritzung hatte
er weg, aber den Zahn behielt er, weil ich ihn sofort mitnahm. Nach zwanzig
Minuten waren wir im „Führerhauptquartier".

Selbstverständlich erfuhren wir sofort, was geschehen war. Wir sahen uns
die zerstörte Baracke an, in der die Bombe hochgegangen war. Es wurde
nach Stauffenberg gefahndet, der auf geheimnisvolle Art und Weise ver=
schwunden war. Allgemein herrschte die Auffassung, daß das Attentat nur
deshalb nicht vollständig gelungen sei, weil die Lagebesprechung, bei der
die Bombe gelegt wurde, in einer Baracke stattfand und nicht im Bunker.
Die Betonbunker waren zu dieser Zeit unbenutzt, weil die Decken gerade
verstärkt wurden. Unser Nachrichtendienst hatte nämlich in Erfahrung ge=
bracht, daß die Amerikaner Sechs=Tonnen=Bomben entwickelt hatten, denen
nach Ansicht von Fachleuten die bisherigen Betondecken in einer Stärke
von vier Metern nicht standhalten würden. Sie sollten deshalb um weitere
drei Meter verstärkt werden. Diese Arbeiten wurden zu jener Zeit an den
Bunkern von Hitler, Göring und Bormann ausgeführt.

Die Lagebesprechungen fanden in einer einfachen Baracke statt, in die ledig=
lich einige Telefonzellen eingebaut waren, um den Teilnehmern die Mög=
lichkeit zu geben, Befehle und Anweisungen sofort weiterzugeben. Diese
Baracke lag jetzt in Trümmern.

Der Ablauf der Ereignisse kristallisierte sich nach und nach heraus: Auf
dem Rastenburger Flugplatz landete eine Heinkel, die den Oberst Stauffen=
berg an Bord hatte. Der Oberst fuhr vom Flugplatz zum Hauptquartier,
setzte den wachhabenden Offizier davon in Kenntnis, daß er dringende
Aufträge von General Fromm, dem damaligen Befehlshaber des Ersatz=
heeres, habe und daß er zum Generalfeldmarschall von Keitel wolle. Der
Wachhabende setzte sich telefonisch mit dem Generalfeldmarschall in Ver=
bindung. Stauffenberg wurde zu ihm befohlen. Oberst Stauffenberg konnte
beide Sperren passieren, um Keitel Vortrag zu halten. Hitler — von Keitel
unterrichtet — ordnete an, daß Stauffenberg an der Lagebesprechung teil=
nehmen solle, die kurze Zeit später begann. Der Oberst sollte sich über die
tatsächliche Lage orientieren und dann Vortrag halten über das, was ihm
General Fromm angeblich aufgetragen hatte.

Die Lagebesprechung war in der Regel auf 12 Uhr angesetzt. So auch an
diesem Tage. In der Baracke war nach Entfernung einiger Zwischenwände
ein großer Tisch aufgestellt worden. Die Konstruktion dieses, rund fünf

Meter langen Tisches rettete vermutlich Hitler das Leben. Der Tisch war sehr schwer, da er eine zirka vier Zentimeter dicke Tischplatte trug. Er stand auch nicht auf gewöhnlichen Beinen, sondern hatte starke Bohlen, die geschweift ausgeschnitten waren.

Als Stauffenberg den Raum betrat, war Hitler bereits anwesend — er studierte die Karte. Er stand über dem Kartentisch gebeugt und hatte den Kopf in die rechte Hand gestützt, der Arm ruhte auf der Tischplatte. Hitler hatte also nicht auf seinem Stuhl Platz genommen. Vermutlich setzte sich Stauffenberg nur kurz von den Gegebenheiten in Kenntnis. Er stellte die Aktentasche, die den Sprengstoff enthielt, in Hitlers Nähe an die gegenüberliegende, den Tisch tragende Bohlenwand. Hitlers Füße waren rund einen Meter von dem Sprengkörper entfernt. Stauffenbergs Auftrag war damit erfüllt. Er konnte wieder gehen, um die Wirkung abzuwarten. Als er den Raum verlassen wollte, fragte ihn einer der Anwesenden, wohin er gehe. Stauffenberg erwiderte, daß er nur telefonieren wolle, er sei aber sofort wieder zurück. Er telefonierte tatsächlich. Er rief den Flugplatz an und befahl, daß man seine Maschine anlaufen lasse, da er gleich wieder nach Berlin zurückfliegen müsse. Der Oberst kehrte dann natürlich nicht mehr in den Raum zurück, in dem die Lagebesprechung abgehalten wurde — dort war nach seiner Meinung alles auf das beste vorbereitet und er brauchte nur noch einige Minuten warten.

Ungefähr achtzig Meter von der Baracke, wo sein Wagen stand, wartete er auf die Explosion, die auch programmgemäß erfolgte. Nach menschlichem Ermessen konnte es in dem Raum keinen Überlebenden mehr geben. Stauffenberg durfte also annehmen, daß sein Auftrag erledigt sei — er hatte keinen Zweifel am Erfolg. Er sah jetzt nur noch den zweiten Teil seiner Mission: Berlin vom Erfolg zu unterrichten. Er gab seinem Fahrer den Befehl, loszufahren. Bis zur ersten Sperre waren es 150 Meter. Sie wurde passiert. Doch erst die zweite Sperre gab den Weg zum Flugplatz frei. Aber hier war der Alarmbefehl schon angekommen. Der Weg in die Freiheit war dem Oberst Stauffenberg durch ein Pakgeschütz und durch Spanische Reiter versperrt. Der wachhabende Offizier konnte Stauffenberg nur mitteilen, daß er „Alarm" habe — der Grund sei ihm noch unbekannt. Aber an „Passieren" war nicht zu denken. Stauffenberg versuchte es mit dem allgemeinen Hinweis, daß er unbedingt eilig nach Berlin zurückmüsse. Er komme vom Führer und mache jeden, der ihn zurückhalte, auf die Folgen aufmerksam.

Selbstverständlich machte auch dieser Hinweis die Ausfahrt nicht frei. Stauffenberg verlangte den wachhabenden Offizier zu sprechen, der ihn vor

12 Uhr eingelassen hatte. Dieser befand sich beim Mittagessen im Kasino. Er wurde angerufen und dieser bestätigte die Angaben. Er wies darauf hin, daß Keitel persönlich angeordnet habe, daß der Oberst vorzulassen sei. Die Spanischen Reiter wurden beiseitegeräumt, die Schranke ging hoch, der Weg zum Flugplatz lag offen. Bis dorthin fuhr man im Wagen rund zehn Minu= ten. Eine Ortschaft war nicht mehr zu passieren. Als Stauffenberg ankam, lief die Heinkel=Maschine bereits. Niemand verhinderte den Abflug. Stauf= fenberg flog nach Berlin in dem Glauben, daß sein Anschlag geglückt sei. Als er in Berlin ankam, hatte General Fromm bereits genaue Informatio= nen, daß Hitler lebte. Kurz entschlossen faßte er den später stark diskutier= ten Entschluß, Stauffenberg erschießen zu lassen.

Im Rastenburger Hauptquartier liefen inzwischen die Ermittlungen. Der Fahrer wurde vernommen, der Stauffenberg zum Flugplatz gebracht hatte. Er konnte nichts Sensationelles aussagen. Er hatte nur beobachtet, daß sich der Oberst aufgeregt mit seinem Adjutanten unterhielt. Auf die Frage, ob er nicht gesehen habe, daß etwas aus dem Wagen geworfen wurde, ant= wortete er, daß er es nicht mit Bestimmtheit sagen könne, daß er aber ein= mal den Eindruck gehabt habe. Eine Kompanie Soldaten nahm sofort die Suche auf. Die Brennesseln rechts und links der Straße wurden abgesucht, dabei fand man ein zweites Paket mit Sprengstoff — denselben, der bei dem Attentat verwendet worden war. Er war englischen Ursprungs. Er war so vorbereitet, daß ein Quecksilbermechanismus ihn nach zehn Minuten zur Entzündung brachte. Ich habe mir den Sprengstoff angesehen, es war ein braunes, wie Wachs aussehendes Stück, ungefähr fünfzehn Zentimeter im Quadrat und etwa sechs Zentimeter dick. Nach Ansicht von Fachleuten hätte die Sprengwirkung absolut ausgereicht, um alle Menschen, die an der Lagebesprechung teilnahmen, zu töten. Und so wäre es zweifellos auch ausgelaufen, wenn die Besprechung im Bunker stattgefunden hätte. In der Baracke aber, die einen Meter über der Erde stand, war die Bauweise so leicht, daß eine Dammwirkung, die bei der Sprengung ungeheuer wichtig ist, nicht gegeben war. Der größte Teil der Explosivkraft verpuffte nach oben, nach unten und nach den Seiten. Lediglich Dr. Berger, dem Stenogra= fen, der Hitler genau gegenübersaß, wurden bei der Explosion beide Beine weggerissen — er verblutete. Diese unmittelbare Wirkung, wie sie Dr. Ber= ger traf, konnte Hitler wegen der dazwischen befindlichen Bohlenwand nicht erreichen. Die Explosion wirkte sich in eine andere Richtung aus. Sie riß den Tisch hoch, er brach ab. Hitler, der sich auf den Tisch stützte, wurde hochgeworfen und fiel wieder auf den Boden. Ihm, wie allen übrigen Teil= nehmern an der Lagebesprechung, wurden die Hosen zerrissen, es blieben nur noch Fetzen übrig. Hitler stand auf, sah sich im Raum um und gab einige Anweisungen, die sich aufs Bergen und die Versorgung der Verletzten bezogen. Dann ging er in einen Bunker. Viele der Anwesenden hatten sich schwere Verbrennungen zugezogen. Hitler erlitt — rein physisch — nur eine Armverletzung.

In der gleichen Nacht, gegen 24 Uhr, sprach Hitler über den deutschen Rundfunk. Nach einleitenden Worten von Großadmiral Dönitz gab Hitler eine kurze Darstellung des Attentats.

In der Bewachung des Hauptquartiers vollzogen sich einige Änderungen. Bisher war der Oberst Strewe mit Einheiten der Division „Großdeutschland" allein für die Sicherheit der Anlage bei Rastenburg verantwortlich. Es wurde angeordnet, daß für die Zukunft die Wache zur Hälfte aus Angehörigen der Waffen-SS und zur anderen aus Angehörigen der Division „Großdeutschland" bestehen sollte. Gegen eine mögliche Landung aus der Luft wurden Fallschirmjäger bereitgestellt. Es wurden Gräben ausgehoben und Minensperren gebaut. Das Hauptquartier sah auch im äußeren Bild sehr „kriegsmäßig" aus. Es gab dann auch einige Zwischenfälle, die zweifellos einer gewissen Nervosität entsprangen. So ging einmal bei einer Übung ein Pakgeschütz los. Der verantwortliche Offizier hatte angenommen, daß kein Geschoß im Rohr wäre. Die Granate jagte durch eine Baracke hindurch und krepierte dann an einem Baum. Es geschah kein Unheil, aber die Aufregung war groß.

Verhaftungen gab es am laufenden Bande. Aber es blieb nicht bei den Verhaftungen — es wurden auch Todesurteile ausgesprochen und vollstreckt. Im November 1944, als die Verhaftungswelle immer noch nicht nachgelassen hatte, gab Hitler den Befehl, die Verfahren einzustellen. Eine weitere Folge des Attentats war, daß hinfort Kontrollen und Visitationen durchgeführt wurden, die zwar zum Teil eine große Verstimmung brachten, die aber nicht umgangen werden konnten.

Gräben über Gräben — der Russe dringt weiter vor

Die Kämpfe in der Weite des russischen Raumes gingen zu Ende. Die Fronten rückten näher und näher auf die deutschen Grenzen zu. Hitler hatte Befehl gegeben, daß Gräben und vorbereitete Stellungen gebaut werden sollten. Nach seiner Auffassung wurden seine Befehle von den Dienststellen der Wehrmacht nicht mit dem nötigen Nachdruck ausgeführt. Er ließ sich Koch, den Gauleiter von Ostpreußen, kommen, der mit Hilfe des Volkssturmes und der Bevölkerung das ganze Land mit Schützen= und

Panzergräben durchziehen sollte. Bei Flügen über Polen und die deutschen Grenzgebiete konnten wir dann auch tatsächlich feststellen, daß ein ungeheuer verzweigtes und weitläufiges Grabensystem das Land durchzog. Aber die Russen kamen immer näher. In den Herbstmonaten des Jahres 1944 standen sie bereits an der deutschen Grenze — um Goldap wurde schwer gekämpft. Die Front war nur noch rund hundert Kilometer von Rastenburg entfernt. Wir blieben. Nicht zuletzt, weil Hitler in dem Glauben lebte, daß seine Anwesenheit auch die Front halten würde. Russische Aufklärungsflugzeuge tauchten immer häufiger auf. Ich rechnete mir aus, wann unser Flugplatz das Opfer eines russischen Fliegerangriffes werden würde. Den größten Teil der Maschinen hatte ich bereits auf in der Nähe liegende Flugplätze verteilt, ebenso einen großen Teil unserer Materialien, insbesondere die wertvollen Ersatzmotore. Wir haben uns gewundert, daß der erwartete Angriff aus der Luft ausblieb.

Nochmals Vorführung von Düsenjägern

Als wir im September 1944 in Berlin in der Reichskanzlei waren, kam an einem Abend Speer auf mich zu, um mich zu fragen, ob ich nicht einmal einen Düsenjäger fliegen wolle. Mein Urteil wäre ihm sehr wertvoll. Ich sagte gern zu, mußte aber einschränkend hinzufügen, daß ich bei Hitler erst um Genehmigung nachfragen müsse. Aber diese Genehmigung bekam ich nicht. Hitler: „Baur, es kommen in der letzten Zeit so viele Abstürze vor, ohne daß wir die Ursachen kennen. Ich möchte Sie unter keinen Umständen verlieren — ich brauche Sie noch länger!" Da war also nichts zu machen — aber ich konnte immerhin am Abend mit nach Rechlin fahren. Speer hatte zu dieser Besichtigungsfahrt eingeladen. Er wollte vor allem den sogenannten Volksjäger vorführen, ein Modell, welches im Gegensatz zu den bisherigen Typen nur einen Motor hatte. Speer wollte diesen „Volksjäger", wenn seine Produktion angelaufen war, monatlich in mehreren tausend Exemplaren an die Front des Luftkrieges bringen.

Der neue Düsenjäger war nicht ohne Erfolge geblieben. Es war vorgekommen, daß sechs Düsenjäger einen feindlichen Bomberpulk von dreißig Maschinen angriffen, achtundzwanzig herausschossen und dabei nur einen eigenen Verlust hatten. Bisher war es so gewesen, daß man sich beim Anhören einer Meldung, die besagte, daß fünfzig feindliche Maschinen abgeschossen wurden, sofort sagen konnte, daß im allgemeinen ungefähr die gleiche Anzahl deutscher Jäger verlorengingen. Allein die Geschwindigkeit von 920 bis 950 Stundenkilometern brachte dem Düsenjäger einen so kla-

Generaloberst Dietl in Rovaniemi. Rechts von Dietl Generaloberst Jodl

Oberst Baur bei der Routeberechnung in der viermotorigen Focke-Wulf Sondermaschine

König Boris am Steuer der Condor

Gespräch mit König Boris vor dem S

ren Vorteil, daß es heute noch unbegreiflich erscheint, warum die Produk=
tion dieser Jäger nicht anlief, so daß nur wenige Exemplare dieser sensatio=
nellen Waffe wirksam wurden.
An diesem Septembertage in Rechlin war das Wetter so schlecht und neb=
lig, daß an eine Vorführung in der Luft nicht gedacht werden konnte. Aber
wir wurden mit allen Einzelheiten und technischen Daten vertraut gemacht.
In diesen Tagen wurde der Befehl aus dem Jahre 1943 erneuert, der mo=
natlich tausend Düsenjäger an die Fronten zaubern sollte. Aber im Herbst
1944 war es in Deutschland nicht mehr geheimzuhalten, wo die Einzelteile
hergestellt wurden. Die Produktionsstätten waren auch sehr schnell be=
kannt. Die Bomberströme ließen nicht lange auf sich warten und schütteten
ihre Bombenlast über die dezentralisierten Betriebe aus. England und Ame=
rika vernichteten ihren Todfeind, bevor er zum Einsatz kam.

So sah sie Hitler!

Aus dieser Zeit, die immer stärker die deutsche Ohnmacht, die Unfähigkeit,
sich aus dieser tödlichen Umklammerung zu lösen, zeigte, stammen die
Worte, mit denen Hitler seine Kriegsgegner zu charakterisieren suchte:
Roosevelt sei ein Schaumschläger, der gewaltig aufbausche und die nüch=
ternen Zahlen vergesse, die ihm (Hitler) sehr wohl bekannt seien. Churchill
sei der Elefant im Porzellanladen, der sein eigenes Reich zertrampelt habe.
England sei durch ihn in diesen Krieg hineingekommen, den es verlieren
müsse, gleichgültig, ob es nach Beendigung des Kriegszustandes unter den
Siegern sein würde oder nicht — das englische Empire sei gewesen, es würde
der Vergangenheit angehören. Die Nachfolge Englands würden die Ameri=
kaner antreten. Stalin sei der einzige Gegner, der ihm imponieren könne,
aber Stalin sei eine Bestie in Menschengestalt.

Auch in unserer Staffel faßt der Tod hart zu

Als Hitler im Dezember 1944 beschloß, Rastenburg zu verlassen, gab ich
Befehl, daß ein Großteil meiner Staffel auf dem Schienenweg nach dem
Süden zu verlegen sei. In einem Güterzug wurden alle Werkeinrichtungen,
soweit sie nicht dringend gebraucht wurden, und der größte Teil des Er=
satzlagers untergebracht. Im Zuge fuhren auch fünfzig unserer Männer in
Richtung Pocking in Niederbayern. Hier hatten wir eine Werft, in der wir
unseren neuen Betrieb aufbauen wollten. Der Güterzug wurde durch Polen
geschleust, und hierbei stieß er mit einem anderen Güterzug zusammen.

Wir verloren dabei 17 Tote und eine Anzahl Verletzter. Unsere Staffel wurde zum ersten Mal von einem so schweren Schlag getroffen. Unseren Kameraden bereiteten wir in polnischer Erde eine würdige Ruhestätte. Am 22. Dezember 1944 verließen die letzten, die zum Stabe gehörten, Rastenburg. Ich flog mit Hitler nach Berlin. Hier wurde ich nach München beurlaubt, um mit meiner Familie das Weihnachtsfest feiern zu können. Damals wußte ich noch nicht, daß es für elf Jahre das letzte sein sollte. Erst 1955 war ich zu Weihnachten wieder mit meinen Kindern zusammen.

In Rastenburg wurden Instandsetzungsarbeiten durchgeführt, obwohl nicht anzunehmen war, daß wir noch einmal dahin zurückkehren würden. Es dauerte auch nicht lange und die Russen waren in Rastenburg. Der Führer der Einheit, die von der Organisation Todt zur Sprengung der Anlage eingesetzt worden war, teilte uns später mit, daß dies keine leichte Aufgabe war. Es mußten bis zu sieben Meter starke Betonwände vernichtet werden — selbst für dieses Spezialkommando recht schwere Brocken.

Wir alle, die wir erst mit Widerwillen nach Rastenburg gegangen waren, hatten uns in den drei Jahren, die wir dort waren, doch sehr stark an die Landschaft Ostpreußens, seine Menschen und vor allem an das Leben in der Natur dieses herrlichen Landes gewöhnt — uns ist der Abschied schwergefallen. Mir tut das Herz weh, wenn ich daran denke, daß dieses Stück deutscher Erde heute fremdes Land sein soll, Land, das uns verschlossen ist. Für mich begann in Berlin der vorletzte Akt — für Hitler der letzte.

Das Ende in Berlin

Das Jahr 1945 begann für mich in einer Klinik: in Seefeld bei München hatte meine Frau unsere dritte Tochter zur Welt gebracht. Wir packten in jener Silvesternacht genügend Getränke und Gläser ein, um auch die Schwestern mitversorgen zu können. Das Jahr 1945 hatte begonnen. Die üblichen Glückwünsche waren gewechselt. Ich sprach mit meiner Frau davon, was uns das kommende Jahr wohl bringen würde. Alle Hoffnungen waren zerschlagen. Dunkel und drohend lag die nahe Zukunft vor uns — hinter uns Jahre eines schrecklichen Krieges, der immer mehr furchtbares Ahnen zur Gewißheit werden ließ.

Am 15. Januar flog ich nach Berlin zurück. Im Osten vollzog sich ein neues Drama. Die Russen stießen in ihrer Offensive aus dem großen Weichselbogen heraus weit in deutsches Land vor. Im Westen hatte Hitler seine große, unwahrscheinliche Hoffnung endgültig begraben. Er hatte geglaubt, in einem letzten, verzweifelten Ansturm die Amerikaner und Engländer vom Festland verjagen zu können. Die Dezemberoffensive erstickte und Hitler kehrte am 18. oder 19. Januar nach Berlin zurück, um es nicht wieder zu verlassen.

Die Luftwaffe der Alliierten flog schwere Angriffe gegen Berlin. Das Oberkommando in Zossen versuchte Hitler zu bewegen, nach dorthin umzusiedeln. Aber Hitler blieb in Berlin. Die Lagebesprechungen fanden in der Reichskanzlei statt. Eine Besprechung jagte die andere. Die ewigen Sitzungen dauerten bis in die frühen Morgenstunden hinein. Hitlers Zornesausbrüche wurden häufiger: Er wurde manchmal sehr laut, tobte, schrie und schimpfte. Dies war besonders heftig der Fall, wenn er annahm, daß gegen seine Befehle und Anordnungen gehandelt worden war. Trotz allem aber hatte ich oft Gelegenheit, seine Selbstbeherrschung zu bewundern.

Es war eine irrsinnige Zeit in den Betonräumen unter der Reichskanzlei. Hiobsmeldungen kamen in diesen Tagen oft genug. Es kamen eigentlich nur schlechte Meldungen — Meldungen, die von neuen Rückschlägen, von neuen Katastrophen sprachen. Wenn irgendeine Nachricht Hitler besonders nahe ging, dann krampfte er die Hände auf dem Rücken zusammen, lief erhobenen Kopfes zehn- bis fünfzehnmal mit langen Schritten durch das Zimmer, bis diese Art Krampfzustand sich plötzlich löste und das Gesicht wieder normal wurde. Hitler setzte dann die Unterredung fort, als sei er wenige Minuten vorher nicht völlig am Ende seiner Kraft gewesen.

Ich habe in Zeitungen gelesen, auch in der Gefangenschaft wurde davon gesprochen, daß Hitler in Teppiche gebissen habe, wenn er in Wut geriet. In den vielen Jahren meines Zusammenseins mit Hitler habe ich nie etwas derartiges bemerkt, wenn auch seine Wutausbrüche manchmal sehr, sehr temperamentvoll waren. Anfang 1945 hatten wir immer wieder den Eindruck, daß Hitler im letzten halben Jahr — ungefähr seit der Zeit nach dem 20. Juli — um mindestens zehn Jahre gealtert sei. In der rechten Hand war ein starkes Zittern geblieben, der Rücken wurde zusehends gebeugter. Ich habe oft beobachtet, daß Männer, die Hitler längere Zeit nicht gesehen hatten, bei seinem Anblick geradezu ungläubig dreinschauten. Diesem sichtbaren Kräfteverfall konnte auch Professor Morell nicht entgegenwirken. Hier halfen die vielen Spritzen, die Hormone, Vitamine und sonstigen anderen Mittel nicht mehr. Hinzu kam, daß Hitler in der letzten Zeit kaum mehr als drei bis vier Stunden schlief.

In den Bunkerräumen unter der Reichskanzlei hatten in den letzten Jahren während Hitlers Abwesenheit Kinder gewohnt. Viele kleine Kinder, die am Abend mit Autobussen aus allen Teilen Berlins nach dort gebracht wurden. Hier konnten sie ruhig schlafen. Es war ein buntes Durcheinander, wenn sich am Abend die Räume füllten. Ein jedes hatte sein kleines Bettchen, ein Zahnglas, Zahnbürste und die anderen notwendigen Kleinigkeiten. Die Räume waren mit netten Bildern ausgemalt. Als die Verhältnisse in Berlin schwieriger und schwieriger wurden, ein Teil der Krankenhäuser bereits ausgebombt war, wurde aus dem Kinderheim allmählich ein Entbindungs= heim. Viele Mütter brachten hier ihre Kinder zur Welt. Immerhin waren sie hier vor den Angriffen aus der Luft sicher. Als Hitler dann 1945 mit seinem Stabe endgültig nach Berlin übersiedelte, mußte auch hier eine Ände= rung eintreten, denn die Reichskanzlei selbst war durch Bomben bereits er= heblich beschädigt. Aus dem Entbindungsheim wurde ein großes Lazarett und zudem mußten im April noch tausend Mann der Leibstandarte nach dort verlegt und untergebracht werden.

Kannenberg, der Hausintendant, machte sich Sorgen, aber diese lagen in seinem ureigensten Bereich und betrafen seinen Weinkeller. Er brachte die Restbestände nach Dresden. Hitler war nicht einverstanden, weil der Brenn= stoff für wichtigere Dinge fehlte. Im März, als die Russen schon bedenklich nahe vor Berlin standen, beschaffte sich Kannenberg zwei Lastkraftwagen, mit denen er seinen Wein von Dresden nach Oberbayern bringen wollte. In der Nähe von Bayreuth beschlagnahmte man aber die Wagen — sie wur= den für Munitionstransporte gebraucht. Kannenberg widersprach vergeb= lich. Er saß mit seinen Weinflaschen am Wegesrand und mußte sie irgend= wo provisorisch unterbringen. Er erschien dann, um sich an Hitler zu wen= den, aber Hitler zeigte keinerlei Verständnis, er sagte nur, daß die Be= schlagnahme zu Recht erfolgt sei. Es sei jetzt nicht an der Zeit, Wein sicher= zustellen. Kannenberg ging zu Bormann, bei dem er mehr Gehör fand. Bor= mann besorgte zwei „Holzgaser". Kannenberg brachte seinen Wein nach Süden und — wurde in Berlin nicht mehr gesehen. Ich habe auch nicht er= fahren können, warum er nicht zurückkam, sondern bei seinem Wein blieb.

Göring hatte längst die Übersicht verloren

Nun, da die Lage sich von Tag zu Tag verschlechterte, kam auch Göring ungefähr jeden zweiten Tag zu uns. Als Hitler ihm wieder einmal schwere Vorwürfe wegen des Versagens der Luftwaffe machte — er dachte mehr an das Nachhinken in der technischen Entwicklung als an den fliegerischen Einsatz — unterhielt sich Göring anschließend mit mir: „Baur, Sie sind einer von den ganz alten Fliegern. Sie haben die Entwicklung der Fliegerei aus ihren Anfängen heraus bis zu ihrem heutigen Stand mitgemacht. Ich muß Ihnen ehrlich gestehen, daß ich von den heutigen Maschinen keine Ahnung mehr habe, die Entwicklung ist mir über den Kopf gewachsen." Ich dachte bei mir: Recht hast Du, es wäre für Dich besser gewesen, wenn Du mehr geflogen wärest, anstatt im Schnelltriebwagen der Reichsbahn auf Schienen durch die Gegend zu kutschieren.

Gleichzeitig erinnerte ich mich an die erste Zeit nach 1933. In der damaligen Zeit war ich viel mit Göring unterwegs. Er war damals noch begeisterter Flieger. Oft saß er neben mir in der Ju 52. Er versuchte auch im Blindflug etwas zu lernen. In späterer Zeit wurde Göring ein eigener Pilot zugewiesen und zwar einer der bewährtesten Flugkapitäne der Lufthansa, Hucke. Mit dem flog er dann durch dick und dünn. Es gab einige Schlechtwetterflüge, die den Flieger Göring erheblich beeindruckten. Seine Begeisterung wurde schwächer und schwächer. Und so kam es, daß er in der fliegerischen Entwicklung nicht mehr „mitten drin" stand. Er wurde flugmüde. Uns war das öfter unangenehm aufgefallen. So auch an einem Tage, als das Hauptquartier noch in Winniza war. Göring war mit einer viermotorigen Condor aus Krakau herübergekommen. Zurück wollte er auch nur bis Krakau fliegen. Wir machten ihn darauf aufmerksam, daß die Wetterlage bis Berlin günstig sei und wolkenlos. An so einem schönen Tage könne er doch ruhig bis Berlin durchfliegen. Göring lehnte meinen Vorschlag mit dem Bemerken ab, daß in Krakau der Zug auf ihn warte. Da wir schon seit langem bemerkt hatten, daß er kaum noch ein Flugzeug bestieg, schwiegen wir. Aber es tat uns weh. Wir wußten auch, daß er nur deshalb von Krakau nach Winniza das Flugzeug benutzt hatte, weil die Bahnfahrt wegen der Partisanen zu gefährlich war und Hitler den Befehl gegeben hatte, daß nur das Flugzeug benutzt werden dürfte. Längst sprachen wir unter uns, Göring wäre besser Eisenbahnminister als Luftfahrtminister geworden. In diesen Tagen nun, als die Russen vor Berlin standen, „seine Luftwaffe" nur noch unter schwersten Opfern von der Erde loskam und rettungslos unterlegen war, da mußte der verantwortliche Mann, der Reichsmarschall und Reichsluftfahrtminister, zugeben, daß die technische Entwicklung über ihn hinweggegangen war, daß er sie nicht mehr verstand.

Bereits im Sommer 1944 war mit dem Umbau der Ju 290 für unsere Zwecke begonnen worden. Ich habe schon einmal über diese ausgezeichnete Maschine berichtet. Sie war im wesentlichen für die Fernaufklärung gebaut worden. Sie hatte vier Motoren von je 1800 Pferdestärken, im ganzen also 7200, bei einem Gesamtgewicht von vierzig Tonnen und einem Aktionsradius von rund sechstausend Kilometern, und war sehr stark bewaffnet. Die normale Reisegeschwindigkeit von 350 Stundenkilometern konnte bei Vollgasleistung auf 500 Kilometer in der Stunde gesteigert werden. Außer dem Flugkapitän, dem Maschinisten und dem Funker waren noch zehn Schützen für die überschweren Maschinengewehre (1,5 bis 2 Zentimeter) vorgesehen. Der zehnte Schütze saß in der äußersten Schwanzspitze und hatte nach hinten völlig freies Schußfeld. Das Flugzeug war in der Tat eine fliegende Festung und in seiner Gesamtheit ein enormer Fortschritt. Ich bin davon überzeugt, daß es eine würdige Weiterentwicklung — vor allem in seinen fliegerischen Eigenschaften — der Ju 52 geworden wäre, die sich im Jahre 1932 die ganze Welt erobert hatte. Das Anzugsmoment der Maschine war so stark wie das eines Jagdeinsitzers. Man war außerstande, beim Start in der Maschine stehen zu bleiben, man fiel auf den Rücken.

Dieses Anzugsmoment war einmal in Stalingrad einer Ju 290 zum Verhängnis geworden. Flugzeugführer Noak, ehemaliger Kapitän der Deutschen Lufthansa, hatte Munition und andere Nachschubgüter nach Stalingrad eingeflogen und sollte auf dem Rückweg Verwundete mitnehmen. Man hatte ihm fünfzig Soldaten eingeladen. Auf dem Boden der Maschine befanden sich Gleitschienen, die das Eindrücken des Bodens verhindern sollten, wenn Geschütze oder andere schwere Dinge verladen wurden, sie rollten auf diesen Laufkatzen in den Laderaum. Da das Flugzeug völlig leer war, hockten die verwundeten Soldaten auf dem Boden. Es war versäumt worden, Halteseile anzubringen. Noak startete, vielleicht gab er, um schnell wegzukommen, etwas kräftig Gas, weil der Platz unter Artilleriebeschuß lag. Die Passagiere auf den Schienen, die mit der Bodenoberkante abschlossen, rutschten nach hinten weg. Dadurch wurde die Maschine derartig schwanzlastig, daß es mit den Steuern nicht mehr auszugleichen war. Sie bäumte sich kurz nach dem Start senkrecht auf und stürzte über einen Flügel ab: Sechzig Tote!

Daß in der Ju 290 fünfzig Personen untergebracht werden konnten, habe ich an anderer Stelle schon erwähnt. Drei dieser Maschinen wurden in Pocking — zwischen Braunau und Passau — für unseren Gebrauch umgebaut. Hitlers Platz wurde mit 12 Millimeter starken Panzerplatten umgeben, die Scheiben waren aus 5 Zentimeter dickem, schußsicherem Glas, außerdem wurden am Boden und an der Decke noch zusätzlich Panzerplatten angebracht. Von dort bis zum Ausgang waren es rund fünfzehn Meter. Das wäre im Notfall natürlich entschieden zu weit gewesen. Es wurde also ein Notausgang geschaffen. Starke hydraulische Vorrichtungen bewirkten das Öffnen der Klappen vor der quadratmetergroßen Öffnung selbst bei allerstärkstem Luftdruck. In Hitlers Sessel war ein Fallschirm eingebaut, der von außen nicht sichtbar war. Es brauchte im Augenblick der Gefahr nur ein roter Hebel gezogen zu werden, die Hydraulik begann zu arbeiten, die

Klappen fuhren aus, Hitler konnte sich abrollen und mit dem Fallschirm ins Freie stürzen lassen. Wir haben diese Einrichtung in ihrer Aktionsfähigkeit mehrere Male mit einer Puppe überprüft.

Als die erste Maschine mit all diesen Vorrichtungen versehen war, flog ich wiederholt nach Pocking, um sie auf ihre Eigenschaften hin kennen zu lernen. Vor allem mußten viele Neuerungen erprobt werden: Es waren die modernsten Geräte, die die damalige Zeit aufzuweisen hatte, eingebaut worden. Eine neue FT=Station, die genaue Peilungen und Standortbestimmungen möglich machte. Es gab außerdem eine vollautomatische Steuerung, die Drei=Achsen=Steuerung: erstens für das Höhen= und Tiefensteuer, zweitens das Seitensteuer, das gleichzeitig mit dem Kompaß gekoppelt war und selbsttätig den Flug nach Kompaßrichtung garantierte und drittens für das Querruder, auch Verwindung genannt, das bei böigem Wetter in Tätigkeit tritt und das Flugzeug in der Horizontallage hält. Mit der Einschaltung der Drei=Achsen=Steuerung flog die Maschine automatisch und ohne Einwirkungsnotwendigkeit durch den Flugkapitän. Heute sind dies alles selbstverständliche Dinge — damals waren sie neu. Ich habe die Maschine mit Begeisterung und voller Freude über ihre fabelhaften fliegerischen Eigenschaften in vielen Erprobungsflügen auf ihre Höchstleistung getestet — und sie hat mich nicht enttäuscht.

In den ersten Märztagen flog ich dann nach Dessau, um dort das für die offizielle Zulassung vorgeschriebene Wiegen durchzuführen. Eine Waage für diese Zwecke stand nur in Dessau. Mit einer Siebel=Reisemaschine flog ich zwischendurch nach Berlin, um Hitler vom erfolgreichen Abschluß der Versuchsflüge zu berichten. Als ich am nächsten Tage nach Dessau zurückkam, hatte die Stadt einen schweren Fliegerangriff hinter sich. Zwei Drittel lagen in Trümmern, auch ein Großteil der Anlagen auf dem Flugplatz war zerstört — unsere Maschine hatte den Angriff überstanden. Heil und unversehrt konnte ich sie übernehmen.

Mit Flüchtlingen aus Ostpreußen nach Pocking

Der ausweglose Marsch der Hunderttausende hatte seinen Höhepunkt erreicht. Auch in Berlin gab es viele Frauen und Kinder aus Ostpreußen, die nicht mehr wußten, wohin sie sollten. Ich nahm in die Maschine, was hineinging und flog nach Pocking. Pocking ist nur eine kleine Ortschaft in Bayern. Hier rief ich Rott=Thalmünster, einen größeren Marktflecken, an. Von dort kamen dann mehrere Lastwagen, die die Menschen und das viele Gepäck in verschiedene kleinere Ortschaften der Umgebung brachten. Nach meiner Rückkehr aus der Gefangenschaft erfuhr ich, daß viele von ihnen dort verblieben sind und eine zweite Heimat gefunden haben.

Unsere Ju 290 verbrennt in München=Riem

Am 17. März landete ich mit der Ju 290 kurz vor 9 Uhr vormittags in Mün= chen. Die Amerikaner flogen fast täglich gegen 10 Uhr von Italien kom= mend über München hinweg nach Deutschland ein. Ich hatte Befehl gege= ben, das Flugzeug sofort in eine große Halle zu bringen, da es durch seine Ausmaße natürlich sehr stark auffiel und auch aus der Luft sofort erkannt würde. Mit dem Wagen fuhr ich in die Stadt. Schon nach zehn Minuten hörte ich: „Alarm!". Wir beeilten uns, um möglichst schnell aus der Stadt herauszukommen. Im Vorort Laim blieben wir unter Bäumen stehen, um die weiteren Dinge abzuwarten. Wir hörten Bomben fallen und krepieren. Wir ahnten, daß sie im Ostteil der Stadt gefallen sein mußten. Dann dreh= ten die Maschinen nach Süden ab. Als ich zu Hause ankam, lag bereits ein Telefonanruf vor: Der Flughafen Riem brennt lichterloh — auch meine Maschine ist verbrannt und mit ihr der Ingenieur Hahn, der von Dessau mitgekommen war, zwei Posten und zwei Arbeiter.

Der Bombenwurf war den Amerikanern diesmal sehr gut gelungen. Bis da= hin hatten sie schon Hunderte von Bomben auf den Hafen geworfen — meistens im Fluge von Süden nach Norden oder in umgekehrter Richtung — aber sie hatten dabei nur einige Hallen angekratzt, während der größte Teil der Bomben neben dem Flughafen heruntergegangen war. Diesmal aber waren sie in Ost=West=Richtung geflogen und hatten mit ihrem Bomben= abwurf die Anlagen auf dem Platz völlig zerstört. Ich ließ eine Maschine aus Berlin kommen, flog aus München weg — und habe es erst 1955 wie= dergesehen. Am 18. März — wieder in Berlin — machte ich Hitler von dem Vorfall Meldung, aber er nahm nur mit einem Kopfnicken davon Kenntnis.

Die Russen vor Berlin — Hitler bespricht Neuaufbau Münchens

In den Märztagen 1945 kam der Generalinspekteur für den Aufbau Mün= chens, Giesler, zu uns in die Reichskanzlei. Wir waren bei seinem Erscheinen sehr erstaunt und fragten uns, was es in dieser Situation wohl noch über den Wiederaufbau Münchens zu besprechen gäbe. Aber Giesler, der einen Haufen Pläne mitgebracht hatte, sagte: „Ich habe den Gesamtplan für den späteren Wiederaufbau bei mir. Auch das alte Wahrzeichen Münchens, die Frauenkirche, wollen wir neu erstehen lassen, um sie so der Nachwelt zu er=

halten. Kardinal Faulhaber werden wir damit einen großen Gefallen tun."
Als Hitler Giesler sah und vor allem den Grund seines Kommens erfuhr,
strahlte er über das ganze Gesicht. So hatten wir ihn lange nicht mehr ge=
sehen. Die beiden zogen sich sofort zurück und waren für viele Stunden
allein mit ihren Plänen. Hitler zeichnete Treppenaufgänge und Fassaden
oder warf aufs Papier, wie er sich dieses oder jenes vorstellte. Für uns alle,
die wir uns dem Ende und der Vernichtung nicht mehr entziehen konnten,
war dies ein eigenartiges Erlebnis.

Übrigens war Giesler ein hervorragender Ley=Imitator. Er brachte den
„Reichsorganisationsleiter" in Mimik und Sprache so echt, daß man glaubte,
diesen persönlich vor sich zu haben. Als Giesler am Abend Ley „vorführte",
wurde viel gelacht. Danach sah Hitler keinen seiner Prominenten mehr bei
sich in Berlin, sofern sie sich nicht in seiner ständigen Umgebung befanden.

Ende März fuhr ich nach Schönwalde, um meine Besatzungen zu besuchen
und nach den Maschinen zu sehen. Als ich draußen war, wurde Alarm ge=
geben. Die Maschinen wurden in vorbereitete Waldboxen geschoben. Der
nach Berlin einfliegende Bomberpulk war von einer großen Anzahl Jägern
begleitet. Zwei von ihnen mußten uns erspäht haben. Sie lösten sich aus
dem Verband und stürzten sich auf unseren Platz. Einem der Jäger fiel die
Condor=Maschine von Großadmiral Dönitz zum Opfer. Sie hatte sieben=
tausend Liter Brennstoff an Bord und brannte sofort lichterloh. Das war
noch nicht ganz geschehen, da brannte auch schon eine zweite Maschine: die
Ju 52, die den Reichsaußenminister flog. Die Erdabwehr schoß heftig, aber
zwei unserer Flugzeuge waren für uns verloren.

Die Fronten kamen nun immer näher auf unseren Flugplatz zu. Ich mußte
nun mit immer größer werdenden Ausfällen rechnen. Mehrere Flugzeuge,
Ersatzmotore und den größten Teil des Ersatzteillagers ließ ich also nach
dem Süden schaffen und zwar nach Pocking und Reichenhall. So verging
der März — der April begann. Berlin stand unter dem unmittelbaren Ein=
druck der Front. Einen Ausweg sah niemand mehr. Die Berliner hausten
in Kellern und Bunkern. Es gingen Gerüchte, Hitler sei nicht mehr in Ber=
lin — dieser aber saß in seinem Bunker unter der Reichskanzlei. Am 1. April
wurden die Ministerien angewiesen, Berlin zu verlassen. Am 10. April wa=
ren dort nur noch das Auswärtige Amt, ein Teil des Goebbels=Ministeriums
und die Privatkanzlei Hitlers. Albert Bormann, der die Privatkanzlei leitete,
fuhr am 15. April von Berlin auf der Autobahn nach München.

Berlin macht sich zur Verteidigung, zum Sterben bereit

Überall in Berlin wurden Straßensperren gebaut. Die improvisierten Maß=
nahmen wurden überhastet ausgeführt, und nirgendwo hatte man den
Eindruck, daß die Planung noch bis in alle Einzelheiten ging. Unsere Ma=
schinen standen auf den Flugplätzen Rangsdorf, Finsterwalde, Gatow,
Schönwalde und Tempelhof. Rangsdorf und Finsterwalde mußten bereits in
den ersten Tagen des April geräumt werden. Auf den Plätzen lagerten noch
riesige Mengen von Bekleidungsstücken, die an die Bevölkerung ausgege=
ben wurden. Bei einem Besuch sagte mir Oberst Böttger, der Direktor des
großen Flughafens Tempelhof: „Herr Baur, ich habe den Flugplatz zur
Verteidigung vorbereiten lassen. Wir werden tun, was wir können. Sollte
der Hafen in russische Hände fallen, werde auch ich untergegangen sein."
So geschah es dann am 22. April. Die Russen nahmen Besitz vom Flugplatz
Tempelhof — Oberst Böttger hat sich erschossen.

In der Reichskanzlei hatte Hitler die Verteidigung übernommen. Am 15.
April — einem herrlichen Sonnentag — ging er in den Garten der Reichs=
kanzlei, um Anweisungen zu geben. Es wurden Vermessungen vorgenom=
men, Granatwerfer eingebaut, Mauern durchbrochen, um Schußfeld zu
schaffen und Pakgeschütze in Stellung bringen zu können. Sogar Beton=
bunker mit Schießscharten wurden noch gegossen. Tausend Mann der Leib=
standarte unter General Mohnke standen zur Verteidigung dieses letzten
Machtbereiches Hitlers zur Verfügung.

An jenem Tage traf auch Frau Goebbels in der Reichskanzlei ein. Als Hitler
sie sah, ging er sofort auf sie zu: „Um Gottes Willen, Gnädige Frau, was ma=
chen Sie denn immer noch in Berlin? Baur kann Sie sofort nach dem Berg=
hof fliegen. Dort können Sie mit Ihren Kindern gut unterkommen." Aber
Frau Goebbels wollte nicht: „Wenn die Russen nach Berlin kommen, dann
wird mein Mann nicht mehr leben. Für mich und die Kinder ist es dann
sinnlos weiterzuleben. Ich habe meine Kinder nicht geboren, damit sie in
Amerika oder in der Sowjetunion als Schauobjekte herumgereicht werden,
als Kinder des ‚Nazipropagandisten Goebbels'. Ich möchte also mit meinen
Kindern in Berlin bleiben!" Hitler sorgte dafür, daß Frau Goebbels mit
ihren Kindern in den Bunkerräumen untergebracht wurde. Goebbels selbst
wohnte hier schon seit kurzer Zeit.

Meine Wohnung in der Kanonierstraße war ausgebombt. Man hatte mir
ein Quartier in der ehemaligen jugoslawischen Botschaft zugewiesen. An
einem Morgen — ich war gerade beim Rasieren — kamen die Celluloid=
fenstereinsätze auf mich zugeflogen — ich vermutete Bomben. Da ich aber

keinen Alarm gehört hatte und auch sonst nichts auf die Anwesenheit von Flugzeugen hindeutete, beugte ich mich aus dem Fenster, um die Ursache festzustellen. Ungefähr zweihundert Meter von meiner Wohnung stand ein Flakbunker. Auf diesen schossen die Russen. In der Reichskanzlei machte ich Hitler auf diese Tatsache aufmerksam. Er sah mich erstaunt an, weil er nicht wußte, daß ich immer noch außerhalb wohnte. Auf seine Anweisung wurde ich dann im großen Reichskanzleibunker untergebracht, zusammen mit Bormann, Gruppenführer Rattenhuber, Standartenführer Betz und Polizeirat Högl. Die Räume waren notdürftig mit Pappwänden voneinander getrennt.

In der neuen Reichskanzlei sah es trostlos aus. Gardinenfetzen wehten hin und wieder aus den dunklen Fensterhöhlen. Alles Leben war aus den riesigen Räumen gewichen. Wilhelmplatz und Voßstraße waren Kriegsschauplatz geworden. Der ungefähr fünfhundert Meter lange Komplex war unterkellert. Hier unten ging das Leben weiter — aber was war das für ein Leben. Es war möglich, mit Kraftfahrzeugen in die unterirdischen Teile zu fahren. Zu anderen Zeiten waren die Lastwagen nach unten gefahren, um Koks zu bringen. Jetzt brachten sie Verwundete — wenn sie überhaupt noch fuhren. In den letzten Tagen kamen rund 600 Verwundete an und 900 bis 1000 Zivilisten, Frauen und Kinder, die nach irrsinniger Jagd durch Berlin hier Zuflucht suchten.

Hitler wohnte in einem eigenen Bunker. Hier gab es nur wenige Räume für ihn, seinen Diener, den Arzt und das unbedingt notwendige Personal. Der Bunker lag ungefähr zwölf Meter unter der Erde, während der Zugang, der von der Reichskanzlei in den Bunker führte, nur einen guten Meter unter der Erdoberfläche lag. (Im Verlauf der letzten Kampfhandlungen wurde die Abdeckung dieses Durchgangs dann auch von Granaten durchschlagen.) Ein Dieselmotor mit sechzig Kilowatt Leistung versorgte den Bunker mit Licht und gab auch die Kraft für die Wasserversorgung. Durch den unterirdischen Gang waren Kabel für Licht und Feuerwehrschläuche als Ersatz für eine Wasserleitung gelegt. So wurden in den letzten vierzehn Tagen der Bunker Hitlers und der Bunker unter der Reichskanzlei einschließlich Lazarett mit Strom und Wasser versorgt. Nach Aussage des Elektrikers Henschel wäre nach der Kapitulation für vierzehn weitere Tage Dieselöl vorhanden gewesen, um die Anlage in Betrieb zu halten.

Görings Abschied von Hitler

Am 17. April tauchte Göring in der Reichskanzlei auf. Er wurde begleitet vom Generalmajor Christian, der lange Zeit bei uns Luftwaffenadjutant war. Ihn fragte ich gleich, was Göring bei Hitler wolle. Christian erzählte, daß Göring versuchen werde, Hitler mit auf den Obersalzberg zu nehmen. Er selbst — Göring — fahre unter allen Umständen noch am selben Abend ab. Die Autobahn sei noch frei. Göring war ungefähr anderthalb Stunden bei Hitler gewesen, als sie beide im Vorzimmer erschienen. Hitler schüttelte Göring die Hand: „Schicken Sie die notwendigen Sicherungen voraus. Sie wissen, daß zwischen Nürnberg und Bayreuth Kämpfe stattfinden. Es ist durchaus möglich, daß amerikanische Panzer durchbrechen. Ich wünsche Ihnen viel Glück!" Am nächsten Morgen fragte ich Hitler, ob er bereits Nachricht von Göring habe. Göring hatte schon berichtet, und Hitler zeigte sich glücklich, daß „einer der meinen in Sicherheit ist und den Verlauf der Dinge noch von außen beeinflussen kann"!

Der Ring wird immer enger

Am 18. und 19. April steigerte sich die Heftigkeit der Kämpfe um Berlin. Die Russen stießen nach der Schlacht bei den Höhen von Seelow zu ihrem umklammernden Angriff auf Berlin vor. Der Kampf um das Zentrum von Berlin begann sich abzuzeichnen. Ich war täglich auf dem Flugplatz — in den Nächten flogen die Maschinen nach München, um Materialien und Akten nach dort zu bringen. Außerdem wurde in dieser Zeit ein Teil des Personals der Reichskanzlei aus Berlin ausgeflogen.

Der letzte Geburtstag Hitlers verlief trübe und traurig. Zur Gratulation erschienen die Großadmirale Raeder und Dönitz, Himmler und Goebbels. Am 22. April — die Russen kämpften in den Vororten Berlins und drangen immer weiter in das Herz der Stadt vor — erklärte Hitler, daß er Berlin nicht verlassen werde. Er gab Anweisung, daß noch möglichst viele Personen aus Berlin ausgeflogen werden sollten. Meine Maschinen starteten in jeder Nacht und brachten viele Menschen nach dem Süden. Tempelhof ging an jenem 22. April verloren, wir hatten also nur noch den Flugplatz Gatow. Am 25. April flogen von hier aus zum letzten Mal die Maschinen nach München und Salzburg. Sie starteten in der Nacht um 2 Uhr, um noch vor dem Licht des neuen Tages an Ort und Stelle zu sein. Lediglich Major Gundelfinger konnte sich nicht auf den Weg machen, weil noch einige Passagiere fehlten. Als er endlich in der Luft war, konnte er sich ausrechnen, daß er noch rund fünfzig Minuten bei Sonnenlicht würde zurücklegen müssen. Von allen Maschinen bekamen wir noch in der Nacht oder in den Morgenstunden Landemeldungen, von Gundelfingers nicht.

Die Nachforschungen nach der Maschine blieben erfolglos. Als ich Hitler Meldung machte, war er sehr erregt, denn ausgerechnet in dieser Maschine war einer seiner Diener mitgeflogen, der ihm besonders am Herzen lag. Hitler: „Ich habe ihm außerordentlich wichtige Akten und Papiere anvertraut, die der Nachwelt Zeugnis von meinen Handlungen ablegen sollten!" Hitler konnte sich lange Zeit nicht beruhigen, der Verlust schien ihm unendlich nahe zu gehen.

Erst acht Jahre später stellte sich heraus, daß Gundelfinger in der Nähe des Bayerischen Waldes abgeschossen worden war. Alles, was sich in der Maschine befand, war verbrannt. Bauern hatten die zwölf Leichen begraben, ohne zu wissen, wen sie begruben. Erst nach dieser Zeit wurde das Schicksal der zwölf durch den Suchdienst aufgedeckt.

In der Nacht, in der Gundelfinger zu spät wegkam, war auch Professor Morell nach dem Süden geflogen. Er hatte vierzehn Tage vorher einen leichten Schlaganfall erlitten. Ich hatte an jenem Tage sein Zimmer betreten und mich über seinen seltsamen Gesichtsausdruck gewundert. Wie er mir sagte, hatte der Schlaganfall den linken Mundwinkel und das linke Augenlid getroffen. Eine kräftige Dosis der verschiedensten Medikamente hatte ihm eine vorübergehende Linderung verschafft, aber er mußte, wollte er das Alarmsignal nicht übersehen, recht vorsichtig leben. In jener Nacht des 25. April nun weinte Morell, als er sich verabschiedete, wie ein kleines Kind. Ich beruhigte ihn, und er erzählte mir, Hitler habe ihm gesagt, daß in der kurzen Zeit, die ihm noch zu leben bleibe, Dr. Stumpfegger ihn mitbetreuen werde. Professor Morell wollte auf eine alte, zerfallene Burg im Salzburger Land ziehen, die er sich Jahre vorher gekauft hatte.

Auch der letzte Flugplatz geht verloren

Meine letzten acht Maschinen — alles viermotorige Condor — standen auf dem Flughafen Gatow. Auf Hitlers Wunsch sollte der Hafen in Verteidigungszustand versetzt werden. Den Auftrag dazu bekam der General Müller. Zusammen mit ihm fuhr ich nach Gatow. Als wir dort ankamen, rollten schon die russischen Panzer im Gelände umher. Eine der Maschinen lag zerschossen in der Halle. Das hier stationierte Bodenpersonal der Luftwaffe hatte bereits abgebaut. An eine geordnete Verteidigung war nicht zu denken. General Müller erschoß sich.

Ich gab meinen Besatzungen Anweisung, in der Nacht zu versuchen, mit den uns noch verbliebenen Maschinen nach Rechlin zu fliegen, dort war ein großer Militärflughafen. Als ich Hitler berichtete, daß in Gatow schon die Russen rollten und schossen, sagte er nur: „Ja, Baur, uns bleibt nichts mehr — fliegen Sie weg! Lassen Sie Ihre Männer Panzerfäuste und sonstiges Material, das hier gebraucht wird, einfliegen." Ich hätte also wegfliegen können. Aber ich muß sagen, daß mir der Entschluß zu bleiben nicht schwerfiel. Es erschien mir unbillig, gerade in dieser Zeit zu verschwinden, die die letzte und die schrecklichste sein würde. Ich erklärte, daß ich an der Stelle bleiben würde, an der ich dreizehn Jahre war. Dem Obersten Betz, dem zweiten Flugkapitän, der bei mir Adjutantendienste machte, stellte ich von mir aus den Ausflug frei. Auch er blieb und ist dann beim versuchten Ausmarsch aus Berlin gefallen. Botschafter Hewel, Verbindungsmann zwischen Hitler und Ribbentrop, meldete in meiner Gegenwart, daß der Außenminister und der Großadmiral Raeder um Genehmigung bäten, beim Volkssturm einzutreten. Hitler willigte nicht ein.

Seltsame Botschaft von Göring

Am 25. April erhielt Hitler vom Berghof ungefähr folgendes Telegramm Görings: Sie haben mich zu Ihrem Nachfolger bestellt. Sie sind jetzt in Berlin eingeschlossen und haben nur noch einen begrenzten Machtbereich. Ich fordere Sie auf, mir alle Vollmachten zu übergeben. Hitler nahm dieses Telegramm nicht allzu tragisch, sondern erklärte, Göring mache sich wahrscheinlich kein Bild von den Verhältnissen in Berlin. Wir hatten für den Nachrichtendienst eine Funkstation für die Mittel- und für die Langwelle. Eine Kurzwellenstation zu errichten war vergessen worden. Für unsere Funkeinrichtung war — im Gegensatz zur Kurzwellenstation — eine Außenantenne notwendig, die jedoch durch den dauernden Beschuß häufig zerstört wurde. Sie konnte nicht immer sofort erneuert werden, da uns das zu viele Ausfälle gebracht hätte. Die hereinkommenden Meldungen wurden durch gewöhnliche Rundfunkempfänger aufgenommen. Unsere Nachrichtenmänner übernahmen auch die Nachrichten von den englischen und amerikanischen Sendern, die diese bereits in deutscher Sprache gaben, und stellten hieraus einen Informationsdienst für Hitler zusammen.
So kam auch am Abend des 25. April eine Meldung durch, daß Göring bereits mit den Amerikanern in Verhandlungen getreten sei. Da allerdings wurde Hitler sehr scharf. Er gab Bormann den Auftrag, sofort ein Telegramm an Göring aufzugeben. Bormann gab es mir zum Lesen, bevor es gesendet wurde. Es hatte ungefähr folgenden Inhalt: Was Sie gemacht ha-

ben, ist Hoch= und Landesverrat und wird nach deutschem Recht mit dem Tode bestraft. Lediglich mit Rücksicht auf Ihre großen Verdienste nehme ich von dieser Bestrafung Abstand. Ich verlange jedoch von Ihnen, daß Sie innerhalb 24 Stunden Ihre sämtlichen Ämter niederlegen. In den frühen Morgenstunden des 26. April kam das Antworttelegramm von Göring — er legte sämtliche Ämter nieder. Hitler bestimmte zu seinem Nachfolger den Generalobersten Ritter von Greim. Er bekam den Befehl, sofort nach Berlin einzufliegen und sich bei ihm in der Reichskanzlei zu melden.

„Flugplatz" Ost=West=Achse

Zwischen dem Brandenburger Tor und der Siegessäule — auf der Ost=West= Achse — sollte eine Landebahn für Flugzeuge ausgebaut werden. Ich wurde beauftragt mitzuwirken. Auf der Fahrt dorthin, ungefähr in Höhe des Bran= denburger Tores, schlug eine Granate wenige Meter vor unserem Wagen ein. Der Fahrer bekam einen Splitter in die Hand, das Fahrzeug wies eine ganze Anzahl Löcher auf, mir war nichts geschehen. Die Russen schossen recht stark gerade in diesen Bereich, da sie wußten, daß hier noch ein ziem= lich starker Verkehr herrschte. An der Siegessäule erwartete mich Oberst Ehlers. Wir besprachen den Ausbau der Straße, und ich wies darauf hin, daß die Landebahn viel zu schmal sei. Die Ost=West=Achse hatte eine Breite von 65 Metern, eine Ju 52 aber schon eine Spannweite von 30 Me= tern, so daß also auf jeder Seite nur noch rund 15 Meter blieben. Ich gab Anweisung, rechts und links Bäume zu fällen, um die Einflugweite auf mindestens 120 Meter zu verbreitern. Man begann sofort mit den Arbeiten. Die Unebenheiten wurden mit Sand ausgefüllt.

Ich sprach noch mit Ehlers, als ich über mir das Brummen eines Storches hörte — das Gas wurde weggenommen, der Fieseler landete unmittelbar vor dem Brandenburger Tor. Ich sah ihn noch in einer Staubwolke nach rechts unter die Bäume des Tiergartens rollen. Ich fuhr sofort los, um zu sehen, wer dort angekommen war. Als ich an der Landestelle ankam, fand ich nur zwei Soldaten vor. Sie erklärten mir, daß aus dem Flugzeug ein verwundeter höherer Offizier und eine Frau ausgestiegen seien. Die beiden hätten sofort das nächste Kraftfahrzeug genommen und seien zur Reichs= kanzlei gefahren. Selbstverständlich machte ich mich sofort nach dorthin auf, wo ich erfuhr, daß Hanna Reitsch den Generalobersten Greim einge= flogen hatte. Da ich Greim aus dem ersten Weltkrieg gut kannte, suchte ich ihn sofort auf — er lag schon auf dem Operationstisch. Vor dem inneren Gürtel Berlins hatte ihm ein Infanteriegeschoß eine Wade durchschlagen.

Hitler erschien auch sehr bald, beglückwünschte Greim zum gelungenen Einflug und wünschte ihm gute Besserung.

Der Generaloberst blieb zwei Tage bei uns. Er lag fast immer, und ich hatte Gelegenheit, mich mit ihm häufiger zu unterhalten. Er erzählte mir, daß Hitler ihm die Vorkommnisse der letzten Zeit, insbesondere den Vorfall mit Göring, ausführlich geschildert habe. Greim hat den Oberbefehl über die Luftwaffe noch übernommen. Er wurde unmittelbar nach dem Einflug zum Generalfeldmarschall befördert. In der Nacht zum 28. April flog Hanna Reitsch zusammen mit Greim in einer erneut nach Berlin eingeflogenen Maschine wieder aus Berlin heraus. Der Generalfeldmarschall war nur wenige Tage Oberbefehlshaber der Luftwaffe, und vielleicht hätte man in jenen letzten Tagen viel weniger von ihm gesprochen, wenn nicht Hanna Reitsch ihn nach Berlin eingeflogen hätte.

Hitlers Hochzeit vollzog sich fast unbemerkt

Am 29. April ließ sich Hitler mit Eva Braun trauen. Ich habe von dieser Hochzeit erst erfahren, als Hitler sich von mir verabschiedete. Am gleichen Tage fanden noch einige Trauungen statt, sie wurden von Staatssekretär Naumann vorgenommen. Die Feierlichkeiten — wenn man sie so nennen will — fanden über der Erde statt. Da der Beschuß schon recht stark geworden war, krachte und klirrte es überall ganz erheblich, eine schaurige Musik für diese gespenstischen Zeremonien. Die Brautpaare erhielten dann Zimmer im Bunker für eine Hochzeitsnacht, wie sie trauriger und trostloser im Blick auf die Zukunft nicht sein konnte.

Am Abend sprach ich mit Eva Braun — jetzt Eva Hitler. Sie berichtete mir, was ich schon wußte: auch Himmler hatte versucht auszuscheren. Uns wurde immer klarer, wie restlos und vernichtend der Untergang sein würde. Himmler wurde am selben Abend noch aus der Partei ausgestoßen. Am 26. April noch hatte Himmler versucht, Hitler zu bewegen, Berlin zu verlassen. Er schickte einen jungen Offizier mit einer gepanzerten Gruppe, deren Hauptkampfkraft sechs Tiger darstellten, in das eingeschlossene Berlin. Der Offizier fuhr mit seinen Kampfwagen von Neubrandenburg aus bis vor die Reichskanzlei. Unterwegs schoß er neun russische Panzer ab. Freudestrahlend meldete er sich bei Hitler und überbrachte ihm den Auftrag, den er von Himmler bekommen hatte: Hitler unter allen Umständen aus Berlin herauszubringen. Dieser empfing den Führer des Kommandos freundlich und dankte ihm, aber er erklärte, daß er Berlin nicht verlassen werde. Der junge Offizier wurde General Weidling, dem letzten Kommandanten von Berlin, unterstellt. Ich habe ihn später in Posen wiedergetroffen.

SS=Gruppenführer Fegelein, der Verbindungsführer von Hitler zu Himmler, war mit der Schwester von Eva Braun verheiratet, war also Hitlers Schwa= ger. Am Tage seiner Hochzeit ließ Hitler ihn rufen. Fegelein war nicht auf= zufinden. Er wurde überall gesucht — vergeblich. Bis jemanden einfiel, daß Fegelein möglicherweise in seiner Privatwohnung am Kurfürstendamm sein könnte. Es wurde dort angerufen — das Telefonnetz von Berlin war noch bis in die letzten Tage intakt — Fegelein meldete sich wirklich. General Rattenhuber machte ihn darauf aufmerksam, daß Hitler ihn unter allen Umständen sehen wolle, und daß man nun schon seit Stunden vergeblich nach ihm suche. Fegelein wollte aber nicht kommen. Er behauptete, daß er betrunken sei und so vor Hitler nicht erscheinen könne. Rattenhuber ließ aber nicht locker, sondern machte Fegelein klar, daß er dem Befehl nach= kommen müsse. Er werde sofort einen Wagen losschicken, der Fegelein zur Reichskanzlei bringen solle. Ein Kübelwagen — mit mehreren SS=Män= nern besetzt — fuhr los. Die Männer mußten feststellen, daß die Wohnung Fegeleins schon im russischen Machtbereich lag. Sie schlugen sich durch die russische Linie — ein Mann wurde dabei schwer verwundet. Die anderen er= reichten ihr Ziel und fanden den Gesuchten in Zivilkleidern und auch wirk= lich in angetrunkenem Zustand vor. Er wollte nicht mitfahren — es sei ihm nicht möglich, sich in dieser Verfassung dem „Führer" zu zeigen, er wolle sich erst wieder nüchtern laufen — dann würde er bestimmt kommen. Die Mannschaft schlug sich wieder zur Reichskanzlei durch.
Doch Fegelein kam nicht. Nach etlichen Telefongesprächen — der Gruppen= führer war in seiner Wohnung geblieben — wurde gegen 19 Uhr noch ein= mal ein Wagen losgeschickt. Ein Offizier und mehrere Männer hatten dies= mal den Auftrag übernommen. Wieder hatten sie bei der Anfahrt einen Verwundeten — verständlich, daß die Soldaten langsam wütend wurden auf den Mann, der einfach nicht kommen wollte. Dem Offizier gegenüber gab Fegelein eine ähnliche Erklärung ab wie vorher, aber er gab sein Ehrenwort, daß er unter allen Umständen erscheinen würde.
Gegen 24 Uhr kreuzte Fegelein dann in meinem Zimmer auf. Ich fragte ihn sofort, warum er sich 12 Stunden suchen und bitten lasse. Ich ließ ihn auch nicht im Unklaren darüber, daß durch sein Verhalten in den letzten Stunden die Verdachtsmomente sicherlich nicht geringer geworden wären. Fegelein erwiderte nur: „Wenn weiter nichts ist — dann erschießt mich halt!" Hitler wurde unterrichtet, aber er wollte seinen Schwager nicht sehen. Er ordnete an, sofort eine Untersuchung wegen Fahnenflucht einzuleiten.

Die mit der Untersuchung Beauftragten erschienen, ich räumte freiwillig das Zimmer.

Dem Kommandeur der Leibstandarte, General Mohnke, hatte Hitler den Auftrag gegeben, Fegelein Orden und Rangabzeichen abzunehmen. Mohnke nahm die Degradierung vor. Der Häftling — das war Fegelein jetzt — wurde in einen Bunker der Gestapo gebracht, der sich in einem Kirchlein gegen= über dem Kaiserhof befand. Dort verblieb er die Nacht.

Eva Braun kam zu mir und klagte mir entsetzt, daß Hitler keine Rücksicht nehmen werde. Sie sei überzeugt, daß er in diesem Falle sogar seinen eige= nen Bruder umbringen würde. Ihre größte Sorge jedoch galt ihrer Schwe= ster, die kurz vor der Entbindung stand.

In den frühen Morgenstunden wurde der Fall Fegelein nochmals unter= sucht und Hitler das Ergebnis mitgeteilt: Fahnenflucht. Hitler gab den Be= fehl, Fegelein, seinen Schwager, zu erschießen! Das war vielleicht das Schrecklichste in jenen letzten Tagen des Verendens, daß jeder alles für möglich hielt, daß die Begriffe sich so stark verschoben, sogar in einem Kreis, der nicht allzu groß war, in dem einer den anderen kannte und doch jetzt keiner dem anderen mehr traute. So wurde auch sofort rückgefragt, als das mit der Vollstreckung des Urteils beauftragte Kommando nicht gleich zurückkam. In Wirklichkeit war der Beschuß so stark geworden, daß jeder Gang aus dem Bunker einem Rennen um Leben und Tod gleichkam. Das Kommando war im starken Beschuß über den Wilhelmplatz gelaufen. Im Garten des Auswärtigen Amtes haben die Kugeln aus der Maschinen= pistole einen Mann erreicht, der noch einen Tag zuvor Hitlers Vertrauen genoß und der mit der Schwester seiner Frau verheiratet war.

Wir waren erschüttert und haben dieses Umwühlen und Umwälzen aller Werte in seiner ganzen furchtbaren Tragweite Monate später noch einmal durchlebt, als die Wellen und Wogen dieses alles zerfetzenden Unterganges uns wieder hochwarfen. Auch heute erscheinen mir die Zusammenhänge noch so verworren und erschütternd zugleich, so unerbittlich eindeutig in ihrem Ablauf, daß es mir schwerfällt, die Vorgänge einzeln oder getrennt nebeneinander zu halten.

Fertige Spritzen für die Kinder von Goebbels

Am 28. April unterhielt ich mich noch einmal mit Frau Goebbels. Wir saßen zusammen, ich sprach nur noch mit der Frau und Mutter, die am Ende ihres Lebens stand und die die furchtbare Aufgabe vor sich hatte, ihre Kinder aus diesem Leben mitzunehmen. Sie sagte mir: „Herr Baur — das Leben hat

274

mir an wirklichen Werten nicht viel gegeben. Ich habe meinem Manne die Kinder geboren, zu den großen Veranstaltungen bin ich gegangen, weil mein Mann es wünschte. Ich habe mich bemüht, für meinen Mann und die Kinder zu leben. Das war nicht ganz leicht. Meine Freundinnen, die mich in Wirklichkeit beneideten, hatten mir immer viel zu erzählen. Oft machten sie mich auf diese oder jene Frau aufmerksam, auf die ich aufpassen solle. Mir war bekannt, daß mein Mann — von vielen Frauen umschwärmt — es auch hin und wieder mit der Treue nicht genau nahm. Schuld hatten viel= fach die Frauen, die sich ihm hinwarfen. Er hat mir oft sehr weh getan — aber ich habe ihm verziehen. Ich weiß, daß wir aus diesem Bunker nie herauskommen werden — ich kann mir nur Vorstellungen machen, daß, sollte es der Fall sein, ich mein Leben anders gestalten würde. Aber das sind nur Ausflüge der Gedanken. Ich hoffe nicht erst seit heute auf nichts mehr. Ich richte jeden Abend die Spritzen her — der Mann, der meinen Kindern die tödliche Injektion geben wird, ist bestimmt worden. (Der Name dieses Zahnarztes ist mir entfallen.) Die Russen stehen nur noch zweihundert Meter von der Reichskanzlei entfernt. Jeden Abend, wenn ich mich von meinen Kindern verabschiede, weiß ich nicht, ob ich sie noch einmal wie= dersehen werde." Und diese Kinder sprangen jetzt noch spielend durch die Räume. Sie unterhielten die Verwundeten und sangen ihnen Lieder vor. Wenn der Beschuß sehr stark wurde und der Bunker durch die dauernden Einschläge schwankte, jauchzten sie vor Vergnügen und Begeisterung und wünschten sich das „Wackeln" noch stärker, während wir fürchteten, das könnte schiefgehen . . .

Erst in späteren Jahren habe ich durch Admiral Voß nähere Einzelheiten über den Tod der sechs Goebbelschen Kinder erfahren. Nach diesem Bericht hatte Admiral Voß am fraglichen Tage gerade im Vorraum des Führer= bunkers seinen Eintopf eingenommen, als Frau Goebbels auf ihn zutrat und fragte: „Haben Sie gesehen, Herr Admiral, ob ein Arzt in das Zimmer un= serer Kinder gegangen ist?" Voß bejahte die Frage und erklärte, er habe erst kurze Zeit vorher einen Arzt in weißem Mantel in den Raum gehen sehen. Wer es gewesen sei, könne er jedoch nicht sagen, weil er nicht genau achtgegeben habe.

Etwa zwanzig Minuten nach dem Gespräch zwischen Frau Goebbels und dem Admiral sah Voß, wie der Arzt wieder aus dem Zimmer der Kinder kam und fortging. Nach einer weiteren Viertelstunde trat Frau Goebbels aus dem Raum, ging weinend auf den Admiral zu und sagte zu Voß: „Das Schlimmste haben wir Gott sei Dank überstanden — für uns wird es leichter sein zu sterben." Zweifellos ist es die Stunde gewesen, in der die sechs Goebbels=Kinder die tödlichen Spritzen erhielten.

Kurz vor ihrem und ihres Mannes Selbstmord hat dann Magda Goebbels auch noch einen Brief an ihren damals 24jährigen in kanadischer Gefangen= schaft befindlichen Sohn Harald geschrieben — ihren Sohn aus erster Ehe mit dem Großindustriellen Günther Quandt. Der Brief hat folgenden Wort= laut:

Geschrieben im Führerbunker   28. April 1945

Mein geliebter Sohn!

Nun sind wir schon sechs Tage hier im Führerbunker, Papa, Deine 6 Ge= schwister und ich, um unserem nationalsozialistischen Leben den einzig möglichen, ehrenvollen Abschluß zu geben. Ob Du diesen Brief erhältst, weiß ich nicht. Vielleicht gibt es doch eine menschliche Seele, die mir es er= möglicht, Dir meine letzten Grüße zu senden.

Du sollst wissen, daß ich gegen den Willen Papas bei ihm geblieben bin, daß noch vorigen Sonntag der Führer mithelfen wollte, hier herauszukom= men. Du kennst Deine Mutter — wir haben dasselbe Blut, es gab für mich keine Überlegung. Unsere herrliche Idee geht hier zu Grunde, mit ihr alles, was ich Schönes, Bewundernswertes, Edles und Gutes in meinem Leben ge= kannt habe. Die Welt, die nach dem Führer und dem Nationalsozialismus kommt, ist es nicht mehr wert, darin zu leben, und deshalb habe ich auch die Kinder hierher mitgenommen. Sie sind zu schade für das nach uns kom= mende Leben, und ein gnädiger Gott wird mich verstehen, wenn ich selbst ihnen die Erlösung geben werde. Du wirst weiterleben, und ich habe die einzige Bitte an Dich: Vergiß nie, daß Du ein Deutscher bist, tue nie etwas, was gegen die Ehre ist und sorge dafür, daß durch Dein Leben unser Tod nicht umsonst gewesen ist.

Die Kinder sind wunderbar, ohne Hilfe helfen sie sich selbst in diesen pri= mitiven Verhältnissen. Ob sie auf dem Boden schlafen, ob sie sich waschen können ob sie zu esesn haben und was — niemals ein Wort der Klage oder Weinen.

Die Einschläge erschüttern den Bunker. Die größeren Kinder beschützen die noch kleineren und ihre Anwesenheit hier ist schon dadurch ein Segen, daß sie dem Führer hin und wieder ein Lächeln abgewinnen.

Gestern abend hat der Führer sein goldenes Parteiabzeichen abgenommen und mir angeheftet. Ich bin stolz und glücklich. Gott gebe, daß mir die Kraft bleibt, um das Letzte, Schwerste zu tun. Wir haben nur noch ein Ziel:

Treue bis in den Tod dem Führer, und daß wir zusammen mit ihm das Leben beenden können, ist eine Gnade des Schicksals, mit der wir niemals zu rechnen wagten.

Harald, lieber Junge — ich gebe Dir das Beste noch auf den Weg, was das Leben mich gelehrt hat: Sei treu! Treu Dir selbst, treu den Menschen und treu Deinem Land gegenüber, in jeder und jeder Beziehung. Einen neuen Bogen anzufangen ist schwer. Wer weiß, ob ich ihn ausfüllen kann, aber ich möchte noch soviel Liebe Dir geben, soviel Kraft und in Dir jede Trauer über unseren Verlust nehmen. Sei stolz auf uns und versuche, uns in stolzer freudiger Erinnerung zu behalten. Einmal muß jeder Mensch sterben und ist es nicht schöner, ehrenvoll und tapfer kurz zu leben, als unter schmachvoller Bedingung ein langes Leben zu führen? Der Brief soll raus — Hanna Reitsch nimmt ihn mit. Sie fliegt nochmals raus. Im umarme Dich in innigster, herzlichster, mütterlicher Liebe!

Mein geliebter Sohn, lebe für Deutschland!

Deine Mutter.

Below, Kurier zur sagenhaften Armee Wenk

Zu den letzten Hoffnungen der um und in Berlin kämpfenden Soldaten gehörten die Entsatztruppen Steiner und Wenk. Am 29. April ließ Hitler mich rufen, um mir mitzuteilen, daß er den Obersten von Below, seinen per= sönlichen Adjutanten und ehemaligen Verbindungsmann zu Göring, mit verschiedenen Aufträgen zur Armee Wenk schicke. „Baur, der Weg nach dem Westen ist noch frei — marschieren Sie mit zu Wenk, ich brauche Sie hier nicht mehr." Ich antwortete darauf, daß ich meinen Standpunkt in die= ser Angelegenheit schon einmal klar gemacht und dieser sich nicht geändert habe. „Ich bleibe hier, und es gibt sicherlich für mich auch noch einiges zu tun — so kann ich die Aufgaben des Obersten Below übernehmen!" Die Adjutantendienste bestanden jetzt nur noch in der bescheidenen Tätigkeit, die Telefongespräche zum Flakbunker zu vermitteln. Hitler war einverstan= den, und ich hatte wieder eine „Aufgabe".

Hitler zeigt sich zum letzten Male

Es erscheint heute — in der rückwärts schauenden Betrachtung — unmöglich, daß Menschen in jenen Tagen noch den Wunsch äußern konnten, Hitler zu

sehen. Und doch ist es so gewesen. Im Lazarett unter der Neuen Reichs=
kanzlei taten Ärzte und Schwestern seit Wochen ununterbrochen Dienst.
Sie hatten den Wunsch geäußert, Hitler möge sie noch einmal besuchen.
Professor Haase und Frau Goebbels überbrachten diese Bitte. Am Nach=
mittag ging Hitler dann zum letzten Mal zur Neuen Reichskanzlei. Vor
den eigentlichen Kellerräumen, in denen das Lazarett untergebracht war,
befand sich eine kleine Kantine. Hier hatten sich die Schwestern, Frau Goeb=
bels mit ihren sechs Kindern und noch ungefähr zwanzig weitere Kinder
versammelt. Als Hitler den Raum betrat, sangen die Kleinen. Er hielt den
Kopf gesenkt. Beide Hände halb in den Rocktaschen, ging er mit nicken=
dem Kopf an den Schwestern vorüber, blieb eine halbe Minute stehen,
sagte nichts. Den Frauen kamen die Tränen. Niemand fand ein Wort.
Stumm wie er gekommen, verließ er den Raum. Die Schwestern gingen
wieder auf ihre Stationen, zu ihren Verwundeten. Ich empfand diese ge=
spenstische Szene als Hitlers Abschied von der Welt, in der er unter den
Herrschenden war: Stumm, wortlos . . .

Hitler verabschiedet sich von mir

Am 29. April setzten die Kämpfe unmittelbar um die Reichskanzlei ein. Am
30. wurde ich, der ich ja die Adjutantendienste von Below übernommen
hatte, wiederholt in den Führerbunker gerufen, das letzte Mal mit der Auf=
forderung, meinen Adjutanten Betz mitzubringen. Als ich in das kleine,
etwa zwei mal drei Meter große, mit einer Holztäfelung bekleidete Bunker=
zimmer kam, in dem ein kleines Sofa, ein bescheidenes Büfett und ein paar
Stühle die Einrichtung ausmachten, kam Hitler sofort auf mich zu, faßte
mich mit beiden Händen und sagte zu mir: „Baur, ich möchte mich von
Ihnen verabschieden!" Außerordentlich erregt entgegnete ich: „Sie wollen
doch nicht Schluß machen?" Darauf Hitler: „Es ist leider so weit. Meine
Generale haben mich verraten und verkauft, meine Soldaten wollen nicht
mehr, und ich kann nicht mehr!" Ich redete auf Hitler ein, daß noch Ma=
schinen da seien, mit denen er nach Argentinien, nach Japan oder zu einem
der Scheiche, die ihm auf Grund der Judenfrage immer sehr gewogen wa=
ren und während des Krieges oft mit Kaffee versorgt hatten, in die Sahara
gebracht werden könne, um dort irgendwo unterzutauchen. Das Juden=
problem hatte Hitler viele Feinde, aber auch einige Freunde gebracht. Er
glaubte, es nach beendigtem Krieg dadurch zu lösen, daß er den Franzosen
Madagaskar wegnahm, um daraus einen selbständigen, souveränen Juden=
staat zu machen, nach dem auch die in Ägypten lebenden Juden abgescho=

ben werden sollten. Mit diesem Plan hatte er sich selbstverständlich auch die Sympathien des in Ägypten lebenden Mufti gewonnen, den Hitler übrigens einen außergewöhnlich schlauen Fuchs nannte, der wiederholt bei ihm gewesen war und den ich mehrere Male in seiner Gegenwart im Reichs= kanzleigarten gesehen hatte.

Hitler gab mir zu verstehen, daß er Deutschland nicht verlassen werde. „Ich habe noch zwei Möglichkeiten: Ich könnte in die Berge gehen oder zu Dö= nitz nach Flensburg. Vierzehn Tage später aber wäre ich genau so weit wie heute, ich stände vor der gleichen Alternative. Der Krieg geht mit Berlin zu Ende, ich stehe und falle mit Berlin. Man muß den Mut haben, die Konse= quenzen zu ziehen — ich mache Schluß! Ich weiß, morgen schon werden mich Millionen Menschen verfluchen – das Schicksal wollte es nicht anders. Die Rus= sen wissen genau, daß ich noch hier im Bunker bin, und ich befürchte, daß sie mit Gas schießen. Wir haben im Laufe des Krieges ein Gas hergestellt, das die Menschen 24 Stunden betäubt. Durch unseren Nachrichtendienst haben wir in Erfahrung gebracht, daß auch die Russen dieses Gas besitzen. Es wäre nicht auszudenken, wenn sie mich lebendig in die Hände bekämen. Es sind hier wohl Gasschleusen eingebaut, aber wer mag ihnen trauen? Ich jedenfalls nicht — und so mache ich heute Schluß!" Hitler bedankte sich dann für die jahrelange Dienstleistung und schaute suchend im Zimmer umher: „Ich möchte Ihnen noch ein Geschenk machen. Sehen Sie das Bild hier an der Wand? Es ist ein alter Anton Graff, und zwar von Fridericus Rex, vom großen Friedrich. Ich habe viele Bilder in meinem Leben besessen, weit= aus wertvollere als dieses Stück hier, das damals, im Jahre 1934 34 000 Mark gekostet hat. Ich will nicht, daß das Bild verlorengeht, ich möchte, daß es der Nachwelt erhalten bleibt. Es hat einen großen historischen Wert."
Ich erwiderte, daß ich das Bild gern nähme, um es einmal einem Museum oder einer Galerie zuzuweisen, worauf Hitler meinte: „Das ist nicht not= wendig. Es ist für Sie bestimmt. Es genügt, wenn Sie es in Händen haben. Ich weiß, daß Sie oft über meine Bilder und auch über dieses hier geschimpft haben — aber das hatte ja einen anderen Grund."
Sicherlich habe ich Hitler recht erstaunt angesehen, denn er sagte mir er= läuternd: „Sie wissen, daß bei jedem Quartierwechsel, der nicht nur für einen Tag war, dieses Bild mitmußte. Ihr Schimpfen darüber wurde mir schon vor langer Zeit gemeldet." Jetzt entsann ich mich der großen und sperrigen Kiste, die nie in die Gepäckmaschine durfte, sondern immer in der Führer=Maschine im Gang stand. Ich wußte auch, daß Hitler Gemälde, die er erworben hatte, um sich herum aufstellte, um sie in den wenigen freien Minuten zu betrachten. Bei einer größeren Reise wurden eben auch

die Bilder eingepackt. Der „Große Fritz" nahm wohl eine Sonderstellung ein, denn er schien — wie ich jetzt erfuhr — immer dabei gewesen zu sein. Ich schilderte Hitler, wie Gäste oft ihren Unwillen zum Ausdruck gebracht hatten, wenn sie auf dem Gang zu ihrem Platz oder gar zur Toilette erst die Kiste auf die Seite schieben mußten, um durchschlüpfen zu können. Ich hatte aus einem anderen Grunde kräftig mitgebrummt, weil nämlich nach meiner Auffassung unser schöner Kabinenraum unnötig verschandelt wurde. Hitler gelang noch einmal ein kleines Lächeln: „Ja, ist schon gut, Baur."

„Ich habe für Sie noch zwei Aufträge, Baur. Ich mache Sie verantwortlich für die Verbrennung der Leichen von meiner Frau und von mir. Außerdem habe ich Dönitz zu meinem Nachfolger bestimmt. Bormann hat eine An= zahl Aufträge von mir, die Dönitz übermittelt werden sollen. Sehen Sie zu, daß Sie hier herauskommen. Es ist sehr wichtig, daß Bormann Dönitz er= reicht." Dann verabschiedete Hitler sich mit festem Händedruck von mir, worauf er sich an Oberst Betz wandte und auch von diesem mit Dankes= worten Abschied nahm.

Beim Verlassen des Zimmers kam Hitler mir nach, griff mich mit beiden Händen und sagte: „Baur, man müßte mir auf meinen Grabstein setzen: ,Er war das Opfer seiner Generale'!" Auf meinen Einwand erklärte er: „Baur, Sie wissen sehr vieles nicht, Sie werden noch manches erfahren, was Sie wundern wird." Jahre später ist mir dann die Wahrheit dieser letzten Worte Hitlers bewußt geworden, als ich mit Generalen zusammen sein mußte, die zu dem Prozentsatz gehörten, die sich nach ihrer Gefangen= nahme im Mittelabschnitt 1944 dem Russen zur Verfügung stellten und unsere Soldaten an der Front aufriefen, die Waffen wegzuwerfen und überzulaufen.

Vorbereitungen zum Ausmarsch

Als wir den Führerbunker verlassen hatten, erklärte ich Betz, wir müßten heute abend noch abmarschieren. Dazu brauchten wir aber entsprechende Bekleidung, denn in unseren Ledermänteln und mit unseren Koffern könnten wir nichts anfangen. Diesmal ginge es nicht per Auto zur Maschine und fort — jetzt hieße es laufen. Die Verabschiedung von Hitler war gegen 19 Uhr, nicht — wie ich jetzt in der Zeitung lesen konnte — um 16 Uhr. Wir gingen sofort zu Professor Haase, der den ganzen Tag über nicht vom Operationstisch weggekommen und eben mit einer Beinoperation beschäf= tigt war. Ich bat ihn um zwei Tarnjacken und zwei Tornister von seinen Verwundeten.

Er wunderte sich, daß es schon so weit sei, überließ die Fortführung der Operation seinem Assistenzarzt und kam nach wenigen Minuten mit zwei Tarnjacken, aber ohne Gepäckstücke zurück. Er erklärte mir, daß keines aufzutreiben sei, da die eingelieferten Verwundeten ja nur zweihundert Meter von ihren Gefechtsständen zurückzulegen hätten und ohne Tornister ankämen. Ich bot Haase meine Wäschestücke an, eine ganze Anzahl Hem= den, Socken und so weiter, die er dankbar entgegennahm, da die Leute, die blutend und mit zerfetzten Kleidern in das Lazarett eingeliefert wurden, nichts anzuziehen hatten. Professor Haase war gern bereit, sich selbst die Sachen aus meinem Bunkerraum, etwa zweihundert Meter weiter weg, ab= zuholen, da ich packen und mich umziehen mußte, um marschbereit zu sein, wenn Bormann mich verlangte.

Ich bekam von einem Luftwaffensoldaten noch einen Rucksack, allerdings ohne Riemen, aber auch die fielen noch von den reichlich langen von Bor= manns Koffer für mich ab, und ich habe sie selbst angenäht. Dann verbrannte ich meine Aktenstücke und Papiere und vernichtete alle Sachen, die ich nicht mehr brauchte. Betz und Rattenhuber taten das Gleiche. Während wir noch damit beschäftigt waren, kam Professor Haase angelaufen, um sich die rest= lichen Wäschestücke abzuholen. Er bekam sie von allen im Bunker An= wesenden; es war ein ganzer Berg, den er fortzutragen hatte.

Die Verbrennungsaktion

Inzwischen waren gut anderthalb Stunden vergangen. Um Gewißheit über die Geschehnisse zu erlangen, ging ich mit Betz durch den durchschlagenen Gang, der unter dem Reichskanzleigarten lag, zum Führerbunker. Noch be= vor ich die etwa zwanzig Stufen hinuntergegangen war, fiel mir der Ziga= rettendunst auf, der hier an diesem Orte ungewöhnlich war. Im Führer= bunker durfte nicht geraucht werden. Ich nahm also in beschleunigtem Tempo die Treppe und stand unten vor Dr. Goebbels, den Gruppenführern Rattenhuber und Müller, Reichsleiter Bormann und zehn bis zwölf SS=Män= nern — alle gestikulierten nervös und aufgeregt durcheinander. Ich ging sofort auf Goebbels zu und fragte ihn, ob es vorbei sei, was er bejahte. Ich erkundigte mich, ob Hitler in seinem Zimmer sei, worauf Goebbels erwiderte, daß er schon brenne. Auf meinen Einwand, daß Hitler doch mir den Auftrag gegeben habe, die Leichen zu verbrennen, erklärte mir Goebbels: „Diesen Auftrag hat Hitler allen, von denen er sich verabschiedet hat, gegeben. Schon kurze Zeit später, nachdem ich mich verabschiedet habe, hat Hitler sich um= gebracht." Ich fragte, ob er sich erschossen habe. Goebbels: „Jawohl, er hat

sich in die Schläfe geschossen und lag am Boden. Eva Braun hat Gift ge=
nommen und saß auf dem Sofa, wie wenn sie schliefe."
Ich erfuhr dann alles weitere. Hitler wurde in Decken gewickelt hinauf=
gebracht. Der Kraftfahrer Hitlers, Kempka, schleppte eine Menge Brenn=
stoff für die Verbrennungsaktion herbei, die Goebbels, Bormann, Müller
und Rattenhuber leiteten. Rattenhuber ergänzte den Bericht durch die Mit=
teilung, daß Eva Braun schon in sich selbst aufgestanden sei — eine bekannte
Tatsache, daß Leichen bei ihrer Verbrennung sich immer wieder in sich
aufbäumen — Hitler hätte es ganz zusammengezogen. Ich hielt also alles
für erledigt und ging deshalb nicht mehr hinauf — ein Versäumnis, das ich
später in Rußland bereut habe. Es stellte sich nämlich bei den Vernehmun=
gen heraus, daß die Verbrennungen nur unvollkommen durchgeführt wor=
den waren und beträchtliche Reste übriggeblieben waren.

Der Ausmarsch hängt von General Rauch ab

Ich stellte mich marschbereit Reichsleiter Bormann zur Verfügung und bat
um Befehl. Bormann erklärte mir, daß es von General Rauch, der zur Zeit
die Verteidigung von Charlottenburg leitete, abhinge, ob wir heute oder
morgen abend abmarschierten. Rauch würde um 22 Uhr hier eintreffen.
Auch sollte eventuell wegen Übergabeverhandlungen beraten werden, nach=
dem in Erfahrung gebracht worden war, daß die Russen alles, was ihnen an
Frauen unter die Finger käme, ob alt oder jung, vergewaltigt hätten, so zum
Beispiel sämtliche Schwestern und selbst todkranke Frauen in den Kranken=
häusern in Weißensee. Als unsere Schwestern im Bunkerlazarett das hörten
— und wir hatten zum Teil sehr hübsche Schwestern hier — schrien sie alle
nach Gift. Außerdem waren eine große Anzahl von Frauen und Kindern im
Bunker, denen das gleiche Schicksal drohte, und Hunderte von Verwundeten,
von denen ein Teil möglicherweise erschossen werden würde.
Aus diesem Grunde wurde Minister Goebbels gebeten, die Reichskanzlei
den Russen offiziell zu übergeben. General Krebs, der russisch sprach, sollte
zu diesem Zweck heute abend zu Marschall Schukow geschickt werden, um
Übergabeverhandlungen einzuleiten, falls die Bedingungen menschenwür=
dig seien, eben um Auswüchse der Art zu verhindern, wie sie in Weißensee
vorgekommen waren.
Ich ging dann zu Linge, dem Kammerdiener Hitlers, um ihn um Aushändi=
gung des Friedrich=Bildes zu bitten. Er holte es aus dem Führerbunker, wir
nahmen es aus dem äußeren und inneren Rahmen, indem wir die Nägel
herauszogen, rollten das etwa 60 Zentimeter hohe und 40 Zentimeter breite

Bild zusammen und umwickelten es mit Leinen. So schnallte ich es in meinem Zimmer auf dem bereitliegenden Rucksack auf. Inzwischen war es 22 Uhr geworden und General Rauch eingetroffen. Ich kannte ihn nicht, doch Rattenhuber war früher bei der Landespolizei mit ihm zusammengewesen. Sie waren alte Kameraden und Freunde. Ich befragte mich bei Reichsleiter Bormann nach Rauchs Bericht. Er gab ihn mir folgendermaßen wieder: Der Russe sitzt im Grunewald und in Spandau, aber die Heerstraße ist noch frei. Die Havelbrücke wird von tausend Hitlerjungen unter Führung von Axmann erfolgreich verteidigt. Es beständen also keinerlei Bedenken, den Ausmarsch um 24 Stunden zu verschieben.

Grausige Stunden im Reichskanzleibunker

Wir setzten uns den Abend dann zusammen: Frau Goebbels, Rattenhuber und ich. Es wurde eine ziemlich düstere Unterhaltung. Da kam um 3 Uhr morgens ein Polizist, der seinem Chef, dem Gruppenführer Rattenhuber, meldete: Hitler und seine Frau sind bis auf kleine Überreste verbrannt. Sie sind in Granattrichtern (der ganze Hof der Reichskanzlei war ein einziges Trichterfeld) beigesetzt. Erst später, bei Vernehmungen in Moskau, sollte sich herausstellen, daß dies eine Falschmeldung war.

Botschafter Hewel, der Verbindungsmann zwischen Hitler und Ribbentrop, der die ganze Zeit abseits von uns saß, sah unentwegt auf ein postkartengroßes Bild seiner jungen Frau. Er hatte erst vor einigen Monaten geheiratet. Als ich ihn ansprach und er mir von dem letzten Beisammensein mit ihr erzählte, fielen Tränen auf das Bild. Ich sagte zu ihm: „Hewel, Sie marschieren doch mit uns aus?" Er: „Ich weiß noch nicht. Ich kann mich unmöglich in russische Gefangenschaft begeben!" Ich: „Das wollen wir alle nicht. Aber Sie können es doch mit uns versuchen, vielleicht schaffen wir es noch, wenn es auch schlecht aussieht." „Gut, Baur, ich marschiere mit. Ich versuche es. Kommt mir der Russe zu nahe, erschieße ich mich. Ich kann nicht zum Verräter an meinem Chef werden, obwohl ich nicht immer mit seiner Politik einverstanden war." Beim Ausmarsch am nächsten Tag hat Hewel, als die Lage für ihn hoffnungslos wurde und bevor die Russen ihn schnappten, das Bild seiner Frau in der einen Hand, die Pistole in der anderen, seinem Leben durch einen Schuß in die Schläfe ein Ende gesetzt.

Kurz darauf trat General Burgdorf, der Chefadjutant von Hitler, mit der Bitte um einen Freundschaftsdienst an mich heran: ich sollte ihn erschießen. Da ich aber ablehnte, zum Mörder an ihm zu werden, wofür seine Frau und seine vier Kinder mich für immer verfluchen würden, hat auch er durch Frei=

tod sein Leben beendet. Desgleichen General Krebs, der Chef des General=
stabes. Auch Hauptsturmführer Schädle, der infolge einer Beinverletzung
beim Ausmarsch schlecht weiterlaufen konnte, zog den Tod der Gefangen=
schaft vor. General Müller, der Leiter der Gestapo=Abteilung, antwortete
mir auf meine Frage, ob er mitmarschiere: „Baur, ich kenne die russischen
Methoden zu genau, als daß ich mich noch der Gefahr aussetze, ihnen in
die Hände zu fallen. Die Russen würden mich sowieso erschießen. Die Ver=
nehmungsqualen und Schlägereien vorher erspare ich mir, wenn ich selbst
Schluß mache!"
Eine Flut der Selbstvernichtung raffte so an einem Tage Menschen hinweg,
die ein Ende mit Schrecken einem Schrecken ohne Ende vorzogen. Ich habe
mich in der Gefangenschaft einmal auf diese Menschen berufen, als ich an=
gesichts der nicht endenwollenden Quälereien der Russen einem Kommissar
sagte, daß ich meine Kameraden beneide, die rechtzeitig mit sich Schluß ge=
macht hätten. Sie seien glücklicher dran als ich.

Jetzt sind wir doch vollkommen eingeschlossen!

Als der Morgen hereinbrach, wollte General Rauch zu seiner Division zu=
rück. In den Mittagsstunden kam er niedergeschlagen wieder an und berich=
tete, er sei nur bis zum Zoo=Bunker gekommen. Der Russe habe in der Nacht
am Tiergarten einen Riegel eingeschoben, über den man nicht mehr hinweg=
kommen könne. Wir seien also jetzt vollkommen eingeschlossen!
In der Gefangenschaft traf ich später einen Hauptmann Keitel, der damals
eine Panzerabteilung von Rauch führte, und der sich natürlich bei mir da=
nach erkundigte, was aus seinem Divisionskommandeur geworden sei. Ich
erzählte ihm dann von dem mißlungenen Versuch und der Rückkehr in den
Bunker. Da sagte er mir, daß es ihm gleich ergangen sei. Er habe mehrere
seiner Leute nach der Reichskanzlei geschickt, um den Divisionskommandeur
auf dem Rückweg zu begleiten, aber diese seien ebenfalls nur bis zum Zoo
gekommen und konnten den eingeschobenen Riegel nicht mehr passieren.
Es stellte sich dann heraus, daß die Gefechtslage an sich unverändert ge=
blieben war, wie Rauch es auch angenommen hatte. Es war also alles noch
frei, und wir hätten ohne weiteres durchgekonnt, selbst in der folgenden
Nacht noch — nur tagsüber war es natürlich nicht möglich. Nachdem die in
der Reichskanzlei einlaufenden Gefechtsmeldungen ziemlich unklar waren
und nur ein undeutliches Bild der Gefechtslage ergaben, wurde von General
Weidling beschlossen, daß auf Grund der Abriegelung im Westen der Aus=
marsch am kommenden Abend nach dem Norden erfolgen solle, und zwar

über die Weidendammbrücke hinweg. Die erste Stellung wäre an dieser Brücke zu durchlaufen, die zweite in Oranienburg. Nördlich davon stand eine SS=Division unter Gruppenführer Steiner, und wenn es uns gelin= gen würde, bis hierher durchzukommen, wären wir zunächst einmal frei gewesen. So wurde der Befehl gegeben: 21.30 Uhr Richtung Weidendammbrücke. Kurz vor dem Ausmarsch ging ich zu Dr. Goebbels, um mich von ihm zu verabschieden. Ich traf ihn in seinem Bunkerzimmer, auch seine Frau war anwesend. Die Kinder sah ich nicht — ich kann nicht sagen, ob sie noch am Leben oder ob sie schon tot waren. Bei meinem Eintritt kam Goebbels mir sogleich entgegen, seine Frau erhob sich ebenfalls und stellte sich neben ihren Mann. Ihr kamen die Tränen, als er zu mir sagte: „Baur, Berlin ist rundherum zu, es wird für Sie sehr schwer werden, herauszukommen. Ich wünsche Ihnen viel Glück. Sehen Sie zu, daß Sie es schaffen! Bormann hat wichtige Aufträge für Dönitz mitbekommen. Wenn Sie Dönitz erreichen sollten, dann sagen Sie ihm, wie wir in den letzten drei Wochen hier gelebt haben. Sagen Sie ihm aber auch, daß wir nicht nur verstanden haben zu leben und zu kämpfen, sondern auch zu sterben." Ich verabschiedete mich mit stillem Händedruck und ging.

Nun soll es gewagt werden!

Gegen 21.30 Uhr wurde der Ausmarsch aus der Reichskanzlei in kleinen Trupps angeordnet. Ich selbst blieb wie befohlen mit Reichsleiter Bormann zusammen. Wir waren ungefähr fünfzehn Mann, die wir aus dem Ausgang an der Voßstraße — da, wo früher die SA=Posten gestanden hatten — aus dem Bunker herauskamen. Wir rannten zu dem U=Bahn=Schacht vom Kaiserhof hinüber, er war vollkommen zerschossen, die Stiegen gänzlich zerstört. Wir rutschten auf dem Hintern in den Schacht hinein. Er war bis auf eine An= zahl Stellen, die von Bomben und Granaten durchschlagen waren, völlig dunkel. Wir konnten nichts erkennen und Taschenlampen hatten wir nicht. Wir liefen die Gänge entlang, über die Kreuzung Friedrichstraße hinweg, die wir in der Finsternis nicht ausmachen konnten, weiter bis zum Gendar= menmarkt, wo wir herauskamen. Da am Gendarmenmarkt ringsherum alles brannte, liefen wir zur Friedrichstraße zurück und von da Richtung Weiden= dammbrücke. Kurz davor war eine Panzersperre aufgebaut, hundert Meter weiter vorn brannten Fahrzeuge — hier war die Linie der Russen. Die Russen waren genau im Bilde, daß alles, was sich noch aus Berlin hinausretten wollte, über diese Brücke mußte. So konzentrierten sie im wesentlichen ihr Feuer auf diesen Punkt. Das war auch der Grund für die Unzahl von Toten und Verwundeten an dieser Stelle. Bormann hockte auf der Steintreppe eines Hauseinganges, genau an der Ecke Schiffbauer Damm und Friedrichstraße. Vor ihm lag ein toter junger Russe. Ich selbst versuchte immer wieder einen Weg zu erkunden. Von der Chausseestraße mußten wir in die Ziegelstraße vorgehen und von da zu einer Großbrauerei. Diese Brauerei war vorher für uns zum ersten Sammelpunkt ausersehen worden. Aber ich mußte jedesmal wieder zurück. Bormann machte mir Vorwürfe: „Bleiben Sie doch, Baur, Sie werden mir noch abgeschossen. Sie sehen doch, wieviel Verwundete hier zurückströmen. Ich brauche Sie noch, bleiben Sie doch hier!" Ich erwiderte ihm, daß es ein Unding sei sitzenzubleiben, wir müßten versuchen vorwärtszukommen, da die Nacht kurz genug sei und wir noch einen langen Weg zu laufen hätten.

Ich ging wieder vor, in ein gegenüberliegendes zerschossenes Haus hinein, es war ehemals ein Hotel, jetzt ein einziger Trümmerhaufen — über diesen hinweg konnte man beinahe das Eckhaus Chaussee= und Ziegelstraße er= reichen. Es war gegen 2 Uhr früh, als Bormann und ich da hinüberrannten. Da die Russen unaufhörlich die Chausseestraße entlangschossen, sprangen wir über die Trümmerfelder auf das erkundete Haus zu. Wir nahmen im Hausgang Zuflucht und mußten feststellen, daß dieser und der Keller voll von verwundeten Männern und Frauen waren, einem Teil von ihnen waren die Leiber durch Granattreffer aufgerissen. Der Jammer war furchtbar, aber wir konnten nicht helfen. Immer wieder ging ich auf die Straße, um nach= zusehen, ob der Weg für den Weitermarsch frei sei. In den Straßen tobten Kämpfe zwischen deutschen und russischen Panzern. Mehrere dieser russi= schen Ungeheuer wurden durch Panzerfäuste erledigt. Ich stand gerade vor einem deutschen Panzer, als dieser zu feuern anfing. Augenblicklich sank ich, vom Luftdruck getroffen, zusammen. Mein Gesicht war schwarz von Pulverkohlepunkten, die durch die Gesichtshaut eingedrungen waren und ihre Spuren eingegraben hatten — noch monatelang danach. Ich raffte mich auf und lief in den Hausgang zurück.

Auf einmal hörte ich im Hof hinten Schießerei. Ich ging die Treppe hoch, um durch ein Fenster in den Hof hinunterzusehen. Im Widerschein brennen= der Fahrzeuge erkannte ich unten Russen, mindestens zwanzig an der Zahl. So schnell ich konnte, machte ich Bormann davon Mitteilung, daß die Russen nur noch die Tür aufzumachen brauchten, um uns zu kassieren. Es war aller= höchste Zeit, zu verschwinden. In einer Stunde war es sowieso Tag, und dann war es zu spät.

Nach diesen schweren Stunden waren noch zusammen: Bormann, Naumann,

Dr. Stumpfegger und ich. Wir waren uns darüber im klaren, daß bei Tages=
licht gar nicht daran zu denken war, aus dieser Falle herauszukommen. Es
gab allerdings noch eine Möglichkeit, unter Tage den inneren Ring von
Berlin zu verlassen. Wir hatten schon etliches von dieser Möglichkeit gehört.
Jungen und Mädel, die das Berlin unter der Erde, das heißt die Mauerdurch=
gänge und sonstigen Durchschlüpfe kannten, hatten schon eine große An=
zahl von Soldaten unterirdisch unter den russischen Linien hindurchgeführt.
Infolge der durch Luftschutzmaßnahmen notwendig gewordenen Keller=
durchbrüche der Mietshäuser konnte man nämlich über Hunderte von Me=
tern hinweg ganze Straßenzüge unterlaufen. Es kam aber auch vor, daß an
einer Stelle der Durchgang verschüttet war, und in der Zwischenzeit durch
Artillerie= oder Bombenvolltreffer auch der Rückweg versperrt wurde. In
vielen Fällen jedoch war es gelungen, sogar größere Einheiten unter den
russischen Linien hindurch in die bedingte Freiheit zu führen, denn die volle
Freiheit war ja auch dann noch nicht gewonnen, wie wir später feststellen
mußten. An allen Ecken, Straßen und Brücken außerhalb Berlins warteten
bereits russische Verbände, die noch viele, viele Deutsche abfingen. Da wir
aber keine Jungen oder Mädel trafen, die uns hätten führen können, auch
keine Taschenlampen bei uns hatten, mußten wir auf diese Möglichkeit
verzichten. Wir konnten also nur in den wenigen Minuten, die uns ver=
blieben, unser Glück noch einmal probieren. Wir besprachen die Situation
und entschlossen uns zum letzten Versuch, weiter= und herauszukommen.

Endlose Wanderung durch Rußland –
wieder in der Heimat!

Es war nicht mehr zu schaffen!

Der Ausmarsch war also beschlossene Sache. Wir sprangen in das Berlin
des Mai 1945. Wer es sah, dem wird es für immer eine Erinnerung bleiben,
in der furchtbare Bilder aus der sterbenden Reichshauptstadt aufsteigen –
Bilder, in denen alles wieder lebendig wird, was es an Not, Elend und grau=
siger Verzerrung geben kann.

An der Spitze marschierte der Staatssekretär aus dem Propagandaministe=
rium, Dr. Naumann, ihm folgte Bormann, als dritter Dr. Stumpfegger, und
als vierter kam ich. Kaum hatten wir die Nase aus dem Haus, da ging die
Schießerei auch schon los. Wir rannten die Ziegelstraße hinunter. Unterein=
ander hielten wir von Mann zu Mann ungefähr dreißig Meter Abstand. Es
schoß aus allen Fenstern, aus allen Ecken und von überall her. Fahrzeuge
brannten, Verwundete schrien. Kurz vor der Universität warf ich mich hin.
Ich sah niemanden mehr. Die Schießerei flaute ab. Die Russen feierten den
1. Mai. Sie ersparten sich wohl die Nachsuche und schossen nur auf alles,
was sich zeigte. Aber auch von den Dreien, die mit mir aufgebrochen wa=
ren, sah ich niemanden mehr.

Von Bormann und Stumpfegger habe ich bis heute nichts mehr gehört. Ich
bin der festen Überzeugung, daß sie damals gefallen sind. Bormann trug
nur eine einfache braune Amtswalteruniform, und sicherlich ist er — zu=
sammen mit den vielen, die damals auf den Straßen von Berlin herum=
lagen — in irgendein Massengrab gekommen. Bestimmt wird man bei der
Sammlung von Toten in unmittelbarer Nähe der Reichskanzlei auf bekannte
Persönlichkeiten geachtet haben. Aber Bormann war — dem Gesicht nach —
eben doch nur den wenigsten bekannt. Von Naumann habe ich erst viel
später gehört, und es ist mir noch heute unbegreiflich, wie er dem Feuer=
zauber entkam.

Als ich zurücklief, wurde es schon Morgen. Mich riß das wilde Gerenne mit.
Wir rannten den Spreekanal entlang bis zur Brücke an der Wilhelmstraße.
Gezieltes Feuer zwang uns zurück. Dann entlang der S=Bahn=Linie — Feuer
der Russen vom Reichstagsgebäude her — erneuter Versuch, im Schutze des
S=Bahn=Dammes vom Lehrter Bahnhof her an der Charité vorbeizukom=
men. In der Charité saßen aber auch schon die Russen. Gezieltes und un=
gezieltes Feuer forderte Opfer. In unmittelbarer Nähe des Lehrter Bahn=
hofes hetzten wir durch einen Hof. Russische Maschinenpistolenschützen
hielten, wie sich später herausstellte, den Eingang unter Feuer. Wir rannten
genau in eine der Geschoßgarben. Ein furchtbarer Schlag gegen beide Beine
warf mich um.

Im ersten Schmerz muß ich laut aufgeschrien haben. Männer packten mich
und zerrten mich in ein brennendes Haus, dem schon die ganze Vorderfront
weggeschossen war. Das zerschlagene Bein wurde mit einigen Holzstücken
und Pappdeckel geschient. Das andere Bein, das nur glatt durchschossen
war, wurde verbunden. In der ersten Aufregung hatte ich gar nicht be=
merkt, daß ich auch noch einen Brust= und einen Handschuß abbekommen
hatte.

...tliche Ankunft in Herleshausen

Im Lager Friedland von Reportern umringt

Endlich wieder daheim bei meiner achtzigjährigen Mutter

Im Keller brannte es auch. Der Boden, auf dem ich lag, wurde heißer und heißer. Neben mir lag die Pistole, mit der ich Schluß machen wollte, wenn mir der Brand keinen Ausweg mehr lassen würde. Der Eingang des Hauses lag immer noch unter Feuer. Von den Wänden schlugen Querschläger zurück. Irgendwo in der Nähe schrien Verwundete. Vielleicht haben diese Schreie dann nach ungefähr vier Stunden auch einen Russen herbeigelockt, der zusammen mit drei gefangenen Deutschen Verwundete aufsammelte. Damals hörte ich zum ersten Mal das mir später vertrauter gewordene „Uri=Uri". Als er meine Pistole sah, schwenkte er seine weiße Fahne, als er aber sah, daß es sich bei mir ausgeschossen hatte, galt sein ganzes Interesse wieder den „Uri=Uri". Meine hat ihm ganz besonderen Spaß gemacht. Die Fliegeruhr — mit allen möglichen Schikanen ausgestattet — begeisterte ihn, und sie schien den anderen zehn oder zwölf, die er schon „gesammelt" hatte, um ein Erhebliches überlegen zu sein. Wenigstens konnte man dies aus seinem zufriedenen Gesicht und dem freudigen „Karosch, karosch" ohne weiteres entnehmen. Meine schöne Walther=Pistole schien auch seine Zustimmung zu finden. Jedenfalls gab er dann Anweisung, eine Bettstelle abzumontieren und mich auf ihr wegzutragen. So kam ich auf schaukelnder Liegestatt in die Invalidenstraße.

Mit „unterschreiben" fing es an!

Auf dem Sammelplatz waren schon fünfzig bis sechzig deutsche Soldaten. Ein Polizist, der russisch sprach, half den Russen bei der Personalaufnahme. Als ich bei der Befragung nach dem Dienstgrad Generalleutnant angab, stutzte er. Ich trug eine Tarnjacke, und niemand hatte sich bis jetzt näher für mich interessiert. Aber jetzt kam Bewegung in den Laden. Der Polizist rannte sofort zu den Russen. Nach kurzer Zeit kam schon ein sowjetischer Oberst mit einem kleinen weißen Zettel. Er forderte mich auf, meinen Namen auf dieses Stückchen Papier zu schreiben. Ich lehnte ab und erklärte ihm, daß ich nicht daran denke, irgendwelche Blankovollmacht zu geben. Der Oberst erklärte, er brauche Unterschriften von Generalen unter einem Aufruf, der die deutschen Soldaten zur Übergabe bewegen solle. Ich sagte ihm, daß ich Chefpilot Adolf Hitlers gewesen sei und mit militärischen Dingen nichts zu tun habe. Die Verteidigung Berlins sei Sache des Generals Weidling, an den er sich also wenden müsse. Als auch Drohungen nichts nutzten, ließ er mich in ein leerstehendes Zimmer schleppen. Auf einem Tisch ließ man mich dann liegen.

Zu der Schwächung durch den Blutverlust kam dann noch der Schüttelfrost. Nach ungefähr zwei Stunden holten mich etliche Russen zum ersten Verhör durch die MWD. Nachdem man erfahren hatte wer ich war, wollte man von mir natürlich wissen, wie Hitlers Ende gewesen sei, ob er überhaupt tot sei und wenn, ob er verbrannt wurde. Damals habe ich noch nicht geahnt, wie häufig dieses Thema mir noch Kummer bereiten sollte.

Auf meine dringende Bitte hatte man mir etwas Wasser gegeben. Auch die Tatsache, daß ich schwerverwundet war, sollte mir den Marsch durch Berlin nicht ersparen. Es war genereller Befehl, daß alle gefangenen deutschen Soldaten auf einem Marsch sehen sollten, wie viele weiße und rote Fahnen in Berlin wehten. Man warf mich auf einen Wagen — hinter uns fuhr ein leichter russischer Panzer — und die Fahrt begann. Es ging aus Berlin hinaus über Schönwalde, Bernau und zurück. Auf den zerfahrenen Straßen warf es mich auf dem Fahrzeug manchmal zwanzig Zentimeter hoch. Ich schrie aus Leibeskräften, weil die Schmerzen überstark wurden. Der neben mir hockende Mongole nickte nur mit dem Kopf. Mein Schreien schien ihn nicht zu stören. Er fuhr seine zwei Stunden durch Berlin, wie es ihm befohlen wurde, alles andere war ihm gleichgültig.

Wenn ich mir eingebildet hatte, daß nach dieser Tortur der Weg ins Lazarett frei sei, so hatte ich mich geirrt. Erneute Vernehmung durch einen Mann von der MWD. Danach wieder das Versprechen: „Lazarett wird sein!" Nachts Abtransport in einen größeren Gutshof bei Straußberg. Unter den dort zusammengebrachten zwölf Generalen war auch Weidling, der Verteidiger Berlins. Ich kam in ein Mädchenzimmer. Ärztliche Behandlung gab es nicht — dafür aber wieder Vernehmungen. Sechs Tage lang. Immer wieder dasselbe Thema: Hitlers Tod.

Am sechsten Tag habe ich dem vernehmenden Kommissar erklärt: „Ab heute bekommen Sie von mir keine Antwort mehr! Ich werde nichts mehr sagen, ich will zu einem Arzt! Im übrigen ist das, was Sie mich fragen ja doch immer wieder dasselbe. Hitler ist tot, und ich kann ihn nicht wieder lebendig machen. Außerdem wurde er verbrannt." Wieder sollte ich irgend etwas unterschreiben. „Kommt nicht in Frage!" Drohungen nutzten nichts. „Lassen Sie mich erschießen! Ich bin es leid. Ich will nur noch zu einem Arzt oder ein Ende machen!"

Als der Vernehmende sah, daß auch Drohungen nichts nutzten, da ließ er mich wirklich auf einen Wagen werfen und in ein Bauernhaus fahren, in dem operiert wurde. Von den vier vorhandenen Pritschen, die mit Wachstuch überzogen waren, hatten drei schon ihren Besitzer: Russen, die in Narkose lagen. Bei mir hatte die Narkose noch nicht voll gewirkt, als schon

jemand anfing zu schneiden. Ich ließ einen unfeinen Schrei los, der immer=
hin zur Folge hatte, daß ich auch mehr Äther erwischte und dann endgültig
weg war. Als ich wieder wach wurde, waren beide Beine eingegipst. Beim
rechten war allerdings der Gipsverband von oben bis unten durchblutet.
Vermutlich waren die Venen nicht abgebunden worden. Aber immerhin
war ich für die erste Zeit schmerzfrei.

Amputation mit dem Taschenmesser

Während die übrigen Generale nach weiteren zwei Tagen, in Flugzeuge
verfrachtet, nach Moskau gebracht wurden, kamen wir — die Kranken und
Verwundeten — nach Posen. Im großen Lazarettlager waren hier rund 35 000
Menschen untergebracht, davon allein 4000 Verwundete. Medikamente und
Instrumente waren so gut wie gar nicht vorhanden. Professor Schneider
sagte mir, daß es notwendig sei, den Gipsverband noch einmal aufzuschnei=
den, da eine Röntgenaufnahme nicht möglich sei, weil die Russen in ihrer
Begeisterung sämtliche Apparate zerschlagen hätten. Was er dann später,
als ich aus der Narkose aufwachte, erzählte, das war nicht erbaulich: „Man
hat Ihnen einfach die Wade aufgetrennt, und zwar vom Knöchel bis zum
Kniegelenk. Es war nur ein Steckschuß, aber das Geschoß haben die Russen
trotz ihres gewaltigen Schnittes nicht herausgenommen, es steckte noch im
Knochen. Sie werden jetzt ein ‚Wackelbein‘ haben, da Ihnen einige Stücke
vom Knochen fehlen, aber da können Sie sich später ein neues Stück ein=
setzen lassen.“ Niemand konnte sich den unmöglichen Schnitt der Russen
erklären.

Das Bein begann zu eitern, und mein Gesundheitszustand verschlechterte
sich zusehends. Ich wog von 86 nur noch 50 Kilogramm. Und endlich habe
ich dann schweren Herzens die Zustimmung gegeben, daß mir das Bein ab=
genommen wurde. Ein Skalpell war nicht vorhanden. Jetzt, nach meiner
Rückkehr, schrieb mir ein evangelischer Pfarrer, daß er das Taschenmesser
noch im Besitz habe, mit dem damals die Operation durchgeführt wurde.

Auf den langen Behelfspritschen lagen etwa vierzig Verwundete, denen je
dreißig bis vierzig Zentimeter zur Verfügung standen. Umdrehen war nur
auf Kommando möglich. Mich brachte man in ein Sanitätszelt. Das Ofen=
rohr führte durch die Zeltdecke. Hin und wieder brannte es. Bei einem
Sturm brach die ganze Bescherung zusammen, die Zeltleinen wurden aus
der Verankerung gerissen, das Ofenrohr fiel mir ins Bett. Ich kam dann in
einen festen Bau. Das wäre ein großer Vorteil gewesen, wenn dort nicht die

Wanzen das Regiment geführt hätten. Neben dem „Kascha", dem Brei, den ich ja nun auch schon kennengelernt hatte, gab es die Wanzen, die mich eben= falls getreulich durch die Jahre der Gefangenschaft begleiteten. In Posen waren sie in unverschämten Mengen da. In einer Nacht habe ich 640 Wan= zen getötet. Sinn hatte es zwar keinen — aber es war eine Beschäftigung, die die lange Nacht doch etwas verkürzte.

Und noch etwas ist aus Posen erwähnenswert. Die ersten Dystrophiker ka= men in die Lazarette. Halbverhungerte, die durch etwas reichlichere Ver= pflegung wieder auf die Beine kommen sollten. Sie sind in Posen wie die Fliegen gestorben. Auch das etwas bessere Essen im Lazarett, im Gegensatz zur Lagerverpflegung, reichte nicht aus, der Dystrophie, jener schrecklichen Krankheit im Gefolge des Hungers, Einhalt zu gebieten und die Sterblich= keit im Lager entscheidend zu beeinflussen.

Zu mir kam ein ehemaliger Telefonist aus der Reichskanzlei, Oberschar= führer Misch. Ich konnte es durchsetzen, daß er als Ordonnanz bei mir blieb. Die Leiterin des Lazaretts, eine Kapitänsärztin, erklärte mir eines Tages, daß ich nun soweit sei, daß ich nach Moskau in ein Generalsanatorium kommen könne. Dort gäbe es viel zu essen und (für die meisten Russen wichtig!) täglich 100 Gramm Schnaps. Ich bat sie, mir Misch als Begleiter zu lassen. Nach langem Hin und Her gelang das dann auch. Aus Posen hatte ich durch Heimkehrer zwölf Briefe an meine Frau mitgehen lassen. Zwei erreichten sie, sie wußte also Bescheid.

Ein nettes kleines Geschichtchen ist mir aus der Posener Zeit noch in Er= innerung. Sicherlich ist es nicht typisch für alles Russische, aber es ist be= zeichnend für das tiefe Loch, in das wir damals fielen. In einer Baracke lagen fünfzig Mann, von denen die meisten bei einer Filzung ihre Zahnbürste verloren hatten, der Posten hatte sie kassiert. Die anläßlich einer „Kamissia" (Kommission) zur Rede gestellte Ärztin: „Wieviel Mann haben denn hier noch eine Zahnbürste?" „Rund zehn." „Sehen Sie, es ist ja nicht schön, daß man Ihnen die übrigen weggenommen hat, aber Sie können mit zehn Bür= sten für fünfzig Mann doch sehr gut auskommen." Kommentar und Gegen= rede gleichermaßen überflüssig.

Es geht ins „Generalsanatorium"

Am 24. November 1945 lagen wir in den Viehwaggons, die uns nach Osten bringen sollten. Wir waren 450 Männer. Aber es rollten achtzig Waggons. Mit uns fuhren Möbel, Fabrikeinrichtungen, Klaviere, Pferde, Vieh, alte

Öfen, Ofenrohre, Badewannen und alte Wasserleitungen. Baracken, die in Posen abgerissen wurden, wanderten auf der Fahrt als Brennholz in die Öfen. Die Fahrt ging nach Moshaisk, 110 Kilometer westlich von Moskau, an der Bahnlinie Moskau—Wjasma.

Hier in Moshaisk wurde ich außerhalb des Lagers untergebracht, da meine Fahrt nach Moskau ins „Generalssanatorium" bald weitergehen sollte. Misch hatte man mir nach langem Bitten gelassen, und so ging die Reise mit eini= gen Offizieren nach Moskau. In einem Wartesaal haben wir lange gesessen, bis uns ein kleiner Opel=Olympia weiterbrachte. Das „Generalssanatorium" hatte ein riesiges eisernes Tor, an dem gewichtige, mächtige Vorhänge= schlösser baumelten. Es bedurfte keiner großen Kombinationsgabe, um zu wissen, daß wir uns vor einem Gefängnis befanden. Wir durften — wie üblich — eine schöne Zeit warten, ehe man das riesige Tor aufsperrte. Dann saßen wir — Misch und ich — bald schlafend auf unserem Gepäck in der Wartezelle, die gerade zwei Personen aufnehmen konnte. Es muß gegen 4 Uhr morgens gewesen sein, als man uns wachrüttelte: Personalaufnahme. Ein Offizier machte mich mit einem Befehl bekannt, nach dem Rangabzei= chen und Orden nicht mehr getragen werden dürfen. Als er dann abge= trennt hatte, was abzutrennen war, bekam ich die übliche Zusicherung, daß ich alles wiederbekommen würde. (Wir hatten es bald gelernt, daß man den Satz: ‚Wirste bekommen alles' in Gedanken durch das Wort ‚abgenom= men' ergänzen mußte.) Ja — und dann saßen wir in einer richtigen Gefäng= niszelle. Aller Zorn nutzte nichts. Wir saßen drin. Wir waren, wie wir von einem Leidensgenossen erfuhren, nicht allein. Außer uns saßen schon eine ganze Anzahl, darunter die Generale Weidling und Rattenhuber, in der Budirka. Sie hatten es etwas schneller geschafft.

Die Verpflegung war, nach dem, was wir gewöhnt waren, nicht schlecht. Selbstverständlich gehörte zu ihr jene sagenhafte Gefängnissuppe, die sich Fischsuppe nennt, die wohl nach Fisch schmeckt und die auch in ihrer Klar= heit den Blick bis auf den tiefsten Grund dringen läßt. Aber der Blick er= späht außer Fischköpfen und Gräten niemals das Fleisch vom Fisch. Viele, viele haben schon darüber gegrübelt, wo das Fleisch geblieben ist. Und dabei ist das so einfach. Es war eben nicht drin, es war weg. Bleibt noch zu sagen, daß es diese Suppe an den 365 Tagen des Jahres 365mal gab. Hät= ten die verantwortlichen Köche es da nicht zu einer wahren Meisterschaft bringen sollen?

Außer Erwärmungen in einem Lichtkasten wurde für meinen Beinstumpf nichts getan. Es gab dafür um so mehr Versicherungen, daß man in kürze= ster Zeit das Bein schon wieder beweglich haben werde. Auch hier war das

„budit" (wird sein) die beste, einfachste Methode. Und warum schließlich sollte es ausgerechnet in der Budirka, dem riesigen Moskauer Gefängnis, anders sein als überall im weiten russischen Land?!

Verhöre, Verhöre . . . . .

Die Vernehmungen blieben selbstverständlich auch nicht aus. Und schon bei der ersten lernte ich den Mann kennen, der mich in den nächsten Jahren dann sehr häufig bearbeitet hat. Beim ersten Mal verlief alles recht ordent= lich. Auch dieser Dr. Saweljew war, großen Vorbildern getreu, auf Nachtarbeit eingestellt. In der ersten Nacht ließ er mich erzählen: die letzten Tage, die letzten Stunden in der Reichskanzlei. Er schrieb emsig mit. Sonst war es, wie gesagt, recht friedlich und ordentlich.

Misch und ich hatten nicht angegeben, daß wir uns aus der Reichskanzlei kannten. Misch hatte natürlich bei jeder Vernehmung Furcht, daß man auf diese Dinge zu sprechen käme. Und so geschah es dann auch. Wir waren zusammen bei Dr. Saweljew. Kurz nach Mitternacht nahm er ein Buch, warf es Misch an den Kopf und fragte: „Na, Misch, wie war es denn in der Reichs= kanzlei? Wen haben Sie dort verbunden? Haben Sie auch Hitler verbun= den? Haben Sie Keitel verbunden? Und was haben sie alle gesagt?" Misch fiel aus allen Wolken, er konnte seine Überraschung nicht verbergen. Wir wurden sofort getrennt. Misch kam in eine andere Zelle, in der er dann zwei Jahre geblieben ist. Wie er mir später erzählte, ist es ihm sehr schlecht ge= gangen. Die Russen haben ihn fünfmal bewußtlos geschlagen, ihm die Fuß= sohlen gepeitscht, anschließend einen Kübel Wasser über den Kopf, einen Tritt in den Hintern und wieder in die Zelle. Sie wollten nicht glauben, daß Misch wohl Verbindungen herstellte, aber auf Grund einer besonderen Vorrichtung nicht in der Lage war, die Gespräche mitzuhören.

Ich wurde auch weiterhin fast täglich vernommen und nach zwei Monaten aus der Budirka in die Lubljanka, das Gefängnis des MWD, gebracht. Hier erfuhr ich sofort, daß auch Großadmiral Raeder mit seiner Frau und Feld= marschall Schörner dort seien. In der Lubljanka wurde geschrieben. Ich schrieb bis zu sechs Stunden am Tag, so daß ich in kurzer Zeit rund 130 Seiten über die Ereignisse in der Reichskanzlei berichtet hatte, die ich wußte. Aber ich hatte eben nur das geschrieben, was ich wußte — und das war zu wenig. Als ich dem Kommissar die letzten dreißig Seiten vorgelesen hatte, zerriß er sie vor meinen Augen, warf sie mir vor die Füße und fragte mich, ob ich wahnsinnig sei, ob ich glaube, daß er sich mit einem solchen

Unsinn zufrieden gebe? Mein Geschreibsel könne er in jedem HJ=Buch lesen, dazu brauche er mich nicht. Er würde mich schon zwingen. Alle Er= klärungen waren umsonst. Die Erpressungsmaschine begann zu arbeiten. Zunächst wurde das Essen knapper. Die Folge waren Schwindelzustände, und man mußte mich mit zwei Mann zum Vernehmenden schleppen. Der Arzt gab mir eine bittere Medizin, die absolut nichts nutzte, aber kein Gramm mehr zu essen. Doch für weitere Überraschungen war gesorgt. In einer Nacht wurde ich dem General Kabulow vorgeführt. (Kabulow wurde im Zusammenhang mit der Berija=Affäre erschossen.) Er sagte mir: „Sehen Sie, Baur, nun waren Sie überall dabei, und uns wollen Sie nichts erzählen!" Ich verwies auf die 130 Seiten, in denen alles gestanden habe. Etwas anderes wisse ich nicht. Kabulow meinte, ich würde irgendwann schon „auspacken". Die beiden anwesenden Offiziere wies er an, mir noch einmal ins Gewissen zu reden, und wenn das auch noch nichts nutze, dann sollten sie mich schlagen. „Sie haben den Auftrag, den General Baur zu schlagen und zwar kräftig. Es tut uns ja leid, wenn wir einen General schlagen müssen, es sieht nicht gut aus, aber Baur zwingt uns durch sein Verhalten dazu." Meinen Hinweis, daß ich bereits verprügelt worden sei, tat er ab mit den Worten: „Das war noch gar nichts!"

Nach dieser Nachtszene kam ich zurück in die Budirka. Dort begann der Zauber, als sei noch nichts geschehen, in der alten Unbekümmertheit. Eine neue Vernehmungswelle im alten Stil, die mich, den General Rattenhuber, Kammerdiener Linge, Admiral Voss, die Kriminalbeamten Hofbeck und Hentschel, den Sturmbannführer Günsche und Misch traf. Wir trafen uns im Untersuchungsraum. Uns wurde alles abgenommen, was wir noch be= saßen. Sogar die Verbände — ich litt an einer Furunkulose — wurden her= untergerissen. Dann warf man uns einige Fetzen hin, Überreste russischer Bekleidungsstücke. Mir gab man ein Höschen, das anscheinend für einen 15jährigen Jungen bestimmt war und einen Strohschuh für mein gesundes Bein. In unserer Aufmachung waren wir dem allgemeinen Gespött der Wach= mannschaften ausgesetzt.

So zogen wir in die neue Vernehmungswelle: 21 Nächte von 24 Uhr bis um 5 Uhr. Wenn wir dann in unsere Zellen zurückkamen, durften wir nicht mehr schlafen. Man versuchte uns gegeneinander auszuspielen. Verlangten wir dann Gegenüberstellung, sprang der Vernehmende auf ein anderes Ge= biet über. Geschäftig rannte er von Vernehmungszelle zu Vernehmungs= zelle. Er schluckte eine Unmenge weißer Pillen, wahrscheinlich irgendein Aufmunterungsmittel. Mir sagte er immer wieder, ich hätte Hitler weg=

geflogen, und das sei auch die Version der Amerikaner. Nachdem ich zu= rückgeflogen sei, habe ich mich absichtlich in Gefangenschaft begeben, um ein Alibi zu haben. Meinen Adjutanten Betz hätte ich erschossen, um einen unangenehmen Mitwisser zu beseitigen. Ich hatte manchmal den Ein= druck, als sei nicht nur der Vernehmende der Auffassung, Hitler lebe noch. Man bot mir Geld, eine Stellung in Chile, ich könne sogar in Ruß= land leben, wenn ich mich in Deutschland nicht sicher fühle, nur solle ich sagen, wo Hitler sich jetzt aufhalte. Es war eine irrsinnige Zeit. Immer die gleichen Fragen, immer die gleichen Drohungen, immer die gleichen Versprechungen. Kein Schlaf, immer weniger zu essen. Und immer wieder die gleiche Ausweglosigkeit gegenüber den kalten und hämischen Gesich= tern der Vernehmenden.

Der pillenschluckende Kommissar hatte für mich noch eine besondere Sen= sation. In Berlin sei der Doppelgänger Hitlers verbrannt worden, und ich sollte ihm nun sagen, ob das stimme und wer der Doppelgänger gewesen sei. Nun war mir bekannt, daß der Plan, einen Doppelgänger zu beschäfti= gen, einmal erwogen wurde. General Rattenhuber, der damalige Chef des Reichssicherheitsdienstes, hatte mich 1934 einmal gebeten, Hitler während einer Unterhaltung doch darauf aufmerksam zu machen, daß die Gauleitung in Breslau einen Mann ausfindig gemacht habe, der Hitler sehr ähnlich sehe und der ohne weiteres als Double auftreten könne. Bei Tisch brachte ich Hitler dieses Ansinnen zur Kenntnis. Der lachte aber und sagte, er sei nicht Stalin, und er brauche keinen Doppelgänger. Ich sagte nun dem Vernehmen= den, er solle doch Rattenhuber fragen, soweit ich mich entsänne, habe er sich damals die Adresse dieses Mannes notiert, möglicherweise wisse er sie heute noch, und man könne den Mann suchen. Tatsächlich erklärte er mir vier Wochen später: „Baur, wir haben den Mann, er ist da!" Ich habe dann nichts mehr über diesen Doppelgänger gehört, für mich war wenigstens diese Walze ein für alle Mal erledigt.

Aber den Kombinationen der Russen blieben noch viele Wege offen. Zu= nächst mußten wir wieder einmal schreiben und zeichnen. Skizzen und Zeich= nungen über die Reichskanzlei — tatsächliche und mögliche Ausgänge — wir wurden dadurch vollkommen kostenlos fast zu perfekten Tiefbau= Ingenieuren ausgebildet.

Jedes Mittel ist recht

„Baur — Sie werden demnächst Augen machen!" so empfing mich in einer der Nächte der MWD=Offizier. „Bald werden wir Ihre Frau und Ihre Toch=

ter hier haben! Und wenn Sie dann noch nicht das Maul aufmachen, dann werden wir Ihrer Frau in Ihrer Gegenwart die Hose herunterziehen. Wenn Ihnen das noch nicht genügen sollte, dann werden wir sie verprügeln. Sollten Sie auch dann noch das Maul halten, dann werden wir Ihre Frau als Hure losschicken!" In dieser Nacht ist mir wirklich das Herz in die Hose gerutscht. Meine Erfahrungen bis dahin ließen das Angedeutete durchaus als möglich erscheinen. Und tatsächlich habe ich bei meiner Rückkehr von meiner Schwiegermutter und von meinen Angehörigen (meine Frau starb vor zwei Jahren) erfahren, was sich damals abgespielt hat: Es kam ein Mann, der wissen wollte, daß ich in Königstein in der Tschechoslowakei säße. Er habe die Möglichkeit, mich frei zu bekommen, allerdings müsse er dazu 2000 Mark haben. Die Sache sei dringend, da ich in der nächsten Zeit nach Sibirien verschleppt werden solle, und ob meine Angehörigen mich dann noch einmal wiedersähen, sei sehr fraglich. Meine Frau und meine Schwiegermutter ließen sich von dem Mann mit den angeblich guten Beziehungen in Königstein überreden. Meine Frau sollte mitreisen. Die Schwiegermutter erbat sich eine Adresse, an die sie schreiben könne, wenn die Tochter nicht zurückkomme. Die angegebene Anschrift in Dresden war fingiert, Briefe an diese Adresse kamen als unbestellbar zurück. Meine Frau fuhr mit bis nach Marktredwitz, dann liefen sie stundenlang durch riesige Waldungen bis zur tschechischen Grenze. Kurz vor der Grenze brach sie zusammen. Der Fremde sollte auf ihr Bitten aus einem Bauernhof etwas Milch holen. Er schärfte meiner Frau ein, beim Erscheinen von Grenzwächtern unter keinen Umständen zu sagen, daß sie über die Grenze wollten. Zwei Grenzwächter fanden dann meine Frau. Sie warteten zwei Stunden, aber der Fremdling kam nicht wieder. Vermutlich sah er die Grenzer! Durch einen Zufall kam die von Moskau gesteuerte Entführung nicht zustande.

Noch einmal nach Berlin

Wir bekamen unser Gepäck, saßen dann in einem Gefängniswagen und fuhren — wie wir am Stand der Sonne feststellten — nach Westen. Neun Tage fuhren wir, bekamen jeden Tag etwas schmutzigbraunes Wasser aus der Lokomotive, einen halben, gut gesalzenen Hering und 450 Gramm Brot Dann waren wir, halbverhungert, in Berlin. Wenn wir dachten, schlechte Gefängnisse zu kennen, so wurden wir in Berlin=Lichtenberg eines besseren belehrt. Ein irrsinniger Laden, in dem Matrosen das Szepter führten. Es gab Prügel! Ich machte schon am ersten Tag Bekanntschaft mit einem dieser Burschen. Ich hörte, wie jemand in jede Zelle hineinschrie, so auch in meine:

„Wieviel?" Ich antwortete nicht sofort. Schon flog die Türe auf. Der Posten bearbeitete meine Nierengegend ausgiebig mit einem Schlüssel. Als ich auf der Erde lag, rief ihn der diensttuende Offizier zurück. Der Posten sagte mir dann noch, daß er mich halbtot schlagen würde, falls ich noch einmal auf dem Bett sitzen würde, wenn er käme. Er habe zu diesem Zweck einen ausgezeichneten Knüppel. Leider habe ich in den folgenden Tagen zu oft hören müssen, daß er in anderen Zellen seine Drohung wahrmachte. Im Lichtenberger Gefängnis war ein dauerndes Schreien und Jammern.

Aber wir waren ja nicht nur nach Berlin gekommen, um von Posten mit Fußtritten in Zellen befördert zu werden, in denen es zum Teil nur einen einzigen Gegenstand gab, den Kübel, der für alles da war: zum Waschen, zum Essenfassen und für die Notdurft. Wir sollten in Berlin auch nicht nur verprügelt werden. Nach immerhin vier Wochen entsannen sich auch andere Leute unserer Person. Irgendein Kommissar, den ich aus Moskau kannte, vernahm mich. Die Leichen von Hitler und Eva Braun seien konserviert worden, und ich solle sehen, ob ich sie identifizieren könne. Zwischendurch wurde Linge in die Reichskanzlei gebracht, wo er über die Räume und ihre Verwendung Auskunft geben mußte. Wahrscheinlich wurden diese Angaben für einen späteren Film ausgewertet.

Ein ehemaliger Widerstandskämpfer, der in Lichtenberg als Kalfaktor tätig war, hatte mir gesagt, er sei dabei gewesen, als alle Leichen, die im Hofe der Reichskanzlei vergraben waren, ausgescharrt wurden. Darunter auch zwei Halbverkohlte. Diese hätten die Russen sicherlich konserviert, wie es auch mit den Leichen der Familie Goebbels geschehen sei. Die Leichen be= kam ich jedoch nie zu sehen. Wohl aber einen Oberst. Nach Aufklärung einer angeblichen Unstimmigkeit in der Aussage des Kriminalbeamten Hof= beck, nach der ich bei der Verbrennung der Leiche Hitlers zugegen gewesen sein sollte, wurde ich gefragt, ob der Mann, der sich von mir verabschiedet habe, tatsächlich Hitler gewesen sei und nicht sein Doppelgänger. Ich war Hunderte und Aberhunderte von Malen mit Hitler zusammen an einem Tisch. Ich kannte seinen Dialekt, eine Mischung aus österreichisch und baye= risch, so genau, daß es unmöglich war, mir einen Fremdling als Hitler vor= zustellen. Ich sagte das dem Oberst, unterschrieb ein Protokoll und war entlassen. Entlassen zur neuerlichen Fahrt nach Moskau.

Beim Aufenthalt in Brest=Litowsk mußte ich unter dem Gejohle der Posten des dortigen Gefängnisses eine Treppe hochkriechen, da ich mit meinen Krücken nicht aufrecht Stufen steigen konnte. In meiner Zelle war der Not= durftkübel undicht, so daß nach einiger Zeit die Zelle feucht wurde und furchtbar stank. Der Posten forderte mich auf, den Schmutz mit dem Fetzen von Handtuch, den ich noch besaß, aufzuwischen. Ich weigerte mich. Eine furchtbare Wanzenplage gab mir den Rest. Nach vier Tagen endlich kam ich in eine andere Zelle. Aber nur für eine Stunde. Als ich zurückkam, war meine alte Behausung aufgewischt worden. Mit dem Putzlappen war auf dem Boden der Name Misch geschrieben worden. Er war also ebenfalls hier. Es klingt unglaublich: aber wir waren froh, als wir wieder in Moskau in der Budirka waren. Unser Ausflug nach Berlin hatte unsere letzte Kraft verzehrt. Wenige Tage später erfuhr ich, daß wir bald in ein Lager kommen würden. Die Aussicht, in ein Lager zu kommen ist für jeden, der im Gefängnis sitzt, wie eine Verheißung der „kleinen Freiheit". Man bleibt zwar eingesperrt, aber man ist unter Menschen, es gibt Abwechslung. Man erlebt wieder einen ganz kleinen Abglanz des Lebens. Aber hiermit wurde es nichts. Erst nach fast einem weiteren Jahr entsann sich der General Kabulow meiner. Seine erste Frage schien mir unmöglich — aber sie war russisch: „Wollen Sie nun endlich aussagen?" Meine Antwort — genau dieselbe wie schon so oft vorher — erschien ihm unmöglich. Er sagte mir: „Sie werden hier zwei Jahre, drei Jahre, fünf Jahre, ja sogar zehn Jahre werden Sie hier sitzen, bis es Ihnen einfällt, das zu sagen, was Sie wissen! Was wir gerne wissen wollen!" Zynisch lächelnd entließ er mich in meine Zelle.

Qualvoller Hungerstreik

Und dann war ich es satt. Dreieinhalb Jahre saß ich nun im Gefängnis. Von meinen Angehörigen hatte ich keinerlei Nachricht, und auch ich hatte noch nicht schreiben können. Ich beschloß, ein Ende zu machen — so oder so. Sicherlich hatte ich mir dieses „so oder so" leichter vorgestellt, als es war, aber ich habe es begonnen und, wenn auch manchmal verzweifelnd, bis zum ersten Erfolg durchgehalten. Mein Ultimatum lautete: Wenn ich in drei Monaten hier nicht herauskomme, dann trete ich in den Hungerstreik, gleich=gültig, was dann kommen wird. Ich will und kann nicht mehr! Es rührte sich nichts. Es blieb still für mich im riesigen, geheimnisumwitter=ten Gebäude der Budirka. Im Augenblick schien niemand etwas von mir zu wollen. Nach drei Monaten begann ich entschlossen den Hungerstreik. Auch der Hinweis der Ärztin am dritten Tage, daß der Hungerstreik in Rußland verboten sei, Hungerstreik sei eine Maßnahme gegen die Regierung und würde strengstens bestraft, schreckte mich nicht zurück. Warum ich über=haupt so etwas Dummes mache; sie könne mir nur raten aufzugeben. Und zu allem: zum Verhungern käme ich sowieso nicht, dafür würde sie schon sorgen. Ich blieb hart — ich wollte heraus. Endlich einmal wieder grüne Blätter sehen und Nachricht haben von meinen Angehörigen. Das böse Spiel nahm dann seinen Anfang in einer Karzerzelle in der Frauenabteilung der Budirka.

Das Aufgebot war nicht gering. Etliche Offiziere, einige Männer und eine Schwester, bewaffnet mit einem Glastrichter, einem Schlauch und einem Gefäß mit einer schaumigen Flüssigkeit. Nochmalige Frage: „Wollen Sie essen?" „Nein!" und damit packten mich vier Männer an den Beinen, am Kopf und an den Schultern. Die Schwester bohrte mir wild mit dem Schlauch in der Nase herum. Aber das zehn Millimeter dicke Monstrum war nicht einzuführen. Die Schwester versuchte es immer wieder. Das Blut floß — ich wurde ohnmächtig. Als ich wach wurde, war der Schlauch drin. Er war mir durch den Mund in die Speiseröhre gedrückt worden. Ich brach ihn so= fort wieder heraus. In der Zwischenzeit war ein dünnerer Schlauch beschafft worden. Das Theater begann von neuem. Den Posten schien die Sache Spaß zu machen, jedenfalls jauchzten und feixten sie vor Begeisterung, wenn ich vor Schmerzen laut aufschrie. Endlich konnte mir die Flüssigkeit eingetrich= tert werden. Die ganze Gesellschaft verzog sich mit der tröstlichen Mittei= lung, daß sie morgen wiederkommen werde. Und ich saß allein auf dem Boden meiner Zelle.

Am nächsten Tage kam die Schwester allein. Sie dachte, ich sei mürbe ge= worden. Mein Kopf schmerzte mich zwar heftig, aber ich blieb bei meinem „Nein!" Die Gehilfen kamen, und es ging von neuem los. Diesmal habe ich so geschrien, daß die Frauen in den Nachbarzellen rebellisch wurden. Dann verließen mich meine Peiniger nach vollzogener Prozedur mit dem Hinweis, daß sie am nächsten Tag zweimal kommen würden. Am folgenden Tag lehnte die Schwester meine Bitte, wenigstens einen dünneren Schlauch zu holen, ab. Auch der Ärztin, einer älteren Russin, die sich sonst recht um= gänglich zeigte, trug ich meine Bitte vor. Aber auch sie hatte nur allgemeine Redensarten für mich. Ich solle essen, alles andere sei nicht ihre Sache. Einen dünneren Schlauch könne sie nicht bewilligen. Genau so müsse sie es ab= lehnen anzuordnen, daß mir der Schlauch durch den Mund eingeführt würde, weil beide Nasenlöcher zerrissen und die Schleimhäute verletzt waren. Aber ich gab immer noch nicht auf.

Am vierten Tag stand die Ärztin in der Tür und sah zu. Künstliche Ernäh= rung und mein Geschrei begannen wieder. Auf meine Bitte war der Wach= habende erschienen, und an dessen Hände klammerte ich mich fest. Der Ärztin rollten die Tränen, aber sie durfte nicht Einhalt gebieten, denn sie hatte ja auch ihre Befehle.

300

Im Kragen meines Mantels, den ich bei mir hatte, steckte ein kleines Mes=
serchen — ein Blechstreifen von einem Hindenburglicht, den ich an den
Steinen der Zellenwand haarscharf geschliffen hatte. Mit zitternden Hän=
den suchte ich das kleine Ding, das mich von meinen Qualen befreien sollte.
Den Spion, das Guckloch in der Tür, ließ ich beim Suchen nicht aus den
Augen. Endlich spürte ich das Messerchen. Nun mußte es nur noch durch=
geschoben werden bis zur Öffnung in der Naht — da wurde die Tür auf=
gerissen. Ein Posten, der hin und wieder Mitleid mit mir gezeigt hatte, er=
schien, sah sich um und verschwand wieder. Ich rollte hastig den Mantel
zusammen und setzte mich auf ihn. Da erschien auch schon der MWD=
Offizier. Ich mußte den Mantel herausgeben. Beim ersten Suchen fand er
nichts. Doch schon nach wenigen Minuten war der Kragen abgetrennt und
das Messerchen gefunden worden. Er deutete fragend auf meine Pulsadern.
Ich bejahte — und dann war der Teufel los. Alles wurde untersucht und
abgetastet. Sogar der Kübel verschwand, das Brett, auf dem ich den ganzen
Tag saß, kam heraus. Ich mußte mich ausziehen — alles, was ich am Leibe
hatte, kam weg. Neue „alte Fetzen" kamen her — kurz, alles wurde ausge=
wechselt oder weggeschafft. Mit dem Ende „so oder so" war es nun nichts
mehr. Ich sah nicht einmal mehr eine Möglichkeit, mich umzubringen. Das
„Nichtessen" mit der Schlauchprozedur war schlimmer als alles noch so
ausgedehnte Verhungern. Eine Stunde saß ich hilflos, allein mit mir und
meiner trüben Erfahrung auf dem Boden. Und so entschloß ich mich denn,
wieder zu essen.
Die Ärztin kam, strahlte über das ganze Gesicht — der Wachhabende kam,
freute sich königlich — es war, als hätte es für sie alle kein schöneres Ge=
schenk geben können, als daß ich wieder essen wollte. Ich sollte ins Lazarett,
aber ich wollte in meine Zelle zurück, um einem Ungarn über meine Er=
fahrung zu berichten, denn er hatte auch die Absicht, in den Hungerstreik
zu treten. In der Zelle bekam ich ein vom Arzt verordnetes Essen. Wich=
tiger als alles Essen waren mir aber Tinte, Federhalter und Papier. Ich
schrieb nur: „Ich bitte um Vernehmung." Ich wurde nicht vernommen, aber
nach drei Tagen kam ich in ein Lager. In ein Lager, in dem wieder Lands=
leute waren, mit denen man sich unterhalten konnte, und wo man nicht
mehr allein mit seinen Gedanken in einer Zelle saß.

Im Moskauer Kohlenbecken

Hart südlich von Moskau liegt ein Kohlenbecken. In seinem Mittelpunkt, 170 Kilometer von Moskau entfernt, die Stadt Stalinogorsk. Um diese Stadt herum liegen viele Lager — Lager mit eingesperrten Russen. Und von 1945 bis 1950 gab es hier auch sechzehn Lager, von denen aus täglich Tausende deutscher Kriegsgefangener in die Schächte einfuhren. Die Kohle liegt nicht besonders tief — 100 bis 150 Meter, aber die Schächte sind sehr naß, die technischen Hilfsmittel in den meisten Schächten sehr primitiv, Ausrüstung und Bekleidung der Deutschen sehr unzureichend. In dieser Stadt Stalino= gorsk sah ich mich an einem Morgen, nach einer nächtlichen Fahrt im Ge= fängniswagen.

Ich war zusammen mit Russen hierher transportiert worden. Die Russen mußten sich beim Aussteigen sofort hinknien und warten, bis sich alles versammelt hatte, eine Methode, die ich damals noch nicht kannte, die aber bei „Fünfundzwanzigjährigen" absolut gebräuchlich ist. Das Aufgebot an Posten mit Maschinenpistolen und Hunden war enorm. Mich brachte man in das Verwaltungsgebäude der Stalinogorsker Uprawlenia (Hauptverwal= tung). Am nächsten Morgen kam ich dann auf einem Lastwagen in das Lager 3, das Regimelager der Hauptverwaltung mit besonderen Bedingun= gen, in dem auch der Strafzug untergebracht war. Ich konnte das Lager schon erkennen, als mir ein Zug von ungefähr zweihundert Menschen ent= gegenkam. Männer in unmöglichster Bekleidung und Bergkappen auf dem Kopf. Ich glaubte, es handele sich um Russen. Aber unter den Marschieren= den waren einige, die mich kannten und meinen Namen riefen. Es waren also Deutsche — deutsche Kriegsgefangene. Ich war entsetzt über das Aus= sehen dieser Männer, die in den Schacht zogen, um ihre Kameraden ab= zulösen.

Es ist eine ungeheure Sache, wenn man einmal wieder richtig baden darf, wenn der Bart einmal wieder mit dem Rasiermesser abgenommen wird. Im Gefängnis gab es nur die Schere — auch für den Bart. Vorerst gab es nur einen Kummer: ich durfte nicht reden. Vom Arzt, der feststellte, daß ich unterernährt sei, kam ich in die Quarantäne, die Übergangsstation. Es wurde mir eröffnet, daß ich hier vierzehn Tage bleiben würde, ich könne lesen und mich auch sonst beschäftigen, aber es sei mir jegliches Gespräch mit den übrigen Lagerinsassen -- außerhalb der Quarantäne — verboten. Ich bat um Zeitungen, die ich dann auch bekam — nach fast vier Jahren erste Nachrichten aus Deutschland, wenn auch durch den Filter der Ostzone. Im Lager hatte es sich sehr schnell herumgesprochen, daß der Flugkapitän

Baur angekommen sei. Und schon bald nach dem Abzug der Russen zeig-
ten sich die ersten Gestalten am Fenster. Es stellte sich heraus, daß ich im
Lager eine Menge Bekannte hatte. Unter den ersten brachte mir der über
Afrika bekanntgewordene Jagdflieger Willi Hecker Lebensmittel. Alle die
Männer, die noch erschienen, schimpften furchtbar auf das Leben in diesem
Regimelager. Sie konnten nicht begreifen, daß ich das Leben hier herrlich
fand — fast wie im Paradies. Endlich wieder Landsleute — die Muttersprache,
solange und soviel man sie hören wollte — ein Bett, ein Fenster, das man
öffnen konnte und aus dem man heraussehen durfte auf Bäume, Blätter
und Gräser. Ich war zum ersten Mal seit jenem Mai 1945 — glücklich.
Mein Beinstumpf ließ einigen Kameraden keine Ruhe. Und so kamen sie
dann mit einem Schreiner, der mir ein Holzbein anfertigen sollte. In vierzehn Tagen war es dann geschafft. Während meiner Jugendzeit hatte ich oft
solche Beine zu sehen bekommen. Nach dem Kriege von 1870/71 waren sie
für unsere Soldaten angefertigt worden. Mir hat dieser Holzstumpf hervorragende Dienste geleistet. Die Krücken wurden gegen den einfachen Stock
eingetauscht. Die Hände waren wieder frei für Dinge, für die sie da sind.

Ein Geburtstagsständchen wirft mich um!

Ich hatte mich kaum an diese eigenartige „Abart der Freiheit", als welche ich
sie empfand, gewöhnt, da stand mir schon wieder eine ganz besondere
Freude bevor. Ich hatte Geburtstag. Die vielen Kameraden wußten sicherlich, daß es die Russen gar nicht gern sahen, wenn sie sich über das übliche
Maß hinaus mit mir befaßten. Am Tage meines Geburtstages hörte ich
morgens gegen 6 Uhr Geräusche vor meiner Tür. Leise ertönte Musik,
die Tür öffnete sich, und vor mir standen drei Musiker: ein Geiger, ein
Akkordeonspieler und ein Gitarrist. Sie spielten drei Weisen — und dann
erschienen viele Kameraden, die mir gratulierten und Geschenke brachten.
Gaben, die in ihrem materiellen Wert für mich in meiner Situation ein Ver-
mögen darstellten. Aber das war nicht das Wichtigste. Die Art, in der mir
das alles dargeboten wurde, die große Leidensgemeinschaft, die nicht nur
zusammen litt, sondern auch die geringen Freuden teilte, warf mich um.
Ich habe mich nicht der Tränen geschämt. An diesem Tage empfand ich die
Tränen als Wohltat — sie gaben mir Gewißheit, daß ich es noch nicht ver-
lernt hatte, mich zu freuen.
Während meiner Quarantänezeit kamen der russische Lagerchef und Offiziere der Politischen Abteilung sehr häufig zu mir. Sie waren über meine

Unwissenheit auf dem Gebiet der Politik sehr erstaunt. Ich sagte ihnen, daß ich nie ein Politiker gewesen sei, daß ich nur, wie so viele, an Adolf Hitler geglaubt habe, daß ich aber heute der Überzeugung sei, daß jeder Radikalismus, gleichgültig ob von rechts oder links, in die Irre führen müsse. Zur heutigen Situation könne ich nur wenig sagen, da die kommunistisch zugeschnittenen Zeitungen der Ostzone in ihrer gefärbten Berichterstattung eine sachliche Orientierung nicht zuließen. Es war auch nicht möglich, sich mit den zugänglichen Informationsquellen ein einigermaßen vernünftiges Bild von den Vorgängen in Deutschland zu machen. Auch die Kameraden, die nun schon etliche Jahre die spärlichen Nachrichten auswerteten, konnten mir nichts Genaues sagen. Auch sie wußten beispielsweise nicht, was die Bayernpartei, von der wir lasen und hörten, nun eigentlich wolle. Es waren zwar fast wöchentlich Veranstaltungen der sogenannten Antifa, bei denen große Reden gehalten wurden, aber es gab nur selten irgendeine Diskussion, da doch alles zu sehr im Schatten des politischen Terrors stand. Ich wurde wiederholt vom Lagerchef aufgefordert, Stellung zu nehmen. Ich wies dieses Ansinnen unter Bezugnahme auf meine schon früher gemachten Äußerungen zurück. Meine Bemerkung, daß ich mit Politik nichts zu tun haben wolle, quittierte er jedesmal mit einem etwas ungläubigen Lächeln — aber es blieb dabei.

Zur „kleinen Freiheit" gehörte für mich noch ein besonderes Ereignis: schreiben zu dürfen. Die Freude wurde allerdings etwas getrübt. Meine erste Karte kam zu Hause nicht an, die zweite auch nicht — erst die dritte Karte erreichte meine Frau. Aber auch die Antwort meiner Frau bekam ich nur durch Hilfe eines Dritten, eines Nichtrussen, zu Gesicht. Der Antifa-Leiter erschien eines Tages bei mir: „Herr Baur, ich brauche Ihr Ehrenwort. Ich gebe Ihnen eine Karte zu lesen, Sie können sie abschreiben, aber dann muß ich sie wiederhaben. Die Russen dürfen nicht wissen, daß Sie die Karte schon gesehen haben." Das Ehrenwort wurde gegeben, ich las die erste Karte meiner Frau an mich, schrieb sie ab und gab sie zurück. So ging es mit der zweiten und auch mit der dritten Karte meiner Frau. Beschweren konnte ich mich nicht, weil ich ja nichts wissen durfte. Dann kam mir ein Zufall zu Hilfe. Ein Kamerad hatte bei der Vorsortierung eine Karte für mich gesehen und sagte mir das: „Herr Baur, für Sie ist eine Postkarte dabei." Ich beschwerte mich sofort, als ich die Karte nicht ausgehändigt erhielt. Am nächsten Tage bekam ich sie. Mir ist leider nicht mehr bekannt geworden, wieviel Karten dann noch beschlagnahmt worden sind. Auf jeden Fall mußte ich feststellen, daß, wie bei so vielen anderen, auch bei mir Post weder hier noch dort ankam.

Auf Anordnung der russischen Regierung brauchten Generale nicht zu arbeiten. Dies blieb so bis zur Verurteilung. Ich habe dann konsequent jede Aufsichtsarbeit, die mir vom russischen Lagerchef angeboten wurde und die nach meiner Auffassung nur den Zweck hatte, mein Ansehen bei vielen Offizieren und Mannschaften auszunutzen, abgelehnt. Der Lagerchef antwortete mit Filzungen, bei denen schikanös nach Schriftstücken und ähnlichem gesucht wurde. Meistens blieb dann nur mein Schachbrett auf der Strecke.

Die nervöse und gereizte Stimmung des zu Ende gehenden Jahres 1949, des Jahres der Heimkehr, wie es die Russen verkündet hatten, wurde für mich angenehm unterbrochen durch die Mitteilung: „Sie kommen in ein Lazarett, erhalten dort eine Prothese und fahren mit dem letzten Transport nach Hause." In Stalinogorsk wurden wir, das heißt alle die, die eine Prothese bekommen sollten, gesammelt und nach Moskau gebracht.

Wiedersehen — in Stalinogorsk

Ich sollte operiert werden — das wollte ich nicht. So entschloß man sich, mir eine Prothese zu verpassen, die nur für kurze Zeit gedacht war. In der Heimat — so hieß es — könne ich mich dann operieren und eine neue Prothese anmessen lassen. Alles lief prächtig. Wie in so vielen Fällen kam es uns vor, als wollten die Russen sich einen schönen Abgang sichern. Wir sollten mit Prothesen in der Heimat ankommen. Bis dahin war alles in Ordnung. Ich bekam auch die Behelfsprothese — nur mußte diese nicht wenige Wochen halten, sondern fünf Jahre. Denn ich fuhr nicht nach Hause, sondern nach einem kurzen Aufenthalt in Lublino, einem Zentralhospital, wieder nach Stalinogorsk ins Lager 2, ins Lazarettlager.

Die Letzten fuhren im Dezember ohne uns. Wir waren ein kleiner Haufen noch nicht Verurteilter und sahen uns nach den unfaßbaren Ereignissen des Dezember dann im Januar auf einmal wieder in einem großen Kreis derer, die aus den Gefängnissen und Kellern wieder zu uns stießen. Die, wie man von ihnen so schön sagte, wieder „freie Kriegsgefangene" geworden waren. Lubljanka und Budirka — alle die vielen Gefängnisse, die Keller der Uprawlenien, hatten sich wieder geöffnet, weil ein Fehler gemacht worden war, „und die junge Sowjetmacht scheute sich nicht, diesen Fehler einzugestehen. In Zukunft wird niemand mehr kollektiv verurteilt werden!" Wir wollten es nicht glauben, aber in einem kleinen Zipfel unseres Herzens saß doch die Hoffnung. Wir gaben uns ihr immer stärker hin. Die Sorge schlief ein —

nur ganz wenige waren noch konsequent mißtrauisch. Und diese behielten recht. Der größte Affenzirkus stand uns noch bevor: jene Witzurteile, jene Zwei=Minuten=Verhandlungen (mit geringen Ausnahmen), bei denen nur eines ernst war — die fünfundzwanzig Jahre, die wir bekamen.

Oberst Stern aus dem Moskauer Innenministerium wirkte noch nach, als es hieß: Musik und Heimkehrermeeting, wir fahren nach Hause. Aber schon am selben Abend begann das Dilemma. Die Aussortierungen begannen — am 30. März, 31. März und 1. April gingen rund die Hälfte in die Gefängnisse der nahen und weiten Umgebung ab. Ein System war nicht zu erkennen, solche, die schon fünfundzwanzig Jahre hatten, galten als Heimkehrer, solche, die noch nie zu einer Vernehmung geholt waren, gingen ins Gefängnis. Währenddessen tönte der Oberstleutnant, daß die russische Regierung beschlossen habe, sämtliche deutschen Kriegsgefangenen nach Hause zu schicken. Außer den Männern in unserem Lager, die schon fünfundzwanzig Jahre hatten — rund dreißig — waren schon zweihundert Fünfundzwanzigjährige nach Stalino abtransportiert worden. Auch die, so sagte der Oberstleutnant, führen nach Hause. Es ging los wie üblich: Baden, Haareschneiden, Kleidung empfangen, hat noch irgend jemand Ansprüche? und so weiter, und so weiter. Nachdem drei Transporte in die Gefängnisse abgegangen waren — wir wußten dies trotz gegenteiliger Versicherungen — glaubten wir, na ja, ein Teil scheint zu fahren.

Da erschien derselbe russische Oberstleutnant bei mir: „Herr Baur, Sie sind General. Nach einem Befehl von Stalin dürfen Generale nicht mit den übrigen in Viehwagen nach Hause rollen, sondern Sie fahren im Personenwagen. Packen Sie Ihre Sachen, wir fahren mit dem Personenzug nach Moskau. In fünf Minuten müssen Sie fertig sein. Von Moskau fahren wir weiter nach Krasnogorsk und von da voraussichtlich am 12. April nach Hause." Eine halbe Stunde brauchte ich zum Packen und Fertigmachen. Aber der Oberstleutnant stand beim Packen neben mir — und das war mir verdächtig. Ich sagte das sofort meinen Kameraden, die mir behilflich waren. Wie ich später erfuhr, wurde im Lager der Befehl gegeben, daß sich niemand sehen lassen dürfe, bis der General Baur das Lager verlassen habe.

Generalstreffen im Gefängnisturm

Der Zug fuhr in Stalinogorsk nicht, wie angekündigt, um 17 Uhr ab, sondern erst in der Nacht um 1 Uhr. Ich war sehr skeptisch und rechnete, als wir in Moskau ausstiegen, ohne weiteres mit der „Grünen Minna" und einer Fahrt vor das Tor irgendeines Gefängnisses. Ich muß aber ehrlich sein – als ich einen sechssitzigen Personenwagen sah, da habe ich ein klein wenig gehofft, die Zeit würde für mich doch wohl hier zu Ende gehen! Ungefähr eine halbe Stunde lang fuhren wir durch die Stadt, und dann hielten wir – vor dem altbekannten und so wenig beliebten Bau der Budirka! Im Gefängnishof wechselte mit dem Ort auch das Benehmen.

Ich kam in den Gefängnisturm, in dem sonst nur Gefangene untergebracht wurden, deren Haftbedingungen verschärft worden waren. Durch unsere Nachrichtenübermittlung, bei der die Gänge zur Toilette eine nicht unbedeutende Rolle spielten, erfuhr ich bald, daß wir zu rund fünfundsechzig Generalen im Gefängnisturm saßen. Sie kamen im wesentlichen aus Woikowo und aus Krasnogorsk. Das Essen war miserabel – wir bekamen normale Gefängniskost, obwohl uns in Untersuchungshaft die Lagerverpflegung zugestanden hätte. Und so saßen wir – in Gedanken bei denen, die nach Hause fuhren – zwei Monate. Es war, als habe man uns wieder einmal vergessen.

Aber dann waren unsere Akten wieder in das Getriebe geraten, die Mühle begann zu mahlen. Diesmal jedoch mit einer neuen Walze! Ein MWD-Offizier fragte mich, ob ich mit Hitler bei Mussolini gewesen sei, und was ich von Katyn halte. Mir war zunächst einmal der Zusammenhang der beiden Fragen nicht klar, und ich antwortete, selbstverständlich sei ich viermal mit Hitler bei Mussolini gewesen. Das genügte ihm schon – ich konnte gehen. Drei Wochen später wurde mir dann die Anklageschrift verlesen. Hier ist der Wortlaut: „Da Sie mehrmals mit Hitler bei Mussolini gewesen sind, sind Sie wegen Kriegsvorbereitung zur Verantwortung zu ziehen. Bei diesen Besprechungen zwischen Hitler und Mussolini wurde der verbrecherische Angriffsplan gegen die Sowjetunion geschmiedet. Infolgedessen sind Sie wegen Kriegsvorbereitung unter Anklage gestellt." Punkt und aus! Und denen, die um mich herumstanden, schien dieser ausgesprochene Unsinn auch noch zu imponieren. Wenigstens sahen ihre Gesichter so aus. Ich sagte der Dolmetscherin, daß ich zwar Hitler mehrere Male zu Mussolini geflogen habe – 1933, 1934, 1937 und 1943 – also zweimal eine erhebliche Zeit vor dem Kriege, einmal vier Jahre vor dem Ausbruch des Krieges mit der Sowjetunion und einmal sogar erst zwei Jahre nach dem Beginn der Kampfhandlungen im Osten, aber ich sei der Pilot und nicht der Verhandlungsführende oder Vorbereitende gewesen. Ihre Antwort war genau so weise, wie die Anklageschrift: „Das steht hier alles nicht zur Debatte, Sie werden noch vor ein Tribunal geladen." Und das geschah dann am 31. Mai 1950. Die Russen schienen die Sache, rein zeitlich, als eine bedeutende anzusehen, denn sie gaben mir morgens, nachdem ich meine „Paiki", die Tagesration Brot, schon empfangen hatte, noch einen Hering als Tagesverpflegung mit, und damit gleichzeitig die Garantie, daß ich mich im Verlaufe des Tages über Durst nicht beklagen könne.

Wir verließen die Budirka und fuhren in ein Gebäude des Innenministeriums. Im Vergleich zu den vorbereitenden Maßnahmen hatte man sich sogar so etwas wie Mühe gemacht. Man hatte immerhin einige Leute bemüht, die dem Affenzirkus nach außen so etwas wie Würde geben sollten. Vorsitzender war ein General, links und rechts vor ihm saßen ein Oberst und ein Oberstleutnant und dann noch — äußerst dekorativ in der Wirkung — eine Dolmetscherin und ein Schreiber. Die Anklageschrift hatte sich in der Zwischenzeit nicht geändert. Die beiden Posten, die mit Maschinenpistolen hinter mir standen, machten Gesichter, als kennten sie den Inhalt der Anklage schon lange, und als sei es für sie die größte Selbstverständlichkeit, daß sie den Mann bewachten, der die Idee zum Kriege gegen Rußland ausgebrütet habe. Meine Antwort war zunächst einmal die gleiche, die ich der Dolmetscherin gab, als sie mir die Anklageschrift zur Kenntnis brachte. Dann sagte ich dem General, daß er sich den Lokomotivführer kommen lassen müsse, der mit seiner Lokomotive den Zug über den Brenner gefahren habe, jenen Zug, in dem Hitler und Mussolini ihre entscheidenden Besprechungen führten.

Ich hatte immerhin die Genugtuung, daß eine Weile tiefes Schweigen herrschte. Ich weiß nicht, in welche Richtung die Gedanken der Beteiligten gingen, ob ihnen das schon fix und fertig geschriebene Urteil in der Schublade leid tue, oder ob man nicht vielleicht die Besprechungen zwischen Hitler und Mussolini ins Flugzeug verlegen könne. Der General entschied sich für abwartende Würde. Er verbat sich zunächst einmal derartige Bemerkungen und schickte mich aus dem Saal. Nach fünfzehn Minuten wurde ich wieder hineingeführt. Von Hitler und Mussolini war nun keine Rede mehr. Dafür aber hatten sich die sauberen Herren eine völlig neue Sache ausgedacht. Mit einem Fragespiel ging es wieder an. „Sie waren doch mit Hitler in Rußland?" „Ja, mehrere Male. Wir hatten ja für mehrere Monate unser Quartier in Winniza in der Ukraine aufgeschlagen." „Und wo waren Sie noch in Rußland?" „So ziemlich an allen militärischen Brennpunkten — im Gebiet von Leningrad, Smolensk, Saporoshe, an verschiedenen Stellen der Ukraine, auf der Krim und noch in anderen Gegenden." Der General wollte dann wissen, wie das vor sich gegangen sei. Ich habe ihm kurz erklärt, daß Hitler sich in den meisten Fällen die Führer der Armeen oder Heeresgruppen ins Hauptquartier fliegen ließ. Daß er aber auch bei besonderen Umständen, die ein Abkommen des betreffenden Heerführers unmöglich machten, selbst ins Frontgebiet flog, um sich an Ort und Stelle berichten zu lassen und Besprechungen zu führen. Wir flogen meistens in den Nächten in unmittelbarem Anschluß an die Lagebesprechungen, die bekanntlich um 24 Uhr begannen. In den weitaus meisten Fällen wurde nach zwei= oder dreistündigem Aufenthalt der Rückflug angetreten.

Dem General schien das zu genügen, ich konnte gehen. Man sagte mir, daß sich das Gericht zur Beratung zurückzöge. Immerhin ließen sie sich anderthalb Stunden Zeit, bis sie mich wieder holten. Nochmalige feierliche Vorstellung und dann das — Urteil: „Da Sie mit Hitler zusammen mehrere russische Städte besucht haben und dort die Verbrechen gegen die Sowjetbürger und gegen die Kriegsgefangenen mit ausgeheckt haben, sind Sie mitschuldig und demnach zu fünfundzwanzig Jahren Arbeits= und Besserungslager zu verurteilen."

Ich widersprach selbstverständlich und erklärte, daß ich nie an Besprechungen militärischer Art teilgenommen habe, daß meine Aufgabe das Fliegen gewesen sei. Der General erklärte mir aber, daß diese Dinge hier nicht zur Debatte stünden und daß ich rechtskräftig verurteilt sei. Innerhalb von 72 Stunden könne ich Einspruch erheben. Damit war alles gelaufen, und ich hatte meine fünfundzwanzig Jahre weg, der nächste konnte antreten. Und die beiden Kameraden, die mit mir zusammen gekommen waren, ohne daß ich sie sah, wurden in kürzester Zeit „vermacht". In der Budirka kamen wir nicht mehr in unsere alten, sondern in die Verurteiltenzellen, in denen zwanzig bis fünfundzwanzig Personen Unterkunft finden konnten.

Wir blieben auch nicht lange allein — im Laufe des Tages trafen bei uns noch mehrere Generale ein, die alle in gleich sonderbaren Verhandlungen ihre fünfundzwanzig Jahre kassiert hatten. Dies wäre uns fast lächerlich erschienen, wenn es uns nicht mit brutaler Grausamkeit gezeigt hätte, daß wir in eine böse Maschinerie geraten waren: Unsere Zellen wurden jetzt nicht nur abgeschlossen, sondern es kam noch ein Vorhängeschloß vor die Tür, dessen Schlüssel nicht mehr für alle Zellen schloß — wir waren „Fünfundzwanzigjährige" geworden, für die besondere Bestimmungen galten.

Meinen Einspruch habe ich prompt zu Papier gebracht — aber genau so prompt bekam ich nach vierundzwanzig Stunden die Antwort: „Abgelehnt!" Wir, Generale, Geistliche, Männer des öffentlichen Lebens, Intellektuelle, Arbeiter und Bauern, haben damals noch zu erforschen versucht: Wie sollen wir das alles verstehen — ein großer Irrtum? eine Verleumdung? wer hat die Schuld?! Und kurze Zeit später offenbarte sich uns alles so einfach, so lächerlich einfach! Wie oft sagten uns russische Menschen, die in Aus=

führung eines Befehls uns Leid antun mußten: „Wir wissen, daß Ihr kollektiv verurteilt wurdet, aber wir führen nur Befehle aus. Sicherlich wissen
wir, daß wir dasselbe tun, was man Euch zum Vorwurf macht. Aber habt
Verständnis — wir müssen!" Wir bekamen die Irrsinnigkeit zu spüren, die
nach Ausgang des letzten Weltkrieges die Sieger erfaßt hatte, eine Irrsinnig=
keit in der willkürlichen Auslegung des Rechts gegenüber den Besiegten,
die dann ganz besonders sinnfällig im Koreakrieg zeigte, wohin es führt,
wenn man jeden Gegner, den man in die Gewalt bekommt, zu einem Ver=
brecher stempelt, zu einem Menschen, der recht= und ehrlos ist, mit dem
man machen kann, was man will, den man als Geisel benutzen darf, dem
man Geständnisse erpressen kann, den man politisch und propagandistisch
ausnutzt. Wir haben uns manchmal mit dem Mute der Verzweiflung ge=
wehrt, aber — uns blieb nur das Leid, und uns blieb nur die Hoffnung.

Von Lager zu Lager

Am 15. Juli 1950 öffneten sich die Tore der Burdika, und wir fuhren nach
Krasnogorsk, in unmittelbare Nähe des Flugplatzes Tuschino bei Moskau.
Hier sammelten sich im Laufe der Zeit etliche Hundert, die aus allen mög=
lichen Gefängnissen kamen. Sie hatten dort ihre fünfundzwanzig Jahre zum
Teil unter Umständen bezogen, die uns trotz aller Bitterkeit doch Anlaß zu
heiteren Erzählungen gaben. Es wurden all diese Fälle zum besten gegeben,
in denen das Urteil auf eine ganz andere Person zugeschnitten war als auf
die, die vor Gericht stand. Es wurden Fälle erzählt, in denen aus Kuba Baku
und aus Athen Aden gemacht wurden. Aber es fehlten auch Kameraden, die
die Zwischenzeit mit den nervenaufreibenden Verhören und blödsinnigen
Beschuldigungen nicht überstanden hatten. Und trotz aller beruhigenden
Versicherungen der Russen blieb für uns die harte Tatsache bestehen, daß
wir fünfundzwanzig Jahre hatten. Diese fünfundzwanzig Jahre griffen oft
in der Nacht ans Herz. Es war nicht auszudenken . . .
Aber vorerst ließen uns unsere Bewacher keine Zeit. Es wurde nach alt=
bewährter Methode weiter gemischt. Es wurde hin= und hergeschoben. Und
so kam ein Teil der Männer aus dem Krasnogorsker Lager nach Stalingrad,
ein anderer Teil nach dem Ural und nur ein kleineres Kommando blieb in
Krasnogorsk, um dann aber später auch nach dem Ural zu ziehen.
Für mich stand in der Nacht vom 31. Juli zum 1. August die „Grüne Minna"
vor dem Lagertor. In Borowitschi, einem Ort zwischen Leningrad und Mos=
kau, wollte man mich jedoch nicht so ohne weiteres annehmen. Ich war

verurteilt, und der Direktor des Gefängnisses berief sich auf den für ihn bindenden Befehl, daß er Verurteilte nicht aufnehmen könne. Der Posten aber hatte auch einen Befehl, und der lautete, daß er mich im Gefängnis Borowitschi abzuliefern habe. Befehl gegen Befehl — was bleibt da zu tun? In diesem Fall wurde telefoniert — stundenlang. Der Direktor setzte seinen Standpunkt durch, der Posten mußte mit mir weiterziehen.

In Borowitschi gab es auch zwei Lager mit deutschen Kriegsgefangenen, ein Stadtlager und das Schachtlager. Ich kam in das Stadtlager, froh, daß ich wieder unter Deutschen war. Generalsverpflegung gab es nach der Verurteilung nicht mehr, aber immerhin war die Lagerverpflegung besser als die im Gefängnis.

Seit Beginn der Verurteilungswelle gegen Ende des Jahres 1949 war die Postverbindung mit der Heimat wieder abgerissen. Man hatte uns zwar weiterschreiben lassen, großzügig wurde uns sogar hin und wieder noch ein zusätzlicher Brief gestattet, aber wir mußten dann nach Monaten feststellen, daß wir nur für die Papierkörbe geschrieben hatten. Von Tausenden von Briefen und Karten kam nie eine in der Heimat an. Einzelne mögen von den Russen als Stichproben für unsere Stimmung ausgewertet worden sein. Nach der Verurteilung war es eine unserer größten Sorgen, daß wir den abgerissenen Lebensfaden zur Heimat wieder knüpfen konnten. Es hat auch nicht an dramatischen Auftritten gefehlt, bei denen die Russen manchmal eine tief beschämende Rolle spielten. Wir haben unsere Forderung mit Nachdruck und Ernst vertreten. Und mancher Russe kannte nach einer Diskussion über die primitivsten Rechte des Menschen nur noch den Fluchtweg hinter die Regierung in Moskau, die eines Tages sicherlich in unserem Sinne entscheiden würde. Aber vorerst waren wir noch ohne Nachricht und, was viel schlimmer war, mußten wir auch unsere Angehörigen ohne Nachricht lassen. In vielen stillen Stunden malten wir uns aus, wie sie sich in Sorge verzehrten, hin= und hergeworfen von den widersprechendsten Nachrichten. Wir und unsere Lieben in der Heimat haben noch etliche Monate warten müssen, bis eines Tages doch der Kanal geöffnet wurde und im Hin= und Herfluten wieder Kraft und Zuversicht brachte.

Hungerstreik verzweifelter Spanier

Im Lager Borowitschi befanden sich auch ungefähr dreihundert Spanier. Rund achtzig waren sogenannte „Rotspanier", die anderen hatten während des Krieges auf deutscher Seite gekämpft. Dem Schicksal der Rotspanier waren wir in Rußland schon mehrfach begegnet. Es waren sehr häufig Men= schen, die als Kinder aus Spanien verschleppt wurden, die dann irgendwo im weiten Rußland in Lagern saßen oder aber, wenn sie Glück hatten, als Halbfreie in den Fabriken und auf den Baustellen arbeiteten. In Borowitschi waren sich, gleichgültig ob „Rot" oder „Weiß", die dreihundert Spanier einig in der Ablehnung des bolschewistischen Systems. Die ehemals „Roten" hatten den kommunistischen Rummel am eigenen Leibe zu spüren bekom= men, sie waren den Zauber leid und machten aus ihrer Ablehnung auch kein Hehl. Beide Gruppen hatten bis jetzt keinerlei Nachricht in die Hei= mat geben dürfen. Und wer Spanier in Rußland traf, der wird sich sehr stark erinnern, wie die lebhaften Menschen aus dem äußersten Südwesten Europas in der Unwirtlichkeit Rußlands unter Heimweh litten, und wie sehr auch gerade ihnen die Verbindung mit ihrer Heimat fehlte.

Aber die Russen erklärten ganz einfach, daß man mit Spanien keine diplo= matischen Beziehungen unterhalte und daß es deswegen wesentlich schwie= riger sei, Postverbindung aufzunehmen, als beispielsweise im Falle der Deut= schen. Die Spanier, die noch aus der Zeit des spanischen Bürgerkrieges hier waren, kannten diesen Spruch, der ihnen soviel sagte, als daß sie warten müßten, bis in Spanien „nicht mehr Franco, sondern das Volk an der Macht" sei. Sicherlich hatten viele dieser armen Menschen in der ersten Zeit geglaubt, daß dieses in absehbarer Zeit der Fall sein würde. Aber 1950 waren sie mit ihren Landsleuten, die im Kriege auf deutscher Seite standen, der Auffassung, daß es genug sei und daß man sie endlich schreiben lassen solle. Die Frage der diplomatischen Beziehungen sei nicht von erstrangiger Bedeutung, man könne doch die Vermittlung des Internationalen Roten Kreuzes in Anspruch nehmen. Die Russen blieben bei ihrem Sprüchlein, und die Spanier entschlossen sich zu handeln.

Fünfzig Männer traten in den Hungerstreik, am nächsten Tage waren es hundert, am dritten Tag hundertfünfzig und schließlich verweigerten über zweihundert Gefangene die Nahrungsaufnahme. Die lebhaften Spanier, die die Russen zum Teil in ihrer eigenen Sprache angehen konnten, machten diesen ein ungeheures Theater. Die Lagerleitung geriet für eine Zeit völlig aus dem Konzept. Sie versuchte es mit Gewalt. Ungefähr dreißig der Strei= kenden wurden in den Karzer gesperrt. Da geschah dann das Ungeheuer= liche: Im Karzer wurden die Scheiben zerschlagen, die Fensterstöcke wurden herausgebrochen, die eingesperrten Spanier flüchteten zu ihren Landsleuten in die Baracken.

Die im Lager anwesenden Russen zogen sich zurück. Maschinengewehre wurden auf den Postentürmen in Stellung gebracht. Und als letzter Versuch kam die vielfach bewährte Beruhigungskommission, die im wesentlichen nie Vollmachten hatte, sondern immer wieder geschickt versuchte — häufig mit Erfolg — den angestauten Ärger in Papierproteste umzuwandeln. Hier aber gelang das nicht, Ärger und Protest blieben.

Wir versuchten selbstverständlich, die Spanier mit Lebensmitteln zu unter= stützen. Aber sie lehnten ab, um den Russen keine Handhabe zu geben, den Streik nicht anzuerkennen. Lediglich Süßstofftabletten nahmen sie an, um damit ihren Tee zu süßen. Volle neun Tage hatte der größte Teil der Spanier gehungert, als ihnen die Russen versprachen, daß sie in Zukunft schreiben könnten.

Nach dieser offiziell gegebenen Zusicherung wurde der Streik abgebrochen. Ein großer Teil mußte ins Lazarett geschafft werden, da die Erschöpfungs= erscheinungen lebensgefährlich waren. Aber es blieb bei der Zusicherung. Die Spanier durften nicht schreiben. Man hatte sie belogen, um sie zum Nachgeben zu bewegen. Damit es in Zukunft zu keiner einheitlichen Ak= tion mehr kommen konnte, wurden alle Spanier aus dem Lager geholt und aufgeteilt. Ein Wort mehr wurde gebrochen, es herrschte wieder Ruhe. Einer Gruppe, die Mut im Kampf um die primitivsten Rechte des Menschen zeigte, war das Kreuz gebrochen worden.

Trauriges Wiedersehen

Eines Tages wurde im Lager gebaut. Ein kleiner Teil wurde abgesondert. Eine Baracke wurde doppelt und dreifach mit Stacheldraht umgeben. Wir konnten uns das nicht erklären. Wir dachten wohl an Strafzug, Quaran= tänebaracke und ähnliche Dinge, die wir aus der Vergangenheit kannten, oder auch an Baracken, in denen sich nicht immer die schönsten Dinge ab= spielten. Aber wir hatten uns geirrt: es kamen deutsche Frauen, Frauen, die wir zum Teil vor Jahren gesehen hatten. Im wesentlichen waren es Ange= hörige von deutschen Diplomaten oder Angestellte deutscher diplomatischer Vertretungen aus dem fernen Osten, die den Russen in die Hände gefallen waren, als diese sich beeilten, den russischen Anteil am Feldzug gegen Japan unter Dach und Fach zu bringen.

Da war die Gattin des Generalkonsuls Bischoff, die in der Mandschurei fest= genommen wurde und in die Sowjetunion kam. So nebenbei bekam sie dann zehn Jahre. Ihre Tochter hatte als fünfzehnjähriges BdM=Mädchen bei einer Maifeier Akkordeon gespielt, das kostete auch zehn Jahre. Die Gattin des Gesandten Wagner bekam zehn Jahre, weil sie bei Empfängen, die ihr Mann gab, selbstverständlich als Hausfrau und Repräsentantin des Hauses aufgetreten war. Die Männer bekamen — wie hätte es anders sein können — natürlich fünfundzwanzig Jahre. Herr Wagner starb nach einem plötzlichen Herzanfall während der Vernehmungen in der Budirka. Seine Frau erfuhr das erst sehr viel später. Für Männer ist die Gefangenschaft schwer und manchmal unerträglich. Für Frauen ist sie ungleich schwerer. Und da, wo in der Gefangenschaft Männer und Frauen zusammenkommen, zeigt sich die unnatürliche Verzerrung des Lebens in ihrer unschönsten Art. Unser Wiedersehen mit den Frauen, die wir längst in der Heimat wähnten, war traurig und voller Bitterkeit.

„Holzhammertransport"

Eine im Juli 1951 kurz aufflackernde Hoffnung wurde, wie so viele, zer= schlagen. An den Vorbereitungen merkten wir, daß ein Transport gehen sollte. Der Transport wurde auch Wirklichkeit. Allerdings sollte er uns nur ein Stückchen weiter nach Osten bringen.
Ganz normale Gefangenentransporte in Rußland sind unbeschreiblich. Um wieviel mehr die Fahrten, bei denen Fünfundzwanzigjährige an andere Orte, in andere Strafgebiete des riesigen russischen Reiches gebracht wurden — die „Holzhammertransporte". Zur Kontrolle, ob nicht von jemandem wäh= rend der Fahrt ein Brett gelöst wurde, durch das er, vielleicht sogar mit ver= schiedenen Leidensgefährten, das Weite suchen könnte, schlagen morgens und abends die Posten, mit langen Holzhämmern bewaffnet, die Waggons ab. Holzhammertransporte gehören in die Reihe der schlimmsten Dinge, die man einem Menschen zumuten kann. Vieh würde diese Art des Transportes nicht aushalten, es würde eingehen. Allein die Zählung ist eine entwürdi= gende Sache: die Posten jagen die Menschen mit Faustschlägen und Tritten von einer Waggonseite auf die andere. Die Wachmannschaft — eine ausge= sprochene Schlägergilde — macht sich einen besonderen Spaß daraus, die weniger Behenden zu quälen. Flüche und obszöne Reden werden in sagen= hafter Fülle und „blumenreichster" Sprache immer wiederholt.
Bei normalen Temperaturen ist eine solche Fahrt schlimm — zur Hölle wird sie, wenn noch große Hitze hinzukommt. Die Türen sind verschlossen, man hat Glück, wenn die ganz kleinen, mit Stacheldraht bespannten Luken ge= öffnet sind. Auf den Pritschen kann man nur ganz kurze Zeit ohne Schwie= rigkeiten liegen, dann schmerzen die Glieder. Das Wasserfaß ist meistens leer, bei den wenigen Halten, wenn es überhaupt in der Nähe Wasser gibt,

reicht die Zeit nicht, die Fässer zu füllen, oder aber die Wachmannschaften
haben einfach keine Lust, die Kameraden gehen zu lassen, die diesen Dienst
versehen. An einer der Türen ist die Rinne zur Verrichtung der Notdurft
angebracht, nach einigen Tagen stinkt diese Ecke furchtbar. Und zu allem
die schreckliche Hitze! Hitze, die einem die Luft nimmt. Zitternd spürt man,
daß man nicht mehr genügend Sauerstoff bekommt. Der Körper bedeckt sich
mit Schweiß, der Schweiß läuft wie Wasser. Und vielleicht fällt es den Be=
wachern dann noch ein, in der allergrößten Hitze kochend heiße Suppe brin=
gen zu lassen. Die Hungrigen fallen über das heiße Essen her, und kurze
Zeit später setzen ihnen Hitze und Durst mit doppelt schwächender Kraft
zu. Bis in die späte Nacht, wenn die Scheinwerfer unter und auf den Wagen
schon lange leuchten, wenn die Posten zwischen den Wagen und im Ge=
stänge zwischen dem Fahrgestell schon langsam im Fahrwind zu frieren be=
ginnen, herrscht im Innern des Holzkastens immer noch brüllende Hitze.
Unruhig wälzen sich die schweißnassen Gestalten auf den Holzbrettern hin
und her. Durch ihre Träume gaukeln Bilder von Quellen, von kühlen hei=
matlichen Wäldern — und dann jagt sie aus diesem zerschlagenden Halb=
schlaf das Klopfen der Hämmer hoch. Die Fronknechte turnen über die Dä=
cher, und von ferne mögen sie im Helldunkel der russischen Nächte aus=
sehen wie die peitschenschwingenden Sklavenaufseher auf den Galeeren —
vor langer Zeit.
Gegen Morgen wird es etwas besser, aber dann knallt die Sonne auch schon
wieder unbarmherzig auf Dächer und Seitenwände. Quälend schleicht die
Zeit dahin. Ich habe mich aufgerafft und habe Vorträge gehalten, aus mei=
nem Leben, von der Fliegerei erzählt. Andere haben es mir nachgetan. Et=
was haben wir so gegen die dumpfe, ausweglose Langeweile unternommen.
In der Gegend um Molotow wurden dann auch noch die kleinen Klappen
geschlossen, so daß wir gar keine frische Luft mehr bekamen.

Glück im Unglück: ein wanzenfreies Lager

In Perwo=Uralsk hielt dieser Zug, der aussah, als beherberge er die gewieg=
testen Schwerverbrecher der ganzen Welt. Wir hatten Glück bei der Ver=
teilung der Lager. Nach dem Befehl der russischen Regierung, einen großen
Teil der deutschen Kriegsgefangenen in diesem Gebiet zusammenzuziehen,
wurden auch neue Baracken, die für die Zivilbevölkerung gebaut worden
waren, beschlagnahmt. Wie wir aus Bleistiftaufzeichnungen auf den Holz=
wänden der Toilettenanlage entnehmen konnten, waren die noch notwendi=

gen Ausstattungsarbeiten von deutschen Kameraden vorgenommen worden. Wir wußten dann auch sofort, wieviel Deutsche außer uns noch hier oben waren, wo sie arbeiteten und wie die Lebensbedingungen waren. Uns war zunächst einmal wichtig, daß unser Lager — neugebaut — wanzenfrei war. Von unseren Männern wurden dann weitergebaut: Kartoffelkeller, Küche und Baracken. Kurz, wir schienen uns auf einen längeren Aufenthalt einzurichten.

Der Lagerkommandant, ein sowjetischer Leutnant, wurde von seinen Mannschaften als Bulle bezeichnet. Diesen Ausdruck haben wir dann als besonders zutreffend übernommen. Er war ein Schinder übelster Sorte, der selbst vor den Invaliden nicht haltmachte. Diese hielten durch ihre Arbeit den Lagerbetrieb aufrecht, indem sie den ganzen Innendienst versorgten. Trotzdem wurden sie bei der Zuteilung von neuer Bekleidung oder anderen Dingen immer benachteiligt. Es war ein übles Bild, unsere alten Männer, zum Teil über sechzig Jahre alt, sich mit außergewöhnlich dicken Baumstämmen abplagen zu sehen. Alles, was nicht durch die in der Nähe laufenden Gatter der Sägewerke gehen wollte, Stämme mit über einem Meter Stärke, kam als Brennholz in die Lager. So auch zu uns. Nach vielen Protesten, die endlich auch von einer russischen Kommission unterstützt wurden, brauchten die alten Herren zwar nicht mehr abzuladen, aber es blieb ihnen doch das Zersägen und das Zerkleinern. Und diese Meterstämme erforderten mindestens dreitausend Züge mit der Säge. Bleibt noch zu sagen, daß bei den Männern eine Auswahl getroffen wurde, die wirklich nur ganz Kranken oder sehr Alten den Vermerk „Invalide" auf die Karte brachte.

Ich wurde Schneider und habe Handschuhe gemacht. Ich habe Hunderte von Paaren angefertigt, aber Geld habe ich nie gesehen. Im Gegenteil, eines Tages schien den verantwortlichen Russen mein Tempo nicht mehr zu gefallen. Es hieß, ich solle zum Lagerchef kommen. Da man nie wußte, wann man von einem derartigen Gang zurückkam, zog ich mir die Wattejacke an, um gegebenenfalls gleich für den Karzer gerüstet zu sein. Der Natschalnik brüllte mich auch sofort an, ich sei stinkfaul, arbeite schlecht und außerdem viel zu wenig. Mein Einwand war, der verantwortliche Schneider sei sehr wohl mit meiner Arbeit zufrieden, die Beschwerde könne nicht, wie behauptet, von eben diesem Schneider kommen, ich bäte, ihn holen zu lassen, damit er hier und vor mir seine Aussagen wiederholen möge. Im Grunde aber war das alles nur eine der üblichen Methoden, einen gegen den anderen auszuspielen — der Schneider wurde nicht geholt. Dafür aber erkundigte sich der Lagerchef nach meiner Arbeitszeit. Ich sagte ihm, vier Stunden, wie das von der Ärztin verordnet sei. Er meinte, ich könne doch acht Stunden arbeiten.

Schneidern sei überhaupt keine Arbeit. Meine Antwort war klar und ein=
deutig: „Ich bin zu vier Stunden verurteilt, und ich denke nicht daran, mehr
zu arbeiten, mir reicht das." Seine Antwort war ebenso unmißverständlich:
ich solle mir in den folgenden fünf Tagen im Karzer überlegen, ob ich nicht
vielleicht doch acht Stunden arbeiten wolle. Die „Unterredung" war be=
endet, der Posten nahm einen Zettel in Empfang und sperrte mich ein. Der
übliche schmucklose Karzer, diesmal in Betonausführung, die Zelle 1,20 mal
1,80 Meter. Mir gab man wegen des Beinstumpfes einen Schemel, die ande=
ren mußten auf der kalten Erde sitzen. In der Nacht gab es dann eine
Pritsche.
Ich war zuerst allein in meiner Zelle, aber nicht lange. Dann kamen noch
meine Kameraden Rehmann und Dr. Räder, denen der Lagerchef ebenfalls
schlechte Arbeit zum Vorwurf machte. In den Zellen nebenan saßen weitere
sieben Männer. Der Natschalnik ließ den Karzer nie ganz leer werden.
In den Nächten war es in dem Betonloch ungemütlich kalt. Es konnten
zwar zwei Zellen durch einen Ofen geheizt werden, aber das Brennmaterial
wurde so knapp angeliefert, daß es nicht warm wurde. Am ersten Morgen
verlangte der Posten von mir, ich solle aufschreiben, warum ich eingesperrt
worden sei. Ich lehnte mit dem Bemerken ab, daß ich das selbst nicht wüßte,
und ich eben eingesperrt worden sei, weil es dem Natschalnik so eingefal=
len sei. Zu schreiben habe keinen Sinn, weil ja doch alles verdreht werden
würde. Am dritten Tag brachte er dann das Karzerbuch, in das der Lager=
chef selbst eingetragen hatte: Faulheit und schlechte Arbeit. Mein noch=
maliger Hinweis, daß dies eine glatte Lüge sei, wurde nicht zur Kenntnis
genommen. Man hatte mich und einige andere eben gefressen und das ge=
nügte. Wir saßen die fünf Tage ab.

„Kokosnußfabrik haben wir auch!"

Die Verpflegung war auch hier nicht besser als in anderen Lagern. Sie war
so bemessen, daß es zum Leben und zum Sterben nicht ausreichte. Es ist
nicht abzusehen, wie sie uns bekommen wäre, wenn nicht eines Tages der
Paketstrom aus der Heimat eingesetzt hätte. Es ist an vielen Stellen schon
Wichtiges über die Bedeutung dieser Hilfe aus der Heimat gesagt worden.
Ich möchte an dieser Stelle aber auch erwähnen, daß uns diese Pakete nicht
nur materiell geholfen haben. Sie waren uns — und nicht zuletzt — eine
Stärkung, in unserem Bestreben durchzuhalten. Sie gaben uns immer wie=
der den Beweis, daß wir nicht vergessen waren, daß in der Heimat außer

unseren Lieben viele Organisationen und Verbände tätig an uns dachten. Es sei zugegeben, daß eine gewisse Kontrolle von Sendungen, die an Ge= fangene gehen, üblich und wohl auch notwendig ist. Aber was sich in Ruß= land — vor unseren Augen — manchmal mit den Paketen abspielte, die in der Heimat mit Liebe und Sorgfalt gepackt wurden, das hat uns oft die Zornesröte ins Gesicht getrieben.

Zunächst glaubten wir an Neugierde beim Anblick der vielen Dinge, die jedem der Auspackenden unbekannt waren. Die häufig farbenprächtige Ver= packung machte vielfach einen größeren Eindruck als der Inhalt. Aber lang= sam bekamen wir doch den Eindruck, daß nach ganz bestimmten Befehlen gehandelt wurde. Wie von Berserkern wurden Dinge zerstört, zerfetzt und manchmal durch sinnloses Durcheinanderschütten unbrauchbar gemacht. Selbstverständlich mußte den Russen klargemacht werden, wieso aus dem hungernden Deutschland — denn so stellte man ja das nichtsowjetisch be= setzte Gebiet hin — solche Pakete kamen. Und da waren es dann vielfach die Amerikaner, die uns diese Pakete schickten, weil sie uns „als Kriegs= verbrecher noch einmal einsetzen wollten".

Den Posten, die bei uns die Traditionsfilzungen zum 1. Mai und zum Tag der Oktoberrevolution durchführten, konnte man solchen Unsinn erzählen, weil sie nur in den seltensten Fällen Gelegenheit hatten, sich zu erkundigen wie diese Dinge, die sie in unserem Gepäck fanden und die für sie manch= mal unvorstellbare Reichtümer waren, in unsere Hände gekommen waren. Anders sah es bei den Russen aus, die jahrelang mit uns zu tun hatten und auch hin und wieder in engeren Kontakt mit uns kamen. Sie wußten lang= sam, daß es unsere Angehörigen, unsere Freunde und andere deutsche Men= schen waren, die die vielen Jahre hindurch treu und unentwegt halfen. Sie wußten auch zum Teil, unter welchen Umständen unsere Urteile zustande gekommen waren.

Aber auch mit ihrer Gedankenwelt befaßten sich die russischen Schulungs= offiziere. Sie impften ihnen immer wieder ein, daß die amerikanischen Im= perialisten, der Weltkapitalismus, mit uns noch viele Dinge gegen das rus= sische Volk plane und wir aus diesem Grunde eben nicht nach Hause könn= ten. Und so blieb es, alles in allem, eben auch dabei, daß unsere Pakete immer wieder Menschen in die Hände fielen, die sich eine Freude daraus machten, Bändchen und andere persönliche Akzente der Liebesgaben=Sen= dungen zu zerfetzen und auf den Abfallhaufen zu werfen. Allerdings — und auch das sei hier vermerkt — gab es Russen, die heimlich und still manchen Zweig, manches Blümchen und manches Schleifchen dem wirk= lichen Empfänger in die Hand drückten.

Ein Sowjetmensch hat alles zu wissen, alles zu kennen. Auch die Dinge in Paketen, die er nicht kannte. So war in einem Paket auch einmal eine Kokos= nuß. Von den drei anwesenden sowjetischen Offizieren kannte niemand eine Kokosnuß. Sie schüttelten und hörten es in der Nuß gluckern. Aha! Der Lagerschreiner mußte her, die Nuß wurde angebohrt. Die Flüssigkeit lief heraus. Was konnte es anders sein? „Konserv!" Einer der russischen Offiziere beeilte sich zu versichern: „Ach — solche Konserven haben wir auch — wir machen sie in Leningrad!" Das Gelächter der Deutschen konnten sich alle drei nicht erklären. Aber nach ihrer Auffassung war die Situation gerettet. In einem anderen Falle hielten sie die Kokosnuß für eine raffinierte Methode der Deutschen in der Heimat, ihrem Angehörigen Schnaps zuzu= schmuggeln. Als der „sch=na=a=ps" dann gar kein Schnaps war, waren sie sehr erstaunt. Den Charakter dieses „aparates" als Frucht, als Nuß, er= kannten sie erst an, als der deutsche Arzt mit einem russischen medizini= schen Handbuch kam, in dem die Kokosnuß abgebildet und erläutert war. Einem „on=dit" zufolge gibt es bei Moskau auch eine Fabrik, in der Bana= nen hergestellt werden.

Vielfach begegneten wir der Tatsache, daß alte Russen Dinge kannten, die den jüngeren noch nicht vor die Augen gekommen waren. Viele unserer Männer aber erlebten Schiffbruch, wenn sie aus dem Nichtvorhandensein von gewissen Dingen gerade bei den Jüngeren nun irgendwelche Schlüsse herleiten wollten. Sicherlich bedauerten es auch diese, daß noch so vieles fehle, aber sie sagten häufig: „Wir haben es jetzt schwer, doch eines Tages werden auch wir das alles haben. Aber dann gehört es nur uns, und wir sind niemandem verpflichtet." Eine erstaunliche Tatsache, die vielleicht im großen Rahmen viel zu wenig beachtet wird.

Die Berührung mit der westlichen Welt hat bei der Masse der Russen be= stimmt alte Horizonte weggerissen und neue — dahinterliegende — sichtbar gemacht. Und doch begegneten wir immer wieder den alten Auffassungen beispielsweise bei Reisen ins Ausland. Schon in den Verurteilungswellen hatten wir staunend hören müssen, daß jemand, der im Ausland war, dort nur gewesen sein könne um zu spionieren. In vielen Fällen hatte das für die fünfundzwanzig Jahre gereicht. Ein Russe war, wenigstens bis zu die= sem Zeitpunkt, eben nur im Ausland gewesen, wenn er einen ganz be= stimmten Auftrag hatte. Und dieser unangenehmen, nun mehr übertrage= nen Auffassung huldigten die Postzensoren.

In Deutschland war das Leben wieder angelaufen. Die Menschen fuhren auch wieder ins Ausland. Und das stand auch hin und wieder in den Post= karten, die ankamen. Was suchten aber nun Freunde und Verwandte bei=

spielsweise in Amerika, in Italien? Der Empfänger mußte sich dann dar=
über vernehmen lassen, in wessen Auftrag der Betreffende wohl in dem
fremden Lande sein könne und vor allem, was er dort wolle. Der Kreis, der
für einen Kartenaustausch in Frage kam, wurde klein gehalten. Jeder mußte
drei Anschriften angeben — durch eine Kartei wurde dann der Postaus=
tausch überwacht. So war es uns fast unmöglich gemacht, all denen zu dan=
ken, die uns halfen. Ich war fast eineinhalb Jahre im Lager, als eines Tages
eine Ordonnanz mir den Befehl zum „Fertigmachen" überbrachte. Nach
zwei Stunden hielt die „Grüne Minna" bereits vor einem anderen Lagertor.

Nach Westen — aber noch nicht nach Haus!

Dieses Lager war nur zwanzig Kilometer vom vorigen entfernt und hieß
allgemein das Österreicherlager. In ihm waren neben vierhundert Öster=
reichern zweihundert Deutsche und dreißig Spanier untergebracht. Lager=
ältester war ein Österreicher namens Schamerl, der russische Lagerchef, ein
Major, hielt sich sehr zurück und war in seinem Verhalten als korrekt zu
bezeichnen. Auch in diesem Lager traf ich eine Menge alter Bekannter — es
gab ein großes Hallo, und das Wiedersehen wurde gefeiert.
Wie überall, so wurden auch hier die Invaliden zum Innendienst herange=
zogen. Und so wurde ich, nachdem ich drei Wochen im Lager war, Nacht=
wächter. Um 22 Uhr sollte alles auf den Pritschen liegen! Um diese Zeit war
es in den Sommermonaten aber noch hell. Mancher konnte noch nicht schla=
fen und lag rauchend auf der Lagerstatt. Kontrollen brachten viele in den
Karzer — aber es geschah immer wieder. Ich löschte zu späterer Zeit das
Licht und paßte auf, daß nichts brannte. Um 24 Uhr kam die Ablösung.
Im Winter hatte man eine andere Beschäftigung für mich: ich sollte schnit=
zen. Noch nie im Leben hatte ich ein Schnitzmesser in der Hand, aber ich
versuchte es, und meine Pferdeköpfe für Schachfiguren fanden bald An=
erkennung. Das Schachspiel war nicht nur bei uns beliebt, sondern bekannt=
lich wird es in Rußland sehr viel gespielt, und so gab es für Schachspiele
und damit auch für unsere Figuren immer eine größere Absatzmöglichkeit.
Einmal haben wir dann auch für einen Russen einen 75 Zentimeter hohen
Kremlturm geschnitzt, in den eine Uhr eingebaut wurde. Im übrigen war
ich mit Abschleifen von Leisten beschäftigt, eine Arbeit, die ich auch im Sit=
zen verrichten konnte. Am Vormittag arbeitete ich, der Nachmittag gehörte
mir. Für die Arbeit bekam ich im Monat vierzig Rubel — das erstemal, daß
ich in Rußland Geld verdiente.

In den freien Stunden saßen wir in kleinen Gruppen zusammen. Durch die Pakete waren wir in die Lage versetzt worden, besondere Feiertage und persönliche Gedenktage aus dem Alltag herauszuheben. Zu solchen Anlässen gab es Tee oder Kaffee und belegte Brote. Und dabei wurde erzählt. Die Kunst des Erzählens kam in den Jahren der Gefangenschaft wieder zu der Geltung, die sie verdient. Auch ich habe viel erzählt — über meine Erlebnisse als Flieger und die letzten Wochen und Tage in der Reichskanzlei. Selbstverständlich hatten die Russen bis zuletzt ihre Spitzel. Die Russen hatten mir jedes Erzählen über das Ende der Reichskanzlei verboten, da es profaschistische Propaganda sei. Selbstverständlich interessierte das aber viele Kameraden, da sie über die letzte Zeit ja völlig ohne Nachricht geblieben waren. Ich habe mich immer bemüht, sachlich nur die Ereignisse zu berichten. Den Russen, die von den einzelnen Männern wissen wollten, „was der General erzählt hat", wurde gesagt, er habe über seinen Afrikaflug und über andere Flüge berichtet. Aber hin und wieder waren eben die angesetzten Spitzel am Werk, und zweifellos hatte ich die Versetzung in das Österreicherlager auch Motiven dieser Art zu verdanken.

Ich erklärte den Russen immer wieder, ich sei kein Politiker gewesen und sehe meine Erlebnisse auch nicht aus der politischen Perspektive, sie könnten also auch in keinem Falle in der Erzählung als Propaganda gewertet werden. Im übrigen war ich der Auffassung, daß der Russe mich durch die ständigen Versetzungen immer wieder von dem alten Kreis zu lösen und in einen neuen zu bringen suchte. Zweifellos entspricht es russischer Taktik, bestehende menschliche Verbindungen nie zu eng werden zu lassen. Und dabei hat sich ein gewisses Schema des „Mischens" entwickelt, nach dem generell verfahren wird.

Im Jahre 1953 schöpften wir wieder Hoffnung. In Moskau fanden Verhandlungen zwischen Grotewohl und der russischen Regierung statt. In den sowjetischen und den sowjetzonalen Zeitungen hieß es dann, die russische Regierung würde alle entlassen, mit Ausnahme derjenigen, die besonders schwere Kriegsverbrechen begangen hätten. Es gab Experten unter uns, die glaubten sagen zu können, wen die Russen noch zurückbehalten würden. Aber auch diesmal hatten sie sich verrechnet. Es fuhren solche, die sich selbst im Geiste immer unter den allerletzten gesehen hatten, und es blieben solche zurück, die annehmen mußten, daß sie beim nächsten Mal dabei sein würden. Sicherlich ließ sich hinterher — rein theoretisch — eine Linie herauskonstruieren, aber sie blieb eben Theorie.

In jedem Falle fuhren im Herbst und im Winter 1953 wieder Tausende in die Heimat, die über uns berichten konnten. Und wir, die wir zurückblieben, hatten die Hoffnung, daß sie zusammen mit den vielen anderen Deutschen uns nicht vergessen würden. Im Dezember 1953 waren die letzten gefahren. Wir waren weniger geworden und wieder allein mit unseren Hoffnungen bis zum nächsten Mal.

Am 15. Februar 1954 wurden die Generale, die sich in den Lagern der Umgebung befanden, in unserem Lager zusammengezogen. Wenige Tage später wurden wir gemeinsam — ungefähr dreißig Generale — nach Woikowo, dreihundert Kilometer ostwärts Moskau, gefahren. Woikowo war schon immer Generalslager. Ein gewisser Stamm blieb in Woikowo, auch nach der Verurteilung, besonders unliebsame Generale wurden von den Russen aber nach alterprobtem System herausgepickt und durch die verschiedenen Arbeitslager geschickt. Mit unserem Transport und einigen anderen, die ungefähr zur gleichen Zeit ankamen, waren dann wieder insgesamt 186 Generale in Woikowo. Zu den Deutschen gesellten sich noch zehn Ungarn und ungefähr vierzig Japaner.

Das Lager war überfüllt. Alle vorkommenden Arbeiten wurden von Generalen erledigt — ich habe Kartoffeln geschält und Gemüse geputzt. Eine besondere Sehenswürdigkeit des Lagers waren sein Park und seine Blumenbeete. Der Samen kam aus Deutschland, und unter den Generalen gab es hervorragende Gärtner. Die Russen zeigten die Blumenpracht sehr gern allen möglichen Leuten, als sei das alles ihr Verdienst. Eine große Karnickelzucht warf auch hin und wieder Fleisch ab für eine willkommene Auffrischung der Lagerkost. Alle Arbeiten, die verrichtet wurden, spielten sich — mit Ausnahme der Erntezeit — im Lager ab.

Wie in allen anderen Lagern, so hatten sich auch hier kleine Gruppen gebildet. Es wurden die russischen und sowjetzonalen Zeitungen studiert und besprochen. Die Rundfunkanlage war selbstverständlich zentral gesteuert, so blieben alle Informationen aus Zeitung und Rundfunk immer einseitig. Aber in langen Jahren erlernt man die Fähigkeit, zwischen den Zeilen in fast allen Fällen absolut sicher zu lesen. Der russische Lagerkommandant, ein Oberst, machte sich nicht allzu stark bemerkbar, und so war es hier, im Gegensatz zu vielen anderen Lagern, direkt angenehm.

Im Frühjahr 1954 keimten unsere Hoffnungen noch einmal auf. Aber sie blieben auf der Strecke frostiger Tatsachen. Wir blieben noch. Es wurde Herbst — es kam der Winter — wieder war ein Jahr vergangen. Das neue Jahr 1955 begann wie viele vorher — und wurde dann doch anders. Hoffnungen, banges Warten, neue Hoffnungen, neue Zweifel — ein ewiges, zermürbendes Hin und Her — bis dann, als es schon fast niemand mehr wahrhaben wollte, endlich doch die Erlösungsstunde schlug.

Die Russen kochen natürlich auch nur mit Wasser. Und doch ist man bei ihnen sehr schnell geneigt zu sagen: bei ihnen ist nichts unmöglich. So hätte auch nie jemand sagen können, daß es unmöglich sei, daß der Kreml eines Tages Adenauer — einen von den viel beschimpften .... auern, nach Moskau einladen würde. Wir hatten nach dem Tode Stalins Wandlungen und Änderungen erlebt. Und doch sahen wir in allem die starre Linie, die selbstverständlich „aus taktischen Gründen" manchmal in scheinbare Abweichungen auszubiegen schien, die aber immer wieder zu Lenin zurückfand. Und wir beobachteten mit Sorge, wie die lächelnden Russen im Westen den Eindruck erwecken konnten, als seien sie andere Menschen geworden. Wir sahen Malenkow kommen. Wir sahen, wie einiges weiß wurde, was bisher schwarz war. Wir hörten von Russen, wie groß ihre Sympathie für Malenkow war, nicht zuletzt, weil er für viele die Tore der Lager öffnete. Wir sahen, wie Malenkow wieder verschwand. Wir hörten die Reden der Neuen, die keine Neuen sind. Wir hörten, wie sie sich distanzierten — und ahnten vielleicht schon damals, wie weit sie sich eines Tages distanzieren würden. Und doch wußten wir, daß im Grunde alles so bleiben würde. Erstaunt nahmen wir zur Kenntnis, wie oberflächlich deutsche Journalisten die Dinge sahen, die bei einem Fußballspiel einmal für kurze Zeit in Moskau waren. Die lächelnden Russen waren in der Offensive.

Und in diese Situation kam Adenauer, der deutsche Bundeskanzler, nach Moskau. Es gab Gerüchte wie selten zuvor. Die Stimmung raste in kürzesten Zeitabständen von Null auf den Siedepunkt und wieder zurück. Als Bulganin uns in seiner Feststellung zum Auswurf der Menschheit stempelte, zu Menschen, die ihre Gesichter verloren hatten, da wollten wir schon aufgeben. Angespannt verfolgten wir den erbittert geführten Verlauf der Verhandlung. Wir bekamen auch etwas zu spüren vom Respekt der Russen über die unerschrocken auftretende deutsche Delegation. Zum Schluß der Verhandlungen faßten wir wieder Mut. Aber gewitzt durch die Erfahrungen vieler Jahre glaubten wir noch nicht. Wir waren zu oft enttäuscht worden!

Und dann tauchten drei russische Generale im Lager Woikowo auf. Sie ließen den deutschen Lagerführer, General Meiners, kommen und erklärten ihm, daß sie ein sogenanntes Heimkehrermeeting abhalten wollten. Sie seien von der russischen Regierung nach den Besprechungen mit dem Bundeskanzler Adenauer beauftragt worden, den Insassen des Lagers zu eröffnen, daß sie freie Bürger seien, und diese Erklärung solle in feierlicher

Form gegeben werden. Zu diesem Zweck müsse ein Präsidium aus drei russischen und drei deutschen Generalen gebildet werden, das der Versammlung vorstehe. General Meiners erwiderte dann, daß er sehr daran zweifle, ob er die deutschen Generale bewegen könne, an der Veranstaltung teilzunehmen, da die Deutschen, die sich noch in der Sowjetunion befänden, zu Verbrechern gestempelt worden seien, obwohl es sich im wesentlichen um Soldaten handelte, die nur ihre Pflicht taten.

Die Antwort war ausweichend. Man wisse wohl, daß es sich um politische Gründe gehandelt habe, als man die deutschen Kriegsgefangenen zurückbehielt. Deutschland und Rußland wollten aber jetzt eine freundschaftliche Politik betreiben und Botschafter austauschen, wodurch auch der Weg zur Heimfahrt freigeworden sei. General Meiners wurde aufgefordert, es der Delegation nicht zu schwer zu machen. Sie habe den Auftrag, die in Woikowo zusammengefaßten ehemaligen Kriegsgefangenen so zu verabschieden, daß sie nicht als Feinde, sondern als Freunde auseinandergingen. Meiners erbat sich die Möglichkeit, erst die Lagerinsassen nach ihrer Meinung zu befragen. Er würde dann die Delegation in Kenntnis setzen.

So geschah es, und wir machten gute Miene zum bösen Spiel: das Meeting fand statt. In der Gartenanlage wurden Stühle aufgestellt, ein Tisch wurde mit einer roten Samtdecke überzogen. Film= und Fotoleute waren erschienen: der letzte Akt des schaurigen Dramas konnte beginnen!

Einer der russischen Generale hielt eine längere Ansprache, erläuterte die letzten Vorgänge und gab uns bekannt, daß wir von nun an wieder freie Bürger seien. Wir wurden in Transporte zu je 32 Mann eingeteilt, die im Laufe einer Woche abfahren sollten. Es wurden dann noch weitere Einzelheiten bekanntgegeben. Wir sollten eingekleidet werden. Wir rechneten uns aus, daß unsere Anzüge, Mäntel, Hüte, Hemden usw. den Russen pro Kopf rund dreitausend Rubel, also insgesamt eine halbe Million Deutsche Mark kosten würden. Die Fahrt sollte von Iwanowo nach Moskau, von Moskau in Schlafwagen, angehängt an den Moskau—Berlin=Expreß, vonstatten gehen. Nach den Worten der Russen sprach unser Lagerältester, und dann war der Platz schlagartig leer. Die Russen waren erstaunt und sagten dem General Meiners, daß sie sich noch nicht verabschieden, sondern noch ein Abschiedsessen geben wollten. Meiners hatte wieder Bedenken, die er auch äußerte. Er hielt Rücksprache, und es wurde beschlossen: Nicht die Russen laden uns ein, sondern wir die Russen. So wurde es auch übermittelt. Die Delegation war erfreut, daß die Sache überhaupt zustande gekommen war, machte aber zur Bedingung, daß sie das Essen und das Personal stellen würde. Am nächsten Mittag sollte die Vorstellung über die Bühne gehen.

Auf Lastwagen rollten Gläser, Geschirr und Bestecke — kurz alles was gebraucht wurde — an. Sogar Köche kamen mit. Die Russen hatten einfach in Iwanowo das Hotel „Moskwa" geschlossen und abgefahren, was sie brauchten. Speisesaal und Kultursaal wurden geräumt und für das eigenartige Essen hergerichtet. Im Speisesaal saßen die drei russischen Generale, unser Lagerchef und ein Teil von uns. Wir andern saßen ohne Russen im Kultursaal. Auf den Tischen Bier, Wein, Sekt und Wodka. Es gab Suppe, Schnitzel, Nachspeise, Kuchen und Kaffee — kurz alles, was zu einem großen Essen gehört. Nachdem der General im Speisesaal gesprochen hatte, kam er auch zu uns, er sagte unter anderem, daß wir vergessen sollten, und forderte uns auf, lustig zu sein. Diese Bemerkung erschien ihm notwendig, da trotz des Alkohols keine rechte Stimmung aufkommen wollte. Gute zwei Stunden dauerte der Zauber, dann packten die Russen alles zusammen und fuhren wieder nach Iwanowo. Ich erzähle diese Dinge nicht, weil sie uns, den Betroffenen, bedeutsam oder gar ehrend erschienen, sondern nur um zu erhellen, was in Rußland alles möglich ist.

Am gleichen Tage kamen dann nochmals vierzehn Kameraden aus dem Gefängnis Wladimir. Zehn Jahre und sechs Monate hatten sie dort gesessen. Erst seit achtzehn Monaten hatten sie Verbindung mit der Heimat. Neun Jahre waren sie und ihre Angehörigen ohne Nachricht voneinander gewesen. Sie sahen alle sehr schlecht aus. Im Gefängnis, vielfach in Einzelhaft, waren sie den seelischen Belastungen wesentlich stärker ausgesetzt. Herzlich und erschütternd zugleich war das Wiedersehen.

Wir wurden eingekleidet, und ich kam mit dem dritten Transport nach Iwanowo und von dort nach Moskau. Hier hatten die Russen noch eine Überraschung für uns: eine Stadtrundfahrt. Ich dachte an meine Fahrt durch Moskau im Jahre 1950, die in der Budirka endete. Aber diesmal ging alles gut. Wir sahen den Kreml, fuhren durch die Stadt und hinaus zur Lomonossow=Universität, die auch auf uns in ihrer imposanten Größe Eindruck machte. Um 14 Uhr mußten wir wieder am Bahnhof sein, wo es dann mit dem planmäßigen Expreß, an den unser Wagen angehängt wurde, auf die Fahrt ging.

Im Speisewagen gab es ein Mittagessen, lediglich Getränke mußten bezahlt werden. Schnell waren wir in Brest=Litowsk. Dort einige Stunden Aufenthalt, Umstellung auf Normalspur und weiter nach Frankfurt an der Oder — wir waren in Deutschland! Deutsche Menschen — aber von uns abgeriegelt! Es durfte niemand an uns heran. Auf einem Nebengleis fuhr ein Waggon ein, in den wir umstiegen. Eine Lokomotive schob uns an einen russischen Urlauberzug, und weiter ging die Fahrt an Berlin vorbei nach

Luckenwalde. Hier brachten uns Schwestern Kaffee. Herumstehende Zivili=
sten sahen sich scheu um, ob auch keine Volkspolizisten in der Nähe waren.
Wir verteilten unsere Lebensmittel. Aber es kam zu keinem Gespräch mit
deutschen Menschen. Treuenbrietzen–Sangerhausen–Erfurt. Wenn die
Bahnarbeiter dort, wo wir hielten, merkten, daß deutsche Kriegsgefangene
im Zug waren, kamen sie herbeigelaufen. Viele sahen uns traurig an – zu
gern wären sie mitgekommen. Wir verteilten, was wir noch besaßen. In
Erfurt standen wir einige Stunden. Schwestern brachten uns wieder Kaffee.
In der Nacht fuhren wir bis Eisenach und von dort nach Herleshausen, wo
wir gegen 24 Uhr eintrafen.

Endlich wieder in der Heimat!

Es ist nicht einfach, nach über zehn Jahren in die Heimat zurückzukehren.
Die Freude ist übergroß, und die Ereignisse springen den Menschen an wie
wilde Tiere, die ihn umwerfen wollen. Als in dieser einmaligen Nacht die
russischen Begleitoffiziere uns an die Beauftragten der Bundesregierung
übergaben, als unsere Namen noch einmal aufgerufen wurden, da fiel eine
Riesenlast von uns ab. Nun konnte es nicht mehr heißen: Zurück! Wieder
ins Gefängnis! Wieder in ein Lager! Die Heimat war greifbare Wirklichkeit
geworden, wir standen auf ihrem Boden – die Menschen, die wir wie durch
einen Schleier sahen, waren wirklich und tatsächlich da. Sie konnten nicht
verschwinden wie ein qualvoller Traum, der mit der russischen Wirklichkeit
endete. Die MWD=Offiziere, die wir noch sahen, konnten uns nicht mehr
zurückrufen. Hier war ihre Grenze – hier war unsere Heimat.
Aber dann war das neue Leben schon da. Es blieb keine Zeit zur Besinnung
in diesen allerersten Minuten in der Heimat, der unser heißes Hoffen in
vielen, vielen Jahren gehört hatte. Menschen riefen, Namen wurden ge=
schrien! Lampen leuchteten auf, Kameras surrten. Auch mein Name wurde
gerufen. Ich sollte winken. Ich winkte ohne zu wissen, wem ich winkte.
Deutsche Schwestern waren uns, den Behinderten und Älteren, behilflich.
Ich wurde aus dem Bahnhof hinaus in ein kleines Zelt geführt. Hier sollte
es einen Imbiß geben. Ich wollte ein Glas deutschen Bieres haben. Ich kam
nicht dazu, es zu trinken – schon war ich von Reportern umringt. Auch hier
wurden Aufnahmen für die Wochenschau gemacht – ich sagte einige Worte.
Die Autobusse standen bereit, wir fuhren nach Friedland. Diese Fahrt ist
heute noch, in der Erinnerung, ein Film, der immer wieder gerissen ist, wo
die Eindrücke zu stark wurden. Überwältigender Empfang in jedem Dorf,
in jeder Ortschaft. Uns standen die Tränen in den Augen, wir waren kaum

noch in der Lage zu danken für die vielen Gaben, die uns wahrhaft in die Wagen geschüttet wurden. Immer wieder streckten sich uns Hände entgegen, die wir ergriffen und schüttelten. Wir sahen Gesichter, in denen das Mitgefühl so stark ausgeprägt war, daß es uns drängte, irgend etwas zu sagen — aber die Kehle war wie zugeschnürt. Und schon waren neue Gesichter, neue Eindrücke da. Wir sahen Kinder mit brennenden Kerzen, ganze Ortschaften mit kleinen Lämpchen geschmückt, und wir hörten den Ton der Glocken, als wir in das Lager Friedland einfuhren, in diese Stätte, die schon so viel Freude, aber auch so manches Leid sah.

Die erschütternden Szenen des Wiedersehens, aber auch die traurigen Augen derer, die wieder vergebens gewartet hatten, werden mir nicht mehr aus dem Gedächtnis schwinden. Aber auch hier in Friedland blieb diese nicht abreißende Erregung der ersten Tage. Nach einem Abendessen sollte der offizielle Empfang stattfinden. Unter den vielen, die zu unserer Begrüßung gekommen waren, befand sich auch Bischof D. Heckel. Als mir jemand den grauen Herrn als den Bischof Heckel vorstellte, da bin ich auf ihn zugegangen, habe mich vorgestellt und ihm das gesagt, was wir uns alle vorgenommen hatten, ihm zu sagen, wenn wir ihn einmal sehen sollten. Denn dieser Mann war bei den Kriegsgefangenen wohl der meist bekannteste und beliebteste Mann, der mit der von ihm geleiteten Organisation des Evangelischen Hilfswerkes in nie erlahmender und erfindungsreicher Arbeit sich die Herzen aller Kriegsgefangenen gewonnen hat. Wir alle sind davon überzeugt, daß er unter denen, die in der Heimat für uns wirkten, den ersten Platz einnimmt. Gewiß hatte er viele Helfer, die an anderer Stelle für uns wirkten ohne Aussicht darauf, daß ihre Arbeit ins große Rampenlicht der Öffentlichkeit rücken würde, die halfen, nur weil sie helfen wollten. Ich habe dem Bischof meinen Dank und den meiner Kameraden übermittelt und ihm gesagt, daß durch seine Einflußnahme Tausenden von uns geholfen und vielen der Kriegsgefangenen das Leben gerettet wurde. Es ist bei der Rückkehr der Kriegsgefangenen viel in Superlativen gesprochen worden. Die stille und zähe Arbeit dieses Mannes verträgt keine Superlative und vor allem will er sie nicht, aber diese Arbeit hat den schönsten Platz gefunden — in unser aller Herzen. Der Bischof dankte gerührt, und wir haben dann noch einige persönliche Worte miteinander gesprochen.

Vor dem Essen sprach Vizekanzler Blücher herzliche Worte der Begrüßung. Unser Sprecher antwortete und dankte in unser aller Namen für den ergreifenden Empfang. Ich konnte auch dieses Mal mein Essen und mein Bier nicht in Ruhe zu mir nehmen — die Reporter waren wieder da. Es gab ein Mordsgelächter, als ich ihnen sagte, „Ihr seid ja schlimmer als russische

Bettwanzen, die wir drüben nicht loswurden". Aber sie waren nicht weg=
zubekommen, alle wollten sie etwas von Hitler wissen. Ich habe nur wenig
gesagt, und — wenn ich es rückwirkend betrachte — sicherlich auch recht
gehandelt. Denn was aus den in Friedland angeblich in Erfahrung gebrach=
ten Dingen vielfach gemacht wurde, hat zwar der Sensationslust genügt,
aber in vielen Fällen nicht zur Klärung beigetragen.

Ich habe dann meinem Tischnachbarn, dem General Virchow, gesagt: „Wir
gehen erst einmal in unser Quartier und kommen dann später wieder, um
in Ruhe ein Glas Bier trinken zu können, ich werde die Reporter nicht mehr
los!" Und so haben wir es dann auch gemacht. Wir haben unsere Schlafstatt
zurechtgemacht und sind nach einer Weile wieder losgezogen. Wir baten
die Schwester um eine Flasche Bier. Aber wir hatten die uns zustehende
schon bekommen und Geld hatten wir noch keines. Ich mußte also mit Vir=
chow wieder abziehen, ohne daß wir das langersehnte Gläschen Bier trinken
konnten. Ordnung muß sein — und wir haben auch so prächtig geschlafen.

Am anderen Morgen um sieben Uhr waren die Zeitungsleute schon wieder
da. Beim Waschen und Rasieren wurden schon wieder Aufnahmen gemacht.
Zum Glück kam der frühere Oberstleutnant Henke, der einmal zur beson=
deren Verwendung in meiner Staffel war. Herr Henke hat mir dann ge=
holfen, ruhig durch den Tag zu kommen. Das heißt, bis zum Nachmittag.
Da kam der Lagerleiter und sagte mir, daß das Deutsche Fernsehen da sei
und daß ich einige Worte sprechen möge. Auf meinen Einwand, daß ich
vorerst keine Sehnsucht nach neuem Betrieb habe, sagte er mir, daß wir
ganz allein sein würden. Wir setzten uns in seinen Wagen und fuhren los.
Auf dem Platz war ein Riesenbetrieb — es wurde ein neuer Transport er=
wartet — und Zeitungsreporter gab es noch mehr als im Lager. Ich schien
vom Regen in die Traufe gekommen zu sein — aber da stand ich schon vor
der Fernsehkamera, einige belanglose Worte, und auch das war ausgestanden.
Fahrt mit dem Nachtschnellzug durch Deutschland — frei und endlich wie=
der einen eigenen Fahrschein in der Tasche. Um zehn Uhr morgens sah ich
München, mein altes München, wieder. Der Verband der Heimkehrer und
das Deutsche Rote Kreuz haben sich herzlich um mich bemüht. Vor allem
aber sah ich meine Kinder, meine Angehörigen wieder.

Ich bestaunte die vielen Kraftfahrzeuge — Bauten, die ich gar nicht kannte.
München — alte Stadt — in vierzig Jahren habe ich dich kennengelernt, ich
kannte dich genau. Aber heute kenne ich dich kaum wieder. Neue Häuser,
die mir so fremd und eigenartig vorkommen. Und doch ist es noch mein
München. Über ein Jahrzehnt sah ich es nicht. In vielen Tagen und Nächten
habe ich mich nach ihm gesehnt — endlich bin ich zu Hause.